マッツィーニの思想と行動

Giuseppe Mazzini, Pensiero e Azione

藤澤房俊

Fujisawa Fusatoshi

太陽出版

マッツィーニの肖像
（S.E.I., vol.XVI）

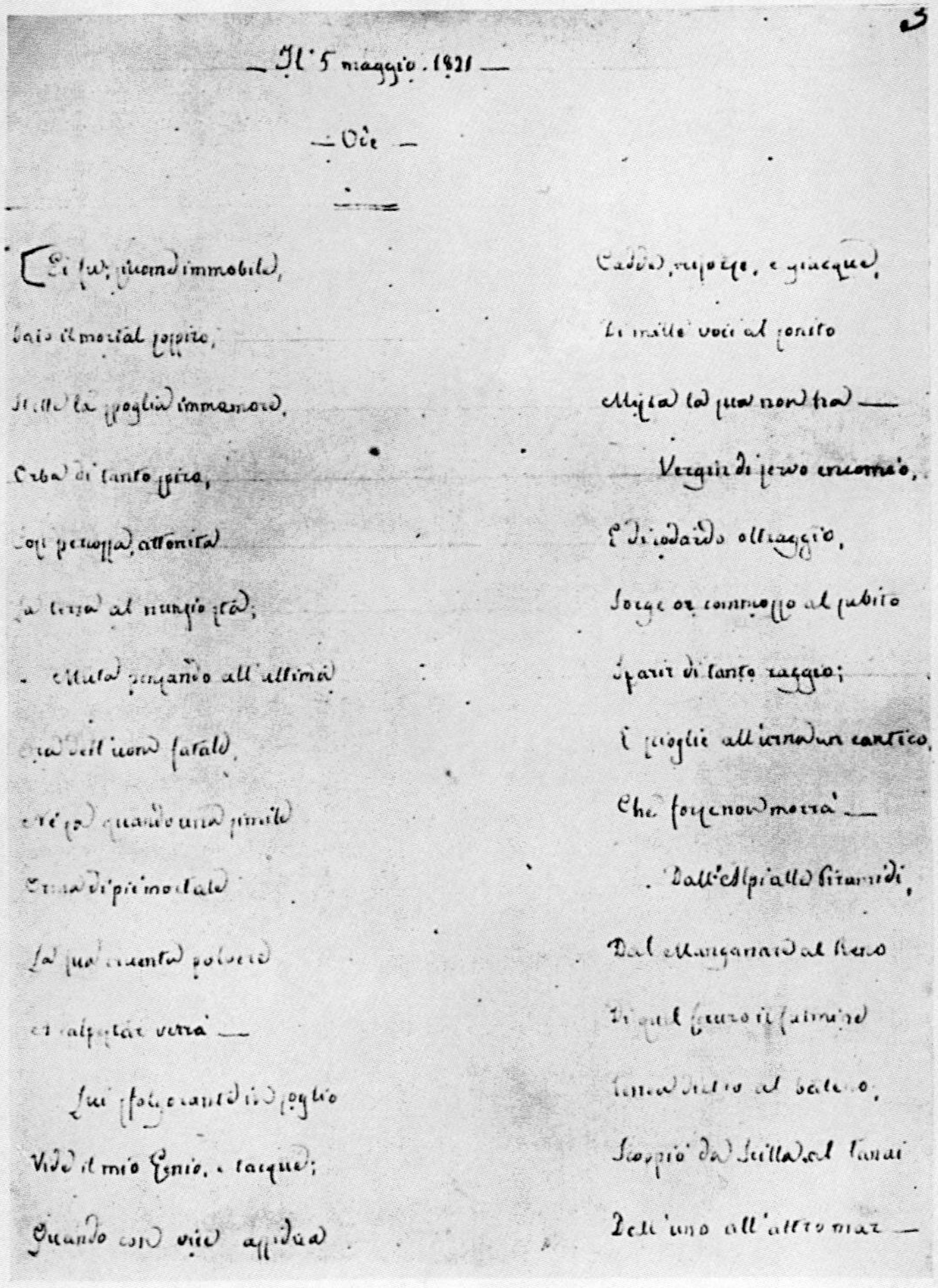

— Il 5 maggio. 1821 —

— Ode —

Ei fu; siccome immobile,
Dato il mortal sospiro,
Stette la spoglia immemore,
Orba di tanto spiro,
Così percossa, attonita
La terra al nunzio sta;
Muta pensando all'ultima
Ora dell'uom fatale,
Nè sa quando una simile
Orma di piè mortale
La sua cruenta polvere
A calpestar verrà —

Lui folgorante in soglio
Vide il mio Genio, e tacque;
Quando con vece assidua
Cadde, risorse, e giacque,
Di mille voci al sonito
Mista la sua non ha —

Vergin di servo encomio,
E di codardo oltraggio,
Sorge or commosso al subito
Sparir di tanto raggio;
E scioglie all'urna un cantico,
Che forse non morrà —

Dall'Alpi alle Piramidi,
Dal Manzanarre al Reno
Di quel securo il fulmine
Tenea dietro al baleno,
Scoppiò da Scilla al Tanai
Dell'uno all'altro mar —

Foglio 3 del Quaderno III dello Zibaldone giovanile (vedi pagg. 5-6).

ナポレオンの死に対するマンゾーニの頌歌「1821年5月5日」を
マッツィーニがおそらく大学入学以前に筆写したもの
（S.E.I., *Nuova Serie, Zabaldone giovanile*, vol.II, 1967, pp.5-8.）

N.° 10.

Questo foglio esce ogni Sabato. Prezzo annuale Ln. 20 anticipate per Genova, Ln. 26 per gli Stati di S. M., e Ln. 28 per l'Estero.

12 Luglio 1828.

Le Associazioni si ricevono al Negozio di libri di A. Ponthenier e F. in Piazza Nuova.
(Le lettere e gli avvisi dovranno pervenirci franchi.)

L' INDICATORE GENOVESE,

Foglio Commerciale, d' Avvisi, d' Industria, e di Varietà

GIURISPRUDENZA COMMERCIALE.

Prova testimoniale — Navigazione — Carcerazione — Commissionario — Competenza — Caso fortuito — Fallimento — Sindaci.

Non si ammette la prova testimoniale onde liberare il Girante di una lettera di Cambio dalla dovuta Garanzia, se vogliasi provare che la Girata fu fatta, e la lettera ceduta per un *sacco d'ossa e pro soluto*, quando la Cambiale sia stata consentita *per Valuta ricevuta in contanti*, li 13 agosto 1816. *Cremieux Rossi.* Coll. V. 1, p. 114.

Un' obbligazione Commerciale non è trasformata in obbligazione Civile per ciò solo, che il creditore per un atto posteriore qualificato transazione ha ricevuto un acconto e consentito una dilazione pel pagamento del debito residuale; quindi le questioni che insorgessero su questa convenzione sono di competenza dei Tribunali Consolari. Il contratto per cui il creditore Commerciale consente una dilazione, quantunque si nomini transazione, non contiene di necessità novazione, li 11 maggio 1816. *Scarzolo e Del Bono.* Coll. V. 1.°, p. 120.

Il Tribunale di Commercio può ordinare la carcerazione del fallito per quanto con precedente sentenza ne abbia già confidata la custodia a un Uffiziale ministeriale. 10 giugno 1816. *Avvanzini.* Coll. V. 1.°, p. 126.

Il Commissionario o raccomandatario di un Negoziante rappresenta il suo committente anche per la discussione delle domande relative al contratto di Noleggio stipulato fra il Committente, ed il Capitano. — In conseguenza i Giudici del luogo, ove dimora il Commissionario sono competenti per conoscere di tali contestazioni, specialmente se ivi esistano la nave ed il carico. — Il noleggiatore che si obbliga di *provvedere a sue spese la licenza di un ministro perchè la nave possa trasferirsi in un dato luogo,* non solo è tenuto a fornire le spese occorrenti, ma assume l'obbligo di procurare egli stesso la licenza, e se è stata stipulata una pena nel caso in cui non la ottenesse non può esentarsi dal subirla invocando i principj relativi al caso fortuito, li 24 aprile 1816. *Fiorentino e Karalabi.* Coll. V. 1.°, p. 154.

Essendo eletti due Sindaci ad un fallimento, ed uno di questi essendosi sensato, non è regolare il Giudizio promosso da un Creditore in contraddittorio dell'altro, li 21 maggio 1816. *Debarberi Oberti, e Brambilla.* Coll. V. 1.°, p. 157.

TRIBUNALE DI PREFETTURA.

Vendita di Beni Stabili alla pubblica Subasta con Autorità di Giustizia in odio di Giuseppe Gallo *Contadino, ed a favore del Regio Fisco.*

N.° 1. Metà di una casa detta *Cà de' Galli.*
" 2. Altra metà di una casa detta *Casa del Lillo.*
" 3. La quarta parte di una cassina con sito annesso detto *il Chioso.*
" 4. Un pezzo di terra in Camessano.

Tutti suddetti Beni posti a Busalla, Mandamento di Rocco, luogo detto *Semini.*

Il secondo incanto, e deliberamento definitivo avrà luogo il giorno 29 corrente luglio in altra delle Sale dell' Ill.mo Tribunale di Prefettura in Genova sedente alle ore dieci di mattina.

ARTI ECONOMICHE.

Metodo economico, e pronto per l' imbianchimento della tela, del filo di lino, canape e cotone.

La manifattura dell' imbianchimento delle tele o filo in questo Ducato è stata, anche prima di questo secolo, oggetto di diverse ricerche e tentativi, che però non ebbero nessun soddisfacente risultato, nè in essi mai vi prese parte la chimica. Solo dopo l' opuscoletto del Chimico Berthollet, *sull' imbianchimento delle tele, e de' fili coll' acido muriatico ossigenato*, stampato in Parigi nel 1804 (1), fuvvi chi, colla scorta del medesimo, cercò mettere in pratica fra noi il processo dal suddetto chimico suggerito. Ma siccome procedevasi con poca, o nessuna cognizione di scienza, ma sibbene abbandonati del tutto alla materiale esecuzione di quanto trovavasi stampato, così, o non s'ottenne l' effetto desiderato, o se lo si ebbe, fu quasi sempre a danno de' tessuti per cui in poco tempo, per mancanza di lavoro, si finì ogni ulteriore avanzamento. Con qualche metodo, e cognizione di chimica si ripresero alcuni saggi fra il 1822, ed il 23, lasciato a parte il processo di Berthollet ed attaccandosi ad un più recente, ed economico, ma malgrado la felice riuscita de' medesimi, e la sicurezza d' un incoraggiamento per parte del nostro provvido governo a chi li tentò, non se n' ebbe alcuna conseguenza. Nell'intenzione che abbiamo manifestata d' avere di mira, fra le altre cose in questo nostro foglio, di rianimare le manifatture, che più ne sembra ci convengano, abbiamo ora pensato di quì presentare il metodo il più facile, ed economico per dare alle tele, e filo, quel candore che invano possiamo tentare con i metodi antichi e comuni, fin quì praticati, con non lieve perdita di tempo, a danno de' fabbricanti di questo genere, che massime nella nostra orientale riviera non sono pochi.

La preparazione la più economica e preferibile per effettuare l'imbianchimento è quella distinta dai Chimici col nome di sotto-cloruro di calce. Per averla in grande, preparasi prima di tutto dell' idrato di calce (2) esponendo della calce viva a tant' umido, che basti perchè la si riduca da per se in polvere, e quindi si staccia. La calce così preparata si stende su delle tavolette di legno di 6, od 8 piedi di lunghezza in strati sottili, e le medesime si dispongono alla distanza d' un pollice una dall' altra in una camera di 8, o 9 piedi d' altezza, fabbricata di pietre silicee, fra loro unite per mezzo d' un mastice composto di parti uguali di pece, di resina, e di gesso ben asciutto come pra-

(1) Fin dal 1784, allorchè Scheele scopriva il cloro, si sospettò l' applicazione del medesimo all' imbianchimento de' tessuti di filo e di cotone, ma la prima indicazione precisa su questo la diede Berthollet il primo nel 1786, ed i primi che l' abbiano praticata furono i Signori Milnes della casa Gordon col processo e le dosi date da Scheele stesso per avere il Cloro.

(2) Con esperienze precise *Morin* ha determinato ultimamente " che l' idrato formato " nelle proporzioni di 2 parti di calce, e due d'acqua come era già stato indicato da " Welter è quello che assorbe più cloro. "

『インディカトーレ・ジェノヴェーゼ』紙 1828年7月12日号

(S.E.I., vol.I)

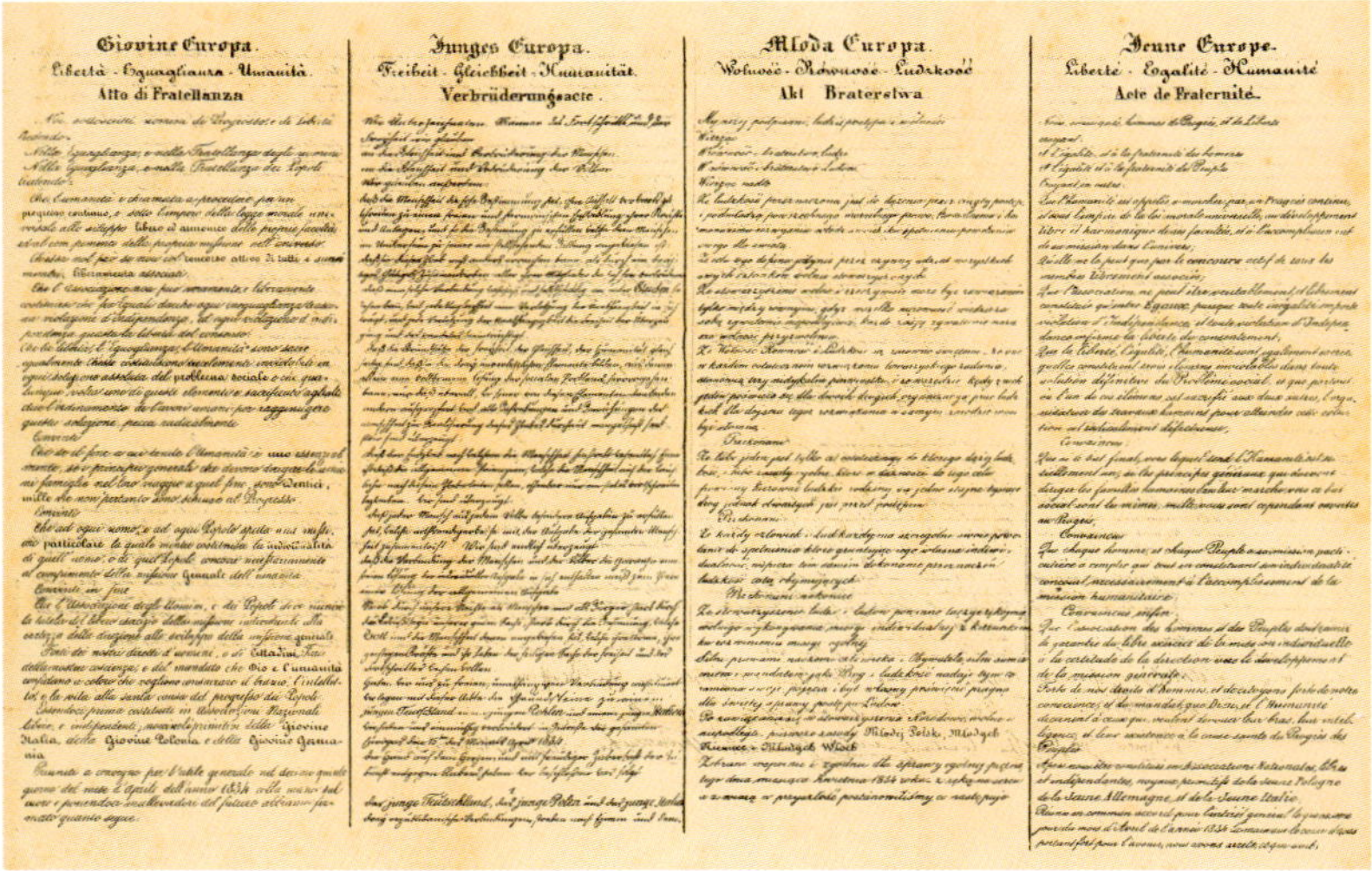
Giovine Europa.
Libertà - Eguaglianza - Umanità.
Atto di Fratellanza

Junges Europa.
Freiheit - Gleichheit - Humanität.
Verbrüderungsacte.

Mloda Europa.
Wolność - Równość - Ludzkość
Akt Braterstwa

Jeune Europe.
Liberté - Egalité - Humanité
Acte de Fraternité.

「青年ヨーロッパ」の「友愛協定」

（S.E.I., vol.IV）

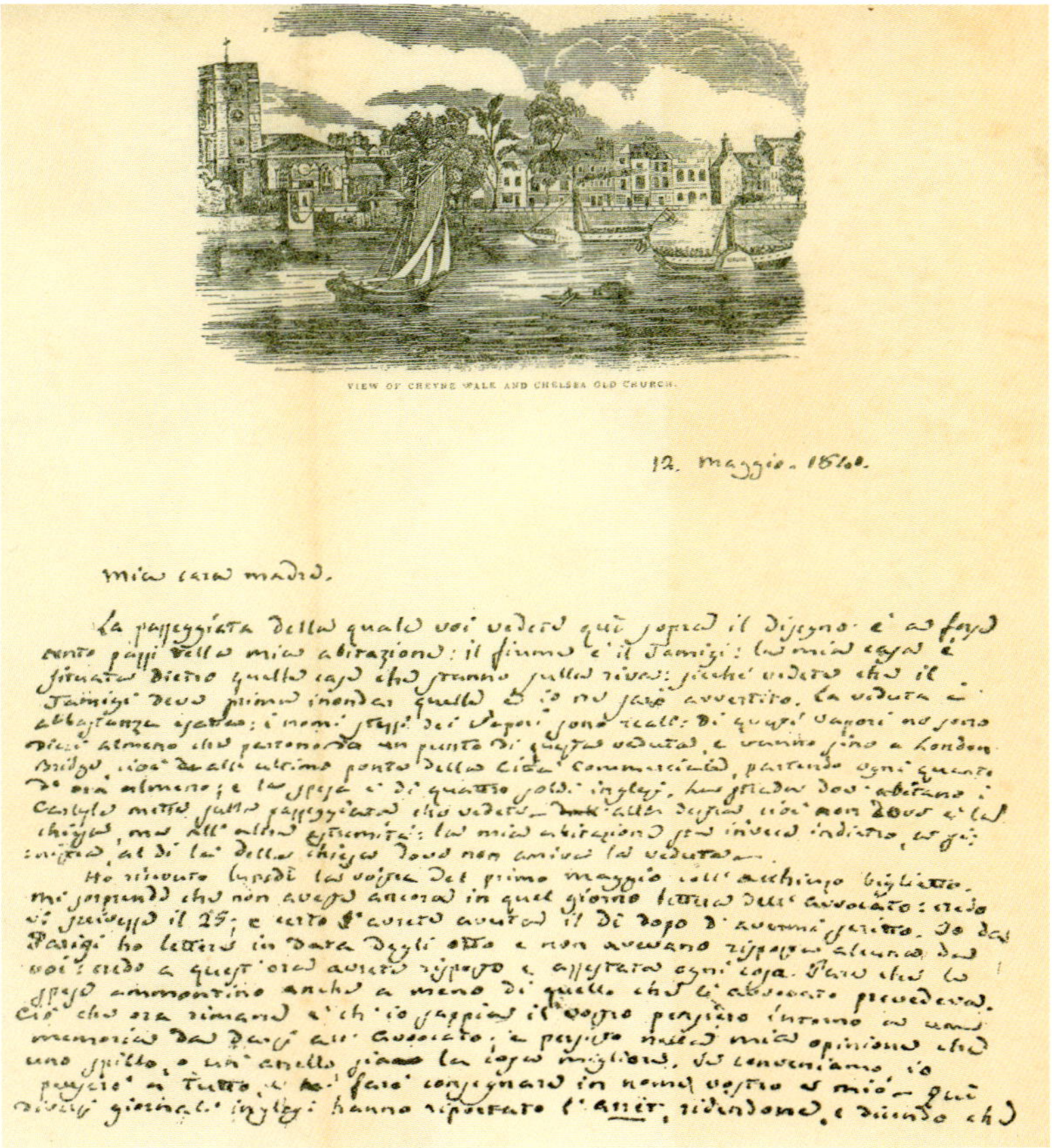

VIEW OF CHEYNE WALK AND CHELSEA OLD CHURCH.

12. maggio. 1840.

Mia cara madre.

La passeggiata della quale voi vedete qui sopra il disegno è a forse cento passi dalla mia abitazione: il fiume è il Tamigi: la mia casa è situata dietro quelle case che stanno sulla riva: sicché vedete che il Tamigi deve prima inondar quelle e io ne sarò avvertito. La veduta è abbastanza esatta: i nomi stessi dei vapori sono reali. Di questi vapori ne sono dieci almeno che partono da un punto di questa veduta, e vanno fino a London Bridge, cioè all'ultimo punto della città commerciale, partendo ogni quarto d'ora almeno; e la spesa è di quattro soldi inglesi. La strada dove abitano i Carlyle mette sulla passeggiata che vedete, dall'altra parte, cioè non dove è la chiesa, ma all'altra estremità: la mia abitazione sta invece indietro, a sinistra, al di là della chiesa dove non arriva la veduta.

Ho ricevuto lunedì la vostra del primo maggio coll'acchiuso biglietto. Mi sorprende che non aveste ancora in quel giorno lettera dell'avvocato: credo vi scrivesse il 25; e certo l'avrete avuta il dì dopo d'avermi scritto. Io da Parigi ho lettere in data degli otto e non avevano risposta alcuna da voi: credo a quest'ora avrete risposto e assestato ogni cosa. Pare che le spese ammontino anche a meno di quello che l'avvocato prevedeva. Ciò che ora rimane è ch'io sappia il vostro pensiero intorno a una memoria da darsi all'avvocato. A parer mio nella mia opinione che uno spillo, o un anello siano la cosa migliore. Se conveniamo, io penserò a tutto e lo farò consegnare in nome vostro e mio. — Qui diversi giornali inglesi hanno riportato l'[illegible], ridendone, e dicendo che

1841年5月12日付の母親への手紙（S.E.I., vol.XX, p.191）

「親愛なるお母さん
手紙の上部にある素描の散歩道はわたしの住まいのすぐ近くにあります。
川はテームズ川です。わたしの家は川の上にある家の裏側にあります」

マッツィーニが作曲した曲の楽譜

（S.E.I., vol.X）

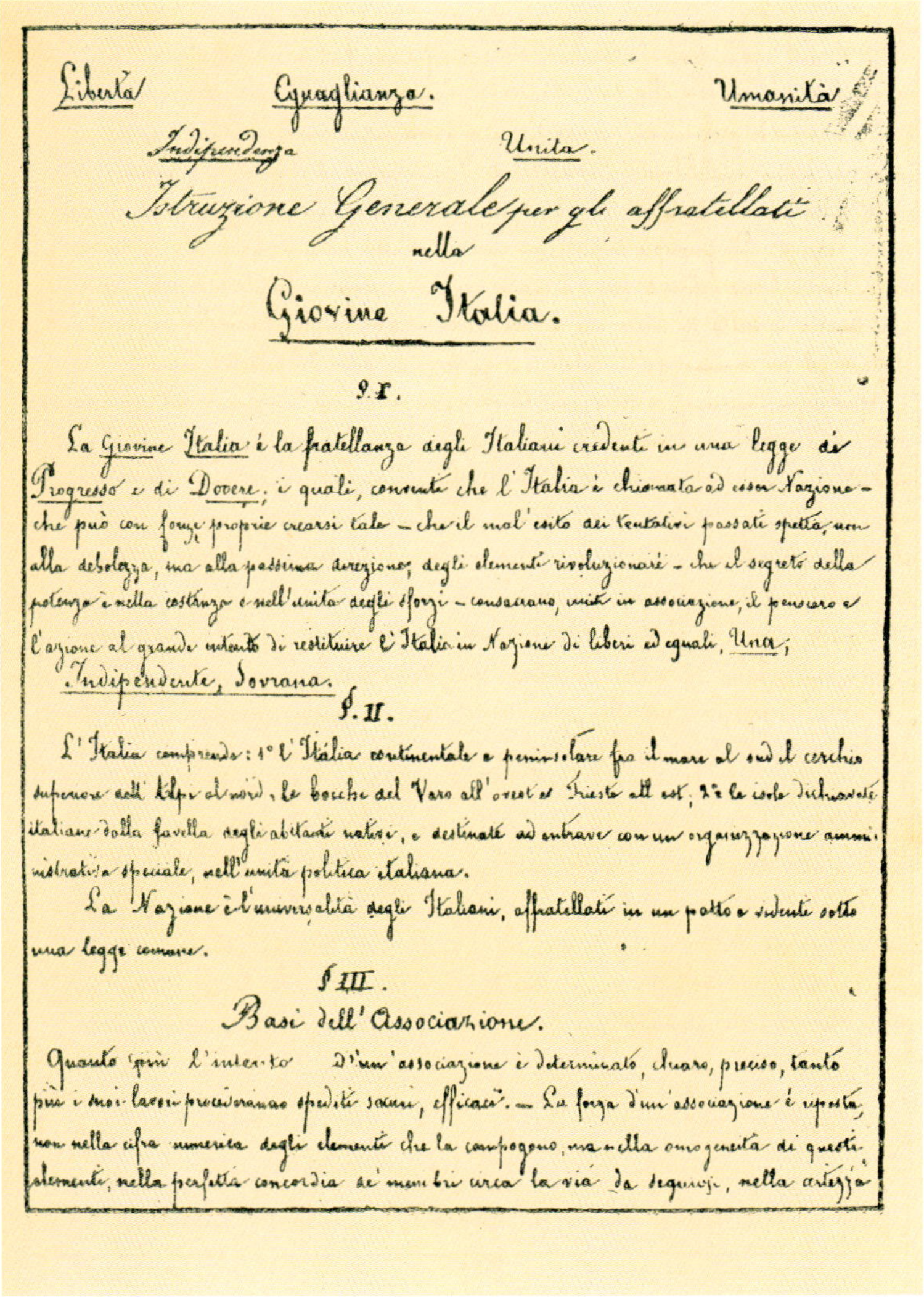

Libertà　　Eguaglianza.　　Umanità

Indipendenza　　Unità.

Istruzione Generale per gli affratellati
nella
Giovine Italia.

§. I.

La Giovine Italia è la fratellanza degli Italiani credenti in una legge di Progresso e di Dovere; i quali, convinti che l'Italia è chiamata ad esser Nazione – che può con forze proprie crearsi tale – che il mal esito dei tentativi passati spetta, non alla debolezza, ma alla pessima direzione degli elementi rivoluzionari – che il segreto della potenza è nella costanza e nell'unità degli sforzi – consacrano, uniti in associazione, il pensiero e l'azione al grande intento di restituire l'Italia in Nazione di liberi ed eguali, Una, Indipendente, Sovrana.

§. II.

L'Italia comprende: 1° l'Italia continentale e peninsulare fra il mare al sud il cerchio superiore dell'Alpi al nord, le bocche del Varo all'ovest e Trieste all'est; 2° le isole dichiarate italiane dalla favella degli abitanti nativi, e destinate ad entrare con un'organizzazione amministrativa speciale, nell'unità politica italiana.

La Nazione è l'universalità degli Italiani, affratellati in un patto e viventi sotto una legge comune.

§ III.

Basi dell'Associazione.

Quanto più l'intento d'un'associazione è determinato, chiaro, preciso, tanto più i suoi lavori procederanno spediti sicuri, efficaci. — La forza d'un'associazione è riposta, non nella cifra numerica degli elementi che la compongono, ma nella omogeneità di questi elementi, nella perfetta concordia dei membri circa la via da seguirsi, nella certezza

1840年にロンドンで結成された第2次「青年イタリア」の
「『青年イタリア』の兄弟愛で結ばれた者に対する一般教程」
(S.E.I., vol.XXII)

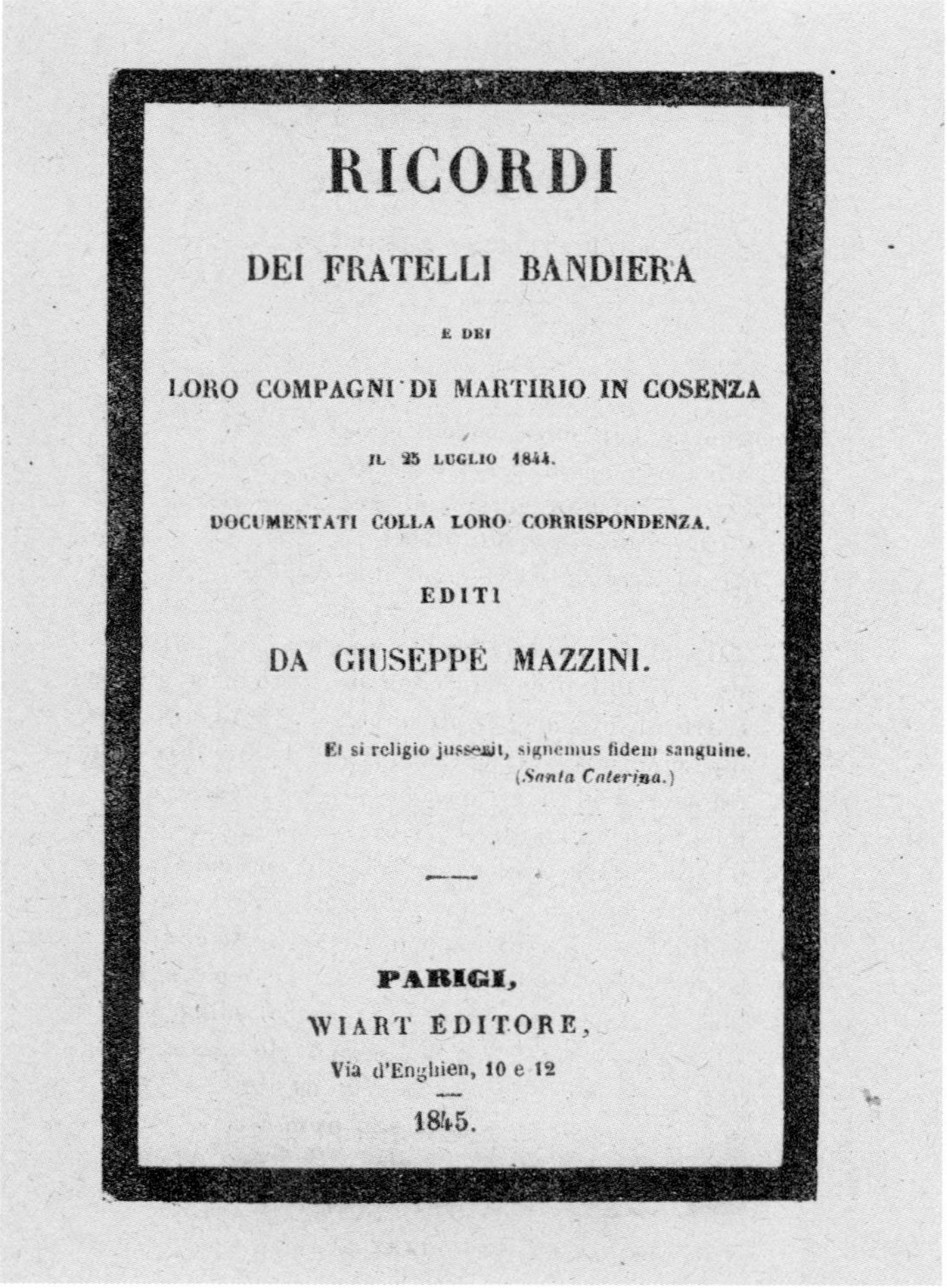

RICORDI

DEI FRATELLI BANDIERA

E DEI

LORO COMPAGNI DI MARTIRIO IN COSENZA

IL 25 LUGLIO 1844.

DOCUMENTATI COLLA LORO CORRISPONDENZA.

EDITI

DA GIUSEPPE MAZZINI.

Et si religio jusserit, signemus fidem sanguine.
(*Santa Caterina.*)

PARIGI,
WIART EDITORE,
Via d'Enghien, 10 e 12

1845.

1845年、パリで出版した『バンディエーラ兄弟への追悼』冊子
(S.E.I., vol.XXXI)

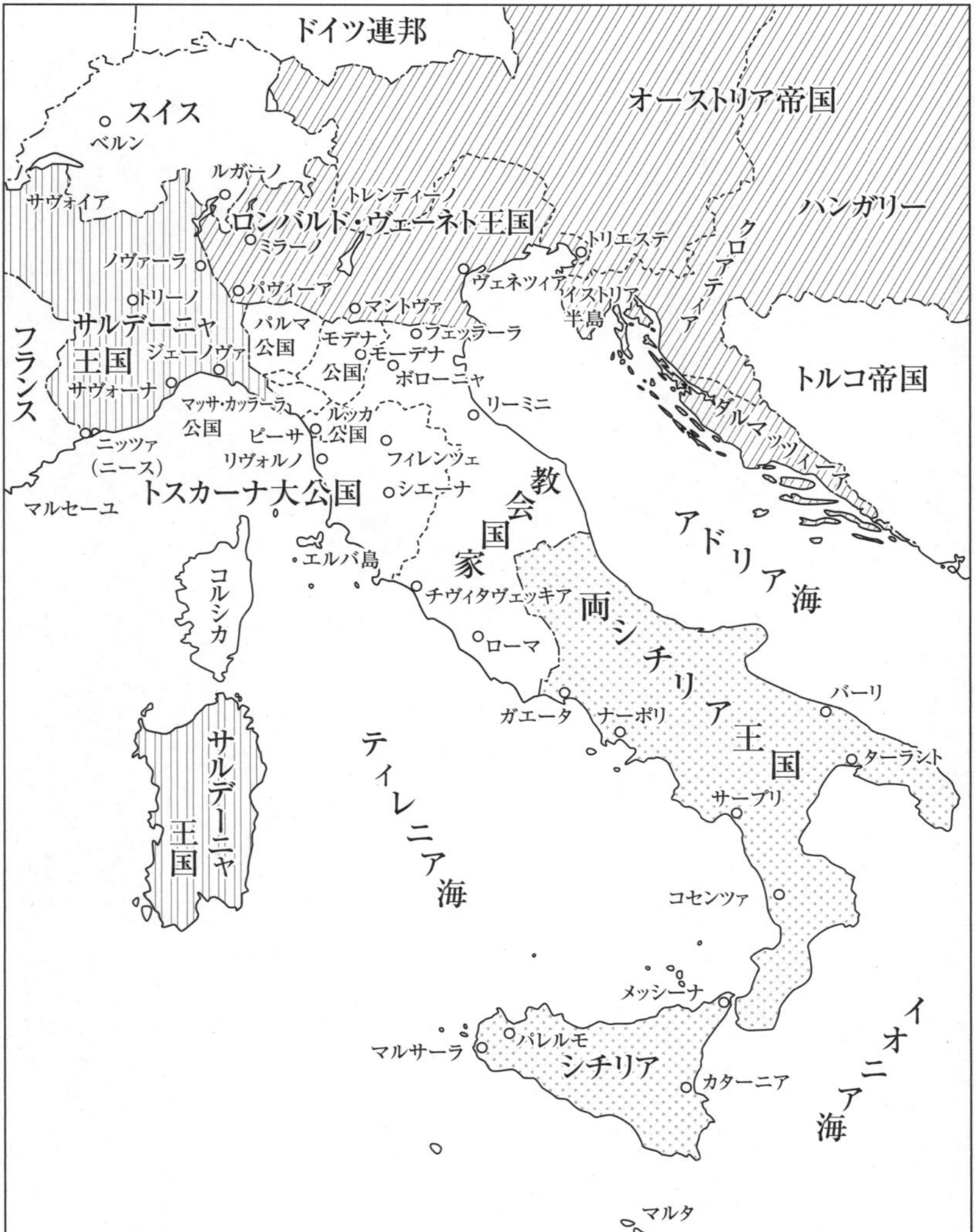
ドイツ連邦
オーストリア帝国
スイス
ベルン
ハンガリー
ルガーノ
サヴォイア
トレンティーノ
ロンバルド・ヴェーネト王国
ミラーノ
クロアティア
トリエステ
ノヴァーラ
ヴェネツィア
パヴィーア
トリーノ
イストリア半島
マントヴァ
パルマ公国
サルデーニャ王国
フランス
モデナ公国
フェッラーラ
ジェーノヴァ
モーデナ
トルコ帝国
ボローニャ
サヴォーナ
マッサ・カッラーラ公国
ダルマッツィーア
リーミニ
ルッカ公国
ピーサ
ニッツァ（ニース）
フィレンツェ
リヴォルノ
教会国家
トスカーナ大公国
シエーナ
マルセーユ
アドリア海
エルバ島
コルシカ
チヴィタヴェッキア
両シチリア王国
ローマ
バーリ
ガエータ
ナーポリ
サルデーニャ王国
ターラント
ティレニア海
サープリ
コセンツァ
メッシーナ
イオニア海
パレルモ
マルサーラ
シチリア
カターニア
マルタ

1815年のイタリア

マッツィーニの思想と行動　目次

マッツィーニの思想と行動

本書は、東京経済大学二〇一一年度学術図書刊行助成を受給して出版したものである。

はじめに

ジュゼッペ・マッツィーニ Giuseppe Mazzini（一八〇五〜一八七二）は、一九世紀イタリアの独立と統一の運動、いわゆる「再興」を意味するリソルジメント Risorgimento 運動において、オーストリアからの独立と、西ローマ帝国崩壊以来存在しなかったイタリア半島の統一国家の樹立に生涯をささげた人物である。

一八六一年の統一イタリア王国の成立から一八七一年のローマ遷都にいたるプロセスは、たとえマッツィーニの直接的な関与はなく、かれの理念に反する結果であったとしても、かれの不変の理念にもとづく不断の行動と深く関連しながら展開した。その意味で、マッツィーニの思想と行動を抜きにして近代イタリアの独立と統一の運動を理解することはできない、といっても決して過言ではない。

ウィーン会議によって、イタリア半島はフランスを封じ込める防壁と位置づけられ、それにもとづいて領土の再編成がおこなわれ、諸邦分断体制が敷かれた。フランス革命の時期に起源をもつリソルジメント運動は、ナポレオン時代から、ウィーン体制、七月革命、一八四八年革命、フランスの第二帝政、普墺戦争、普仏戦争にいたる一八世紀末から一九世紀にかけてのヨーロッパの政治と不可分な関係にあった。それだけに、リソルジメント運動をイタリア半島に限定するのではなく、より広範なヨーロッパの国際的な関係のなかで考察する必要がある。

ナポレオンのイタリア支配時代の一八〇五年に生まれ、ウィーン体制下で成長し、パリ・コミューン後の一八七二年に亡くなったマッツィーニは、まさに一九世紀の「時代の子」であった。マッツィーニは、ダンテなどが語った茫漠とした文学的共同体としてのイタリア、あるいはメッテルニッヒが述べた地理的な概念としてのイタリアの独立と統一を、一八三一年に結成したイタリアの名前を冠した組織「青年イタリア」の政治的目標とした。一八五九年の第二次イタリア独立戦争開始の前に、「イタリアは地理的表現ではなく、一つの政治的、いや宗教的ともいえる事実である」[1]と述べたかれは、イタリアという祖国を世俗宗教として、崇拝の対象とし、民族性の重要性を訴え続けた。その意味で、かれが「一九世紀イタリアの民族理念の最も重要な擁護者」[2]であったという形容は正しい。古典ともいえるマッツィーニ伝の著者グリフィスは、マッツィーニが結成した「青年イタリア」は「一つの霊感、一つの精神」であり、「道を通る人を呼び止め、日々の仕事のなかで不意に現れ、夢のなかで言葉をささやく、新しい希望と新しい目的を鼓舞する目に見えない一つの存在」[3]であったと述べている。その文学的な表現によるマッツィーニの歴史的評価は、正鵠を射ている。

マッツィーニの思想と行動は、たんにイタリアの独立と統一という民族的課題の解決に限定されるものではない。かれは、個々の民族が内包する特別な使命にもとづいた民族性の原理をもとに、民主主義、人民の権利、人民の友愛という普遍的な原理をヨーロッパ的規模で実現しようとした。そのために、「青年イタリア」の理念的発展として、一八三四年に「青年ヨーロッパ」を、一八五〇年に「ヨーロッパ民主主義中央委員会」を結成している。これらの組織を通じて、マッツィーニは「君主の神聖同盟」に代わる、被抑圧民族を中心とした「人民の神聖同盟」によって、ヨーロッパを再編成することを目指した。被抑圧民族の解放と個々の民族性にもとづく新しいヨーロッパ体制の確立という理念は、筆者がマッツィーニ研究を始めた四十数年前に感動すら覚えたかれの言葉――「祖国は個人と人類の均衡を保つ支点である」[4]――に示されている。

一九世紀前半、そして一八七〇年まで、ヨーロッパについては二つの理念が存在した。一つは勢力均衡の原理にもとづいて構成された諸国家のヨーロッパという保守的な理念である。その代表的な人物がメッテルニッヒであり、諸国の勢力均衡にもとづくヨーロッパの安定を固持するために、一八一五年から一八四八年まで民族運動を抑圧した。もう一つは、民族性と民族自決の原理にもとづいて、被抑圧民族に自由をもたらしながら再構築される諸民族のヨーロッパという革命的な傾向の理念である。この理念は、保守的なヨーロッパ理念と対決する人民の意志に沿って民族意識を育みながらも、他民族を排除し、それに敵対するものではなく、祖国に対する愛国心を鼓舞すると同時に普遍的な友愛を目標とするヨーロッパ理念であった。

マッツィーニは、友愛と平等にもとづくヨーロッパを編成する重要な役割を民族に求めた。その民族は自由を基盤とする友愛をヨーロッパに拡大する使命を有するものであり、新しいヨーロッパとは自由で、普遍的な友愛において成立するものであった。シャボーは、ヨーロッパの未来を射程に入れて思想と行動を展開したマッツィーニを、「民族的、一時的、地方的なるものすべてを普遍化し、規範化し、一般化」し、「個々の民族の権利とより大きな共同体としてのヨーロッパの権利を同時に守ろうとする、ヨーロッパ思想の大きな思潮の最も優れた代表者」[5]と形容している。マッツィーニは、民族の自由と独立が大きな流れであった一九世紀ヨーロッパにおいて、「国境」が強く意識され、人々が「国境」のなかに取り込まれ、囲い込まれていくなかで、民族性の確立を人類の進歩の前提として考え、それを最終的な目標である普遍的な人類の友愛へと導くことを主張した。ジェンティーレはそうしたマッツィーニを、「祖国・自由・人類が三位一体」となった「自由で独立した民族の連合としての人類の理念」の「最大の理論家であり、最も熱烈な使徒」[6]であったと特徴づけている。

マッツィーニの思想と行動を理解するには、かれの政治活動を熟知する必要があるが、その「最良の手引き」がかれの理念である。かれにとって「文学的著作と政治的なものの区別は意味をもたなかった」。かれのすべての著作が行動であった。マッツィーニの基本的なモットーである「信仰は思想と行動」[7]、「人生は思想と行動」[8]という言葉に示されているように、かれの思想は行動であり、行動が思想であり、その二つは一致するものでなければならなかった。

本書は、祖国と人類、特殊と普遍の調和というマッツィーニの基本理念を軸として、一八三五年一月三〇日に母親宛の書簡で「人生は一つの使命であり、徳は犠牲である」[9]と記したかれの「思想と行動」を論ずるものである。

I　ジェーノヴァ時代のマッツィーニ

民族革命家マッツィーニの原体験

イタリアの民族革命家としてのマッツィーニの原体験は、一六歳のときにジェーノヴァの埠頭で見た亡命者の一群であったと推測される。一八二一年四月のある日曜日、母親と家族の友人たちと散歩中に目にした衝撃的なその光景を、マッツィーニは『自叙伝』の冒頭で記している。

忘れがたい、燃えるような眼差しで、暗褐色の髭をのばした、厳しく精悍な容貌の一人の男が、突然にわたしたちに近づいて立ち止まった。かれは、白いハンカチを両手で広げ、「イタリアから追放される者のために」とだけいった。母と友人はハンカチのなかに、何がしかの貨幣を入れた。その男は他の人たちに同じことを繰り返すために遠ざかっていった。あの日は、祖国と自由の思想とはいえなくとも、祖国の自由のために戦うことができる、戦わねばならないという考えが、わたしの胸のなかで混乱気味に芽生えた最初であった。(1)

その喜捨を求めた男とは、サルデーニャ王国のカルロ・アルベルト公を後ろ盾として、ウィーン体制の成立から六年目の一八二一年三月に立憲革命を企てて失敗し、他国への亡命を余儀なくされた革命家である。この逸話は、一八四九年にローマ共和国でマッツィーニとともに三頭執政官を務め、その後かれの忠実な後継者となったサッフィの『マッツィーニ伝』(2)の冒頭でも引用されている。

この逸話をマッツィーニは四〇年近く封印したまま、一八六一年に執筆した『自叙伝』で初めて吐露した。かれが一六歳のときに一八二一年の立憲革命を支持するジェーノヴァの大学生の示威行進に加わった政治的少年であったことを考慮すれば、脳裏に焼きついた悲哀に満ちた亡命者の姿が四〇年を過ぎても消え去ることがなかったと考えられる。しかし、「青年イタリア」結成時期について、後述する『自叙伝』の記述に起因する論争があるように、この逸話がたしかな記憶にもとづくものか、あるいはカルロ・アルベルトの父、ヴィットーリオ・エマヌエーレ二世を国王とする統一国家樹立の直後に劇的な脚色を施して書かれたものではないのか、『自叙伝』の史料批判が必要になってくる。ともあれ、マッツィーニの民族革命家としての思想的原点が家庭環境、大学時代の文学評論活動、そしてカルボネリーアでの活動など、ジェーノヴァ時代にあることはたしかである。

マッツィーニ家の知的環境

マッツィーニは、一八〇五年六月二二日朝、ジェーノヴァのロメリーニ通りにある自宅（現在マッツィーニ博物館）で生まれた。その二週間前にジェーノヴァはイタリア王を宣言した皇帝ナポレオンによってフランス帝国に併合されており、マッツィーニはサン・シーロ聖堂でフランス帝国臣民として洗礼を受けた。ウィーン会議でジェーノヴァがサルデーニャ王国に併合されると、マッツィーニはフランス臣民からサルデーニャ王国臣民へと帰属が変わる。誕生のときから「民族」に翻弄されたマッツィーニは、イタリア民族の独立と統一にかける生涯を運命づけられていたのかもしれない。

医者であった父ジャーコモは、一八二二年からジェーノヴァ大学医学部で病理学・衛生学の教鞭をとっている。かれは、フランス革命の影響を受けて成立したフランスの姉妹共和国であるリグーリア共和国（一七九七〜一八〇五）で活躍したが、マッツィーニが生まれた一八〇五年にはあらゆる政治活動から完全に身を引き、医者の仕事に専念していた。しかし、ジャーコモはイタリア統一の思想は放棄することなく、ジェーノヴァがサルデーニャ王国に併合されたことに小国の悲哀を味わいながらも、それがイタリア統一の第一歩として賛同した「数少ないジェーノヴァ人」(3)であった。ジャーコモは息子に直接的に強い影響を及ぼすことはなかったとしても、かれが読んだ書架に並ぶ書物などを通じて、あるいは家庭で交わされる日常的会話によって、息子が父から共和主義思想の影響を受けたと考えてもおかしくない。

マッツィーニの人間形成に多大な影響を与えたのは、母マリーア・ドラーゴである。裕福な商家出身で、信心深く、愛情豊かな母の「鋭い感性と信仰心」(4)の影響を受けて、マッツィーニは「厳格な道徳性」を身につけ、「カトリックの閉鎖的なドグマ的」世界から脱却し、「理念と行動の一致」(5)を全生涯において実践することになる。

また、マッツィーニの倫理観、宗教観に大きな影響を与えたのが、当時リグーリア地方のブルジョア階層に広く広まっていた、母も熱心に信奉する、「共和主義的・民主主義的傾向と緊密に結合」したジャンセニズムであった。一八四九年に書いた「教皇から公会議へ」のなかで、「ジャンセン主義者は原始キリスト教の古い宗教的厳格性」[6]を取り戻そうとしていたと、マッツィーニは記している。マッツィーニの厳格な道徳主義、共和主義・民主主義理念に見られる宗教性はそのジャンセニズムからの影響であった。

生まれつき虚弱体質であったマッツィーニは、家庭教師によって基礎教育を受け、小学校に通うことはなかった。娯楽が「罪」[7]と見なされていた家庭環境が、感受性が強く、利発で、早熟だった思想形成期のマッツィーニに禁欲的な使徒の道を歩ませることになったといえよう。かれ自身も、『自叙伝』で「両親の民主主義的な習慣、貴族と庶民を分け隔てしない生き方から、平等の信仰を無意識のうちに教わった」[8]と述べている。また『人間義務論』の序文で、「母親の共和主義的本能によって、隣人のなかに富者でも権力者でもなく、人間を求めること」を学び、「労働者にしばしば見られる不言実行の謙虚な犠牲の徳」を尊ぶことを「父親の無意識で、自然な徳」[9]から学んだと認めている。

マッツィーニの読書遍歴

マッツィーニの思想形成を知る一つの手掛かりはかれの読書遍歴である。かれは大学入学以前に、マッツィーニ家の書架にある父親が読んだフランス革命に関する書物、フランス・イギリス・ドイツの歴史書、古典から当時の文学作品までを読み漁っている。その広範な読書は、一八二二年、一七歳のときに読んだ本のリストで知ることができる[10]。また、かれの繊細で神経質な性格を示すかのようなか細い筆跡で、マンゾーニ、モンティ、フォスコロなどの詩を筆写したものが残されており[11]、当時の知識階層の教養教育の一端を知ることができる。

一八二五年春に友人に宛てて書いた、これまでに発見されている最も早い時期の書簡で、マッツィーニは「わたしが、書物、様々な歴史書の読書でどんなに興奮しているか君は知らないだろう[12]」と述べている。大学卒業後に文学評論活動をおこなっていた時期の一八二八年末、リヴォルノに住む作家のグエルラッツィに宛てて書いた書簡では、ゲーテの『ファウスト』を読むために「ドイツ語を学び」、バイロンの長詩『マンフレッド』を熟読するために「英語を勉強」したと述べている。「バイロンの全作品の翻訳が、シェイクスピアやゲーテの翻訳のように、イタリアには必要である[13]」と書き記していることからも、その旺盛な読書欲を知ることができる。

若きマッツィーニの愛国心をかき立てた作家はフォスコロとダンテである。残された読書リストのなかで一番多いのがフォスコロの著作の九冊である。マッツィーニは、フォスコロの小説『ヤーコポ・オルティスの最後の手紙』に「夢中になり、それを暗記し」、「母がわたしの自殺を恐れた」ほどにこの愛国詩人に熱中し、それ以来、外国人に蹂躙され、威厳を喪失したイタリア人の「祖国への哀悼」の意を込めて、「幼くも黒服を着る[14]」こととし、それを生涯にわたって貫いたと『自叙伝』で述べている。イギリス亡命時代(一八三七〜一八四八)の塗炭の生活のなかで、一八二七年にロンドンで客死したフォスコロの遺稿を古本屋で発見し、それに序文をつけて出版して、母親にも「フォスコロ伝の執筆[15]」を語っていることを考慮すれば、その思い入れも理解できる。また、少年時代のマッツィーニは文学だけでなく、美術や音楽にも関心を示している。売文で窮乏生活をしのいでいたイギリス亡命時代には、イタリア美術についての原稿を書き、「音楽の哲学」と題する評論も書いている。みずから作曲した曲をギターで奏でるのが、生涯の大半を過ごした孤独な亡命生活での慰めであった。

ジェーノヴァ大学時代（一八二二〜一八二七）

マッツィーニは、一八二二年五月三一日に予科を終え、その年の一一月にジェーノヴァ大学法学部に入学する。一八二七年四月六日に卒業するまでの大学生時代、マッツィーニの主たる関心は法学ではなく、「学外での自由な文化的探究と、貪るような読書、政治的考察[16]」であった。大学時代のマッツィーニは文芸評論グループのリーダーとして活躍した。その仲間の一人が家族の付き合いもあった幼友達のヤーコポ・ルフィーニで、「最初の、最高の友人」であり、一八三一年に亡命するまで「兄弟のように過ごした[17]」とマッツィーニは述べている。

マッツィーニを中心とする文芸評論グループに集まった「新しいことに熱中する、独立した精神の知識人のなかで選ばれた若者[18]」たちは、政治・文学・宗教についての尽きることのない議論に熱中した。その時期にマッツィーニのなかで「祖国を無限に希求する意識」がたしかなものとして育まれたことは、「抑圧する者の犯罪に、首にくびきをかけられた者の徳に」、「自由の祭壇のまわりに流された血に思いを馳せるとき、わたしの胸に生まれる怒り、それがすべてである」[19]という言葉からも明らかである。

家庭の知的環境で育まれたマッツィーニの宗教観、倫理観、文学的素養、民主主義思想に、文学評論グループの活動を通じてロマン主義の影響が加わることになる。マッツィーニは、個々の時代がそれぞれ固有の文学をもつべきであるという考えから、「青年たちはすべてロマン主義者だった」[20]と回顧しているように、ロマン主義の立場から文学評論活動を展開している。『自叙伝』では、「ロマン主義が抑圧に抗した自由の戦い」、「われわれが選んだものではない形態あるいは規範に抗した独立の戦いであることを、イタリアではだれもいわないが、わたしたちはそれをいうのだ」[21]と述べ、ロマン主義をイタリアの民族的課題と結合させたことを語っている。

イタリアのロマン主義運動の拠点は、ミラーノのコンファロニエーリを中心とする『イル・コンチリアトーレ』誌であった。その特徴はマンゾーニの作品に見られるカトリック的・自由主義的な傾向、ペッリコの『我が牢獄』に見られる「ロンバルディーアの軟弱で、カトリック的な諦念のロマン主義」であった。これに対して、マッツィーニのロマン主義の特徴は「とくにフランス左派のロマン主義」[22]、すなわち中世やカトリック的伝統の憧憬から解放され、「感情や集合的な理念を表現できる、たんに個人的なインスピレーションに発するものではない、民主的で全ヨーロッパに共通する文明の発展と結合したものであり、それにイタリアは後進性を脱して即応すべき」とする「世俗的・民主的」なもの、「進歩的[23]」なものであった。マッツィーニは文学と政治を不可分なものと認識し、文学は社会的であらねばならず、「半政治的な手段[24]」であった。マッツィーニはロマン主義を通じて、文学にもとづいて動くのが制度であり、政治的・社会的現実を変えることができるのが作家であるという明確な理念をもつにいたった。

大学卒業直後、一九世紀初頭のイタリア半島の文化的中心地であったミラーノに対して、サルデーニャ王国の一地方都市であったジェーノヴァで、マッツィーニは商業紙『インディカトーレ・ジェノヴェーゼ』に書評を発表し、文学評論活動を開始した。一八二八年五月には、その新聞を「直接的な政治行動の前提と理解していたロマン主義論争の手段[25]」とし、「進歩の概念とロマン主義信仰」を中心にすえた「文化闘争の機関誌」に変更しようとした。のちに、その活動を「イタリアの知的リソルジメント[26]」と回顧している。その意図は、「ヨーロッパの天才の存在と(ヨーロッパ)大陸のすべての国民が一つの同じ本体に帰属」するという確固たる理念において、「ヨーロッパ文学の研究に基礎を置く文学」、「民族の完成の手段」となる「社会的な活性化に合致する[27]」新しい文学の創出であった。デッラ・ペルータは、全集には収録されていないが「確実にマッツィーニの著作」だという、一八二八年一一月八日号の『インディカトーレ・ジェノヴェーゼ』紙に発表された「人民の図書館」のなかで、「城壁に囲まれた」個々の都市国家としてではなく、「イタリア全土」として「祖国」の衰退を嘆いていることに、

「かれの民族的・愛国的なパトスを読み取ることができる」[28]と指摘している。『インディカトーレ・ジェノヴェーゼ』紙で、マッツィーニは「祖国の感情を蘇らせる手段としての歴史小説の重要性」を主張し、「イタリアはオリジナルな、民族的文学をもつ必要」[29]があると指摘している。マッツィーニのロマン主義は、「知的進歩は最終的には人民に伝播するものでなければならない」という「民主主義的傾向」をもっていただけに、『インディカトーレ・ジェノヴェーゼ』紙に掲載された評論は危険な思想と見なされ、本紙は一八二八年一二月に発刊停止に追い込まれた。[30]

『インディカトーレ・リヴォルネーゼ』紙に発表の場を変えたマッツィーニは、「ゲーテの『ファウスト』」(一八二九年一二月)、「一九世紀のヨーロッパ文学の傾向について」(一八二九年五月)などを発表している。ゲーテの『ファウスト』についての評論[31]ではファウストを孤高の天才のシンボルと見なし、一人の全能の人間が支配する世界を論じているが、これはその後のマッツィーニの天才論につながるものである。また、この論文で初めて、「神」を「自然」の同義語として使用している。[32]マッツィーニは、『インディカトーレ・リヴォルネーゼ』紙に寄稿する一方で、フィレンツェでヴィッソーが一八二一年に発刊した『アントロジーア』誌に、「ヨーロッパ文学について」、「史劇」を発表している。この文学評論が当時の一流の文学評論誌に掲載されたきっかけは、その同人であったニッコロ・トムマーゼオが「マッツィーニの才能を発見した」[33]ことにあった。

『アントロジーア』誌に発表したマッツィーニの最初の本格的な評論である「ヨーロッパ文学について」と同様、「ダンテの祖国愛について」も、かれの思想形成のプロセスを知る上できわめて重要である。その評論は、大学在籍の最終時期にあたる「一八二六年から一八二七年の間に書かれ」、『アントロジーア』誌に送ったが掲載されず、一〇年後の一八三七年に発表された。それは、若きマッツィーニの「文化的関心と傾向」だけでなく、かれの「知的な成熟の重要な時期」(34)を知ることができるものである。この「戦闘的な文学論」は、イタリアの「祖国の父」(35)である偉大なダンテの「ロマン主義的な感興と想起」にもとづく「政治的行動」(36)であった。マッツィーニは「イタリア人の祖国はローマでも、フィレンツェでも、あるいはミラーノでもなく、全イタリアにある」(37)という民族的統一の主張をダンテのなかに見ることができるとし、「ダンテに学べ」、「偉人を生み出す第一歩は故人たちを敬うことにあることを決して忘れてはならない」(38)と述べている。このダンテに対する思いは一八六六年においても変わることなく、「ダンテのイタリアの宗教はわたしのものであり、われわれ全員のものであらねばならない」(39)と繰り返している。

マッツィーニにとって、ダンテは「イタリアの歴史、人民の運命、民族的文明の手本となる道、自由の確実な到達点」を示す「一つのシンボル」であったし、「道徳的理念の創設者、真理の立法者」(40)であった。ダンテの「すべての著作のなかに」、「祖国への無限の愛」を見出すことができ、それは「偏見や郷土の怨恨」からではなく、「統合と平和のきらめくような思想」(41)

から生まれるものとかれは述べている。

「ヨーロッパ文学について」で、マッツィーニはヨーロッパにおけるヴィーコの『新科学』の受容について言及し、イギリスの詩人ワーズワースなど数多くの作家・詩人や、コンドルセ、ギゾーなどといった思想家・歴史家の名前を列記している。この評論は、ヨーロッパ文学というよりは、『ハムレット』にある、文学は「時代の鏡である」[42]という言葉を鍵として、ギリシア、ローマ、封建社会、宗教改革にいたるヨーロッパ文明史を総覧したものである。そこでは、「時代は新しい権利を発展させながら、つねに新しい義務を積み重ねる」[43]と義務と権利に関する理念が展開されている他、時代を牽引する「天才」は「預言者であるがゆえに、未来へとしばしば導き」[44]、「人民の文明化が端緒についたところであれば、その進歩は少数者にゆだねられる」[45]と、天才・進歩といったマッツィーニ固有の理念の萌芽を見ることができる。また、ランゴバルド族の王国が作った代議制体系は「のちにイタリアの優位を形成することになるリソルジメントの多くの要素」[46]の一つであると述べ、一八二九年の時点でリソルジメントという言葉を使用し、ヨーロッパの被抑圧民族の民主主義的運動におけるイタリアのイニシアティブを「優位」として展開していることも見落としてはならない。一八二八年の「最後の数カ月」の時点で書かれた前掲のグエルラッツィ宛書簡のなかでは「分断と対立によってイタリア半島の住民に根づいてしまった偏狭な地方意識のない」者を「本当のイタリア人」[47]と述べているようていた。

に、地域的な意識を超える統一体としてのイタリア人という意識はこの時期からすでに芽生え

「ダンテの祖国愛について」でも見られた、ヨーロッパの諸国民に友愛的な結合をもたらすという「ヨーロッパ的発想」は、「ヨーロッパ文学について」でも指摘されている。エピグラフに、「わたしは一つのヨーロッパ文学の曙光を予感する。諸国民のだれもそれをいえないであろう。あらゆるものがそれを作り出すために貢献するであろう」[48]というゲーテの言葉を引用した上で、「ヨーロッパには要求と願望の一致、共通の思想、普遍的な精神が存在し、それが諸民族を共通の目的に一致する道に向かわせる。一つのヨーロッパ的な傾向が存在」[49]し、「諸民族の特別な歴史は終わりつつあり、ヨーロッパの歴史が始まろう」としており、「祖国という名前は神秘的な、崇拝すべきものとして響く」[50]と述べている。そのなかに、中世と結合するカトリック的伝統を拒否するマッツィーニの「世俗的・民主主義的特徴をもつロマン主義」と、諸民族と人類の未来の運命を預言的に解釈する「天才」の原理といったかれの思想の基本的な要素を見出すことができる。[51]「左派ロマン主義の使徒となった」[52]マッツィーニのロマン主義を擁護する論争的評論は、「政治的理念を宣伝し、直接行動することはなくても、少なくとも行動を準備するように急き立てるための口実」[53]であった。

ジェーノヴァ時代のマッツィーニの文学・政治思想の形成に、とりわけ影響を与えたのはフランスの文化・思想である。『自叙伝』では、「当時（一八二九年）、ギゾーの歴史講義、未来の

宗教を内包する進歩の理論にもとづくクーザンの哲学講義を渇望するように待ち望んでいた」といい、この二人の雄弁な講義のなかに見られた「われわれが予見しない、まもなく生まれる光り輝く未来」は、「ルイ・フィリップ憲章が制定され、ブルジョア再編成がなされた一年後に悲惨にも中断されることになった」[54]と述べている。

ギゾーは、一八二八年から一八三〇年に出版した『近代史講義』で、フランスは一八世紀に「ヨーロッパ世界の進歩において先頭にたった」[55]と述べているが、そのフランスの優位は「マッツィーニがのちに唱えることになるイタリア優位の思想を少なからず刺激した」[56]。一八二九年に出版した『フランスの文明史』のなかでは、「知的能力も政治的能力もイタリアには存在しない」、一一世紀から一五世紀のイタリアの諸共和国には「社会状態の第一条件たる生活の安全と諸制度の進歩」[57]の二つが欠けていたとギゾーは評している。ヴェントゥーリは、このギゾーの主張を「イタリアの少なからぬ青年が熟考し、その意味する批判に恥ずかしく思いながら、いまから永遠に、思想と行動の統一を維持し、固有の使命のために生きることを誓っていた」[58]と、イタリアの愛国者に与えた影響を指摘している。

ギゾーの指摘は、マッツィーニにとってほとんど鞭打ちに等しいものであった。かれはギゾーのフランスの優位の理論に対抗し、マルセーユ時代に言葉ではなく、「青年イタリア」の政治宣伝と行動を通じて、「イタリアの主導権」を実現しようとした。それは、一八三四年一〇月一二日付のラムネー宛の書簡で、「イタリアに力が欠けているわけではない。イタリアに欠けているのは信仰である。その信仰は継続的な抗議で表明される自由、平等、愛への信仰ではなく、それらの理念の実現を可能にする信仰であり、みずからの潜在的な力への信仰である[59]」と述べていることからも明らかである。

クーザンの哲学理論である折衷主義について、マッツィーニは『アントロジーア』誌に発表した「史劇」において、「諸理念はまず極端に走り、続いて中庸に戻る」といい、「他のあらゆるものと同様に、文学においても、排他性は誤りであり、折衷主義が真理である[60]」と述べているように、中庸の基準の有効性を肯定している。[61]ガランテ・ガッローネによれば、マッツィーニの「一九世紀のヨーロッパ文学の傾向について」は、クーザンが一八二八年に出版した『哲学講義　哲学史序説』から「進歩の不可避性」などの影響を受けている。マッツィーニには、クーザンは国や時代を超越して眺望する「情熱の人」、「自由の師」に見えたし、その折衷主義は「文化的・政治的に新しい地平を開く活力[62]」と思えたのである。

カルボネリーア員としてのマッツィーニ

マッツィーニは『自叙伝』のなかで、ロマン主義の立場から「文学上の戦い」を続けている間も、「みずからの目的」を忘れることなく、それに自分の「命をかけることができる人々」を探し求めていたと述べている。大学卒業後に評論活動をおこなっていた時期に、かれは「フランス、スペイン、イタリアに共通する秘密活動をおこなう再生したカルボネリーア」について漠然としたうわさを耳にしていた。それを探し求めてたどり着いたのがカルボネリーア員の法学部の友人で、かれの紹介で一八二七年にカルボネリーアに加入した[63]。

マッツィーニはカルボネリーア加入について、文学評論活動から政治活動に移行した「最初の大きな犠牲[64]」であったと『自叙伝』で回顧している。しかし、評論活動とカルボネリーア員の活動は時期的に一致しており、カルボネリーア加入はかれの評論活動の「論理的帰結」であって、評論活動の友人もカルボネリーアに加盟していることを考えると、文学活動と秘密結社運動は「相互依存[65]」の関係にあり、文学から政治へと活動の場を移したということではなかった。

カルボネリーアは、一説によれば、一九世紀初頭にフランスのアルプス山麓で、当初は反ナポレオンを掲げて誕生し、その後フリーメーソンやキリスト教神秘主義から象徴的な儀式を取り入れ、ナポレオン軍のヨーロッパ支配にともなってドイツ、スペインに広がり、とくに南イタリアに根づくことになる。ウィーン体制下で自由主義運動が弾圧され、その活動が封じ込められた反動としてイタリアに広く瞬く間に広まったカルボネリーアの目的は、革命的なものではなく、君主の権限を制限し、市民の基本的人権を保障する明文憲法の要求であった。イタリアに広く拡大したとはいえ、カルボネリーアは諸邦内部の改革の域を超えるものではなく、イタリアの再興を目標に掲げることはなかったし、地域間の連携も存在しなかった。ナーポリでは軍隊のなかに多くの加入者を得たカルボネリーアを中心として、一八二〇年にスペインの革命の影響を受けた立憲革命が起こった。パリのカルボネリーアに指導されるピエモンテのカルボネリーアは自由主義的立憲主義を志向し、一八二一年に立憲革命を企てたが、ナーポリと同様に失敗に終わる。

一八二七年のマッツィーニにとって、政治変革への意識が高まるなかで、それを実践できる唯一の組織がカルボネリーアであったことはたしかである。『自叙伝』では、カルボネリーアの「複雑なシンボリズム、神秘的な位階制、政治的信仰の欠如」に疑問をもちながらも、「当時みずから行動を展開するには無力であった」ことから、「思想としてはおそらく劣るものであっても」、教会からの「破門」、国家からの「死刑」に怯むことなく、「思想と行動を一致させる人々の組織」(66)と思えたカルボネリーアに加入したと回想している。この回想は、後述する「青年イタリア」の結成にかかわる論争点となる。

カルボネリーア員としてのマッツィーニは、一八二九年から一八三〇年にかけて、リグーリア地方、ロンバルディーア地方、トスカーナ地方で活発な組織・情宣活動をおこなっている。とりわけフランスの七月革命によって生まれた変革の希望もあって、トスカーナ地方で積極的な勧誘活動をおこない、加入者を獲得し、木炭の販売店を意味するカルボネリーア支部「ヴェンディタ」のリヴォルノでの開設にかかわっている。

マッツィーニのカルボネリーア員としての積極的な活動を示すものが、カルボネリーアの指示を受けて一八二九年前半に執筆した、「最初の体系的な政治論文」(67)である「フランスとの関係で考察した一八二九年のスペイン」である。その論文には、マッツィーニがのちに行動指針とする中心的な理念、たとえば「神の存在の肯定と結合した進歩の信仰」、「知識人が世論形成ではたす役割」、「殉教の称賛」、「大衆と革命の関係」などの片鱗を見ることができ、後述する「カルロ・アルベルトへの公開状とほぼ同じ内容」[68]を見出すこともできると、デッラ・ペルータは指摘している。

マッツィーニは、その積極的な活動が評価されて一八三〇年にカルボネリーアの「第二階級」である「マエストロ・デルオルディネ」に昇進し、「ジェーノヴァの秘密結社の紛れもない指導者」の一人として、「グラン・マエストロ」の「右腕」[69]となった。しかし、昇進から数日後の一八三〇年一一月一三日、カルボネリーア入会儀式で伝授者の役を務めたドーリア公爵の密告によって、二五歳の弁護士マッツィーニは、七月革命の影響が及ぶことに警戒を強めていたサルデーニャ王国警察に逮捕された。「イタリアのカルボネリーアの原動力」[70]となろうとした矢先のことであった。カルボネリーア員としての活動は三年あまりで終わった。サヴォーナの獄に収監されたマッツィーニは、独房の窓から「無限のシンボル」である「海と空」を見ながら、同志の裏切りに「怒りの涙」[71]を流し、母親が差し入れた聖書、タキトゥス、バイロンを読んだ。

一八三一年一月二八日まで約三カ月間、サヴォーナの獄に拘留されたあと、警察当局はマッツィーニに、革命活動の予防措置として国内の小さな村での強制指定居住か、短期間の国外追放の刑か、二者択一で選ばせた。「フランスの新政府による支援を期待して」[72]サルデーニャ王国国境地域に集結していたイタリア人亡命者の存在を知っていたマッツィーニは、「イタリアの革命は迫っており、近い将来に帰国できる」[73]として、亡命を選択する。それは、一八七二年三月一〇日にピーサで亡くなるまで続く亡命生活の始まりであった。

Ⅱ　マルセーユのマッツィーニ

「青年イタリア」結成前夜

亡命の途についたマッツィーニは、ジュネーブで高名な歴史家のシスモンディを訪ねたあと、リヨンに向かった。そこで、サヴォイア遠征を準備していたイタリア人亡命者グループと接触し、ゲリラ戦の戦術について影響を受けることになるカルロ・ビアンコに出会っている。サヴォイア遠征は、七月革命直後の政治的高揚期に、パリに亡命していたイタリア人亡命者たちが思想や立場を超えてイタリアの革命のために「解放委員会」を結成し、フィリッポ・ブォナロッティが発表した「アルプスから（地中）海までの一つの不可分な共和国」と「独立・統一・自由」というマニフェストを掲げて、一八三一年二月に計画された。その計画はフランス政府の介入で頓挫し、マッツィーニは同月に起こった中部イタリア革命を支援するため、ビアンコとともにコルシカ島に向かった。しかし、ボローニャの臨時政府がそれを拒否したことで、一八三一年三月末にマルセーユを亡命地と定めることになった。

マルセーユ時代のマッツィーニを、ある人物が次のように描写している。「細身の中背」のマッツィーニは、「黒い服を着て、つばの広い帽子をかぶっていた」。「肩まで届く長い縮れ毛の黒髪、黒い眼、額は広く、知的で、白皙の、初々しさが残るその容姿」は、「顎髭、鼻髭をたくわえ、引き締まった口元が意志力、行動力を強く感じさせた」が、「女性的な印象」も与えた。そこから醸し出される気品溢れる雰囲気は、「これまで、いかなるときにも同じような人物に出会ったことがない[1]」、指導者として魅力的な人物であった。

マッツィーニがフランスを亡命地として選んだのは、ジェーノヴァ時代にアルプスを越えて届いたフランスの文化・政治の情報から、イタリアを「狭量な地方性から解放し、ヨーロッパ的地平を切り開く」という政治的な影響を受けていたことと、その地に数多くのイタリア人亡命者が滞在していたことを考えると、「自然な成り行きであった」[2]。かれにとって、フランスは「闘争の地として、偉大な情熱をかき立てる国」であり、理念的・思想的な「第二の祖国」であり、亡命地とすることに躊躇はなかった。パリやリヨンではなくマルセーユを亡命地と定めたのは、イタリア革命を目指すマッツィーニにとって、サルデーニャ王国にも近く、ジェーノヴァ、トスカーナのリヴォルノ、コルシカ島とも商業航路があり、戦略基地にふさわしい町だったからである[3]。

「生気溢れる」マッツィーニにとって、一八三一年から一八三三年にわたるマルセーユ時代の二年間は、「青年イタリア」という組織を構築し、理念を確立する上で「中心的な重要性」[4]を有するものであり、その行動プログラムを一気に開花させた「奇跡的な時代」として刻印されるべき決定的な意味をもっていた。そこで「混乱気味の思想が体系化され、それは最後まで独善的に硬直した思想として変化することはなかった」[5]。

マッツィーニ研究の論争はこのマルセーユ時代の二年間に集中している。その理由は、この時期の史料がきわめて少ないこと、その史料の一つである一八六一年に書かれた『自叙伝』について前述の通り史料批判が必要であること、そして七月革命後の混沌とした政治状況のマルセーユで出会った多様な人物や思想をかれの思想形成との関連で明らかにするのが困難なことにある。

あたかも「海綿のように」[6]と、ガランテ・ガッローネがサルヴェーミニの言葉として引用している通り、マルセーユ時代のマッツィーニはあらゆる思想を、混乱をともないながらも貪欲に吸収し、既存の組織との妥協を恐れず、水を得た魚のように活動している。ガランテ・ガッローネは、「青年イタリア」の政治綱領にかかわる論点だけでなく、当時の社会・政治分析や、さらには人間形成にかかわる、マッツィーニにとって「決定的」な意味をもつマルセーユでの二つの出来事を指摘している。一つは一八二〇〜一八二一年革命の「古い」亡命者と一八三一年革命の「新しい」亡命者との出会いである。もう一つは七月革命後のフランスの混沌とした政治的・社会的状況において、民主主義者やサンシモン主義者と接触したことである。[7]とくに、マルセーユ時代のマッツィーニが、七月王政への批判を強めていたフランスの民主主義勢力、とりわけサンシモン主義者から受けた強い影響は重要である。[8]

第一の契機であるイタリア人亡命者との交流が生まれたのは、マッツィーニがマルセーユに居を構えたとき、そこに一八二〇年のナーポリの革命、一八二一年のトリーノの革命による亡命者が数多く住んでいたからだった。かれらの多くは、一八二三年まで立憲体制が反動勢力と戦っていたスペインや、オスマントルコからの独立を目指すギリシアでの戦闘の経験をもっていた。この古い世代の亡命者に、一八三一年の中部イタリア革命の失敗を受け、同年四月初頭から五月末にかけて、パルマ、モーデナ、レッジョ・エミーリア、ロマーニャから「一二五七名」[9]の新しい亡命者が加わる。そのイタリア人亡命者たちの間では、愛国的感情は共通していたとしても、君主主義者に共和主義者が、連邦主義者に統一主義者が対立し、思想的な一致は存在しなかった。

マッツィーニは、一八三一年の中部イタリア革命の亡命者から得た情報をもとに、その後の「政治思想、革命宣伝と行動の中核」[10]となるものを獲得した。フランスの支援を期待した一八三一年の中部イタリア革命の失敗は、マッツィーニにとってイタリア革命の方向性を検討する重要な契機となった。「ヨーロッパ的目的をもっておこなわれたものではなく、いかなる新しい原理も打ち出さなかった」[11]七月王政の首相ラファイエットは不干渉主義を宣言し、一八三一年二月に教皇の世俗権失墜を宣言した中部イタリアのモーデナ、パルマ、教会国家の臨時政府を構成する人々に大きな失望を与えたからである。

マッツィーニがマルセーユで発表した最初の政治文書は、マルセーユ到着直後の一八三一年四月末あるいは五月初頭にフランス語で執筆された「一八三一年のリーミニの夜」である。その年の三月二六日の夜に教会国家のリーミニで起こった蜂起について、マルセーユにたどり着いた亡命者からの話をもとにして書かれた「文学的な試論」だった。その内容は、一八三一年にボローニャの反乱軍がオーストリア軍相手におこなった絶望的な抵抗に対してルイ・フィリップのフランスがとった不干渉主義、そしてその革命を指導しつつもイタリア統一という具体的な目標を示さず、「陰謀を唯一の闘争方法とする時代遅れで、効力のない秘密結社[12]」カルボネリーアを批判するものであった。この「試論」の意義は、外国の支援ではなく、イタリアがみずからの意志と力で自由を獲得するものであると信じるにいたったマッツィーニの「政治的行動[13]」だった。その論文は、イタリアの「宿命的な地方精神」から抜け出すことができなかった革命家たちのなかで、かれがイタリアの「統一・自由・独立」を掲げ、地方主義を拒否し、戦いと犠牲を指針とする「青年イタリア」結成にいたる過程を確認できる一つの史料として意味がある。

「青年イタリア」は、この「試論」を書いた一八三一年四月から五月には具体化していなかった[14]。マルセーユに集結していたイタリア人亡命者の議論は、イタリアの革命行動をパリの七月革命で始まったヨーロッパの動きと関連づけ、フランスや他の国の政治勢力と連携し、諸邦の運動に留まることなくイタリア全土の運動に発展させるという問題に集中していた。そのことと関連して、イタリアは連邦か統一か、君主制か共和制かという政治体制にかかわる問題、オーストリアに対抗する戦力、革命における亡命者の役割についての議論が始まることになる。それは、「独立・連合 unione（のちに統一 unità に変更される）・自由という三位一体[15]」の要求に集約されるもので、オーストリアとの戦いで民族の自由を獲得し、イタリアの諸邦を超越する全イタリアの統一運動を展開することであった。

たしかに、中部イタリア革命の中心人物の一人であるチーロ・メノッティはマッツィーニに先立って「統一・自由・独立」を掲げたが、それはナポレオンのイタリア王国を超えるものではなかった。この時期のほとんどの革命家は連邦制による統一を考え、「統一」unitàよりも「連合」unioneという言葉を慎重に使用していた。ただ、ジャコバン型の統一を主張し、明確に平等派の特徴をもつ「一つにして不可分の民主的共和国」を切望するブォナロッティのような者もいた[16]。

マルセーユ時代のマッツィーニに決定的な影響を与えた第二の契機は、七月革命直後のフランスの熱気溢れる政治的・社会的雰囲気である。カンデローロは、「『青年イタリア』の結成期におけるマッツィーニの政治綱領形成に関しては、一八三一年から一八三二年のヨーロッパの政治的雰囲気をとりわけ考慮しなければならない[17]」と指摘している。マッツィーニが青年や人民のエネルギーに着目したことについて、かれは、フランスの七月革命後の時代に活発に活動し、重要な役割を担い始めていた民衆の役割を認識してのことであったという。マッツィーニはイタリア人亡命者に対立し、論争を挑む態度をとることなく、かれらの思想から革命的エネルギーを引き出し、それをみずからの理念形成に利用している。また、既存の秘密結社に自分の組織を対置することもしていない。後述するように、「青年イタリア」が誕生したときも、直ちに他の組織と対立し、それらを吸収することはせずに、「現実的な柔軟さ」をもって「同意と同盟」をとりわけ追求している。この時期のマッツィーニには、のちに批判を浴びることにもなる「教条的強情」や「偏狭な主張」は見られず、「とりわけ開かれて、受容力に富んでいた」。マルセーユ時代のマッツィーニを取り巻く環境の「多様な関係に満ちた濃密な筋立てのなかには、革命家マッツィーニのエネルギー、その強烈で鋭利な破壊力」、「ヨーロッパの革命運動の先頭にイタリアを立たせようという乾坤一擲の意志」を見出すことができる。ガランテ・ガッローネは、マッツィーニの「並外れた吸収能力のなかにこそ、(『青年イタリア』の結成という)かれの最初の創造的な飛躍が存在するといえる」[18]と指摘している。マルセーユの二年間は、フランスに本拠を置くカルボネリーアが指導したイタリア革命を克服し、地域的ではなくイタリア全土に及ぶ革命をフランスの支援に頼ることなくイタリア独自の力で成し遂げ、立憲革命ではなく共和主義革命によって統一国家の樹立を目指すイタリアの民族運動を切り開いていくマッツィーニの思想形成において不可欠な時間であった。

カルロ・アルベルトへの公開状

マルセーユ時代のマッツィーニの思想形成を知る上で重要な資料が、「最初の政治文書[19]」といわれる、サルデーニャ国王即位直後のカルロ・アルベルトに宛てた公開状である。その正確な執筆時期は特定できないが、一八三一年六月二九日付の書簡で、かれは「わたしがカルロ・アルベルトに宛てて書いたものを送る[20]」と述べており、その内容からして、「青年イタリア」結成前であることはたしかである。その公開状は瞬く間に、サルデーニャ王国のみならず、イタリア全土に広く流布した。「サヴォイア王家のカルロ・アルベルトへ」と題する公開状の署名は「一人のイタリア人」と書かれているだけで匿名であったが、その筆者がマッツィーニであることはマルセーユの亡命者の間では広く知られていた。

「陛下、もしあなたを愚かな精神の、俗悪な王、あるいは暴君と考えるのであれば、あなたを自由主義の人という言葉で呼ぶことはないでしょう」[21]と慇懃な言葉で始まる公開状は、国王に敬意を表しながらも、冒頭から決断を迫る気迫を感じさせる、緊張感のあるものとなっている。一八二一年のトリーノの立憲革命に際して、摂政であったカルロ・アルベルトが当初は理解を示しながら、革命勃発後にはそれを弾圧し、裏切り行為をとったことに対して、「陛下、あなたのなかに解放者」[22]を見た者もいたと告発した上で、「いまや、言葉が力を作り、思想と行動が一つとなる時代」にあり、「人民と国王にとって理想は唯一」であり、「普遍的」[23]であると、王の意志を問うている。

さらに畳みかけるように、「陛下、あなたは何をされますか?」と追い込みながら、「人民」の要求を「血が血を呼ぶ」[24]ような「恐怖政治」[25]で弾圧する道か、「墓場の平和」[26]の「譲歩」か、それとも「真の力と不滅の栄光に導く第三の道」[27]かと選択を迫り、第三の道とは、オーストリアでもフランスでもない、「自然の美で華麗な、二〇世紀にわたる至上の記憶で飾られた天才の祖国」[28]イタリアという「最も強力で、確実な同盟国」[29]だといって、サルデーニャ王国国王にイタリアという祖国を提起している。「陛下、オーストリアを撃退し、フランスを放置し、イタリアを同盟で強く結束させ」、「民族の先頭に立ち、旗に連合 unione・自由・独立と記してください」[30]。そして、「人類のなかで最初の国王になるか、あるいはイタリアの最後の圧制者となるか、国王自身が選んでください！」[31]と決断を迫っている。

そのきわめて大胆で、危険な公開状の真意はどこにあったのか[32]。マッツィーニは、カルロ・アルベルトに「期待を託しているのではない。かれは、最悪な人間ではないにしても、臆病者である」[33]という。『自叙伝』では「君主国からイタリアに救いがもたらされることを、当時も信じていなかったし、現在（一八六一年）も信じていない」[34]と述べている。その真意は、亡命者の多くに見られた新国王に対する「幻想」を打ち砕くことであり、その「きっかけ」を与えることであり、そのために「もし賛同しなければ、それで終わり」という意味の se no, no という言葉を加えたとも述べている[35]。

デッラ・ペルータはマッツィーニの真意を、カルロ・アルベルトから「否定的な返事」を引き出し、亡命者の間で広く存在していた君主に対する幻想、「イタリアの自由主義的で民族的な世論の一部に生じたカルロ・アルベルトに対する期待感を、一掃することを目的としたものであった」[36]と解釈している。ガランテ・ガッローネも、デッラ・ペルータと同じ解釈である。亡命者のなかでは、カルロ・アルベルトに対して「期待、怒り、疑惑、共感」といった相反する感情が渦巻いていた。マッツィーニは、カルロ・アルベルトに対する「多くの亡命者のなかに麻痺したまま残存する幻想」を打ち砕こうと考えた。その意味で、公開状は「国王に向けたものではなく、イタリア人に、とりわけ亡命者に、カルロ・アルベルトへの消えることのない期待が重大な誤りであることを知らしめ、それを断ち切る決定的な行動によってかれらを誤解から解き放つためのものであった[37]」。

一八四七年に教皇ピウス九世に、一八五九年にヴィットーリオ・エマヌエーレ二世に公開状を送り、統一の先頭に立つことを訴えたマッツィーニの行動パターンを考慮するならば、イタリアの独立と統一を優先し、その目的のために君主との統一戦線を組むという一末の期待がかれのなかに存在していたことも否定できない。カルロ・アルベルトの返答は、危険な破壊分子マッツィーニの人相書きをサルデーニャ王国のすべての国境警備所に送り、かれが国境を越えようとしたら即刻逮捕せよという命令を出すというものであった。カルロ・アルベルトの本質を暴露したことにおいては、マッツィーニの意図は十分に達成されたといえる。しかしそれ以上に、イタリアに広く出回った公開状が革命家マッツィーニの存在と、統一・自由・独立のイタリアという思想を知らしめたことは重要であった。

カルロ・アルベルトへの公開状のなかに、マッツィーニの根幹をなす理念がすでに示されている。それは、神の法を基本に置き、その法の「神のひらめき[38]」を解釈する天才、その「思想を汲み取り、それを行動に移す[39]」青年、「習慣として混乱を極め、貧困ゆえに不満をもち、数において絶大な[40]」大衆というものである。サンシモン主義の影響を受けた、神と人民を仲介する天才・知識人という指導的役割の認識は、「下部から上部へと自由に系統立てられた直接的で、自立した民主主義ではなく」、天才や、「徳」のある傑出した人が有する「権威」に特徴づけられ、指導される民主主義という思想につながっている[41]。

ガランテ・ガッローネもまた、「自由・独立・連合」を「戦いの雄叫び」と呼んで信仰の行為としたマッツィーニの「理念的・道徳的先駆性[42]」を、この公開状に見ることができると指摘している。マッツィーニは、地域的な立憲の要求に留まっていた過去の革命から脱却し、亡命者のなかで共有されつつあったイタリア全土の「自由・独立・連合」という理念を自分のものとして、それを「生涯を通じて追及することになるイタリア統一[43]」という政治綱領に作り変えることになる。

ただ、連邦制による統一の含みを残す「連合」unione という言葉のなかに、「青年イタリア」結成直前のマッツィーニの揺れ動く心境が垣間見られることを指摘しておかねばならない。ガランテ・ガッローネは、マッツィーニが「連合」という言葉を使用したのは「あらゆる潮流を可能な限り自分に引きつけるために、連邦主義者に対する何らかの形式的譲歩は政治的に好都合」と判断したからであるとし、そこにかれの「柔軟性をもった、現実主義的革命家[44]」としての姿を見ている。

「青年イタリア」の結成時期

革命活動の経験もなく、無名だった二六歳のマッツィーニは、「一種の興奮状態[45]」にあったマルセーユの亡命者の世界で、瞬く間に頭角を現し、年齢、経歴、出身地、組織、思想を超えて指導者となり、イタリアの最初の近代政党である「青年イタリア」を結成した。

マッツィーニ研究で議論が集中している論点の一つが、「青年イタリア」結成時期についてである。かれは「青年イタリア」結成について、カルボネリーア員として逮捕され、投獄されたサヴォーナの獄の「空と海」が見える独房で、新しい組織の「素案を考え、党組織の基礎となる諸原則と明確に定めるべき目的を熟考した」[46]と『自叙伝』で回想している。

カルボネリーア員だった約三年の間に、マッツィーニが最初の組織的政治活動を経験し、カルボネリーアに対して絶対的ではないとしても、その政治活動を積極的に実践したことは事実である。デッラ・ペルータは、カルボネリーアと「青年イタリア」の結成の関係を次のように解釈している。カルボネリーアの勧誘活動を積極的におこなっていた一八二九年から一八三〇年にかけて、その「政治綱領の消極性と秘密性、コスモポリタニズム、複雑で象徴的な儀式に対する疑念」を深めていたマッツィーニは、「同質的な指導部の形成だけでなく、新しく、より近代的で機動的な政治組織に先立って、それを担う指導者の形成を志向し始めた」。すなわち、デッラ・ペルータによれば、組織名や政治目標は明確でなかったにしても、「青年イタリア」の着想は『自叙伝』で示されたサヴォーナの獄ではなく、それ以前であったという解釈である[47]。その解釈を認めるとすれば、「青年イタリア」の着想をさらに推し進めたのは、カルボネリーア員による不当な密告で逮捕されたことへの「怒り」であったことが推測可能である。「青年イタリア」の結成時期を、残存する一八三一年中葉の数少ない書簡などから推定することは可能である。一つは「青年イタリア」結成を「計画していたとき、ロマーニャの運命は不確かなものに傾いていた」[48]というマッツィーニの証言である。ロマーニャの運命が不確かなものとなっていた時期とは、一八三一年五月から六月で、教皇グレゴリウス一六世に改革の実行を要求する列強のメモランダムに続いて教会国家行政区域（ボローニャ、フェッラーラ、ラヴェンナ、フォルリ）で生じた不安定な状況のことである。この証言以外に、一八三一年七月一〇日と八月六日にマッツィーニがジリオーリに宛てて書いた二通の書簡がある。第一の書簡では、「誕生しようとしている」「青年イタリア」が「力を行使するまでには時間を必要とする」と述べ、その時点で「お互いの譲歩によってすべての結社を統合すること」が「最終的な目標」[49]であると記している。第二の書簡では、「青年イタリア」によって「革命を指導し、権力側の人間を監視し、青年の念願を表明し、かれらを一つに統一し、兄弟愛で結合し、融和した特徴へと導くため」に、「われわれは先頭に立って、不可避な革命に他の結社を巻き込む」[50]と記している。これらによって、「青年イタリア」結成の時期は一八三一年中旬、六月から七月の間と推定される。[51]

「青年イタリア」の結成時期が論争となったのは、たんなる日時の問題ではなく、「青年イタリア」結成の契機がカルボネリーア批判にあり、それからの思想的・組織的な脱皮とそれに代わる新しい組織として「青年イタリア」が結成されたからである。『自叙伝』の記述にもとづいて「青年イタリア」結成時期をサヴォーナの獄とする解釈に対して、「正すべき歴史解釈が存在する」[52]と批判したのがガランテ・ガッローネである。

ガランテ・ガッローネは、マッツィーニは「カルボネリーアの限界に気づき、不満が大きくなり始めていたが、それにたしかな情熱をもって熱心に参加していた。古いカルボネリーアに肯定的で創造的なときがあったことを認めていないわけでは決してない」と『自叙伝』の回想を全面的に否定した上で、「青年イタリア」がサヴォーナの「空と海の間の閉ざされた独房での瞑想」から生まれたという『自叙伝』のくだりは、カルボネリーアとの決別と新しい組織である「青年イタリア」に洗礼を与えるために伝説化された後年の「脚色」であると述べている。その回想にもとづいて、マッツィーニはカルボネリーアの無用を確信しながら、「まったく形式的に、ほとんど気乗りがしないまま加入した」[53]という解釈がおこなわれるようになったと批判するガランテ・ガッローネは、「近代イタリアの最初の政党」である「青年イタリア」は、マッツィーニの「政治的直感とエネルギーで一気に誕生した」ものではないといい、その発端はサヴォーナの獄の独房ではなくマルセーユでの人的・思想的出会いにあったと解釈する。[54]

そのことに加えて、ガランテ・ガッローネは、上述の八月六日のジリオーリ宛書簡に記された「われわれは敵と味方に示すために、早急に準備を開始しなければならない」[55]の「われわれ」という言葉から、「青年イタリア」は「マッツィーニ単独ではなく、集団の発想」だったと指摘する。すなわち、「青年イタリア」の初期の活動はマッツィーニの「個人的なものではなく」、マルセーユに住むイタリア人亡命者の「集団的」な側面が強く、マッツィーニ独自のものと、他の亡命者のものとを区別することは「容易ではない[56]」と述べている。ガランテ・ガッローネの解釈は次のようなものである。「青年イタリア」は、「一人の例外的な、孤立した預言から生まれたのではなく、マルセーユに結集していたイタリア人亡命者との出会い[57]」によって艱難辛苦ののちに誕生した。「青年イタリア」の結成はマルセーユにいた亡命者の合意を求めて暗中模索することから始まったもので、マッツィーニという唯一の人間が考え、実行したものではない。「青年イタリア」の唯一の創造者であるマッツィーニの預言者的イメージは現実とは異なっている。「青年イタリア」は多様な思潮を収斂し、また必要とあればマッツィーニ自身が、「砂漠の説教者ではなく、革命的エネルギーの挑発者として、妥協を恐れずに、同意を獲得した[58]」。

マッツィーニは、フランスの混乱した政治的・社会的環境を背景に、マルセーユに混在していた新旧のイタリア人亡命者の世界で、政治綱領も確定しないまま、既存の政治組織に重複して所属し、「青年イタリア」に一元化することなく、多様な要素を含んだ状態で行動を開始した。かれは、そのような理論的・組織的な問題点を修正しつつ、「青年イタリア」固有の理念と組織を作り上げていった。そのことは、「マッツィーニの斬新さと重要性を低めることにはならず、むしろ革命家マッツィーニと、かれの運動の強力な独創性[59]」を示しているとガランテ・ガッローネはいう。

二つの「一般教程」の比較

マッツィーニがカルボネリーアから組織的・思想的に脱却し、「青年イタリア」という固有の組織と理念を確立したプロセスを知ることができるのが「青年イタリア」の二種類の政治綱領である。一つは、最初に書かれたとされる「『青年イタリア』の一般教程」*Istruzione generale della Giovine Italia* である。[60] もう一つの「一般教程」である「『青年イタリア』の兄弟愛で結ばれた者に対する一般教程」*Istruzione generale per gli affratellati nella Giovine Italia*（以降、「一般教程」と略記）は、のちに書かれたと推定され、「青年イタリア」の政治綱領の決定版といえるもので、一八三一年後半に印刷物として流布した。[61]

この二つの政治綱領には本質的な違いが随所に見られ、その二つを比較検討することによって、マッツィーニのカルボネリーアからの思想的・組織的脱皮のプロセスが明らかになる。「青年イタリア」の決定的な政治綱領である第二の「一般教程」の詳細は後述するとして、まずは先に執筆されたとされる第一の「一般教程」を検討する。

第一の「一般教程」は箇条書きで、「文体が荒削り」[62]、いうなれば「政治綱領」のたたき台といえるものである。また、第二の「一般教程」では「青年イタリア」という組織がマッツィーニの中心的概念であるアソチアツィオーネ Associazione となっているのに対して、第一の「一般教程」では「連合」Federazione となっている。組織名が「青年イタリア連合」となっているのは、「何よりもまず、既存の古い、あるいは新しい結社」を一つの緊密な「同盟、結集」

にするというマッツィーニの狙いを示している。かれは、将来の行動を展望した上で、「最初の接触・結合から一つの安定した同盟関係を結び、それから最終的には『融合』、すなわち『青年イタリア』に他の結社を吸収することへと移行すべきだと考えていた」とガランテ・ガッローネは指摘している。さらに、「青年イタリア」結成の「時期 èra は一八三一年」であると、etá ではなく、èra という言葉を使用していることについて、ガランテ・ガッローネは、「フリーメーソンとカルボネリーアの慣例に従って使用していた時期 èra の影響」を見ることができるという。(63)

加入時の宣誓が「自然法の鏡であるわたしの意識の前で」と自然法を前提とし、「わたし、イタリア市民は」、「人類 uomo を構成する個人的・社会的な権利において」となっていることには、「人類」と「市民」を区分したフランスの人権宣言の影響を見ることができる。そこには、自然法と革命的・ジャコバン的要素が混在している。加入者の掟には「裏切り者と明白な敵は消される」というカルボネリーアの痕跡が見られるし、加入者が携帯する「短剣」はカルボネリーアの典型的な武器である。(64)

しかし、「青年イタリア」の第二の「一般教程」では入会者に宣誓を求めたが、カルボネリーア特有の神秘的な入会儀式に関する記述はなく、固有の組織名や会員を認識するための秘密の合言葉は存在していたとしても、カルボネリーアのような象徴的な意味はなかった。第一の「一般教程」では加入者の条件としてイタリア人であることが挙げられているが、「年齢が四〇歳以上」の者、「犯罪者」、「他人の資産を横領した者」、「極端に吝人あるいは吝嗇な者」、「過度に酒、遊び、女性に溺れる者」[65]は加入を認めないという組織の倫理規範も示されている。

「青年イタリア」結成のプロセスを知る上で重要な、第一の「一般教程」にはあって第二のそれからは消えている条項は、「他の結社を指導するために、加入できるし、加入しなければならない」[66]として、他の組織への所属を義務づけていることである。「青年イタリア」加入者が同時に他の組織に所属し、そこで組織活動をおこない、参加者を「青年イタリア」に誘導することを義務としたのは、「自己抑制を余儀なくされた閉鎖的な秘密結社の世界」において、「すべての結社の相互承認による融合と統一」を目標とする上での、一種の妥協であり、「譲歩」であった[67]。

また、一八三一年七月二一日付のジリオーリ宛の書簡で、最終目標を「一つの不可分な共和国」としながらも、「立憲政府、あるいは他の体制であっても、もし革命勃発時に連合が指導するだけの十分な力量をもちあわせていなければ、受け入れるであろう。過渡的政府として受け入れながら、連合はみずからが目指すものを追求し続ける」[68]と述べているように、マッツィーニは、「青年イタリア」独自の組織を確立できない時期にあっては、「革命家としての現実的計算」[69]にもとづいて、組織基盤を拡大するために、一時的であったにしろ、君主制による統一を受け入れようとした。

「青年イタリア」加入者が他の組織に参加することを明記したことには、マルセーユに存在した他の組織との関係において「青年イタリア」の主導権を強化し、他の組織のメンバーを吸収するという目的があったが、そうした組織の一つが「青年イタリア」と「姉妹関係にあり、原理と誓約を共有」し、「双方の指導者は連絡があり」、「危機にあって統一する」[70]アポファジメーニである。

アポファジメーニについて

マッツィーニは、イタリアの統一・共和国の樹立を目標に掲げる秘密結社であり、ギリシア語の「死をも恐れない勇猛果敢な人」という意味をもつアポファジメーニに、マルセーユ到着直後の一八三一年四月に加入している[71]。前述したように、アポファジメーニの指導者であったビアンコとはリヨンで出会い、その後コルシカ島からマルセーユまで行動をともにしている。ビアンコは一八三〇年に『イタリアに適用されるゲリラ部隊の蜂起による民族戦争』と題する小冊子を出版し、マルセーユのイタリア人亡命者のなかでも突出した存在であった。著書では、ナポレオン軍と戦ったスペイン民衆のゲリラ戦に理論的推敲を加え、オスマントルコに対するギリシア人の蜂起を賞讃し、イタリアにおける民族意識の形成を促す人民の戦争としてのゲリラ戦を、「イタリアの蜂起が確実な勝利[72]」を獲得する唯一の手段とした。

一八三一年八月九日付のジリオーリ宛の書簡で、マッツィーニは次のように述べている。「われわれの結社は他の多くの結社に属することを禁じてはいない」。「他の結社は秘密に包まれているが、われわれの結社は誠実で、率直で、開かれている。熱情で他の結社に加入する青年たちは、いまやわが組織の方がふさわしいとして、受け入れるであろう[73]」。さらに、「アポファジメーニはわれわれと完全に一致して行動している。将来は危険を乗り越えて統一するであろう。わたしも真の友人 vero amico（アポファジメーニの会員を意味する）であり、それなりの地位についている。わたしは（『青年イタリア』とアポファジメーニの）両方を接続する輪であり、かれらとは同じ馬車の両輪である」と述べ、アポファジメーニは「とりわけ山岳地帯に住む人々や船員など下層の人々に広がり、とりわけ実際的な役割を担っている」一方で、「青年イタリア」は「少なくとも指導者や情宣工作者においては知的な要素と能力が統一したものを代表しなければならない[74]」と述べている。

ビアンコは一八三二年ごろに「青年イタリア」に加入し、マッツィーニの依頼で「革命家マニュアル」をまとめ、一八三四年初頭のサヴォイア蜂起の時期には「青年イタリア」の中央委員会のメンバーとして「尊敬に値する地位[75]」を得て、それに参加している。またこの時期にブォナロッティと袂を分かち、マッツィーニと行動をともにすることになる。

「青年イタリア」は初期の時点で既存の秘密結社と多くの点で結合していたが、それはその時期の「青年イタリア」が「のちにすべて消滅することになるカルボネリーアの特性を残していた[76]」からだとガランテ・ガッローネは指摘する。マッツィーニは、カルボネリーア員をはじめ、「外国人、老人と若者、君主主義者と共和主義者、統一主義者と連邦主義者、軍人などが異種混合」[77]しているアポファジメーニに少なからぬ不満をもっていた。このアポファジメーニとの関係で明らかなように、結成「初期の数カ月」の「青年イタリア」は、「亡命者世界やイタリア国内に存在していた他の組織やグループと対立する、排他的な」組織ではなく、「開始すべき目的を掲げた若者の友愛団体」[78]であった。しかし、一八三一年一〇月になると、マッツィーニは、フリーメーソンとカルボネリーアは「成果を上げていない」し、「作戦と結合の、明確で継続的な中心もなく」、「時代の要求と理念に合致しておらず」、「極端に位階的で、象徴的である」[79]と公然と批判するようになり、「青年イタリア」の独自性を強めるようになる。

「イタリアの啓明伝播結社」について

「青年イタリア」結成と「ほとんど同時期に」、それよりも「わずかに先行して」、マッツィーニが結成したもう一つの組織が、「イタリアの啓明伝播結社」Società di propagazione de'lumi in Italia である。その啓明 lumi という組織名からして秘密結社に残存する一八世紀的なイデオロギーのにおいがある組織を、マッツィーニは一八三一年七月一〇日付のジリオーリ宛の書簡で、「わたしが結成した」として、マルセーユでも「すでに多くの賛助金を得て」おり、それを「直ちに普及させねばならない」[80]と述べている。この組織は、「青年イタリア」のイタリア国内、とくにロンバルディーアと、その「最も重要な輪」であるピエモンテに向けた組織活動に必要な資金調達のためのものであり、「青年イタリア」の「一つの補助」[81]組織であった。

短期間しか存在しなかった「イタリアの啓明伝播結社」ではあったが、「青年イタリア」が本格的な組織活動を展開するには時間を必要としたこともあって、同様の組織活動を目的としていた。すなわち、その勢力を拡大し主導権を確立するために、「相互的な譲歩」を通じて同意を獲得しながら、できる限り多くの既存の組織と連合し、「息長く、忍耐のいる文化的・イデオロギー的な政治宣伝」[82]をおこなって、最終的にはそうした組織をマッツィーニの「青年イタリア」の支配下に置くための組織活動である。「青年イタリア」が政治綱領と組織体系を完成させた一八三一年七月二一日の時点で、「イタリアの啓明伝播結社」は「青年イタリア」の「補完物」、「付属組織」として「政治宣伝文書の編集や普及」[83]を担うこととなり、最終的には消滅することになる。

「真のイタリア人協会」について

結成から約一年後の一八三二年九月二九日に、「青年イタリア」はブォナロッティの強い影響を受けた、パリに本部を置く「真のイタリア人協会」Associazione dei Veri Italiani と、一〇条からなる協定を締結している。[84]なぜ二つの組織は行動協定を結んだのか。マステッローネは、一八三二年六月以降にフランス政府がとった「共和主義運動の集会場所の監視、発行物の押収、政治指導者の追放」などの政策が背景にあったことを指摘する。[85]マルセーユに潜伏して活動していたマッツィーニだけでなく、その他の亡命者にもフランス政府から国外退去命令が出て、行動の自由が著しく制限されるようになっていた状況で、二つの組織の協定が浮上してきた。「真のイタリア人協会」側が、マッツィーニに国外退去命令が出て、指導者を失うことになる「青年イタリア」を吸収しようとして、一八三二年八月中旬ごろに行動協定を結ぶ動きに出たのである。

マッツィーニが一八三二年八月二五日付でパリのリーブリに宛てて書いた書簡で、「会員も協力者も増加せず」、支援者が増えなくて機関誌『青年イタリア』の三号が「発行できないことを恐れる」[86]と記しているように、その継続的発行のためにもあらゆる協力が必要で、「真のイタリア人協会」側からのアプローチを拒否することはできなかった。しかし、同年一二月一九日に「真のイタリア人協会」の議長についたブォナロッティが、二つの組織の「完全な平等」を強く主張するようになり、「青年イタリア」との関係は破綻へと進むことになる。ブォナロッティの指示にもかかわらず、マルセーユやリヨンの「真のイタリア人協会」の中核が解体し、そのメンバーが「青年イタリア」に移っていった。「青年イタリア」と「真のイタリア人協会」の対立は、「イデオロギー上のものよりも組織的なもの」[87]であった。ブォナロッティは一八三三年末に「世界的民主主義カルボネリーア」を結成し[88]、マッツィーニを「人民的原理」と「正義の諸原理」[89]からの逸脱と批判し、「破門をいいわたし」、イタリアの状況はいかなる企てにも適していないことを強調して、その当時マッツィーニが計画していたサヴォイア蜂起に参加しないよう結社員に呼びかけている。[90]これに対してマッツィーニは、サヴォイア蜂起に「不可欠であったすべてのスイス人がカルボネリーアに属していただけに」、破門は「相当に強烈[91]」であったと述べている。

マッツィーニが固有の政治綱領を完成させ、他の結社との関係を清算し、独自の活発な組織活動を開始するのは一八三一年後半から一八三二年の時期と考えるのが妥当であろう。そのことは、それまでの連合 unione から統一 unità へと言葉を変更した一八三二年初頭に機関誌『青年イタリア』創刊号に発表した論文に見ることができる。その間に、マッツィーニは思想的にカルボネリーアと決定的に袂を分かち、組織的には他の秘密結社との共存から独立への道をたどっている。

Ⅲ　「青年イタリア」の理念と組織

「青年イタリア」の革新性

「青年イタリア」がイタリアで最初の「近代的な政党」[1]と呼ばれる所以の一つは、「祖国の兄弟たちに、隠し立てすることなく政治綱領を公表」[2]し、それに賛同して加入した者の会費をもって活動する組織であったことである。「青年イタリア」は、「革命の社会的目標を人民に宣言し、明言」することによって、「無限の力」[3]をもつ大衆をそれに参加させようとした。「青年イタリア」は、少数の高位指導者だけしか目的を知らない、位階的な古い秘密結社の組織構造を否定して、目標の透明性・公開性にもとづきすべてに明示し、中央委員会からイタリア全土の地方委員会に直結する組織網をもつ「近代的な政党」の特徴を備えていた。

カルボネリーアと「青年イタリア」の本質的な違いは、モレッリによれば、「会員全員に認識された、明確な政治綱領」を「青年イタリア」が示したことであり、それが「青年イタリア」の「ほとんど信じられないような普及の理由」[4]であった。「青年イタリア」が「人民に民族性や統一を説き、それを短い時間で政治的に解決するのではなく、教導者の殉教で証明される未来への信仰の表現」としたことは、「イタリアの政治的展望においてきわめて斬新」[5]なものであった。

マッツィーニは、機関誌『青年イタリア』の第二号と第三号に発表した「これまでイタリアの自由の発展を阻害してきた要因について」のなかで、「一〇年間に三度」、すなわちナーポリとピエモンテで一八二〇年から一八二一年に、中部イタリアで一八三一年に革命が起こっており、「革命の要素はイタリアに欠けていない[6]」と記している。また、一八二一年の革命について、マッツィーニは、「祖国の独立と自由」のためではなく、「立憲君主制」の革命であり、オーストリアとの戦いなしに自由を確立しようという「愚かな空想」、「臆病な空想[7]」であったと述べている。マッツィーニによれば、「蜂起と戦争なくして民族の統一を実現しようと考える」ことは「狂気[8]」であった。過去の革命は「指導者」と「信仰[9]」を欠いていた。「あらゆる革命」は「一つの要求、一つの感情、一つの理念の公的表現」であり、革命では「人民と指導者の間に暗黙の契約が成立する[10]」という認識である。「過去の企ての失敗は、革命的要素の弱体ではなく、最悪の指導にある」とするかれは、「異質な構成員」を含み、「政治綱領を欠く」組織は行動で不一致が生じ、「運動の指揮」ができなくなることは「過去の歴史がそれを教えている[11]」として、第二の「一般教程」では「他のアソチアツィオーネに属さないこと[12]」を明記している。

マッツィーニが「われわれは理論や新しい原理の創造者ではない。われわれはヨーロッパですでに普及している真実をイタリアに適用しようとするものである[13]」と率直に述べているように、第二の「一般教程」で展開される理念の多くは、マルセーユでの知的・政治的交流から得られたものであった。カルボネリーア的言語が消滅した第二の「一般教程」では、マッツィーニの終生変わることのない理念と政治方針が網羅されている。その巻頭の上段に「自由・平等・人類」という普遍的課題を、下段に「独立・統一」という民族的課題を併記したかれは、

「青年イタリア」とは「進歩と義務の法を信仰するイタリア人の友愛団体」であり、「イタリアが民族と呼ばれることを信じ」、「イタリアを一つの、独立した、主権をもつ、自由で平等な民族に復権させる偉大な意志」で結集したアソチアツィオーネであって、その目的を「思想と行動」[14]によって実現する組織であると明示した。加入に際しておこなう宣誓は、「神とイタリアの名において」で始まり、「神がわたしに与えた、地上で兄弟たちと結束する義務のために」、そして「神がイタリアに委託した使命と、イタリア人として生まれたあらゆる人間がその実現に寄与する義務において」、「神が望まれたところに民族が存在し」、「人民のために、人民とともに、かれらを指導することに、勝利の秘密がある」[15]と続いて、「いま、そして永遠に」Ora e sempre[16]を結びとしている。

「イタリア」と「青年」の定義

「一般教程」で明示された諸理念を検討する前に、その組織名の「青年」と「イタリア」に込められた理念を明らかにしておく必要がある。マッツィーニは、この二つの言葉には「進歩の一つの形式、一つの思想、未来の一つの信仰」が込められており、「青年イタリア」は「立ち上がるイタリア、再生するイタリア、若返りを目指すイタリア」であって、「過去の諸理論」と決別した「全プログラム」[17]を内包すると明言している。

イタリアの名前を冠した最初の政治組織である「青年イタリア」は、樹立すべき国家「イタリア」の国境を明示し、「自由で、平等な、一つの独立した主権を有する民族[18]」としてイタリアを再興することを政治目標とした。マッツィーニは、「ヨーロッパにある二つの最も崇高なもの、すなわち永遠の力と動きのシンボルであるアルプスと海[19]」を神が定めた自然国境とし、今日のイタリアとほぼ同じ国境を示した。その範囲は、「南は海（ティレニア海とアドリア海）の間にある大陸部と半島部のイタリア、北はアルプスの上部の範囲、西は（フランス南部、ニッツァの西にある）ヴァーロ川河口、東はトリエステ」、そして「住民の言語によってイタリアと宣言され、特別の行政組織としてイタリアの政治的統一体のなかに入れられる諸島[20]」である。マッツィーニは、イタリアに根強く残る、都市国家の歴史的伝統に起因する地域主義を脱却し、祖国イタリアは「わたしのものであり、われわれ全員のものであらねばならない[21]」として、イタリアという地に住む人々が古くから無意識に描いていた文化的イタリアの地理的範囲を統一するという政治目標を明示した。

「青年イタリア」を論ずる際に見落としがちなのが、カルボネリーアからの脱皮や人民を指導する知識人という理念とも深くかかわる「青年」に込められた意味である。マッツィーニが組織名に「青年」を冠したのは、加入者を年齢的に若い者に限定するという意味ではない。たしかに、前述した第一の「一般教程」の第一〇条のなかでは「四〇歳を超えた者[22]」の参加を認めないとしているが、第二の「一般教程」ではその条項は削除されている。

年齢を加入条件としたことについて、マッツィーニは一八三一年八月九日付のジリオーリ宛書簡で、「例外もあるとする権利」を中央委員会と県委員会に与え、参加員の条件として「若々しい心をもつ者で、年齢は決められてない」[23]と柔軟に対応する方針を示している。一八四三年には、「青年イタリア」が年齢において「青年と老人を分け、後者を辱めた」という批判は「いまや滑稽以外の何ものでもない」とし、「青年」の意味するところは「過去の蜂起を支配したものとは異なる理念全体」[24]だと述べている。

マッツィーニは、「古いイタリアと若いイタリア」[25]とを分け、イタリアの「過去の人々」の自由主義運動と決別し、新しい「若い」組織として「青年イタリア」の理念、行動方針を提示した。「過去の人々」とは、一八二〇年及び一八三一年の革命を指導した人々である。「どん底まで落ちた民族を再生することのできない古い体制」[26]に固執する「過去の人々、危険な才人」という「年老いたイタリア」に対して、マッツィーニは「進歩・未来・独立」を掲げる「青年のイタリア」[27]を対置し、古い「個人の時代は消滅」し、「原理の時代」[28]が新しく始まったという。また、「古い」世代は、「物質主義」や個人主義に閉じこもり、ヨーロッパの勢力均衡にもとづく立憲君主制を支持する人々で、具体的にはカルボネリーアを指していた。マッツィーニはこの「過去の人々」に、道徳的な行動と社会的連帯にもとづくイタリア再生の推進力としての「青年」を対置した。[29]かれは、組織名に「青年」とつけたことについて、イタリアの青年に「義務の広がりと使命の厳粛さ」を知らしめ、「われわれが何者か」を心に刻み、「まなじりを決して戦い、われわれの信仰」[30]を掲げるためであると述べている。

マッツィーニは「若い世代」の登場を一九世紀前半のヨーロッパに見出した。かれによれば、一九世紀に入りみずからの使命を意識した青年が、「静かに沸き立ち始めた」。フランスでは「権威を否定」する「知識と理論を身につけた何人かの強力な人」が、青年に「偉大な社会革命」の「新しい精神」を植えつけようとした。その使命を「青年は受け入れ」、運動を進めるようになり、「ヨーロッパを根本的に変革する新しい革命の世紀」を準備することになる。青年とは、「高潔な思想と行動が一致し、進歩の力で(31)」行動する者であった。一九世紀とともに生まれた「新しい世代」の青年は、新しい世紀とともに始まった闘争を「理解し、指導できる唯一の者」であり、「未来の運命を内包する(32)」存在であった。かれは、「無名で、経歴も、名声も、支援者の保護もない、ただ神と使命の意識(33)」をもつ青年のなかに、新しい「世紀の秘密(34)」が潜んでいると考えていた。

一八三四年の「イタリアの青年に向けて」で、マッツィーニは「青年の夢を遵守せよ、なぜならそれは神聖であり、未来の秘訣を有しているからである。なぜならその夢からだけ情熱と力と信頼が生まれるからである(35)」と述べている。マッツィーニによれば、青年は「群衆に対して魔法のような影響力」をもっており、かれらのなかに「新しい宗教の多くの使徒(36)」が存在する。「愛と人類愛をもつ良き人間」である「青年」は、「大胆で、自信があり、勇敢」であり、「偉大な事業に大衆を呼び寄せ」、「真に社会的な一つの目的に、すなわち最多最貧階級の向上に運動を導く(37)」ことができる。「新しい要素の要求(38)」がヨーロッパのいたるところで生まれているというマッツィーニにとって、「青年」には明確な時代認識が込められていた。マッツィーニが「老人」の世代を否定し、「青年」の「イタリア」を民族運動の先頭に置いたことは、デッラ・ペルータによれば、イタリアとヨーロッパは「新しい革命の前夜に達し、新しい闘争戦略を作り上げ、適切な行動指針を立てる必要[39]」があるという政治分析にもとづくものであった。この古い世代と若い世代の間の「永遠の隔絶の証として、驚くべきヨーロッパの革命[40]」が起こるとマッツィーニは考えていた。

一九世紀の始まりとともに生まれた世代を象徴する「青年」を組織名につける着想を得たのは、亡命地のマルセーユであったと考えられる。マッツィーニは、「青年のイタリア、老人のイタリアという命名はわれわれのものではない」、「われわれはその命名を創作したのではない[41]」と述べ、『青年イタリア』の第一号に掲載された「『青年イタリア』について」のエピグラフに、「昔、フランスの青年の扇動者[42]」であったクーザンの言葉である「二〇歳から三五歳までの青年たちは革命のなかにある」を引用している。その注では、クーザンが表明した「青年に好意的な評価を記すことの喜びに逆らうことができなかった[43]」と述べている。

マッツィーニが「青年」という命名の示唆を受けた人々として、デッラ・ペルータは、一八三〇年ごろの「青年フランス」jeunes Franceでロマン主義に同調していた芸術家や作家、進歩的な政治的立場をとっていたグループを挙げている[44]。マッツィーニも、「権威を否定し」、「鷹の目をもって過去の歴史的経過を凝視し、精神的理念を蘇生させる」かれらは、「強力で、再興する祖国の希望を歓迎しながら、その祭壇に身をささげる青年フランス[45]」と呼ばれたと述べている。

進歩の思想

マッツィーニは、「「一般教程」で明示した諸理念——進歩・義務・民族・アソチアツィオーネ・思想と行動——を推敲し、深化させ、機関誌『青年イタリア』で発表している[46]。それらの理念は、「青年イタリア」が秘密結社の世界から完全に脱却した近代的政党であることを示しており、マッツィーニが一八七二年に亡くなるまで一貫して主張し続けた、不変のものであった。その一つが、「青年イタリア」を「進歩と義務の法を信仰するイタリア人の友愛団体」と定義する「進歩の法」である。ここでいう「進歩」とは、個々人の意識や社会組織の総合的な発展としての進歩であり、イタリアの独立と統一、共和主義、人民の安寧、人類の連帯といったマッツィーニの歴史認識・政治理念の根幹であった。

一八六五年五月二五日付のマリー・ダギュール夫人宛書簡で、マッツィーニは一七歳のころのことを想起しながら、祈禱書の代わりに「ミサの間はコンドルセの『人間精神進歩の歴史』を読みふけっていた[47]」と記している。一八二九年に書いたフォスコロについての評論のなかでは、「いかなる力も、社会的な完成において人類を後退させることはできない[48]」と記し、同年にロマン主義の立場で書いた文学評論の集大成ともいえる「ヨーロッパ文学について」では、

「青年よ、汝らの兄弟の進歩を希求せよ」[49]と記している。たしかに、啓蒙主義思想に起源をもつマッツィーニの進歩の理念をジェーノヴァ時代に見出すことはできるが、その摂取元はコンドルセに限定すべきではなく、ヨーロッパの一つの時代思潮と考える方が妥当であり、マッツィーニが「フランス文化を通じて吸収したヨーロッパの諸理念」[50]の一つと考えることが適切であろう。このことについてカンデローロは、七月革命直後のマルセーユで受けたサンシモン主義の影響によって、マッツィーニは進歩の理念を「信仰の一つの項目、一つの宗教の礎石」[51]とするにいたったと指摘している。マッツィーニは、サンシモン主義の影響を受けた「進歩の法」を、フランス革命で終わる「批判の時代」、「個人の時代」と、それに代わる「組織の時代」、「社会の時代」の到来という歴史認識の根幹とすることになる。

マッツィーニにとって、「進歩は神の法」であるがゆえに、進歩は「存在した、存在する、存在するであろう」[52]というものであった。かれは進歩の法を神の法として演繹したが、それは「道徳の法」として「世界を支配し」[53]、「諸民族の進歩を支配する法」[54]である。神が望んだ「進歩」はイタリアの独立と統一という政治的・実践的課題の宗教的基盤であり、「あらゆる物質的進歩はあらゆる道徳的進歩の確実な成果」[55]である以上、道徳的進歩こそ物質的進歩に優先されるものであるとかれは考えた。その進歩の法は「進歩の意識」のなかにあり、「人間は一歩一歩、額に汗を流して、その意識を獲得しなければならない」[56]ものであった。

義務について

マッツィーニの理念のなかで最も特徴的なものが、「宗教的に定められた生活の目的は幸福ではなく、義務である」[57]という「義務の法」である。かれは、「冷たい理論」[58]、「個人の信仰」、「抵抗を命ずる以外は、破壊し、何も作らない」権利に対して、「共通の、集合的な信仰」として「基礎を固め、連合する」[59]義務を対置した。その上で、「義務をもたないものは権利を有さない」[60]と、権利に対して義務を優先させたのである。

マッツィーニにおいて、「義務は人間の存在の唯一の真実であり、人類の意識と伝統が教えるすべての実践のなかで具体化すること」[61]であり、「あらゆる政治的問題に対する一つの正しい解決の唯一の根源」[62]と見なされた。義務は「社会的理念と不可分」であり、「神・義務・社会的理念」は「必然的に結合」し、その「三つの一つでも欠ければ、他は隠れたままとなり」[63]、「大きな社会的変革は不可能」[64]であった。

一八四〇年にロンドンで結成した第二次「青年イタリア」の機関誌『人民の伝道』に発表した論文で、マッツィーニは、「義務の根源は神にある。義務の定義は神の法にある」[65]と述べている。神は、「自己犠牲をともなう、人間・祖国・人類に対する使命と義務を人間に与えた」[66]。神が与えた人間の目的、すなわち使命と義務は、その「すべての能力の最高の、秩序立った、自由な発展」[67]につながるものであった。人生の目的は「遊興ではなく」[68]、「幸せの追求」[69]でもなく、「神に報いるためにその使命をはたす場所」[70]である「地上で、人類の進歩を実現するという一連の義務[71]」であった。義務として重要なものは行動の義務である。神の法に反する行動をしないというのではなく、「神の法に従って行動する[72]」ことが必要であった。「犠牲は行動における義務の感情」であり、「義務の感情は個人的な利害から発するものではなく、一つの神聖な絶対的な法の認識を必要[73]」とした。そのために、「人々を改め、改革し、変化させることが必要であり」、「権利ではなく、義務[74]」を教えねばならなかった。

また、かれは「神に対して、祖国に対して、人類に対してあらゆる人々のすべての義務という真の決定的な理念がなければ、神殿を築くことはできない[75]」と、神・祖国・人類のために「自己犠牲」をともなう義務を課している。その義務の内容は固定されたものではなく、「真理の展開のように漸進的なものであり、世紀によって修正され、拡大し、ときと状況に応じてその表現を変える[76]」ものであった。

マッツィーニは、イタリア民族の再生という「信仰」において、道徳的活力と「徳」の持続的な保持を要求し、「思想と行動」の一貫性を求めたが、それによって「青年イタリア」は秘密結社あるいは政党から「信仰と伝道」へと昇華することになる。マッツィーニが一八三一年後半に彫琢し、生涯にわたって堅持した倫理的・精神的革命論の特質は、デッラ・ペルータによれば、「民族は、その道徳的な再生が結実したあとにおいてのみ、物質的に再生する。革命はつねに、対立する理念との死を賭した闘争であり、銃剣よりも理念において、まず道徳的号令で、そののちに物質的なもので、達成される。理念と利害において、より重要なのは理念である」[77]というものであった。

使命について

最大の理解者であった母親に宛てて書いた一八三五年一月三〇日付の書簡で、マッツィーニは、「人生は一つの使命である。徳は犠牲である。この二つの金言以外に、わたしは何も知らない。もし人生が使命でなければ、もし一つの目的をもたないとしたら、人生とは何であろうか」[78]と述べている。また、親交のあったジョルジュ・サンド宛の一八三九年の書簡では、人生の「目的は幸せの追求でなく、義務の認識と実現である。愛は享楽ではなく、自己犠牲である」[79]と述べている。「義務」の理念に関連して、神がイタリアに託した人類社会ではたすべき「使命」という理念を示した上で、その使命を理解し、義務を成し遂げることに「未来の進歩」、「人生の秘密」[80]が存在すると、神の使命を人間だけでなく、祖国イタリアにも課している。

さらに、ドイツ皇帝の南下に対抗して北イタリア諸都市が結成したロンバルディーア同盟、そして「ダンテの強大な精神」[81]などにもとづき、「ヨーロッパの運命がわが祖国（イタリア）に託した使命の重要性」[82]、すなわち「ヨーロッパの文明化」[83]への寄与を主張した。一八四九年のローマ共和国において、「人生は一つの使命である。わたしたちが神に報いるためにその使命をはたす場所が地上」[84]にあると述べたように、マッツィーニの唱えるイタリアの人類に対する使命は、「第三のローマ」の使命につながる。

「新しいイタリア統一国家の真の力」を「新しいイタリアを先導する力を有するローマ[85]」のなかに見ていたマッツィーニは一八三一年に、「皇帝のローマ」、「教皇のローマ」に続いて、「第三のローマから、人民のローマから、天と地、権利と義務を調和しながら、個人ではなく諸人民に、この世でのかれらの使命を自由かつ平等に教えられるようなアソチアツィオーネの言葉を語れる、三番目の、より広い統一がどうして生まれないことがありましょうか[86]」と述べている。さらに一八五三年には、サルデーニャ王国のトリーノを中心とする運動に関連して、「イタリアの地のすべてに重大な責任をもち、イタリアの未来の解放の旗である共和主義原理を逸脱」することで、「民族の義務と権利という道徳的な主導権を奪い、ローマを裏切った。また、共和主義的伝統の保管所としてローマに目を向けているイタリアを裏切った[87]」とし、一八五八年には「われわれの首都、神聖なわれわれの都市であるローマは君主制を禁じている。一人の国王が教皇庁からローマを取り去ることができるか？[88]」と、「青年イタリア」の時期から一貫してローマを首都とする共和制による統一国家を主張している。

アソチアツィオーネとは

マッツィーニの基本理念の一つであるアソチアツィオーネは、「信仰と意志の統一[89]」、「進歩の保証人[90]」、「進歩の唯一の方法[91]」であった。目的を共有する共同体であるアソチアツィオーネの概念について、マッツィーニはサンシモン主義、フーリエから影響を受けた。デッラ・ペルータによれば、イタリア社会の改革において中心的なテーマである「社会問題」を分析するなかで、マッツィーニは「批判」の時代の終焉と「組織」の時代の到来という時代認識をサンシモン主義に従って理論化したが、その「組織」の時代は、新しい時代としての「人民」の時代の核を「アソチアツィオーネ」のなかに見出した[92]。

サンシモン主義の影響については、ジェーノヴァ時代にマッツィーニが「ゲーテの『ファウスト』について書いた評論のなかに見出すことができる」とフォスラーは指摘している[93]。ガリバルディも、一八三三年三月に船員としてコンスタンティノープルに向かう際、同乗したサンシモン主義者のエミール・バローからサンシモンの『新キリスト教』を贈られ、「専制者と闘うあらゆる人民に血と剣をささげる」というかれの言葉に感動している[94]。ガランテ・ガッローネによれば、サンシモン主義はフランスだけでなく、それ以外の国でも広がっていたことから、ジェーノヴァ時代のマッツィーニにも直接的・間接的に「おそらく」伝わっていたが、マッツィーニのサンシモン主義との本格的な出会いは、サンシモン主義の運動が「まさに最高潮に」達していた、一八三一〜一八三三年のマルセーユ亡命時代であった。マルセーユで無料配布されていたサンシモン主義者の膨大な数のパンフレット、『ル・グローブ』紙と『ラ・レヴュー・アンスィクロペディク』誌を読み漁り、サンシモン主義者が「教会」eIgliseで開催していた政治宣伝のための講座を聴講したことも考えられる[95]。サンシモン主義理論の要点をまとめて『ラ・レヴュー・アンスィクロペディク』誌に発表していたジャン・レイノー及びピエール・

ルルーとマッツィーニは親しい関係にあり、この二人のサンシモン主義者が書いた理論紹介から多くを吸収し、それを自分の思想形成の糧とした。(96) ラ・ピューマによれば、マッツィーニはピエール・ルルーからサンシモン主義の「いくつかの基本的な思想(97)」を受容したが、具体的にはアソチアツィオーネ、人民のはたす役割、あらゆる革命がもつ宗教性といったものである。

マッツィーニがサンシモン主義から受けた影響は、一八三二年に書かれた「これまでイタリアの自由の発展を阻害してきた要因について」のなかの、「われわれは批判の時代が終わる時期、組織の時代が開始する時期にある(98)」という認識に見ることができる。組織の時代とは、マッツィーニにおいて、進歩と義務としてのアソチアツィオーネによる人類の時代であった。さらに、「感謝の言葉をいわずに、かれらの行動がわれわれの行動と結合していることを想起することなしに」、サンシモン主義者の墓の前を通り過ぎることはできない、「かれらの行動はわれわれのなかで生きている(99)」とも述べている。著作のなかでも論争的なものの一つである、一八五〇年の「諸潮流と民主制」でも、サンシモン主義を「知識人を鼓舞する新しい精神の、最も重要で、最も進んだ表明である(100)」と指摘している。しかし、一八五二年には「サンシモン主義は歴史のなかに批判の時代と組織の時代以外は見なかった。一方を批判し、他方を賞讃した。あらゆる時代が、その時代、あるいは未来に対して組織的であり、先行する時代に批判的であることを忘れていた(101)」と、サンシモン主義を批判するようになる。

一八三一年から一八三六年の著作に見られるアソチアツィオーネは、「一つの最も総合的な原理、すなわち行動と進歩の手段、人類の継続的発展をつねに勢いづけた方法」であったが、のちに「資本、労働、そして知識人の結合、あるいは新しい社会的体制を構造化する基礎としての資本と労働の共同的なアソチアツィオーネ[102]」として定義されることになる。

さらに、アソチアツィオーネには、自由、平等、そして民族という「三つの要素[103]」が存在しなければならなかった。「真のアソチアツィオーネは権利と義務において平等[104]」であらねばならないが、それは「平等な関係がなければ、アソチアツィオーネは存在しない[105]」からである。「すべての隣人とのアソチアツィオーネ」が必要なのは、「個としての人間は弱い[106]」が、「広く、親密であればあるほど、より良き方向に力を発揮[107]」し、「無限大にその力を増大[108]」し、「共通の祖国としての人類へと向かう道[109]」はより確実なものとなるからだった。人類が歩んできた「進歩の各段階はアソチアツィオーネによって達成され」、「それなくして国家は到達した文明に留まり、変わらない[110]」。マッツィーニによれば、「いかなる進歩の段階も、人民のアソチアツィオーネに道を開くか、利益をもたらすものでなければ達成されない[111]」。そして「祖国の獲得のための活動の基本はアソチアツィオーネ[112]」であった。

マッツィーニにおいて、イタリアに欠けているのが「アソチアツィオーネの力[113]」であった。神が与えた「困難な計画を達成する唯一の手段[114]」として、「一つの偉大なイタリアという民族的アソチアツィオーネ[115]」を形成するには、「共通の場ですでに獲得し、選択したものを基盤に、一つの規約、一つの全般的な知識」をもって、「人民の自由な発展を阻害する障害を打破するために」、「活動方法を作り出すことが重要」であり、その「一番の基礎となるものが民族[116]」であった。そのために、アソチアツィオーネは「教育と法」によって「鼓舞され、強化される[117]」必要がある。さらに、「共通の祖国[118]」、「祖国の祖国」である人類の神殿、すなわち「諸民族のアソチアツィオーネ」の前提として、マッツィーニは、人民は「民族として存在する必要がある[119]」とした。つまり、民族として存在し、その上で人類が平等な関係で存在するための手段が、目的を共有するアソチアツィオーネであった。

マッツィーニのアソチアツィオーネの理念がキリスト教の友愛に通じるものであったことを指摘しておかねばならない。キリスト教は、「まず自由の母なる言葉である平等から発し、その不可侵な性質から人間の権利を取り出し、それをアソチアツィオーネの根源である友愛のなかに置きながら個人と人類の関係に道[120]」を開いた。「進歩的なアソチアツィオーネはキリストが説いた友愛の実践的な結果[121]」であった。友愛は、「あらゆる社会の基礎であり、社会的進歩の第一条件[122]」であり、「個人的な統合を要約する自由と平等という二つの要素の間の必然的な関係[123]」であった。

キリスト教の友愛に起源をもつアソチアツィオーネを「死にいたった個人主義に代わる新しい時代の基本的要素[124]」とするマッツィーニは、諸民族が人民のアソチアツィオーネによって「姉妹」となり、「共通の目的を実現[125]」すること、すなわち人類の友愛によって連帯することを志向した。マッツィーニのアソチアツィオーネの理念は、市民の社会的結合を超えた、市民・

民族・人類の道徳的結合を意味するものであった。

祖国について

マッツィーニは、「神秘的な、崇拝すべき」、「愛する女性[126]」のような祖国と述べた上で、「奴隷は祖国をもたない。自由でない人民は烏合の衆であり、民族ではない[127]」という。ジャンノーネ宛の一八三二年一二月付書簡では、「自由を愛する。おそらく祖国を愛する以上に自由を愛する。しかし自由以前に祖国を愛する[128]」と反語的に述べているが、自由は祖国の基礎となるものであった。

祖国は、「民族性の揺籃の地」、「人民を構成する個々人にとっての祭壇[129]」、「われわれの仕事場[130]」であると、まず場として認識されている。その上で、「心から思う女性が顔を赤らめながら、最初の愛の言葉をつぶやく言語[131]」、「生まれ、生き、死んでいくあらゆる世代に共通する傾向と情愛の一つの伝統[132]」のなかで取り結ばれた「集合的な生活[133]」、「名前であり、栄光であり、諸民族のなかでの印[134]」として、言語の共通性、生活感覚、共通の歴史的記憶を加えている。

マッツィーニにおいて、祖国は領土ではなかった。領土は祖国の「基礎」であって、祖国は領土の上に生まれる「理念」であり、領土のなかに住む人々を結束させる「集団 comunione の感情」であり、「愛の思想[135]」であった。祖国は「何よりも祖国の意識[136]」であり、「唯一の目的に向かって一致して行動する兄弟愛で結ばれた自由で平等な集まり[137]」としての意識であらねばならなかった。もし「祖国の魂 anima」がときめくことがなければ、それは「動きと呼吸が止まった骸」に等しく、「名無しの群集[138]」であった。祖国認識において重視されたのは、祖国に対する理念、意識、感情であった。マッツィーニの祖国は、人が生まれ育った記憶、ノスタルジー、哀惜にひたる感情と結合したせまい空間に限定される一八世紀的な領土的共同体ではなく、自然条件、歴史的・文化的条件を意識しつつも、個人の権利を保障する自由と安寧の生活の場と見なされ、道徳的感情と意識を一義的なものとする共通の目的に向かう人々の総体であった[139]。

マッツィーニが「失墜した」祖国イタリアを「再興しよう[140]」というとき、その主張は「神聖で、不可侵で、永遠で、至高の」、「宗教的原理[141]」であり、かれの生涯を貫く最高命題であった。「もし祖国がわれわれにとって一つの宗教でなければ、わたしはそれが何を意味するのかわからない[142]」と述べているように、かれにとって、「祖国という宗教は最も神聖[143]」であり、「祖国を創設することは宗教的事業[144]」であった。「哲学の最も高位」にある宗教は、「一つの信仰、一つの使命、一つの共通する意識に人々を統合する絆」であり、「永遠[145]」であり、政治は「最高の教育的原理」である宗教を「人類の多様な現象に適用[146]」するものであった。

イタリア統一を前にした一八五九年には、「一つの使命」、「一つの共通する義務[147]」である祖国は、個々人が「その信仰をもち、みずからの血をもってそれを確認しようとしたときに獲得できるものであり、それ以前ではない[148]」と述べている。その理由は、「祖国の意識なくして祖国は存在しない。もし市民自身が祖国を創り上げるために努力をしなければ、祖国の意識は存在しない」[149]からである。それはフランスの軍事支援を得たサルデーニャ王国によるイタリア統一への批判であり、独立は他国の援助ではなく、みずからの力で獲得すべきであるとする、一八三一年から変わることのない主張であった。一八六〇年には「乞食に投げ与えられた施しのように祖国を受け取ることはできない。祖国は愛と犠牲において成し遂げた証明、償いとして受け取るのである」[150]といい、一八六二年にはローマ解放を目指したガリバルディが起こしたアスプロモンテの変に関連して、「祖国は、一つの原理なくして、それによる論理的な結果を引き出す勇気がなければ、獲得することはできない」[151]と、サルデーニャ王国主導の統一を激しく批判している。

マッツィーニにおいて「魂の血」[152]である祖国は、「模範としての徳以外からは生まれない」[153]。偉大な時代は「信仰において開始され」[154]、人類は「進歩と信仰」[155]を渇望している。今日の人類の諸悪の根源は、マッツィーニによれば、この「一つの共通の信仰の欠如、地上を天上に、世界を神に再び結びつける共通の思想の欠如」[156]にあった。

ジェーノヴァ時代のマッツィーニに祖国を強く意識させたフォスコロは、一八〇七年に上梓した長詩『奥津城』Dei Sepolcri で、「祖国のために流された血に涙し、聖なるところ」と詠い、祖国への殉教を聖化している。オーストリアの名高い牢獄スピールベルクにカルボネリーア員として投獄され、『我が牢獄』を書いたペッリコのように、祖国が神聖な宗教となり、礼拝の対象となったことで、キリストの名において信仰を守るために血を流す殉教が政治的犠牲に適用され、祖国の再興のために流す血は神聖で、殉教と位置づけられた。祖国の殉教者たちが、トスカーナあるいはロマーニャといった地方の名ではなく、イタリアの名において死んでいったときに、民族は生まれた。「今日、われわれを民族とすることができるようになった」。「イタリアはただ一つの民族である。共通の運命という意識をもって兄弟愛で結合する総合的な理念と殉教は、あらゆる宗教の二つの永遠の要素」であった。「党派」でも「政党」でもなく、「信仰」であり、「使徒」である「青年イタリア」は、イタリアの「再生の先駆者」として、祖国という「宗教の礎石[157]」を置かねばならなかった。

民族について

マッツィーニは、民族を「一つの契約よって兄弟愛で結ばれた、共通の法のもとで生きるイタリア人の総体[158]」、「同じ言語を話し、平等な市民的・政治的権利において、社会的勢力と、その勢力の活動を進歩的に発展させ、完成させる共通の意志をもって兄弟関係を結んだ市民の総体[159]」、「唯一の基本的契約 Patto のもとで、教育、進歩、すべての人々の状況の改善を推し進め、国の生産・工業力を共通の利益として増大する目的において連合したイタリアの市民の総体[160]」と定義している。

カンデローロによれば、イタリアは「民族であることを宣言する」というマッツィーニの確信は、「ロマン主義的観点から生まれ、それに文学的伝統のなかで形成されたイタリア理念が合流する。それは、イタリア自体の普遍的な役割という理念と結びつき、本質的にコスモポリタンな概念を民族的な意味へと変容させたことに特徴づけられる」ものであった[161]。

マッツィーニにおいて、民族は祖国と同様に、「一つの領土でもなく、同じ言語を話す人々の一定の数でもなく、他のところよりも強力であることでもなく、生産力の量でもなく、一つの集合的意識、進歩と愛という神聖な一つの理念に賛同する大きなアソチアツィオーネ[162]」であった。一八七一年の「国際政治」では、「諸民族は一人の人間の専制的支配に対する個人の自由のように、専制的支配に対する人民の唯一の防御物[163]」であると述べている。民族は「不可侵の、神聖なもの[164]」で、「地上における使命が達成されるまで、人類のためになすべき何かが残っているうちは、個人のように死ぬことはない[165]」。マッツィーニは、「民族は統一を表現する言葉[166]」であり、「意志の一致が存在しないところでは民族は存在しない[167]」として、祖国と同じく、意識や目的の共有を重視している。イタリアは「民族であることを主張する二五〇〇万人の一つの絆であり、集まりであり、可視的な愛の根本理念[168]」であり、「自由で平等な民族であることを望み[169]」、「われわれの家のなかにオーストリアが存在することを望まない」。これこそが「遅かれ早かれ到達する目的[170]」であった。

一八三三年に発表した「イタリア統一について」に、マッツィーニは第二部として新たな論文を一八六一年に書き加えている。そこでは、シスモンディが「ユートピア[171]」と書いたイタリア統一とコムーネの関係に関連させて、「民族は今日まで存在しなかった。だが未来において存在するであろう[172]」、「民族は一つの新しい事実である[173]」と述べている。さらに、「もし自由でなく、平等でもなく、結合されてもいなければ、民族の共同生活は存在しない[174]」として、イタリアの独立は「人民の王冠の最も美しい宝石としてあまねく認められている。少数者あるいは異民族の侵入者による専制政治によって抑圧されない、衰退させられない、苦痛を与えられない権利は、われわれの心のなかにある神聖な、永遠に消えることのない権利[175]」であるとした。マッツィーニにとって、「自由と独立は一つの事柄で[176]」、「決して分離してはならない[177]」ものであった。

一八五九年一一月に書いた小冊子『イタリアの青年に向けて』では、「まず独立を、続いて祖国を、そして自由を獲得しなければならない[178]」、「独立は外国の圧制者からの解放であり、自由は国内の圧制者からの解放である[179]」と記している。一八七一年に書いた「パリ・コミューン」のなかでも、民族を「共通の意図に向かう集合的な能力をもった一つの親密なアソチアツィオーネ」、「生活の統一にすべてを集中した特別な勢力と機能をもつ成員の一つの有機体[180]」と述べている。

イタリア民族の独立に関連して、次のことを指摘しておく必要がある。マッツィーニは、イタリアの独立と統一において「外国によって支えられたいかなる蜂起も、外国の事情に依存していては、勝利を確実にすることはできない」として、「外国の事件を利用するにしても、蜂起の時期と特徴を依存させることはない[181]」と述べている。イタリアの再興はみずからの「聖なる血以外[182]」では実現しない、イタリアはみずからの力でのみ解放されるとも表明している。そのことは、一八三二年一二月にパリのジャンノーネに宛てて書いた書簡のなかの、「自由の木は市民の手で植えられ、市民の血で育てられ、市民の剣で守られなければ、果実をつけない[183]」という言葉からも明らかである。

この主張は、一八二〇～一八二一年及び一八三一年の革命が失敗した要因として、イタリアの民族運動をフランスの革命に従属させていたカルボネリーアの待機的改良主義を批判するものであった。常用語である「虚言」menzognaという語を使って、「諸民族は虚言によっては再生しない[184]」、それは「虚言ではなく、みずからの権利の意識、強固な犠牲の精神において再生[185]」するものであり、「一つの民族は譲渡によって祖国を得ることはできない[186]」として、一八五九年にナポレオン三世のフランスとサルデーニャ王国の間で軍事同盟を結び、イタリア問題を外交で実現しようとしたカヴール批判をおこなっている。マッツィーニによれば、人民のなかに「一つの民族性」を創り出す意識がなければ、すなわち「唯一の信仰」にもとづく「意識」をもちえないならば、たとえ「一つの階級の力」あるいは外国の力に依存し、蜂起が成功したとしても、それはいずれ失敗に終わる。かれは、民族性にもとづく蜂起の「合図[187]」をヨーロッパは待っており、イタリアにこそその蜂起を開始する使命があると考えた。

民族性について

民族の認識において共通の意志・理念を一義的なものと考えるマッツィーニは、民族性、すなわち民族的アイデンティティとしての言語・伝統・人種についてどのように理解していたのか。言語については、ハンガリーの民族的自尊心について語るなかで、「言語は民族の聖なる財産」であり、「すべてが失われたとき、固有の存在意識、最も大事な記憶」のすべてが「言語に集中する」[188]と述べている。しかし、一八五九年の第二次独立戦争におけるサルデーニャ王国への軍事支援の代償として、ニッツァ（ニース）とともに、フランス語圏のサヴォイア（サヴォワ）がフランスに割譲されたことに関連して、言語は「民族性の本質を印す特徴の一つ」[189]に過ぎないとも述べている。

人種については次のようにいう。イタリアは「あらゆる人種の集合地」であり、「あたかもあらゆる人種が会議に参加するように集合していた」[190]が、その多様な人種も「偉大なローマの統一においてギリシア・ラテン人種」の、「カトリックの偉大な統一において北方の人種」[191]の「融合」が進んだ。この人種の「緩やかで、確実な融合」が「隠された統一」で、「あらゆるものを平準化した」[192]。この融合にともなって、イタリアの「習慣や風習は似通ったものとなり」、人種は「出現のときから交配し、混合し、ごちゃ混ぜになってしまい」[193]、「イタリアでは絶滅し、徹頭徹尾、すべてイタリア人となった」[194]。その上で、マッツィーニは、「マルケ人とトスカーナ人の間には、フランスのバスク人、ブリトン人、ノルマン人の間に見られる違いは今日見出せない」[195]と述べ、それをイタリアの「統一に向けての一つの傾向」[196]と考えた。

マッツィーニは民族性の形成について、「人種、言語、そして人類の活動の発展に対する気候の影響」[197]を否定し、「地理的条件、歴史的伝統、言語、特別な傾向」は「印以外の何ものでもなく」[198]、「歩き回る場所、自然が他の土地の間に定めた国境、そのなかで聞こえる心地よい言葉は、祖国の可視的な形態以外の何ものでもない」[199]という。民族性は、「人々が自己意識をもち始めて、諸民族の自由で、厳粛に熟考された同意にもとづくものでなければ、形成されない」[200]し、自由な祖国という理念、民族的な願望が人民に芽生えたとき、「いかなる力もそれを消すことはできない」[201]。一度生まれた民族性は「不滅」で、「沈静させることはできても、消し去ることはできない」[202]ものであった。

民族性は「使命の象徴」、「集合的意識」、「社会生活の洗礼」[203]、「民族の個性の印」、「民族の自由の保証人」であり、「神聖」[204]なものであった。その本質的な要素は、「一つの共通の思想、一つの共通の権利、一つの共通の目的」[205]であり、「共通の使命で合意した全人の力」であり、「一つの理念」であり、「公認された目的をもつ一つの存在」[206]であった。「一つの夢や気まぐれではなく」[207]、「神があらゆる人々に課した役割」である民族性は、人民が地上ではたすべき「使命」であり、「課題」であり、諸国民の「個性と水準の印」[208]であった。自由で、平等に結合した人民の民族性は、「未来に向かって」[209]おり、「いま立ち上がろうとしている時代の重要な言葉」[210]であり、「今日まで存在しなかった」[211]。新しく生まれた人民の民族性は、「神聖な言葉である進歩のための一つの集合的使命[212]」をもつものであった。

過去に存在したのは「君主の民族性」である。それは「王家・王朝」のものであり、「国王の個人的な利害」にもとづいて、「君主、そして特権的な一族の間の取り決め」によって決定された。その理論は「みずからの最大限の利益のためにすべての人々を弱体化」することであり、「ヨーロッパの国際的権利のすべてを支配する概念[213]」であった。その目的は「他を犠牲にしみずからを拡大することであり、他の者の権利の簒奪」であった。君主の民族性からは「哀れなナショナリズム」しか生まれず、それは人民の民族性という「神聖な言葉が告げるもののパロディー[214]」に過ぎなかった。

人民の民族性は、「激しやすく、猜疑的で、貪欲な民族性ではなく、ルイ・フィリップが統治するフランスの怠惰で利己的な民族性でもなく、ウェストファリア会議の民族性でもなく、ウィーン会議のそれでもない[215]」。一八七一年に発表した「民族主義と民族性」において、マッツィーニは、「民族性という神聖な言葉を、狭量で、嫉妬深く、敵意のある民族主義の同義語として使う」ことは、「宗教と迷信を混同する者と同じ過ち[216]」を犯すことと述べている。

「イタリアを創る[217]」運動は、マッツィーニにおいて、「たんなる独立運動、盲目的な反動、抑圧する外国の民族に抗して被抑圧民族が起こす高貴な意志に欠けた盲目的な反動[218]」ではない。かれは民族性を「排他的」なものではなく、「他の民族と合意し、前に進むための手段」と考えていた。一八四八年初頭には、「民族、自由な民族であることを欲するが、それは人類のためにヨーロッパでおこなうべきことと考えるからである」[219]と述べている。マッツィーニにとって、「民族性の生産的な理念は、共通の義務の実現を目指す人類の同質的な集団の配列」[220]であり、最終的な目標は人類の連帯であって、その第一歩がイタリアの再興であった。マッツィーニは、「崇高ロメーオによれば、イタリアの民族性の「最高の教育者」であったマッツィーニは、「崇高にして否定しえない」イタリアの国境を設定し、そのなかに住む人々の言語と歴史の一体性を重視したが、それはロマン主義の文化が「再発見し、再確認した歴史的なアイデンティティの紛れもない表現」[221]であった。

マッツィーニの唱える、「感情から意志へ、過去の記憶から未来への熱望へ移行」した人民の民族性は、「政治的に統一されていない人民に」支持され、受け入れられた。「民族理念をまさしく政治分野で適用した民族性の原理」は、「これまで散らばっていた共通の祖国の成員を統一しようと望む人々」にとって、「唯一の」、「最大の」の指針であった[222]。

人民について

マッツィーニは、「人民の改革は、信仰の一致にもとづき、人間の能力の調和的全体にもとづかねば、しっかりとした基礎をもたない」[223]というが、その人民については「民族を構成する人々の全体」[224]あるいは「民族に結合した市民の総体」[225]と定義して、人民・民族・市民を関連づけている。さらに、人民は「あらゆるものを包含する大きな統一」であり、「すべての権利、すべての力、すべての意志の全体」であり、「世界の意志であり、中心であり、生きた法[226]」であるともいう。「社会のピラミッドの基礎である人民」は、イタリアの再興を志向する人々の「結合点」であり、「集合的存在[227]」であった。「孤立しては生きられない」人民は、「一つの法に従い、一つの目的をもち、人類という共通した大きな生活の一つの要素[228]」をもつ存在であり、「人民主権は国家の重要な原理[229]」であった。

「これまで無視されてきた人民の名において、人民にもとづいて」というとき、マッツィーニはその人民を、過去の運動から排除されていた下層民、捉えどころのない不穏な群衆、政治的に受動的な臣民としてではなく、「イタリアという祖国の戦車、神聖なシンボル」であり、「統一の秘訣[230]」を有する「イタリアの唯一の支配者[231]」として、リソルジメント運動の政治的主体と位置づけた。人民を革命運動の主体としたのは、中産階級に依拠し、人民の利害を梃子とする革命指導をおこなわなかったカルボネリーアに対する批判であった。

マッツィーニの一八三二年初頭の中心的な関心は、貴族階層に蹂躙され、物品税、租税、関税で窮乏し、僧侶に搾取される「大衆」moltitudiniの問題であったが、かれはその大衆と人民を同義的に捉え、サンシモン主義的な「最多最貧階級[232]」と理解していた。「教育のない人民は率直な言葉ではなく、現実によって行動を起こす[233]」として、人民に「革命の社会的内容を明言し、「かれらの権利と利益を直接的に[234]」語り、「無限の力[235]」をもつかれらを運動に参加させる必要があるとマッツィーニは考えた。そこには、人民のなかに「一つの民族性」を創り出す意識がなければ、それはいずれ失敗に終わる」[236]という判断があった。人民は、マッツィーニにおいて、「道徳的・物質的改善という同じ意志をもって結合し、その獲得に全員が一致して活動する連合」[237]であり、「民族を構成する唯一の信仰と道徳的意識の統一体」[238]であった。人民の意識とは、「行動に移すべき偉大な理念の意識」であり、「範となるべき集合的な義務の意識」であり、その義務を「万人のために実現するという無敵の力の意識」[239]であった。人民を「あらゆる権力の源泉」[240]として、それを政治的主体と理解したことは、いうまでもなくかれ独自のものではなく、フランス革命後のヨーロッパの時代思潮である。しかし、「神と人民」を民族運動の理念として掲げたのはマッツィーニ思想の特徴といわねばならない。

「神と人民」について

マッツィーニは、「青年イタリア」加入宣誓文として、「神がわたしに与えた、地上で兄弟たちと結束する義務のために」、「神がイタリアに委託した使命」[241]のために、と明示している。ハンガリーの革命家コシュートに宛てた一八五一年一一月一一日付書簡では、「イタリアの民主主義の旗には、神と人民という二つの永遠の言葉が輝いている」が、その二つの言葉は「われわれの信仰の原理であり目的」[242]であるとしている。「知識人の活動の二つの永遠の源」[243]である「神と人民」の関係は、「宗教的思想と政治的思想の一致を告げ、法と自由の、そして集合的目的と個人の使命の調和的な解説」[244]をおこなうものであり、「未来のプログラム」[245]であった。マッツィーニはそれを「宗教的民主主義」Democrazia religiosaと呼び、「未来の至高なる二つの基本要素[246]」としている。

その場合に、神は「天上と地上の主[247]」であり、「父」であり、「教育者[248]」であり、「社会機構の頂点[249]」にある存在で、民族・市民の総体としての人民は神が課した法の「進歩的代弁者[250]」であり、地上での「神の法の唯一の解説者[251]」であった。

かれは、「当初、夢想家の空疎で、神秘的な」ものと批判された「神と人民」という標語が、一八四九年に樹立されたローマ共和国の布告に印刷され、貨幣に刻印され、「ローマ、人民のローマによって[252]」、さらに拡大していると述べている。「青年イタリア」では「神と人民」で、「青年ヨーロッパ」では「神と人類」となるが、この神秘的な「神と人民」、「神と人類」という理念が多くの民主主義者の反発や離反の要因の一つであったことも指摘しておかねばならない。

神について

大学生時代に「無神論に傾いた[253]」マッツィーニは、一八三二年に、「神は存在する。神が存在しないときでも、神への信仰は普遍的に存在する[254]」と述べている。一八三八年には「神はわたしたちすべてに一つの法を与えられた。信じることが真実であり、信じるものがわたしの法である[255]」といい、さらに『人間義務論』では「神は、われわれが存在するがゆえに、存在する[256]」と、神の存在を先験的に認めている。その神は、「真理に到達するために、わたしたちに伝統、全人類の生命、そしてわれわれの良心の叫びを与えられた[257]」ものであった。

マッツィーニは「キリスト教徒の神はわたしの神ではない[258]」という。キリスト教は、「個人的な宗教であり、社会的なものではなく[259]」、「進歩の唯一の方法」である「アソチアツィオーネを無視する[260]」とするかれは、「宗教を初期の純粋なものに戻し、根源的な使命」を取り戻させねばならないとして、教会を解散することではなく、「それを解放し、再建する[261]」ことを考えた。カトリック教会は「宗教精神に取って代わった偶像崇拝宗教[262]」であり、「死者への誤った信仰」であり、いまや「消滅し[263]」、「教皇は逃亡し、われわれには神が残った[264]」という。

宗教と政治の関係は世紀の変化に応じて変えねばならないと主張したマッツィーニは、カトリックの統一は再建不能なほどに分解して久しく、それを復興するには「社会的なテーマにキリスト教を復帰させること」が唯一の方法であると考えた。マッツィーニの「宗教的使命」は、「神の恩寵による贖罪の教義」と「進歩の教義を取り換える、人間的な精神的使命[265]」であった。この認識にもとづいて、かれ独自の思想、すなわち「ほとんど神秘的な民族理念、イタリアの優位、神と人民[266]」などを提示し、教育を通じて、イタリアの民族問題と社会問題の解決を図ろうとしたのである。

では、マッツィーニは神をどのように理解していたのか。ベルティによれば、マッツィーニの神が「進歩の法則を通じて地上に現れるというのは、サンシモン主義、コンドルセの理論の奇妙な混合」であり、「厳密な意味でそれを理解することは無駄なことである[267]」。たしかに、マッツィーニの神の概念はきわめて難解であるが、バンディエーラ兄弟への追悼文で示された神の解釈はその理解の一つの手掛かりとなる。マッツィーニは、「神という概念から、人類の統一と集合的生活、そして創造主（神）に依拠する進歩的で調和的な発展の法則や、被造物（人間）の行動の調整者として託された義務という神聖な理論」を引き出し、「民族と祖国に与えられた使命[268]」という理念を演繹した。かれは次のようにもいう。神は「個々人の意識のなかに玉座を有している。その意識から、人類の意識と調和して、普遍的な伝統をもって、真理の持続的な啓示がおこなわれる。その真理を徳のある天才が展開し、純化し、人民は社会的な共同生活のなかに検証し、適用する[269]」。

マッツィーニの神の法は、「人間の存在の法であり、人類の生活の法である[270]」。その「法は神が人民に示す共通の義務の表現[271]」である。神は、「行動規範、社会を支配する諸原理にかかわる一つの理念、唯一の原理[272]」であった。マッツィーニは、「ただ一人の主、神[273]」、「生命の根源である神」が「生命を規定する進歩」、「義務を規定する道徳法[274]」を神の法と考えた。しかし、カトリック教会を批判し、その再建を訴えたものの、第一の「一般教程」で「聖職者の高位位階制をすべて廃止し簡素な教区制度を導入する[275]」と述べているだけで、いかなる具体的な提案もおこなっていない。

知識人の役割について

マッツィーニにおいて、「神と人民」を仲介する天才・知識人は祖国の民族的統一と人類の道徳的統一を主導し、人民をその運動に導くものと考えられたが、かれはその神と人民と知識人の関係を「基盤は人民、外形は知識人の行動、頂点は神[276]」としている。マッツィーニは人民を主導するものとしてまず天才という言葉を使用したが、その後はそれが知識人となり、青年の知識人となった[277]。

マッツィーニは「青年」と知識人を一致させ、「堅固で、開かれた思想と活動を共有し、いたるところで兄弟愛の結合をおこなう若い知識人が徳育」、すなわち「宗教的徳育[278]」を開始するという。かれにおいては、世界がすでに獲得した「自由と平等という二つの偉大な原理」に加えて、「今日求められている人類」という「偉大な、三番目の原理」を「三角形のように包摂する原理」の中核に、「人民のための使徒、永遠の統合である神」が存在する。その原理の実現のために、「思想と行動を一致させた知識人たちがアソチアツィオーネ[279]」を作り上げる。「ヨーロッパの全般的な精神運動に適合する原理の必要性を確信するすべての知識人が、その確信に従って行動すれば」、「一つの大きな哲学的なアソチアツィオーネ」を形成することになる。「大学やアカデミーに閉じこもることなく」、「いまや人類が獲得したわずかな基本的な真理から出発して、多くの結果を引き出し、それを広く伝えるようにする科学の真の使徒となろう[280]」とかれはいう。

革命の「使徒」と位置づけた知識人のはたす役割は、マッツィーニの代表的論文の一つである一八三六年の「知識人のアソチアツィオーネ」のなかで次のように述べられている。「共通の信念がなければアソチアツィオーネは不可能」であり、知識人は教育のない人民を「徳育」[281]する。しかし、「世界を支配する」知識人は「権利」や「特権」[282]を意味するのではない。社会的再編成の道をたどっているヨーロッパにおいて、「真理をより広範に理解するために比較し、研究し、決定する時間のない」[283]人民を、「指導し、進歩と義務の時代を切り開く使命」[284]が知識人に課された。その使命は、「教育を受けてない大衆」[285]、「未来の聖なる言葉」[286]である人民の徳育である。技術的・文化的な知識の取得である「知育 istruzione と混同されている徳育 educazione」は、個人や社会の目的に有効な知的・道徳的な原理を取得させることであり、他者に対する礼節をわきまえた規範を教えることによって、人民に「新しい時代のプログラム」[287]を伝えるものである。

「知識人は人民の思想を純化し、一つの形式に作り上げる」。知識人によっておこなわれる「道徳的なイニシアティブ」は、人民から生まれる「物質的なイニシアティブに先行する」[288]。「知識人の印」は「二つの原理」[289]である。知識人のアソチアツィオーネを担うのは七月革命以降の「純粋」な若い世代であった。「われわれの時代に主張され始めた信念、アソチアツィオーネ、進歩、民族性、人類の理念の発展」は、「若い世代」によるものでなければならない。若い知識人の使命は「実践的かつ理論的」であらねばならない。「時代によって命じられた仕事を成ツィーニは述べている。

し遂げるために」は、「思考だけでは十分でなく」、「思想に従って行動する必要がある[290]」とマッツィーニは述べている。

「思想と行動」について

マッツィーニは「思想と行動」という理念について、カルロ・アルベルトへの公開状のなかで、「いま、われわれは言葉が力となり、思想と行動が一つとなった時代にある[291]」と述べている。「思想と行動」の理念とは、「徳は行動[292]」であり、「行動は思想の補完であり、信仰のおこないである[293]」というものである。さらに、「行動は、思想が個人の行動であるように、人民の思想[294]」であり、「生活は思想と行動であり、使命と戦いである[295]」と表現を変えながら、かれは思想と行動の一致を一貫して主張している。「思想と行動」の統一なくしては、「祖国、人民、進歩、民族は、意味のない空疎な言葉以外の何ものでもない[296]」。思想と行動という「二つの要素の一つが欠ければ、生命の聖なる統一は解体し、精神の目的を犠牲にし、人類と神の前でみずからの使命を裏切ることになる[297]」とするマッツィーニは、思想と行動の一致を若き知識人の基本的な倫理的な行動規範とした。かれにおいて、「行動は兄弟愛の印であり、兄弟たちと一致する唯一の方法[298]」であり、「思想は人間のものではなく、神のもの[299]」であった。「思想に導かれ、聖化されない行動は、人間の骸でしかなく、魂のない形態[300]」であった。

また、マッツィーニにおいて、「思想を行動に移させるもの」が「愛」であるが、この思想と行動と愛の三位一体は、「神のなかに生きる神秘的な三位一体の投影」であった。この三つの統一という理念のない者は、「行動から信仰を、行動から思想を、政治的人間から道徳的人間を分離し」、その「統一を破る者は、真に宗教的ではなく、地上と天上をつなぐ鎖を断ち切る」(301)とかれは述べている。その場合、思想は信仰として読み替えることができ、その信仰は「天才によるイタリアの民族的発展に不可欠な要素」(302)とされた。

共和主義について

マッツィーニは第二の「一般教程」で、「青年イタリア」は「共和主義であり、統一主義である」と宣言し、「一つの民族におけるすべての人間が、神と人類の法によって、自由で平等で兄弟であることを求める。共和主義的知育はこの未来を保証する唯一のものであり、最高の道徳法の進歩的・持続的な唯一の代弁者である民族のなかにこそ本質的な主権が存在する」(303)と述べている。また、「一つの意志の統一で友愛関係を結んだイタリア人は、大きな共和主義のアソチアツィオーネに参加すること」(304)を要求し、共和国をアソチアツィオーネと認識している。アソチアツィオーネはかれにおいて、「総合、神聖な総合、世界の原動力、人類家族に与えられた唯一の再生手段」(305)であって、「自由は権利の行使」のため、そして「義務の実現のために必要」(306)なものであった。

マッツィーニによれば、共和国は「人民が目指す唯一のものであり」、「共和国だけがイタリアで存在しうるもので、統一と一致する」[307]ものであった。かれは共和国を、「民族の主権があらゆる決定に優越する、中心的なものとして承認された原理」であり、「あらゆる権力の源泉である統一国家」[308]と認識する。共和国では、「すべての利害関係が数の力に従って反映され、特権は法によって否定され、賞罰の唯一の規範は行為にあり、税金、貢物、工芸・産業・商業の障害物は可能な限り最小限に抑えられる」[309]。それは「主として最多最貧階級にとっての最善」に傾注し、「アソチアツィオーネの原理をより発展」[310]させるものでもあった。

デッラ・ペルータによれば、マッツィーニはフランス革命や父親の影響を受けて、イタリアの歴史的な共和主義的伝統を称賛したシスモンディの著作を読み、共和主義思想を「理論的な支柱」[311]として取り入れた。マッツィーニは、イタリアの歴史的背景を踏まえた上で、共和制について次のように主張する。イタリアには「君主制の要素」も、「王位と民族を結合できる尊敬すべき有力な貴族」も、「すべての諸邦の愛情と好感を勝ち取った王朝」も存在しない。イタリアの伝統は「すべからく共和主義」であり、「偉大な記憶も共和主義」であり、「民族の進歩も共和主義」[312]である。

こうした共和主義の主張の根底には、かれが「ヨーロッパは共和制になろう」[313]と述べていることからもわかるように、ヨーロッパ社会の市民的進歩と一致する歴史的必然性という認識があった。共和主義は「ヨーロッパの革命的現象のすべてを支配している原理」[314]であり、ヨーロッパの変革は「共和主義の原理へと誘導」されている。「君主制の時代は明らかに消えつつあるなかで、未来は共和制[315]」にあった。

人類の歴史的な進歩において「ヨーロッパは民主主義へと進んでいる。民主主義の論理的形態は共和制である。それゆえに、共和制は未来の運命のなかにある[316]」と述べているように、マッツィーニはヨーロッパの民主主義的傾向という時代認識を踏まえた上で、その必然的な形態として共和制を捉えていた。「共和主義体制は民主主義の自然な形態[317]」であり、「共和国は民主主義の論理的形態[318]」であった。マッツィーニの民主主義は、「下から上に展開する直接的で、自然発生的で、自由な民主主義」ではなく、「天才」や「徳」において優れた人間に与えられる「権威」を必然的に、強力に際立たせた時期に示されるべき、「指導される[319]」民主主義であった。

マッツィーニによれば、君主制は「外国の宮廷に譲歩」し、「外国人の下僕」となるものであり、民衆の「弾圧」に手を貸す「人民と民族的統一の敵」であった。かれは、諸邦に分裂しているイタリアの住民は、特定の国王に「容易に服従しない[320]」とも述べている。さらに、君主制は「社会構造の最高部に特権」を与え、「全民族の不平等と腐敗の源泉である貴族制」をもたらし、「選定君主制は『混乱』を、世襲貴族制は『専制体制』を生み出す」として否定する。イタリアの「没落が始まり、滅亡したときに導入」された君主制は、イタリア民族の敵である外国人の「下女[321]」となり下がったという。かれは立憲君主制について、フランスとイギリスを例に引きながら、「ヨーロッパを見れば、いまや立憲君主制は生命もない、生命の要素もない、文明の進展との調和もない、消滅した形態」であり、「絶対的な奴隷状態と自由の間の過渡的形態[322]」であると述べている。

ただし、立憲君主制を過渡的体制として共和制を主張する一方で、「われわれが選択すべき体制の形態にかかわる問題は未来に残しておけ。人民の権利を侵害してはならない。祖国の地が解放されたとき、人民が決めるであろう[323]」という考えは、一八三一年の段階ですでに示されていた。マッツィーニは共和制を、「政府の形態、一つの名称、政党から政党への、敗北した政党から勝利した政党への再行動の成果」ではなく、「一つの原則」であり、「人民が獲得した教育の水準を、展開すべき教育プログラムを、道徳的向上をおこなうのに適した政治制度[324]」と考えた。その共和主義の特徴は、「道徳化する制度である[325]」という言葉にある。「政治思想のなかで最も道徳的[326]」な共和国は、マッツィーニにおいて、「一つの教育的制度」であった。その意味で、共和主義政党は「失墜し、滅亡する」「政治政党[327]」ではなく、「本質的に宗教政党」であり、宗教政党は「滅亡することのない」「未来の政党[328]」であった。「自由・独立と緊密に結合した共和主義の概念」はイタリア人を統合する「政治的シンボル」であり、「共和国はたんなる政治的事実ではなく、道義的再生の表現」である。人民を「道徳的に向上させるのに適した政治制度」である共和制は、「政治体制に活力を与えうる唯一の民族的理念と同義であった[329]」。

一八五三年以降、「マッツィーニの共和国はますます宗教色が強くなり、ますます政治色が弱まる」ことになるが、その時期、マッツィーニが主張してきた独立と統一という民族課題の要求がサルデーニャ王国による統一を支持する立憲君主主義者側から強く発せられるようになり、共和国の実現はますます遠ざかる。それに比例して、かれの共和主義も宗教的なものとなっていった[330]。

マッツィーニが敵対者から「預言者」、「新しいモハメット」と呼ばれたことについて、モレッリは、かれがイタリアに適用しようとした「抽象的で、ほとんど空想的」な共和国の概念を検討すれば、その批判も正しいという。共和体制において支配者と被支配者の完全一致、完全同意を考えていたマッツィーニにとって、共和制は「再発見された民族の政治的シンボル」であり、「イタリア人の統一という至高の総合体[331]」であったからである。

統一主義について

「青年イタリア」は統一主義であった。その理由は、「統一なくして民族は存在しない[332]」し、「統一なくして真の力は存在しない。力なくして独立もありえない。独立なくして自由は存在しない[333]」というものであった。

一八三三年に発表した「イタリア統一について」でマッツィーニは、共和主義者であり、統一主義者であることの理由を、「共和主義という基盤にしか真に可能な自由を望めず、統一にしか強力で持続的な自由は望めないからである[334]」と述べている。マッツィーニにおいて、「統一は使命の証であり、自由は進歩の証[335]」であり、「自由と独立は一つの事柄で[336]」、「決して分離してはならない[337]」ものであった。その理由は「もし自由でなく、平等でもなく、結合されてもいなければ、民族の共同生活は存在しない[338]」からである。

一八四〇年に結成する第二次「青年イタリア」においても、マッツィーニは「政治的信仰の第一項」を独立に続いて「民族的統一である」とし、「義務の理念の不可避的結果[339]」としての統一を主張している。一八六四年一二月のクリスピ宛の公開状では、統一主義は「君主制あるいは共和制に卓越するもの」であり、「神の事柄[340]」であるとしている。

マッツィーニ思想の根幹をなす統一主義は、民族的統一を地方の多様性を根拠に細分化し、貴族や特権階級の再興を促し、野心的な小物を群生させることになると連邦主義を批判したブォナロッティの『イタリアに適用される連邦制政府についての省察』に影響を受けて、「自由・独立・統合 unione」の目標を取り入れ、「理論的な支柱[341]」としたとデッラ・ペルータは指摘している。

この「統一主義」の主張の背景には、オーストリアやフランスなど「強力な嫉妬深い統一国家に取り囲まれているイタリアは何よりも強力である必要がある[342]」とする地政学的判断があった。それに加えて、「君主制と連邦制は二つの有害なもの、すなわちペスト[343]」、「外国人支配ののちにイタリアに突如として襲いかかった大きなペスト[344]」であるという連邦主義批判があった。

マッツィーニは、「連邦主義はいまや消えてしまった地方の対抗意識を再燃させ、イタリアを中世」に後戻りさせ、「巨大な民族的領域を無数の小さなものに分割しながら、小さな野望の地としてしまう、貴族制の源」であるとし、「大きなイタリアの家族の統一を破壊し、イタリアが人類のなかではたすべき使命を根底から壊してしまう[345]」ものであるとして否定した。

連邦制批判の根底には、コムーネ時代以来続く歴史的なイタリアの地方主義が、外国人の支配や貴族制の支配を許したばかりでなく、都市の対立を引き起こしてきたという歴史的な認識が存在した。「連邦主義は人類のなかでイタリアがはたすべき使命を単純な自由と一つのエゴイズムと取り換えるものであり、哲学の基盤もない」として、スイスとアメリカの連邦制を認めながらも、「イタリアの連邦主義は軽率な文人の知的気まぐれ、あるいは地方の貴族の無自覚な夢である[346]」と批判している。マッツィーニは、イタリアの統一によって、都市の間、あるいは僧侶と貴族、貴族と都市民衆のような社会階級の間に入った亀裂、すなわち「悪徳のなかでも一番目のものである個人主義を助長」し、「長い世紀にわたって敵対する分派を維持してきた亀裂は、すべて消滅する[347]」と考えた。

一八四八年、マッツィーニはサルデーニャ王国によるロンバルディーア地方の併合について、「一つのイタリア以外には存在しない。北部イタリア、三つのイタリア、五つのイタリアは詭弁家たちの、宮廷人の冒瀆の言葉である[348]」と厳しく批判し、「曖昧な言葉である統合 unione を拒否[349]」している。フェッラーリなどの連邦主義者に対するマッツィーニの批判は痛烈である。一八五一年八月一七日付の書簡では、「何はともあれ闘わねばならない思想は連邦主義。このイタリアの災難はいたるところで再登場している。その一人が知性に乏しい、良心を欠いたフエッラーリである」[350]と記している。

シチリアに歴史的に見られるナーポリからの分離主義に対しても、マッツィーニは強く反対している。一八五〇年四月二四日の「ジェーノヴァのシチリア委員会に向けて」のなかで、「われわれはイタリアの統一の未来を信じる。それをなくして、自由の永続、独立の力、国内・国外におけるイタリアの使命は存在しない」[351]と、シチリア人の分離運動に釘を刺し、統一を強調している。

マッツィーニは、共和主義の主張と同じように、歴史を踏まえたイタリア固有の根拠とヨーロッパの動向を関連づけて、連邦主義は「広範な統一的集団のなかで形成されつつあるヨーロッパ社会」の「一連の進歩的な変化」[352]に反するものだという。「スイスの無力」を例として、「連邦制は近隣諸国のいずれかに必然的に影響を受け」、「民族の大きな領土を多くの小さなものに分断することで、卑しい野心の場と化し、貴族の温床となるであろう」[353]と批判している。

一八五八年には、「われらの旗」のなかで次のように述べている。「統一なくして祖国はなく、共通の使命の表象もなく、その使命を達成するための手段もなく、外国の嫉妬や野心から民族の旗や生活を守る力もなく、経済・農業・工業・海運を発展させる力もない。七つのイタリア、四つのイタリア、三つのイタリアといったすべての案を拒否」するが、それはそうした案が「人民の願望や事柄」ではなく、「気まぐれな考え、地方の貴族の野心、あるいは君主の強欲」にもとづくものであるからである。「われわれは一つのイタリアしか知らない」[354]。

統一を前にした一八五九年には、オーストリアに代わってイタリアを支配しようと野心を燃やすナポレオン三世を真っ向から否定し、北イタリア、中部イタリア、南イタリアの分割に反対して、「五つのイタリア、四つのイタリア、三つのイタリアなど存在しない。一つのイタリア以外に存在しない」[355]と述べている。ナポレオン三世とのプロンビエール密約によって、フランスの軍事支援を得て対オーストリア戦の準備を始め、北イタリア王国の樹立を志向していたサルデーニャ王国のヴィットーリオ・エマヌエーレ二世に宛てた同年の公開状においても、ローマを首都とするイタリア統一を次のように訴えている。「イタリアは統一を求めている。イタリアは一つの、自由な民族を形成することを望んでいる。神は、不滅のアルプスと海でわれわれが囲まれたときに、この統一を宣言された」。「統一の名において、イタリア問題を一つのヨーロッパ問題にすべく開始しようではないか」。「統一はすべてのイタリアの念願である。一つの祖国、一つの民族の旗、唯一の契約、ヨーロッパの諸国民の本拠地である首都のローマ。これがイタリア人のシンボルである」[356]。

マッツィーニは、統一主義が「集権体制と行政的専制主義」をもたらすという批判に対して、民族的統一は「専制主義」をともなうものではなく、「調和とアソチアツィオーネ」を基礎に、「自由で、神聖なものである地方の本来の生活」、「コムーネの自由」[357]を尊重するものでなければならないと反論している。かれは、イタリアには「特別な行政体系が不可欠であり、イタリア半島のあらゆる貧しい地域には地方的な利害にかかわるものがすべてである以上、生活と自由な選挙の大幅な拡大が不可欠である」[358]として、統一によって地方の利害が否定されないことを述べている。さらに、「中央集権には明確に反対」であり、「統一への嫌悪はフランスやその他の例に示唆を受けた混乱にもとづくものである」[359]としている。中央集権化は、「自由の効果的な保障手段」[360]である「イタリアに長く存在するコムーネ」[361]の伝統を否定する「行政の中央集権化」[362]であった。統一されたイタリアは、「一つの首都、一つの契約、一つの代議制、一つの軍隊、一つの民族教育、そして共通の民法と刑法を国内において活発で力のあるものとし、外国からは尊敬されることとなる」[363]とマッツィーニは述べている。

国家とコムーネの関係については、「イタリアの伝統はコムーネと民族という永遠なる二つの要素以外に存在しない」[364]として、アルプスからシチリアの最南端にいたるまで「人民はイタリアという神聖な言葉」を唱えて戦うが、そのプログラムは「民族の力とコムーネの自由」とした。「民族的統一は絶対」であり、「自由とアソチアツィオーネ、都市と民族」は人民が望む祖国であり、「国家と地方を寄せ集めた同盟は祖国ではなく、祖国の幽霊である」[365]とマッツィーニは述べている。

国家とコムーネを祖国の「調和を保つ二つの主軸」とするマッツィーニにとって、「コムーネの自由は祖国の自由の基本」であり、「祖国の自由はコムーネの自由の保障」であり、「地方の生活は民族の生活と同様に神聖」[366]であった。その上で、「政治統一は、極端な行政的中央集権と混同すべきではなく、発展を調和させながら」、人民にとって「二つの自然な要素である民族とコムーネを等しく振興しなければならない[367]」と主張している。

マッツィーニにとって、統一と共和主義は相互に関係するものであったが、絶対に譲歩できない、不動のものが統一であった。一八四三年には、「われわれが行動するとき、その旗には共和国ではなく、自由・独立・統一と書こう[368]」と述べ、「政治的信仰の第一の項目は民族的統一」であり、民族統一は進歩と使命の理念から「必然的に生じる結論」であり、「支柱となる一つの宗教的原理」であり、この原理にもとづく「民族的感情は神聖で、不可侵な、永遠で、至上のもの[369]」であるとしている。

イタリアの独立と統一を絶対的で最優先すべきこととする一方で、マッツィーニは、すでに指摘したように、共和制という政治体制の選択は統一後の人民の普通選挙により選出された国民会議において決定されるべきものと考えていた。「未来のイタリアを統治する政府の形態は、『国民議会』以外からは生まれない」。この考え方に従って、蜂起のために連合 unione する場合には、「共和国を外して、統一・独立・（一つの階級に限定されない）自由を基盤[370]」としなければならなかった。かれは、「蜂起と異民族追放の間の段階はすべて臨時的なものであり」、その「最大の目的は勝利を収めることであり」、アルプスから地中海まで解放されたあとに、普通選挙で選ばれた「国民議会」が政治体制を決定するとし、「それ以前ではない[371]」と明言している。

独立と統一を優先し、政治体制の決定を統一後の国民議会にゆだねると主張するマッツィーニは、一八四八年にミラーノでカッターネオと激しい論争を重ねたのちに書いた「青年たちへ、備忘録」のなかでも自説を曲げることなく、「イタリアの人民は民族において自立を志向し、ヨーロッパの未来の運命によりふさわしい民族性の形態を求める。この形態は、すべての人々の投票によってしか生まれないものであり、イタリア国民議会によってしかすべての人々に受け入れられないし、持続しない[372]」と主張している。一八五九年の時点でも、共和制を一時的に棚上げして、まずはオーストリアを排除して独立を達成するという目標を優先し、共和主義の劣勢を挽回して組織的な危機を乗り越えようと、穏和派の君主主義者に妥協策を提示している。それは、独立と統一を最優先課題とするマッツィーニにとって、たんに戦略的な意味をもつだけでなく、人民の意志にもとづく政治体制という基本的な理念にかかわるものであった。

リソルジメント運動の政治目標として明確に統一の理念を打ち出したのは、マッツィーニが最初であった。「マッツィーニ思想の核心はまさに統一理念」であり、それが「青年イタリア」の急速な普及の要因であったとモレッリは指摘する。「統一なくして民族を望めないがゆえに、何よりも統一主義者である」マッツィーニは、イタリアの統一を独立と不可分なものとして明確に打ち出した[373]。モレッリは、「マッツィーニはたんに行動目標だけでない、哲学的・宗教的に至上の総合と理解する統一の名において本質的に戦った」と述べ、「マッツィーニの全理論の支柱は道徳的・教育的・精神的、そして政治的な概念が一体となったもの」であると指摘している。マッツィーニは、「イタリア人の全体的な統一を獲得するためなら、共和国の政治信じていたからである。

的・民主的実現も拒否することなく、統一自体を遅らせること」も厭わなかった。それは、かれが「イタリア人がみずからの統一を実現したときに、共和制国家の勝利が不可欠である[374]」と信じていたからである。

「青年イタリア」の教育・情宣活動

「青年イタリア」が「近代的政党」であることの特徴として、印刷物を情宣・教育活動の手段としたことも指摘しておかねばならない。マッツィーニは、「一般教程」のなかで革命の手段を蜂起と教育とし、その二つは「一致して使用し、調和させなければならない。教育は、文書・例示・言葉によって、つねに蜂起の必要性を説かねばならない。蜂起を実現できるときは、民族教育の原則が反映される方法でおこなわねばならない[375]」と述べている。

「青年イタリア」は「本質的に徳育[376]」をおこなうものであり、革命は「教育的な事業で、高度な宗教的使命」をはたすことであった。教育は人民に「尊厳と使命の意識[377]」を与え、かれらを「未来の構想の高さに高める万能の手段」であり、その教育に「全努力を集中[378]」しなければならなかった[379]。教育を重視したマッツィーニは、公教育としての普通義務初等教育や大学の設立を提案し、民衆教育のために「民衆図書館を設立し、新聞を発行し、賞を設定する[380]」などして、人民の知的向上を図ろうとした。

マッツィーニは統一を前にして、「民族教育なくして、共和国を理解することはできない」

として、「普遍的な民族教育」を主張した。「われわれが解決しようとしている問題は教育問題[381]」であるとし、「民族教育なくして、民族は道徳的に存在しない。民族意識は民族教育以外からは生まれない[382]」と、かれは統一後の国民形成における民族教育の重要性を指摘している。『人間義務論』では「投票・徳育・労働は民族の基本的な三つの柱である[383]」とし、「国家は市民に教育プログラムを与え、市民は学校で道徳的教育――人類の進歩の総論を含む民族性の講義、祖国史、国の法律を支配する諸原則――及び共通した初歩的な知育[384]」を受けなければならないと、国民教育の具体的な内容にも言及している。ここに、マッツィーニの教育者としての側面を見ることができるが、それは後述する通り、一八四一年にロンドンで開校するイタリア人移民の子弟たちの無料識字学校で実践されることになる[385]。

教育を「青年イタリア」の戦術の一つとしたことに話を戻すと、それは人民を革命に動員するという戦術的な意味ももっていた。マッツィーニは、異民族のオーストリアが支配するロンバルド・ヴェーネト地方以外の人民を独立運動に参加させることの困難性を明確に認識していた。ロンバルディーアに住む人々は、「ロンバルディーアの収穫物、人、金」が「オーストリアの穀物倉庫に、軍隊に、金庫」に入ることを知っており、それゆえに支配する「オーストリア軍の制服がおぞましく」見え、敵がオーストリア人であることを可視化でき、独立に決起することができる。しかし、ロンバルド・ヴェーネト以外の地域の人々は、「この圧政を直接には感じない[386]」。かれらにとって、独立よりも自由が問題で、直接的な敵は「徴税官」、「商売を邪魔する関税官」、「個人の自由を冒瀆し侵害するもの」、「間諜」といった身近な、可視化できる圧政者である。そのために、「収穫の六割あるいは五割を吸い取られる」地租、「小麦粉、煙草、砂糖」などに課せられる価格の半分に近い物品税、価格が高騰し購入できない「塩や生活必需品」、ささいな証書や商取引に必要な「印紙税」、息子たちを家族から引き離し兵士にする「徴兵制度[387]」を明示して、かれらに自由を呼びかけねばならなかった。

マッツィーニは、オーストリアとの戦いに勝つためには人民の動員が不可欠であり、そのために統一の哲学的・道徳的な基本点をかれらに教え、共和国において人民が得ることのできる経済的利益を示す必要があると考えた。「最多最貧階級」の大衆を民族運動に引き入れることは戦術的な意味合いをもつだけでなく、人民の生活を物質的な面で改善するという「社会的問題」解決の意義も有していたため、「人民の時代」の基盤はアソチアツィオーネという道徳的・倫理的結合に置かれることになった。

民族問題・社会問題の本質と、その解決に立ち向かう義務と使命を民衆に知らしめるのが教育であり、それは蜂起に先行する活動であった。シロッコが指摘するように、マッツィーニにとって「蜂起は教育に続くものであった[388]」。人民を教育し、独立の戦いに参加させる手段は、「民族を左右する[389]」新聞である。「新聞という手段で世論を形成する[390]」ためには、それを「持続的に、普遍的に、広範に普及[391]」しなければならず、「出版の自由[392]」は不可欠であった。マッツィーニは新聞、雑誌、大量の政治宣伝のチラシやパンフレットを活用したが、一八六九年六月にエドガー・キネー宛の書簡で「朝から夜まで、手紙、カード、回状、指示、われわれの雑誌の原稿を書き続けている」[393]と述べているように、かれがときには一日に一〇通近くも書いていた手紙のことも忘れてはならない。全集には、イタリアのみならず、ヨーロッパ各地の著名人たちに宛てて書かれた膨大な数の書簡が収録されている。外国人宛の書簡はほとんどが失われたと想定されるが、それを合わせると、マッツィーニの手紙による驚異的な情宣・組織活動をうかがい知ることができる。マステッローネによれば、マッツィーニは、フランス各地に散らばった面識のないイタリア人亡命者たちの存在を知るや直ちに手紙を書き、「青年イタリア」の存在を知らしめるために、情宣の印刷物を送ったという[394]。

前述したように、マッツィーニは一八三二年初頭に組織と同名の機関誌『青年イタリア』を発行した。「青年イタリア」の目的・理念を普及するためのこの機関誌は、一〇〇頁程度で不定期発行され、年間定期購読は一リラ四八チェンテージミだった。一八三四年七月までに六冊が出版されている。一八四〇年にロンドンで発行した、後述する『人民の伝道』、そして亡くなる直前の一八七一年に発行した『人民のローマ』にいたるまで、生涯を通じて新聞・雑誌などを発行し続けたマッツィーニのジャーナリストとしての活動は特筆すべきものである[395]。

ゲリラ戦と独裁的指導部

「青年イタリア」は革命の口火を切る蜂起において、正規軍との戦闘における最も有効な手段をゲリラ戦とした。マッツィーニがゲリラ戦を選んだのは、前述したように、ビアンコが一八三〇年に出版した『イタリアに適応されるゲリラ部隊の蜂起による民族戦争』からの影響であった。[396]マッツィーニは「イタリアに有利な蜂起戦について」で、ビアンコの理論に従って、民族戦争・人民戦争という観点から正規軍と対峙するときは、イタリアの地形を知り尽くした住民の特質に合致した戦術であるゲリラ戦が最も有効な方法であるとしている。[397]

「蜂起が始まるや否や開始する」ゲリラ戦は、「外国の征服者から解放」されるためにおこなう「全民族の戦い」であった。ゲリラ戦は「闘争の場に多数の人々を呼び寄せ、限りなく少人数で戦い」を展開し、「作戦拠点を固定することなく」、「敵を異例の戦争に追い込み、敗北を回避」できる「無敵の、不滅のもの」であり、ゲリラ戦を展開している間に「迅速に集められ組織された正規軍が蜂起戦によって準備された事業を完成する」。[398]マッツィーニは、革命運動を開始する蜂起の段階と、それに続く革命の段階を区分している。蜂起の段階では「少数者に集中した臨時的・独裁的な権力」が行使されるが、その権力は領土の完全な解放後に国家権力の唯一の源泉である「国民議会」に移譲されるという区分である。[399]

独裁的権力をめぐる論争

蜂起の段階における少数者の独裁的権力については、バブーフの平等派の陰謀に加わり、隠然たる影響力をヨーロッパの民主主義運動に及ぼしていたブォナロッティのマッツィーニに対する影響をめぐる論争があった。(400) この論争についてデ・フランチェスコは、「マッツィーニ主義の政治的意義についてバランスのとれた評価を損なうことでしばしば終わっている」と指摘し、一八三〇年代初頭のフランスにおけるブォナロッティの影響範囲を過大評価する歴史研究の伝統と相まって、フランスの優位を認めないマッツィーニの主張を支配する偏狭なナショナリズムや政治的・社会的問題の精神主義を強調することで、マッツィーニが活動した時代状況を切り離して論じることになったという。デ・フランチェスコは、「フランスの共和主義運動において、ブォナロッティの影響力は著しく限定されたものとなっていた」のに対して、「一八三〇年に民主主義思想を表明し、一八三四年までルイ・フィリップに公然と反対したルイ・ブラン、ピエール・ルルー、カヴェニャックに近いグループが優勢となっており、秘密結社の世界は、いまや時代遅れの政治的実践者」となっていたと解釈している。(401)

マッツィーニがブォナロッティから受けたとされる独裁的権力について、両者の主張をシロッコは次のように対比している。ブォナロッティが革命の勝利を確実にするものとして革命における独裁的権力を捉えたのに対して、マッツィーニは蜂起の時期に必要な「少数者に集中する臨時的独裁政権」は軍事的独裁への道を開く危険性があり、独裁的体制を可能な限り最小限に抑え、まず新しい共和主義的政治社会の体制を作る必要性があると考えた。マッツィーニにおいて、イタリア半島は解放によって革命の「民衆的」基盤を急速に拡大し、そこで樹立される国家の「権威の唯一の源泉」である国民議会にすべての権力を移譲しなければならなかった。

革命の社会的目標は大衆を決起させるためのものであり、暴力で獲得されるものでも、法的に獲得されたものを侵害するものでもなかった。

両者の革命に対する考え方の違いについても、シロッコは次のように指摘している。ブォナロッティは「富の分配における不平等を除去する社会革命」を目指し、ヨーロッパの「革命のイニシアティブはフランス」がとることを主張した。マッツィーニは立憲政治を過渡的なものとして除外することなく、イタリア人民の蜂起による統一共和国の実現を目標とし、連邦主義をイタリアの運動の進歩を阻害するものとして否定し、財産の平等を批判した。その際にマッツィーニは、都市労働者が少なく、農民が聖職者の支配下に置かれたイタリアでの革命の牽引力をブルジョア階層と考え、宗教的な特徴をもつ哲学的・道徳的思想にもとづいて、イタリアの政治体制を根本的に変革する民主主義的要求をおこなった。マッツィーニにおいて、社会変革は共和制が実現されたあとに、外的損傷を残さないかたちでおこなわれるものであった。基本的に、「マッツィーニにとって、平等は経済的なものである以上に法的・市民的なものであった[402]」。

マッツィーニは政治的問題を経済的問題に優先していた。共和制を通じて民族の統一と自由の実現による諸特権廃止を実現し、君主制とカトリック教会の財産の国有化によって生まれる資本を労働者に提供することによって、ブルジョアが合法的に獲得した諸権利を侵害することなく人民の向上のプロセスを開始するとして、未来の共和主義政府に社会正義の実行を先送りしている。[403]

マッツィーニとブォナロッティの個人的な関係についていえば、ビアンコの橋わたしによって、マッツィーニがマルセーユに亡命した初期の時点でブォナロッティと個人的な交流があったことはたしかである。そのことは、パリに住むジャンノーネ宛の一八三二年九月一八日付書簡でかれが「ブォナロッティはわたしの友人である」[404]と述べ、ラ・チェチーリア宛の同年一二月の書簡ではブォナロッティと「一年近く直接に接触している」[405]と書き送っていることからも明らかである。その交流のなかで、ブォナロッティに対する不信感が生まれ、思想的・組織的な対立が浮上し、マッツィーニが企てた一八三四年初頭のサヴォイア蜂起失敗後にはそれは決定的なものとなった。

デ・フランチェスコは、二人の思想的・組織的な対立について明快に次のように説明している。パリに本部を置く「世界的民主主義カルボネリーア」Carboneria democratica universale の最高指導部「アルタ・ヴェンディタ」Alta Vendita の責任者であった高齢のジャコバン主義者ブォナロッティは、わずかの忠実な信奉者とともに、批判者に対する説得をおこなうこともなく、イデオロギー的な妥協を拒否する革命家として孤高を守り続けた。ブォナロッティにはマッツィーニが「自信過剰で、生意気な若造」に見えた。他方、意気軒昂の若い革命家マッツィーニは、亡命者世界のなかに積極的に入り、連帯を求め、同志の獲得に力を注ぎ、「イタリアにおける最初の政党」である「青年イタリア」を結成する。この二人の対立は不可避であった。

ブォナロッティから見れば、「青年イタリア」はイタリアにおける革命の可能性について人々に無益な期待を抱かせ、行動の秘密保持を否定して革命計画を危機に陥れ、犠牲者を増やすだけでなく、立憲君主主義者との政治的妥協に傾きがちであった。社会問題を回避したという批判に対して、マッツィーニはブォナロッティの権威主義を批判し、カルボネリーアの展望の欠如を指摘して、個々の参加者の革命的自発性を否定する縦割りの垂直的な組織を拒否した。「青年イタリア」結成自体が、マッツィーニのブォナロッティからの思想的な決別を示している。普通選挙を政治的「万能薬」と見なすマッツィーニは、共和主義の情宣活動と参加者の勧誘活動を公然とおこなうことで、カルボネリーアの古い象徴的な「兵器庫」を解体し始めた。この対立は、一八三五年ごろに、「青年イタリア」にアポファジメーニの大部分が合流することで決着がつくことになる[406]。

「青年イタリア」の組織構造

「青年イタリア」は「秘密結社の時代」を克服し、イタリアの民族運動に「質の転換[407]」をもたらした。「青年イタリア」は、マルセーユに置かれた中央委員会からイタリアの各県の地方委員会へとつながる垂直的構造の組織であり、秘密結社の位階的構造を否定し、会員を「兄弟愛で結合した者」、「進歩と義務の法を信じる者」、「イタリアが民族と見なされることを信じる者」として、それを先導者と入会者の二種類の段階に分けている[408]。地方委員会と中央委員会の

間では、「旅行者」と呼ばれる工作員を通じて、情報・指示の伝達がおこなわれ、緊密な関係を保つことになっていた。(409)

会費は「月に五〇チェンテージミ」とし、入会時に可能な者から「能力に応じたより大きな額の寄付(410)」を徴収するとなっている。団体旗には、「白・赤・緑の三色旗の一方に自由・平等・友愛、他方に統一・独立(411)」と記される。加入者の制服は、「緑色のブラウス、赤色の革バンド、白色のズボン、花形紋章のついた蝋引きの帽子(412)」と示されているが、それは実現しなかった。

「青年イタリア」は革命組織であり、その秘密保持の観点から、全会員が歴史的な戦士にちなんだ名前を選んで組織名とし、本名は使ってはならなかった。マッツィーニは、一六世紀後半のヴェネツィア出身の傭兵隊長で、一五七三年にフランス軍側に立って戦ったフィリッポ・ストロッツィの名前を名乗った。

Ⅳ　「青年イタリア」の活動

組織網の確立と拡大

「青年イタリア」の活動を開始したマッツィーニの心境は、その時期の書簡から十分に伝わってくる。「われわれの活動は短期間のうちに巨人のような一歩を踏み出した(1)」という高揚感が示される一方で、「蛇のような用心深さをもちつつも、ライオンのような心意気」という表現に見られるように、かれのなかでは官憲に対する警戒心や不安が錯綜していた。かれは母親宛の書簡で、当局の開封を想定して母を「叔母」と呼び、自分を姪の「エミーリア」と記している。一八三二年三月一八日にはラ・チェチーリアに、ナーポリ人亡命者でコルシカ島に住んでいた「ポリィに全幅の信頼を置かないように(2)」と書き送り、警察のスパイに対する警戒を呼びかけている。また、組織活動の「資金が緊急に必要である(3)」、「われわれは唯一資金を欠いている(4)」と、活動資金の不足を嘆いている。

マステッローネは、マッツィーニの書簡がサルデーニャ王国だけでなく、オーストリアやフランスでも警察当局によって開封され、「青年イタリア」の組織活動が知れわたる原因となっていたことを明らかにしている。マッツィーニのまわりには数多くのスパイも存在していた。「その大部分がイタリアで政治行動にかかわり、投獄を免れるために仲間を裏切る」こととなった人々であった。その「スパイのおかげも(5)」あって、マッツィーニはヨーロッパで広く知られることになる。

「民族の運命という神秘的な感情で心を揺り動かす扇動者」であったマッツィーニの「宗教

性の染み込んだ言葉」は、中部イタリアの革命の失敗後、行動に躊躇しながらイタリア諸邦に留まり、孤立していた愛国者の熱狂を喚起し、地方性を超えてかれらを初めて結合した。それによって、「青年イタリア」は短期間のうちにイタリア各地に活動拠点を構築し、「予期しなかった成果」を得ることになる。しかし、シロッコによれば、「青年イタリア」に結集したすべての者が、マッツィーニの「哲学的・宗教的思想に全面的に同調し、かれの闘争方法を無条件に認めた」と考えるべきではない。マルセーユで「青年イタリア」を結成した時点で、また一八七二年に死去するまでの約四十数年間に、「わずかの者からカリスマ的指導者」として承認されたとしても、大半はかれの思想に強く見られる「宗教的な霊感」を受け入れることはなかった。また、マッツィーニの「組織者としての疑いようのない能力」[6]に一時的に従ったが、決定的な時期に政治判断や闘争方法をめぐってかれと対立し、袂を分かつ者も出た。

一八三二年初頭に「マルセーユを含めてフランスに一五〇〇人」[7]いたと推定されるイタリア人亡命者に対しても組織活動がおこなわれた。マッツィーニの個性的な魅力と信念によって、陰謀活動の経験をもち、祖国の革命の可能性を信じる古い世代の亡命者たちを「青年イタリア」に引き入れ、若い世代の活動家を徴募することに成功している。

イタリアにおける「青年イタリア」の中心的な活動拠点は、マルセーユから直接の航路があったジェーノヴァであった。反サヴォイア王朝の感情が強かったジェーノヴァでは、マッツィーニが接触を保っていた幼友達のヤーコポ・ルフィーニを責任者として、ベンツァ、カンパネッラが中心となり、「青年イタリア」を「中産階級、貴族階級に続いて、軍隊に浸透[8]」させることに成功した。港湾都市ということで港湾労働者や船員なども加入している。ジェーノヴァでの活動によって、組織網は「西側のリヴィエーラ海沿いにある諸都市[9]」からニッツァ（ニース）へと広がっている。

「複雑な秘密結社の世界が存在していた」ピエモンテでの組織活動は容易ではなかったが、その「主要都市や重要な地域」で「青年イタリア」の組織網を広げることができた。その特徴は「兵士に対する勧誘活動[10]」であり、「サルデーニャ軍の厳しい訓練や俸給に不満をもつ下士官や下級兵士[11]」が「青年イタリア」に加入していることである。

トスカーナ地方では、「一八三二年の最初の数カ月に、いくつかの主要都市で」、組織網が確立していた。フィレンツェが諸都市の組織的「調整役」を担い、リヴォルノ、ピーサ、シエーナでは「貧者階層向けの大量の秘密宣伝文書[12]」が配布されたことで下層民衆を中心に組織が拡大した。ピーサでは大学生が多く加入したが、「サンシモン主義の普及」もその要因と考えられる。リヴォルノでは、マルセーユからの連絡網が維持されていただけに、その組織化は容易に進み、「青年イタリア」の政治・社会思想が「景気変動の影響を受ける港湾労働者[13]」たちの間で浸透して、参加者を増やした。シエーナでは一八三五年中旬に組織が崩壊した時点で、四〇名の大学生と、ほぼ同数あるいはそれを上回る数の職人が加入していた。

ロンバルディーア地方の大都市ミラーノでは、オーストリアの直接支配下にあった重要拠点という戦略的観点からの働きかけもあって、「青年イタリア」への「加入者の急激な増加」が見られた。「青年イタリア」が最も拡大した時期には「若い貴族、聖職者、多様な職業の中産階層」の人々だけでなく、職人や下層民衆などを合わせて約三〇〇〇人の加入者があった[14]。教皇支配下のローマでは組織活動が困難であったが、熱狂的な教皇支持者が住むトラステーベレ、ポンテ、レーゴラ地域の下層民衆のなかに参加者を獲得している[15]。

両シチリア王国では、アブルッツォとナーポリで「青年イタリア」が組織された。ナーポリとともにパレルモに派遣された工作員は、マッツィーニのジェーノヴァ大学時代からの親友べンツァであった。マッツィーニは一八三二年六月の書簡で「君の使命はナーポリの県委員会を確立することである[16]」とかれに指示を出している。しかし、カルボネリーアが根強く残る南部イタリアでの組織化は成功せず、「青年イタリア」が普及したところでも、カルボネリーアと共存していた。また、ムソリーノが結成した「青年イタリアの子どもたち」Figliuoli della Giovane Italiaというよく似た名前の組織も存在している。この組織はカルボネリーアの伝統を継承する秘密結社で、マッツィーニ思想とは無縁だった。しかし、マッツィーニと「青年イタリア」が南部イタリアにも知られ、その名前を模倣した組織が存在したことは、マッツィーニの存在が普及していたことを示す例である。ナーポリからの分離独立の主張が強いシチリア島においては、オーストリアと戦い、イタリアの独立を実現するという「青年イタリア」の主張は現実感がなく、「青年イタリア」の浸透はなかった。

「青年イタリア」結成から約一年後の一八三二年六月の時点で、マッツィーニは、「ロンバルディーア、ピエモンテ、ジェーノヴァ、ロマーニャ、トスカーナのほとんどすべての組織をわれわれの指揮下に置くことができた。ナーポリとパレルモでは同意が欠如している。中央委員会はパレルモと漠然たる関係しかない[17]」と、イタリアにおける「青年イタリア」の組織状況を語っている。一八三三年の時点でイタリアにおける「青年イタリア」加入者数は五万〜六万人だったという指摘[18]があるが、結成から二年あまりでこの数字は驚異的なものといえる。デッラ・ペルータは、独立と統一という民族的要求を掲げた「青年イタリア」のイタリアにおける急速な増加は、「マッツィーニの名声を反映する[19]」ものであったと指摘している。

ミラーノでは職人、ジェーノヴァとリヴォルノでは港湾労働者や船員が加入したといっても、「青年イタリア」の加入者の多くは大学生や弁護士、医者などの専門職をはじめとするブルジョア階層が中心であった。デッラ・ペルータはその理由として、民衆は政治意識が低く、かつ識字率の低さから政治文書を理解できなかったことの他に、「一般教程」で「文字の読めない者を除外した[20]」ことを挙げている。

一八三〇年代のイタリアのきわめて低い識字率からして、印刷物による情宣活動にはおのずから限界があった。出版物を読めて、理解できるのは、軍人、知識人、大学生、限られた職人階層であった。マッツィーニのメシア的な政治スローガンである「神と人民」あるいは「思想と行動」が広く理解され、賛同を得ることは容易なことではなかった。そのため、マッツィーニの思想を理解できる教養のあるブルジョアが媒介者となり、古くから職種別の組織を有していた都市の職人を中心とする社会階層に働きかけることになる。その意味で、教区の文化に限定され、教育水準も低く、交通網・通信網が限られ、外部世界との交流も少なく、ほとんど孤立した状態にあった一九世紀前半のイタリア農村社会では、「青年イタリア」の情宣活動は不可能であった。バンティによれば、「政治宣伝文書を読めない農民に口頭でそれを説明することも可能であったが、都市部と異なり農村部では集会を秘密裏に開くことも困難であり、よそ者による個人的な働きかけも目につきやすく、大きな危険をともなうものであった」[21]。このような一九世紀前半のイタリア農村部の社会状況も、「青年イタリア」の農民に対する組織活動が展開できなかった要因として考えなければならない。

「青年イタリア」のブルジョア階層への普及も限定されたもので、マッツィーニ思想への反発が見られたことも事実である。その理由には、かれらが独立と統一は支持しながらも、その実現後におこなわれる急激な社会変革を恐れたこと、マッツィーニが共和国の樹立によってカトリック教会の解体を考えていたことがあった。後述するように、一八四〇年代にピウス九世の登場によって教皇を中心とした統一を主張する新教皇主義が台頭したことを考えれば、この時期のカトリック教会とイタリア人の宗教的・精神的・政治的関係を理解することができる。

「青年イタリア」の浸透を阻み、広範で全般的な運動の展開を妨げたこれ以外の要因として、シロッコは「古い秘密結社世界の抵抗」と「マッツィーニ思想の倫理的・宗教的な根本的思想が引き起こした当惑[22]」を挙げている。

マッツィーニはイギリスに住むイタリア人への組織活動も展開している。ロンドンに住むジリオーリ宛の一八三二年二月二五日付書簡で、一八二一年の革命後にイギリスに亡命してロンドン大学でイタリア文学・イタリア語を教えていた、のちに大英博物館の第六代館長となる、ナーポリ出身の「アントーニオ・パニッツィを通じて[23]」賛同者を獲得するようにと指示している。

サヴォイア蜂起

マッツィーニは、最初の蜂起計画を一八三三年五月末から六月初旬と定めた。かれは当初サルデーニャ王国ではなく、ナーポリ出身の軍人ペーペの助言もあり、ナーポリでの蜂起を考えていた。予定された蜂起が二カ月も遅れた一八三三年八月の時点でも、「ナーポリの蜂起は部分的な運動でも、見込みのない企てでもない。それは十分に計算されたイタリア規模の運動の開始を示すものである[24]」と述べている。その計画は、ナーポリの蜂起によって中部イタリアを決起させ、イタリア人亡命者の一部がサヴォイアから侵入してトリーノに進軍し、他のグループはリグーリア海岸に上陸してジェーノヴァを占領するというものであった[25]。

さらに、「イタリア民族の決起を内外に示す」ことは「ヨーロッパの蜂起の合図[26]」であるとして、マッツィーニはその計画をイタリアに限定することなく、ヨーロッパに拡大することを考えていた。「フランスとドイツの運動はわれわれの手中にある。パリの共和主義者は内からと外からの機会を求めている。われわれはヨーロッパの主導権をとることができる」[27]とかれは述べている。そのために、一八三三年六月にはフランスの共和主義者とも接触を取り、「イタリアが共和主義運動を開始すれば、リヨンで蜂起を早め、パリでの蜂起へと続く」[28]ことを確認している。また、ドイツの「若い民主主義者」に対しても共同行動を訴え、[29]蜂起には「青年イタリア」の掲げる理念に賛同したポーランドの亡命者も参加することになっていた。このように、サヴォイア蜂起はマッツィーニにおいて、イタリアの革命の口火を切るだけでなく、「ヨーロッパの革命勢力の支援を得て、フランスとオーストリアの武装衝突を惹起することを期待したものであった」[30]。

しかし、ナーポリではいかなる蜂起も起こらなかった。その準備もなく、警察の介入もなかったことを知らされたマッツィーニは、「個人的には死んだ、政治的にも死のうとしている。すべてが失われた」[31]と絶望的な言葉を発している。ナーポリでの蜂起の可能性がないことが判明したことで、かれはポーランドやドイツの政治亡命者の支援を得て、ヨーロッパを視野に入れた蜂起計画に着手することとなる[32]。

同時期にピエモンテで「青年イタリア」の組織が発覚し、そのメンバーが軍隊内にも存在していることに驚いた警察は、一八三三年五月から六月にかけて、トリーノ、ジェーノヴァ、ヴェルチェッリなどの都市で徹底した捜索をおこない、数多くの「青年イタリア」加入者を逮捕し、死刑を含む厳しい弾圧をおこなった。犠牲者のなかにはマッツィーニが最も信頼を寄せていた、ジェーノヴァの「青年イタリア」の責任者ヤーコポ・ルフィーニがいた。竹馬の友で、無二の親友だったルフィーニは、警察の尋問で組織と加入者名の自白を迫られたが、牢獄の壁に血で「これがわたしの返答だ[33]」と書き記して自殺した。マッツィーニは、「生命は神のものである」といいながらも、ルフィーニの自殺は「犠牲に比肩する[34]」と述べている。この蜂起計画によって、マッツィーニ自身も欠席裁判で最初の死刑判決を受けている。当時の手続きに従って、ジェーノヴァの両親の住む家の前で太鼓を鳴らして判決が宣告された。

この時期、一八三二年九月に結ばれた「青年イタリア」と「真のイタリア人協会」の関係は破綻する。ブォナロッティを外し、パリの指示を無視したマッツィーニの蜂起計画に反対する「真のイタリア人協会」は、サルデーニャ王国の弾圧によって「青年イタリア」が崩壊することを想定したが、逆にマルセーユの「真のイタリア人協会」が崩壊し、多くの若者がマッツィーニ側に移ることになる。マッツィーニは、「真のイタリア人協会」の「全員がわれわれの旗に同意した[35]」と述べている。

マッツィーニは、一八三三年六月にフランス政府による国外退去令が出たあともしばらくマルセーユに潜伏して活動を続けた[36]が、その後活動拠点をジュネーブに移し、そこでフランスの共和主義者と連絡を取りながらサヴォイア蜂起の計画を練った。ロシアの支配に対する「一一月蜂起」（一八三〇・一一～一八三一・九）の失敗後にドイツを経てフランスに集まっていたポーランド人の多くはカルボネリーアに加わっていた。約四〇〇人のポーランド亡命者はほとんどが軍人出身で、一八三三年四月にフランクフルトで起きたドイツ人の蜂起を支援するために、フランスからスイスを通って、ドイツに向かおうとした。スイスでその蜂起が失敗したことを知ったかれらはフランスにも戻れず、スイスに滞在していた。その一部は国際的な共同行動がポーランドの解放につながるとしてサヴォイア蜂起に合意し、[37]「ポーランド亡命者たちはサヴォイア遠征で最も重要な支援」をもたらしたと評されることになる。[38]

この時期にマッツィーニが蜂起を呼びかけた文書では、一一七六年にフリードリヒ・バルバロッサ王に勝利したことをロンバルディーアの青年に想起させるように、「ポンディーナの人々の後裔たち」[39]、「レニャーノの勝利者の後裔たち」[40]と民族的・歴史的挿話を引き合いに出して、ロンバルディーア同盟のように、オーストリアの支配と戦おうと呼びかけている。修道士には、福音書は「清貧・清廉」を課したが、「豪奢と富裕」によって「傲慢」になった教皇庁がローマを「売春宿」[41]にし、「君主たちと姦淫」し、「教会の良心を君主たちの意図の犠牲にしたとき」から「宗教的権威」[42]を失ったと説き、「ルターの改革はヨーロッパにおける自由の原理を最初に宣言したものであった」[43]ことを思い出そうと訴えている。また、「ドイツ人の墓場と呼ばれたハンガリー」に対しては、「多くの地がオーストリアの棍棒に服従している」といい、民族性を否定し「奴隷状態、無気力、死者の地」[44]を強いるオーストリアに、イタリアとともに対抗しようと結束を訴えている。

サヴォイア蜂起計画は、一八三三年秋にマッツィーニ指揮するジュネーブからの部隊と、ラモリーノ指揮するリヨンからの部隊がサヴォイアで合流して蜂起し、さらにジェーノヴァの蜂起と連動した上で、それを国内に拡大するものであった。ナポレオンのイタリア支配時代に軍隊経験をもち、ロシア軍との戦いで勝利を収めてポーランドで将軍となるなど、高い名声を得ていたラモリーノが軍事の総責任者に選ばれた。マッツィーニはこの人選には反対であったが、多数意見に譲歩したといわれる。

ラモリーノは、マッツィーニから預かった武器調達資金を賭けごとで使いはたし、警察の監視で身動きがとれないことを理由に行動を先延ばしにした。当初の計画では、「革命行動の支援のために、サヴォイア侵入と同時にジェーノヴァでの決起とリヨンの反乱」[45]を起こすことになっていたが、計画変更を余儀なくされたマッツィーニは、一八三四年一月後半にサンジュリアンを占領することとし、イタリア人の他に、ポーランド人、ドイツ人、スイス人を約一〇〇〇名集めた。しかしその計画もさらに遅れ、最終的にマッツィーニがジュネーブを出発して集結地点に向かったのは二月一日の夜のことだった。

マッツィーニはサルデーニャ軍兵士に向けて、「ついにサヴォイアの偉大な日が到来した」、イタリアの「市民兵士」であるわれわれ、そして「勇敢なポーランド人、フランスとスイスの息子たち」とともに、「自由・平等・友愛の獲得」[46]のために決起しようと呼びかけている。サヴォイア蜂起は、一八三四年二月一日付の「サヴォイア蜂起臨時政府通達」[47]によれば、次のような内容であった。「共和国万歳」の雄叫びで蜂起が起きるや否や、市民は鎌など手元にあるあらゆるもので武装し、広場に結集し、「鐘を乱打して人を集める」。「決起した村は、高台で狼煙を上げ」、近隣の決起した村と連絡を取り、軍隊の動向を監視する。「人民と軍隊の衝突は極力避け」、交戦の前に可能な限り「同盟の方策を講ずる」。「収入役、収税官、塩・煙草の業者、郵便局長などはそれぞれの職に留まらせ」、市長には蜂起の通達を遵守させ、実行させる。蜂起が成功した重要な村は武装部隊を指揮する。最後に、「女子、子ども、老人は人民の保護下に置かれる」というものであった。

マッツィーニはゲリラ戦について、「より少ない戦力で、敵に最大の損害を与える」ことができる「最高の戦争[48]」であると述べている。「最初の行動が革命を決定する[49]」というかれは、「真に民族的な理念[50]」で決起する「ゲリラ戦による蜂起」は、「人民の戦争[51]」であり、「憎悪と復讐心なくしては、祖国も自由も決して獲得できない[52]」とした。ゲリラ戦は「われわれの敵であるオーストリア人」の強力な軍事力に対抗し、「人民の革命[53]」を勝利に導くことができるものであった。

ビアンコは、みずから作成した四一条からなるゲリラ戦の軍事マニュアルの第一条で「ゲリラ戦は民族戦争の第一段階である」とし、それを「正規軍の形成」を促すものと規定している。その上で、行動司令部をゲリラ戦の最高機関とし、「蜂起の武装的布教[54]」を「政治的使命」と位置づけている。続いて、「女性、財産、個人、収穫物」を侵害しないこと、「中立を表明している場合は、教会、カトリックのシンボル、司祭」[55]を尊重すること、生活必需品の調達に際しては、資金があるときは払い、ないときは指揮官が署名した記録を残し、戦争が終わったときに支払うこととするなど、ゲリラ兵士に対する詳細な規律を記している。また、「農民と友達になれ、それは義務であり、最も重要である」[56]と、農民を革命に巻き込むことの重要性も指摘している。「二五~五〇名」で構成されるゲリラ部隊の兵士は、「鉄砲、あるいは銃剣つきのカービン銃と短刀」[57]で武装し、とりわけ夜間に敵を持続的に攻撃し、倉庫から「生活必需品、弾薬、金銭」を奪って、迅速に撤退することとされていた。

蜂起の予定日、高熱による不眠も重なり体調不良だったマッツィーニはスイスへ引き返し、サヴォイア蜂起の無残な結末には立ち会わなかった。同時期の一八三四年二月に計画されていたジェーノヴァ蜂起も当局によって未然に弾圧された。当時サルデーニャ海軍に入隊してまもなかったガリバルディは、その蜂起に参加するために部隊を離れるが、それが鎮圧されてしまったことで逃亡し、脱走兵として南米に亡命することになる[58]。

サヴォイア蜂起の失敗には「ブォナロッティの敵対、ラモリーノの問題、国内での蜂起を欠いたこと」などの要因があるが、それは「『青年イタリア』の決定的な危機[59]」であった。マッツィーニは、パリから「地下のヨーロッパの手綱を取る」ブォナロッティを、「ヨーロッパの進歩の冒瀆者」で、「ヨーロッパの絶対的な統一をパリで熱望」し、フランスという「一つの民族の利益のために他のすべての権利を」否定する、「ヨーロッパという家族の自由な連合の敵[60]」

と批判している。

「青年イタリア」の最初の行動であるサヴォイア蜂起の失敗の責任はラモリーノにだけ帰せられるものではなく、その発案・実行者であるマッツィーニにもあった。その失敗は、十分な準備が整わないまま行動を起こしたことや、「青年イタリア」が秘密結社の弱点を保持し、密告や裏切りがはびこっていたことに主たる要因があった。この失敗によって、民主主義者の側からも「ジェーノヴァの革命家の激情に走った軽挙妄動、現実認識の欠如」という厳しい批判がマッツィーニに浴びせられた。デッラ・ペルータによれば、この批判は、支配者側の軍事力も含めた慎重な分析にもとづく革命の可能性を冷静に判断できなかったマッツィーニに対する批判であっただけに、「部分的にマッツィーニの急所を突いていた[61]」。

マッツィーニは、一八三四年七月発行の『青年イタリア』最終号に発表した、「祖国に向けて書かれた政治的遺書[62]」といわれる「イタリアの青年に向けて」のなかで、サヴォイア蜂起の失敗について次のように述べている。サヴォイア蜂起が失敗した要因は「ただ一人の人間にその計画の大部分を任せたこと[63]」にあるが、「われわれの使命、われわれの意図、われわれの信じることは存続しており、変わることなく残るであろう」。「今日は失敗した。明日は大きく再決起する[64]」。「青年イタリア」は、「一つの原理であり、原理は滅びることはない[65]」。たとえサヴォイア蜂起は失敗に終わったとしても、ポーランド、ドイツ、フランス、スイスの友愛の旗が初めて掲げられ、「人類の聖なる十字軍」を指導するというヨーロッパにおける「イタリアの使命」[66]が発せられたのである。

サヴォイア蜂起はサルデーニャ王国を打倒するためのものではなく、「フランスの共和主義者、ポーランドとドイツの亡命者、スイスの民主主義者」の支援を得て、フランスとオーストリアの衝突を誘発させるという野心的な企てであった。その国際的な連帯は、「青年ヨーロッパ」の結成へと発展することになる。[67]マッツィーニは、サヴォイア蜂起から八年後の一八四二年に、その失敗の原因について、「一部は指導者の経験不足と軍事指導者の悪意、一部は君たちすべてに[68]」あると述べ、またこのときの蜂起は「信仰ではなく、ただ希望の熱狂[69]」であったと、時間の経過もあり、冷静に分析している。

サヴォイア蜂起後に、「青年イタリア」の組織はサルデーニャ王国、ロンバルディーア、トスカーナで解体し、ローマやプーリア地方で孤立した個別的な活動は見られたものの、統一的な組織体としては崩壊した。[70]一八三一年から一八三三年にかけて「青年イタリア」に結集した人々は、カルロ・ビアンコ、メレガーリ、モーデナ、ウシーリオなど忠誠心の強い者を除いて、ほとんどが政治活動から身を引くか、他の政治勢力に転向していった。

V 「青年ヨーロッパ」の時代

「青年ヨーロッパ」の結成

マッツィーニは、サヴォイア蜂起の失敗から二カ月後の一八三四年四月一五日にスイスのベルンで、ラテン・ギリシア民族を代表する「青年イタリア」、スラブ民族を代表する「青年ポーランド」、ゲルマン民族を代表する「青年ドイツ」の三組織で構成される「青年ヨーロッパ」を結成した。[1]

「君主の神聖同盟」に対抗する「人民の神聖同盟」としての「青年ヨーロッパ」は、デッラ・ペルータによれば、「ヨーロッパの諸民族の独立と友愛を原理とする最初の国際的組織」であり、「超民族的な特色をもつ有効な民主主義組織を創造すべく着想された初めての組織的な試み」であり、「一九世紀の革命運動史において重要な意味」[2]がある。それだけに、「青年ヨーロッパ」は、崩壊したばかりの「青年イタリア」よりも野心的なものであった。また、ヴェントゥーリは、「サヴォイア蜂起の敗北」から生まれた「青年ヨーロッパ」は、神聖同盟の列強に抗した「意志と挑戦の行為」であり、「一八世紀のコスモポリタンな理念においてではなく、民族性の理念」において組織されたものであり、「ナポレオンに抗して戦い、カルボネリーアの時代に決起し、一八三〇年の七月革命後にフランスの支援を空しくも待った人民」[3]、すなわちドイツ、ポーランド、イタリアから構成されたと指摘している。ドイツ人は、一八三二年五月にバイエルンの「ハンバッハ祭」で弾圧を受け、スイスに亡命していた民主主義者であった。ポーランド人は、ロシア帝国の支配に対する一八三〇年の一一月蜂起（一八三〇〜一八三二）の敗北による亡命者であった。

このことについて、マッツィーニは一八三五年の「ヨーロッパにおける革命的主導権について」のなかで、次のように述べている。「過去に理解されていたヨーロッパの統一は溶解した。それはナポレオンの墓のなかに横たわっている。今日存在しうるヨーロッパの統一は、一つの民族にあるのではなく、すべての人民の上に超越して存在するものである。人類の法は、一個人、一民族の君主制を認めない。それは、開始者を待っている時代の秘密である。それは、そのために苦闘し、働いた人々である。その叫びは全ヨーロッパで聞き入れられ、勝利の棕櫚はすべての民族を覆うであろう[4]」。また、かれは次のようにも述べている。「民族性を強化し、それを人類と調和させる。換言すれば、個々の人民に託された特別な使命の意識をもって人民を解放する。偉大な人類の使命の発展に必要なその実現は、今世紀が打ち立てる『青年ヨーロッパ』のなかでかれらに市民の権利を獲得させ、かれらの個性を作らねばならない[5]」。

マッツィーニの「国家や民族の違いを超えて形成された一つの共通のヨーロッパ文明という理念は、一八三〇年以前の著作に見出せる」が、一八三四年に「使命の概念を通じて、民族と人類を組織的に結合していく上で明確化された[6]」。民族とともに人類、すなわちヨーロッパを同時に救おうという理念を打ち出した点については、マッツィーニが「イタリアでは最初の人物[7]」であった。「青年イタリア」の崩壊直後に新たな組織である「青年ヨーロッパ」を結成したことについて、デッラ・ペルータは、「革命家固有の強い使命感をもって、敗北からエネルギーを引き出し、闘争の再開をかき立てる」典型的なパターンであるという。ガランテ・ガッローネも、表現こそ違え、サヴォイア蜂起の悲惨な失敗のあとに「青年ヨーロッパ」を結成し、後述する一八五三年のミラーノの蜂起の失敗後に「行動党」を立ち上げるという、「根本的には楽観主義」ともいえるマッツィーニの行動に対する飽くなき「必死の情熱」を指摘し、それがマッツィーニの「生涯で驚嘆すべき一つの特質」であると述べている。マッツィーニを評したカッターネオの「戦い続けるからこそ、かれは悲惨な失敗を勝利と見なした[9]」という逆説的表現は、マッツィーニの行動主義の本質を突いている。

「青年ヨーロッパ」は、マッツィーニがのちに『自叙伝』で記しているように、「青年イタリア」の一つの「論理的発展[10]」であった。「青年ヨーロッパ」の構想について、かれは一八三一年中葉に、「『青年ヨーロッパ』！　これこそ一九世紀の自由の陣営である。わたしたちはこの陣営に加わるためにあらゆる方法を追求しなければならない」し、「イタリアは共通の陣営で旗を掲げねばならない。イタリア部隊はフランス、ベルギー、ポーランド部隊と隊列を組まねばならない[11]」と述べている。また、かれは「青年ヨーロッパ」が、「最も貧しく、政治的に後進的な、しかしその状況をいまや認識し、誇りとする国の連合[12]」として誕生したとも述べている。

マッツィーニが一八三四年に「青年ヨーロッパ」の結成に踏み切ったのには、パリに本部を置く超民族的組織カルボネリーアで進められた、ヨーロッパ各地の支部を中央本部である「アルタ・ヴェンディタ」Alta Venditaの支配下に置こうとする「ブォナロッティの計画[13]」に対抗する意図があった。ブォナロッティはヨーロッパ諸国に組織網を広げ、一八三〇年の七月革命後には、成功こそしなかったものの、各国のカルボネリーアをパリの中央本部に結合しようとしていた。「青年ヨーロッパ」は個々の民族がみずから革命的イニシアティブをとるとしたが、そこには「パリの中央本部に依存する各国のカルボネリーアへの批判[14]」が含まれていた。

一八三四年四月には、「革命の内容」やフランスの主導権に関するイデオロギー上の対立に加え、サヴォイア蜂起の際にブォナロッティがマッツィーニを「破門」したことによって、両者は抜き差しならない対立にいたり、その関係は修復不可能なまでになった。「青年イタリア」と「アルタ・ヴェンディタ」の批判の応酬は、「一八三四年から一八三五年の最初の数カ月まで続いたが、軍配はマッツィーニにあがった[15]」。マッツィーニとブォナロッティの対立は前者の勝利をもって幕を閉じることになるが、「青年ヨーロッパ」がヨーロッパの革命運動の主導権を握ることはなかった。

「青年ヨーロッパ」の結成においてブォナロッティの組織に対抗することを意識したこと以外に、マッツィーニはみずからの政治理念にもとづく結成の理由を、一八三五年四月に一人のスイス人に宛てて書いた長文の書簡で明確に述べている。かれは、「未来に信仰をもつ」われわれは「信仰の統一」と「道徳的権利」を強調し、そのために「徳育」を重視すると述べ、政治行動として、他の人民の利害を認めず、「吝嗇で、怒鳴り、敵対し、唯一の人民の利益にすべての民族性を吸収する」民族、すなわちフランスを批判している。マッツィーニにとって、「諸人民の個性と民族性」が神聖であると同様に、諸人民のアソチアツィオーネも神聖であった。かれは、「われわれは一つの特権集団に対抗する旗、たとえば所有者に対する労働者階級のような、別の旗を掲げるのではない。われわれは、すべての階級のアソチアツィオーネを宣言する」と述べて、次のように結んでいる。「どの国も内と外の二重の使命を有している。すなわち、固有の民族性を打ち立て、人類のなかでおこなう役割をはたすことである」。人民の神聖同盟を実現するために、「青年ヨーロッパ」は「進歩の信仰に明確な宗教的特徴(16)」を刻印しようとしたのであった。

「青年ヨーロッパ」の「友愛協定」と「規約」

「青年ヨーロッパ」の理念と目標は、マッツィーニが起草した「青年ヨーロッパ」の「友愛協定」と「規約」に示されている(17)。「友愛協定」では、「相互的な愛」、すなわち「他者のために為すように人間を導く傾向(18)」である「友愛」にもとづく「青年ヨーロッパ」の目的を次のように示している。

「青年ヨーロッパ」は、「人類を包摂する同一の目的に向かう共和主義のアソチアツィオーネ」である。「社会問題の究極的解決」に不可欠な三つの要素である「自由・平等・人類」にもとづいて「自由に結合」した諸人民は、人類の「普遍的な道徳の法」のもとで「固有の能力を自由かつ調和的に発展」させ、個々の民族に課せられた「固有の使命を達成」し、そして人類に対する「全般的使命の発展」を「継続的に進歩」[19]させるために行動する。

「『青年ヨーロッパ』の規約」では、「自由・平等・友愛の未来」を実現する「唯一の手段はアソチアツィオーネ」[20]であり、それは「新しい世紀の二つの基本的な理念」すなわち「祖国と人類」を調和する「未来のヨーロッパ」を代表するとされている。「青年ヨーロッパ」は、第一段階では「祖国」という「民族的傾向」を、第二段階では「人類」という「すべての人民に共通する傾向」を「愛するように教導」[21]するものであった。

人民を「手段」、人類を「目的」、神と人類を「未来のシンボル」[22]とする「青年ヨーロッパ」は、「諸人民の自由と平等において、アソチアツィオーネにおけるそれぞれの役割を諸人民に与えるものであり、民族性において、われわれの時代に可能な最も広範なアソチアツィオーネ」[23]であった。それは、「個人の世紀」が終わり、「社会の世紀」が始まるとき、その「社会の世紀の偉大な表現」である人民を「祖国と人類に関連づけ、組織する」[24]ものである。また、「普遍的な道徳的法の発見と適用」[25]という共通の目的に向かって進むために、ヨーロッパの「共和主義連邦」を目指すものでもあった。そのため、「各人民は人類の全般的使命の実現に協力する特別な使命を有する。その使命はその民族性を形成」[26]することであるとされた。

確認しておかねばならないことは、諸民族と人類を結合する「青年ヨーロッパ」[28]は、「諸民族の同盟」、「諸民族のヨーロッパ」[27]であり、「国家のアソチアツィオーネではない」ことである。「友愛協定」は「青年ヨーロッパ」を「攻守同盟」とし、それぞれの「解放のために協力する」[29]ものとしているが、それは「短期間に革命を準備することを狙った陰謀組織」[30]でも、革命運動を担う実戦部隊でもなかったし、「青年ヨーロッパ」としての統一的活動はおこなわれていない。「青年ヨーロッパ」は、マッツィーニの固有の思想である神の法にもとづく人類への義務、使命、ヨーロッパ理念の布教と実現のために、時期が熟したと判断されるや否や直ちに行動を起こせる共通の思想――「信仰と布教活動と人類的宗教 religione umanitaria」[31]――を普及する組織であった。

「信仰と未来」で示された革命の宗教性

スイス亡命時代のマッツィーニは、「青年ヨーロッパ」の活動とともに、かれの固有の理念を展開した重要な論文を発表している。その一つが、「青年ヨーロッパ」中央委員会から退いた直後の一八三五年九月に発表された論文「信仰と未来」である。この論文は、「ラムネーに似た預言者的文体が見られるように」[32]、マッツィーニが政治的活動から理論的・哲学的・道徳的な活動へと移行し、「預言者の生活」[33]を開始したことを示している。マッツィーニが「信仰と未来」で展開した論点の一つは、共和主義政党は「政治政党」ではなく、「ドグマ、信仰、殉教者」[34]にもとづく「宗教政党」であるという、宗教的政治論である。「政党は失墜し、滅亡する」が、「宗教政党は勝利するまでは滅亡しない」[35]として、マッツィーニは宗教的動機にもとづく共和主義運動の基盤を「権利」の政党から「義務」の政党、すなわち「宗教的政党」に変え、それによって共和主義者の結束を強め、ヨーロッパの民主主義に進歩をもたらしうる新しい信仰をかれらに与えようとした。

一八三五年に発表した「愛国者と僧侶」においてマッツィーニは、「宗教的感情とはあらゆる宗教の神を原理とし、人類を目的とする、すべての信仰の聖なる源である[36]」と述べている。その宗教的感情は「思想と人間の行動を聖化する」、「友愛であり、アソチアツィオーネであり、愛である[37]」。「宗教的要素は普遍、不滅であり、一般化される[38]」というマッツィーニは、「人民に欠如[39]」している宗教的思想を取り戻させ、枯渇した信仰を再確立させ、「個人の信仰」である権利ではなく、「共通の集合的な信仰[40]」としての義務を与えるとした。

「偉大な思想は偉大な人民を創る[41]」と考えるマッツィーニは、「人民を抑圧する物質主義の意識から解放」し、かれらに「一つの幅広い使命」を指し示さねばならないし、「信仰の統合と統一が人民に活力を取り戻させる[42]」という。「英知であり、意志であり、愛である信仰」は、「あらゆる悪徳を消し去り」、「指導者の存在しない社会の不和に終止符を打ち」、「新しい世界を招来する[43]」。マッツィーニは、「政治思想を宗教的信仰にまで高めたときにのみ、民主主義は不和・反目・論争を超越することができる[44]」と考えた。

マッツィーニは、「勝利の創造主たる社会的な共通の信仰」により「過去に対する崇拝を未来へのそれに変える[45]」必要があるとして、「個人の時代」から「社会の時代」への転換を示している。かれは、一八三〇年代前半を「世界の墓場」と「世界の揺籃の地」の間、「個人的総合体 sintesi individuale の最後の境界」と「人類の出発点[46]」の間の「時代の狭間」にあたると認識していた。「一八世紀は成し遂げられた」。「一九世紀の政治を打ち立てなければならない。哲学を通じて信仰に到達し、アソチアツィオーネを組織し、人類を宣言し、新しい世紀を開始する[47]」。それは「たんに思考するだけでなく、行動を起こすこと」であり、「一つの人民を解放するのではなく、諸人民を解放[48]」しなければならない。新しい時代の理念は、「到達すべき新しい目的」として人類という「普遍的な意識」を生み出すのである。その理念をもって、「フランスをヨーロッパに置き換えよう[49]」と、マッツィーニはフランスを中心とするヨーロッパを否定している。

そうした否定は、七月革命によって誕生した君主制のフランスには一七八九年のフランスのようにヨーロッパの政治的イニシアティブを発揮することはできないという、マッツィーニの判断を示している。かれは、フランスが握っているヨーロッパにおける革命運動の主導権と一七八九年の旧弊の原理から解放され、ヨーロッパの革命におけるフランスの主導権に代わる新たな民族の主導権を対置した。それは「青年ヨーロッパ」の結成がもつ、もう一つの重要な意味である。

マッツィーニのフランス革命批判

マッツィーニの政治思想の根源は、ガラッソが指摘しているように、「一七八九年のフランス革命及び個人の権利と主権に対する批判から生まれた」[50]。一八三五年一月に発表した、スイス亡命時代の重要な論文である「ヨーロッパにおける革命的主導権について」の冒頭で、マッツィーニは「古いヨーロッパはいまわの際にある」[51]と述べ、ヨーロッパの再編成における主導権はフランスではなく、イタリアにあることを主張している。その前提となったのが、「フランス革命は一つのプログラムではなく一つの要約として、新しい世紀の開始としてではなく閉じつつある一つの世紀の最後の規範として捉えねばならない」[52]という、フランス革命に対する評価である。かれは、フランス革命を「近代世界で最も偉大な事件、最も重要な表明」[53]とした上で、この革命は自由と平等という権利の主張に見られるように「個人的世紀」を示すものであるとし、そこに義務を加えてこそ、「人類が新しい世紀の魂であり、思想であり、言葉」である「神と人類」[54]をプログラムとする社会の世紀が始まると述べている。

マッツィーニは、「どの時代も本質的に総合的である。どの時代も組織的である」[55]が、「フランス革命が一つの時代を閉じるや否や、別の時代の最初の光が地平線上に現れた」[56]と述べ、フランス革命を「個人の時代」の始まりとして批判する。フランス革命が推し進めたのは「権利」の主張であり、その最高形態が「人権宣言」であった。「個人の世紀」である一八世紀はすでに終わっており、それは人類の「遺産」、「過去」のものである。しかしフランス革命は、「ほとんど悪夢のように、われわれの心を押しつぶし」、「われわれはその巨大な闘争の輝きに眩惑され、その勝利に魅了されて」、「今日にいたるまで、フランス革命の前でひれ伏し続けている」[57]。マッツィーニは、「今日、人民の進歩はフランスから解放されることにあり、フランスの進歩は一八世紀の、古い革命からの解放にある」[58]と主張した。

マッツィーニのフランス革命に対する立場は、かれが「メッセージを発した時期のヨーロッパの政治・思想状況に目を向けなければ、理解できない」[59]と、モレッリは指摘している。フランスの支援を期待した一八三一年の中部イタリアの革命に対する批判を踏まえて、マッツィーニはイタリアにはみずからの力で民族的課題を解決し、ヨーロッパの民主主義運動においてフランスに代わり主導権をとるという歴史的な使命があり、それがイタリアの義務であるという理念をもつことになる。マッツィーニのフランス革命批判は、フランスのモデルを基準として、フランスの支援を期待しながらイタリア問題の解決を図ろうとしたカルボネリーアにつながるものであるが、同時にイタリアのイニシアティブのもと、人民を主体とする、諸邦の地方主義を脱したイタリア民族を形成する上での出発点となるものであった[60]。

後述するパリ・コミューンに対する批判において、マッツィーニは「民主主義者が再びフランスを圧倒的なものとして見なすようになった」ことを踏まえた上で、「フランス革命は――偉大な革命により未来を切り開けると期待させてくれる点を除いて――一つの世紀を主導するものではなく、総括し、終結するものである。それは未来のプログラムではなく、過去に獲得されたものの実質的な概括」であり、「一つの革命は理念から実践へと移る理念の移行」であると述べている。「物質的利害は革命を決定づけるものではなく、決定づけないであろう」と社会主義思想を批判し、「諸革命は魂から、生命の奥深い根源から起こるもので、肉体や有機体から生まれるものではない。一つの宗教あるいは一つの哲学はあらゆる革命の基盤である」[61]と宗教的革命論を展開するマッツィーニにおいて、革命とは「一八七九年に解放された個人から人類へ、その中間的要素である民族を通じて到達する」ものであり、「民族の理念は一九世紀に勝利を収める」[62]ものであった。

マッツィーニにとって、自由は神聖なものであるが、人類の活動の調和的で統合的な発展という目的に合致し、平等を達成するために使われなければならない。イニシアティブは「新しい概念である人類」のなかにあり、人類とは「進歩」につながる「未来の宗教」をもたらす人民の「アソチアツィオーネ」[63]であった。一九世紀は「社会の世紀」であり、個人に全般的な目的を提示し、神が世界で展開する行動と連携した義務を与え、国民と個人のそれぞれに使命を課しながら、共通の集合的な信仰で結合する新しい世紀とならねばならない。この世紀を開始し、「古い世界のあらゆる祭壇」を破壊する人民は、新しい祭壇に「祖国」と「人類」と書く者たちであった。

一八三五年後半以降、マッツィーニは「青年ヨーロッパ」を、ヨーロッパの新しい世代となる先進的な知識人を結集し、「知識人のアソチアツィオーネ」を実現する手段と見なすようになるが、それについて論じたのがスイス亡命時代末期の一八三六年初頭に発表した「知識人のアソチアツィオーネ」である。かれは、「神聖な総合、原動力、人類という家族に与えられた唯一の再生手段」[64]である「知識人のアソチアツィオーネ」は、個人の多様な政治信条が「信仰」、すなわち共通の教理に変わり、民主主義運動の基盤が政治的な政党から「宗教的政党」[65]に変質することで深い宗教性を包含しなければ、実現できないと考えていた。ここでいう知識人とは革命を引き起こすという理念を抱いた人々であり、「知識人」の理想的主導は人民から生まれる物質的な要求に先行する。知識人は、理論を作り上げる素材を、たとえプリミティブなものであれ、つねに人民の根源的で「一般的な要求から、社会の深部から」汲み上げ、「神と人民」の媒介者として、精緻化し、形式化する使命を負っていた。

革命を指導するヨーロッパの「知識人のアソチアツィオーネ」に関連して、マッツィーニは、「天才」による革命の指導としてすでに展開していた思想を、知識人の調和的総体が世界を理想的に統治するという思想に発展させた。人民と知識人の関係において、かれは二つの時期を区分している。第一の時期は、権力が直接的に人民によって行使される革命的な危機に際して、個人が重要性を失い、大衆が主導権を握るという革命的危機の時代である。第二の時期はその革命的な危機の時代が終息したあとに続く静的な時期である。マッツィーニは当時のヨーロッパが第二の時期にあたると考えたが、そこで「生きるために労働を余儀なくされている」[66]人民に代わって、進歩の道に向かうための分析や議論をおこなうのは知識人であるとした。「知識人のアソチアツィオーネ」は、もし個人の政治的思想が「信仰」になっていなければ、もし共和主義運動が政治政党から宗教政党に変化しながら深い宗教性に満たされていなければ、実現しないものであった。

「青年ヨーロッパ」の終焉

「青年ヨーロッパ」は、ヨーロッパ諸国の民主主義運動に対する弾圧によって、発足当初から組織的活動を展開することが困難であったこともあり、マッツィーニはイタリアへの働きかけをおこなうものの、一八三四年末には行動のときではないという判断を下さざるをえなかった。内部対立によってヨーロッパにおけるイタリアの革命的主導権という主張にも賛同を得られず、マッツィーニが中央委員会の委員を辞任する一八三五年六月以降、「青年ヨーロッパ」は組織として崩壊する。

その時期のマッツィーニは心のバランスを失いつつあった。そうした精神状態にあって口にする言葉には、月の満ち欠けのように繰り返す躁鬱の兆候が見られた。マルセーユ時代に知り合い、子どもをもうけたシードリとは一八三六年に別れた。この年は「個人的な情愛にひたる余地のある熱烈な青年から、一つの理想にすべてをささげる人間へ変化したことを印す、受難の年であった」[67]。その慰めは母親との書簡のやり取りであった。母親は、孤独にさいなまれ、失望の淵にある息子を、精神的にも物質的にも支え続けた。

一八三六年八月、マッツィーニはフランスの圧力を受けたスイス政府から国外退去命令を受けた。フランス通過の際に騒乱行動を起こさないと約束した上で旅券を取得したマッツィーニは、一八三七年一月二日に住みなれた小村のグレーヘンを発ち、パリを避けてフランスを通過して、同月一二日にロンドンに到着した。

VI 祖国と人類、イタリアとヨーロッパ

祖国と人類の調和に向けて

マッツィーニの民族理念の特徴は、「青年イタリア」と「青年ヨーロッパ」の思想的連関に見られるように、個・特殊としての祖国(民族)と全体・普遍としての人類(ヨーロッパ)の統合である。その理念は、「祖国は個人と人類の均衡を保つ支点である」[1]というかれの象徴的な言葉に示されており、祖国は人類という至上の目的と不可分な関係にあった。それは、ジェノヴァ時代の一八二九年に書いた「ヨーロッパ文学について」から最晩年の「かれの事実上の遺書」[2]ともいえる一八七一年の「国際政治」にいたるまで、一貫して見られる理念でもある。

マッツィーニは、初期ロマン主義者に見られた祖国と人類の調和の理念を、「ヨーロッパ文学について」で次のように述べている。「ヨーロッパには一致した一つの要求と願望、共通の思想、普遍的な精神が存在し、それによって諸民族が共通の目的」に向かうという「ヨーロッパ的傾向」[3]がある。諸民族が「特別な歴史に閉じこもり、ヨーロッパの共通の運動において孤立することは許されない」[4]。その上で、かれはヨーロッパ大陸における諸人民の「要求の共有、願望の調和」[5]を主張している。一八三一年のカルロ・アルベルトへの公開状では、ヨーロッパを「動きの止まった専制主義の古い衰退した世界と、生命の躍動感のある若い民族の世界」の二つに分け、「最終的な戦いを待っているヨーロッパ」と「自由と独立を獲得するためのイタリア人の闘争は共通の敵に対する他の人民の闘争でもあるという理念」[6]が不可分な関係にあることを示している。「一般教程」では、イタリア人は「民主主義の旗を高く掲げて、共和主義という原理の名のもとに、他の国民に訴えなければならない」[7]と述べている。

また、一八三一年から一八三三年にかけて、マッツィーニは次のように述べている。イタリアは「他の人民と同じく、ヨーロッパ問題の解決における役割」[8]、「ヨーロッパの連邦に参加する権利」[9]を有しており、その「ヨーロッパの文明化への寄与」[10]は神がイタリアに託した使命である。「人類は祖国のアソチアツィオーネ」であり、「諸民族の同盟」[11]であり、「意志の統一で兄弟のように結合したイタリア人」はその「大きな共和主義のアソチアツィオーネに加入する」[12]。「世界の原動力」であり、「自由の地」であるヨーロッパには、「宇宙の運命と、人類の法である進歩的発展の使命」[13]がある。そう説いた上でかれは、「われわれはすべて同じ祖国、ヨーロッパの住民であり、われわれはすべて同じ家族、人類の構成員であるのだから、同じ市民」[14]として、ヨーロッパを構成すると述べている。一八七一年の「国際政治」では、諸民族の「自由な連邦を可能にする民族的統一」[15]と、祖国と人類の調和を一貫して主張している。

人類と祖国の関係について

「人類を宗教的に愛する。しかし、宗教的に、個人的に、恋人のように、祖国を愛する」[16]というマッツィーニにおいて、「諸民族は、市民が民族の個であるように、人類の個」[17]であり、民族は「人類と個人の中間的要素」であり、祖国と人類は不可分な関係にあった。マッツィーニにとって、「祖国なくして人類は存在しない」。民族は「祖国のために働きながら」、同時に

「人類のためにも」[18]働かねばならない。マッツィーニは、人類という神聖な言葉と同時に、もう一つの「間違っても忘れることができない祖国」[19]を救うために、人類と祖国を調和させようとした。

神は「揺籃の地として祖国」、「母として人類」を与えたが、「共通の祖国を愛さなければ、揺籃の地の兄弟たちを愛することはできない」[20]というマッツィーニにとって、民族は至高の、不可欠なものであるが、「それ自体が目的ではなく」、「最高の目的である人類を実現するための手段」[21]であった。かれは表現を変えて、次のようにもいう。人類は、「未知の土地を獲得する偉大な軍隊」であり、諸人民は「その軍隊の異なる軍団」である。「それぞれの人民が託された一つの場所をもち、実行すべき特別な作戦行動をおこなう。共通の勝利は、異なる作戦行動が実行される確実性にかかっている」[22]。

一方、人類とは「神の法の唯一の解説者」[23]、「集合的・持続的存在」[24]、「新しい世紀の唯一の思想」、「唯一の総合」であり、ヨーロッパ世界の「母なる概念」、「魂」[25]であり、「人間の集合体」としての「ヨーロッパ」[26]であった。一九世紀前半にあって、「すべての人々の祖国、すなわち祖国の祖国」[27]である人類といえば、ヨーロッパであった。「世界の支点」、「世界の原動力」であるヨーロッパは「自由の地」であり、ヨーロッパの住民は「すべて同じ家族、人類の構成員」、「同じ市民」[28]であった。そのヨーロッパには、「宇宙の運命と、人類の法である進歩的発展の使命」[29]が託されていた。個々人が国家のなかで民主主義にもとづき「調和して生き、発展しなければならないように、祖国と人類はヨーロッパの民主主義の発展と兄弟愛的な一致において進展しなければならない[30]」というマッツィーニのヨーロッパは、古い瀕死のヨーロッパ、教皇のヨーロッパ、帝国のヨーロッパ、君主制のヨーロッパ、貴族制のヨーロッパに代わって生まれようとしている、青年の若いヨーロッパであった。

サルヴァトレッリは、マッツィーニのヨーロッパと人類の関係について、次のように指摘している。「マッツィーニの時代にあって、ヨーロッパは国際的舞台で絶対的に支配的であった。かれが呼びかけた人民はヨーロッパの人民に他ならなかった。かれの視覚的地平において、また全般的な政治的計画において、ヨーロッパと人類は相互に調整するものであり、前者はそれ自体のなかに後者を潜在的に内包していた[31]」。マッツィーニの人類は、「人類の集合的・進歩的生活という理念が、歴史的・哲学的思考活動によって、われわれの世紀の知識人たちの信仰となり、善の道へのあらゆる努力の最高の目標となったときから、人類は認識される[32]」とかれが述べていることからもわかるように、宗教的な概念であった。一方ヨーロッパは、「頂点に人類の理念が輝くプログラムと結合した、政治的である以前にきわめて道徳的な要請」であり、その理念の勝利のためにかれは「すべての人々による一致した取り組み、友愛[33]」を求めた。一九世紀のヨーロッパで「個」の民族と「総体」としてのヨーロッパが対立し、妥協の道すら見えないなかで、その二つを同時に解決する「使命」という理念を提示したかれは、神の法から「人類の統一と集合的生活」、「進歩的で調和的な発展の法則」、「義務という神聖な理論」を引き出した。この義務の法を進歩的に解釈した上で、民族と祖国に与えられた使命の特徴を、「祖国の概念から個人に与えられた使命[34]」としたのである。

マッツィーニは、個人の時代に続く新しい時代、「社会の世紀」のプログラムとして「神と人類」を提示した。人類は「新しい時代の魂であり、思想であり、箴言である[35]」。それゆえに、「民族性を強化し、それを人類と調和させることが必要である。それぞれに託された特別な使命の意識をもって諸人民を解放し、偉大な人類の使命を発展させられるような世紀を創る青年のヨーロッパのなかで、個々の民族の個性を形成し、かれらが市民権を獲得できるようにする必要」があった[36]。

すなわち、神がそれぞれの民族に義務として授けた使命としての諸民族のアソチアツィオーネは、人類の無限の進歩を実現する、「個々の民族的個性と一つの広範な市民的共同体への願望とを調和させる手段[37]」であった。それがなければ、人類は「進歩の営みで統一した、活発な、調和のとれたものとして存在することはできない[38]」。諸民族の使命のすべてを含む全体が「共通の安寧のために美しく、神聖に調和した」とき、つまり「祖国の祖国」であるヨーロッパで「外国人という言葉が人々の使う語彙から消えてなくなったときにだけ、人々は兄弟という心地よい名前で挨拶[39]」を交わすことになる。

コスモポリタニズム批判

「アソチアッツィオーネのヨーロッパ」、「諸民族のヨーロッパ」というマッツィーニの主張には、個々の民族が特別な使命を有するという観点からの民族性の重視と、コスモポリタニズムに対する批判があった。サルヴァトレッリによれば、「青年イタリア」結成前だった二五歳ごろのマッツィーニが主張したヨーロッパ主義は「とりわけコスモポリタンな特徴[40]」を示している。しかし、マッツィーニは、一八四七年に書いた「民族性とコスモポリタニズム」において、コスモポリタン的特徴を放棄したばかりでなく、それを徹底的に批判することになる。それは、個々の民族は特別な使命を有するという観点からの批判であった[41]。

マッツィーニは、「ロマン主義は一つの文学を作り上げた」が、それは「全般的に対立」を生み出し、「祖国と民族を否定し、地上と人間以外は認めなかった」という。そして、ロマン主義は「重商主義、コスモポリタニズム」ともに、「固有の使命をはたしたものと同じく、過去のものとなった[42]」として、ロマン主義とともにコスモポリタニズムを批判している。一九世紀の「人民の民族性」にもとづく人類の調和を志向するマッツィーニにとって、民族性を否定して人類の友愛を唱えるコスモポリタニズムを認めることはできなかった。「コスモポリタニズムの時代はいたるところで終わっている。人類の時代が始まっている」。新しい世紀は「祖国を人類と調和させる使命」によって特徴づけられている。「祖国のアソチアッツィオーネ」である「人類は、平和と愛において、地上でのみずからの使命を達成するための諸民族の同盟[43]」

である。コスモポリタニズムが要求したのは、「権利」と「自由」であり、「アソチアツィオーネ」や「協力」cooperazione ではなかった。[44]

民族性は時代遅れであり、危険であり、「もはや民族ではなく、人類を信じるコスモポリタンを主眼とすべきである」という批判に対して、マッツィーニは次のように反論する。「コスモポリタニズムをすべての人々の友愛関係、すべての人々にとっての愛、対立する利害によって人民を区分する障壁の消滅と理解すれば、われわれはすべてコスモポリタンである」。その上で、「真実をたんに宣言する」だけではなく、それを「行動に移す」ことが重要であり、「いまや思想ではなく、行動を組織しなければならない」として、それこそ「出発点であり、到達点である」と述べている。[45]

マッツィーニは、目標を「人類」とし、「梃子の支点」を「人間・個人」とするコスモポリタニズムに対して、目標を「人類」とし、「梃子の支点」を「祖国」とする姿勢を対置した。[46]コスモポリタニズムは「国王たちの民族性と人民なき祖国」を考え、「領土と個人」しか考慮せずに、「祖国と民族性を否定した」と考えるマッツィーニにとって、「勝利を獲得する方法」[47]は「一つの組織を意味」した。そのためにかれは、「行動のための確定的な場と、狙いを定める目標」を要求した。その「最初の場は祖国」であり、二番目は「集合的な人類」であった。[48]

コスモポリタンは「人種の使命を否定し、民族性と愛を侮蔑的」に見て、「個々人の権利の平等」、「商業の自由」を説いた。「国王の民族性はそれを盲信する勢力以外には支持者はおらず、滅亡は不可避的」である。その「ナショナリズムは、地方のエゴイズムに支配され、急速に消滅(49)」している。「国王の民族性と人民のそれを混同」するならば、「カトリックの迷信や教皇の不寛容と聖なる純粋な宗教を混同するのと同じ誤り(50)」を犯すことになるとマッツィーニは考えていた。マッツィーニにとって、「民族性の生産的な理念とは、共通の義務を実現しようとする、人類のなかの同質的な集団であること(51)」であり、諸民族の「同盟は、自由で平等な人民の同盟(52)」であった。「人類と個人の間の中間的要素としての民族(53)」は、「市民が民族の個であるように、人類の個(54)」である。祖国と人類は不可分な関係にあり、「祖国と人類は等しく神聖なもの(55)」であった。

「祖国は人類に向かう段階であるがゆえに神聖である(56)」というマッツィーニは、民族には「二つの生活段階」があり、祖国の解放を第一段階、人類の統一を第二段階と考えている。すなわち、「あらゆる偉大な民族には二つの生活段階がある(58)」として、民族を祖国から人類へ段階的に進歩するものと考えた。第一段階は、「固有の制度や国内の体系など、ある民族が与えられた仕事、つまり人類の福利のために神が託した使命を実現するために必要な条件・能力を献身的に準備する(59)」段階であった。第二段階は、「民族がみずからの存在を確認し、確保したあと、つまりその使命の実現のために所有する力と能力を集約し、提示したあとに始まる」ものであった。そこで、「民族は、気高き事実によって、全体的な構想との調和をもって、立ち上がり、行動する(60)」のである。

その根拠としてマッツィーニは、「個々人が固有の生活と相関的な生活を生きているように、諸民族も同じである。一つの民族の市民がそれぞれ異なる任務の行使によってその民族を発展させ、強化するのと同じように、諸民族も人類の全般的発展、進歩的な拡大のために、固有の能力に従って役割をはたし、特別な使命をはたさねばならない。祖国と人類は等しく神聖である[61]」と述べている。

「諸民族の特別な歴史はわれわれに反する」というマッツィーニにとって、「イタリアは共通の運動のなかで孤立したままでいることは許されず」、「ヨーロッパの歴史[62]」を開始しなければならなかった。「イタリア人はヨーロッパの自由な人々に声を上げることを緊急の使命とする[63]」が、その理由は「ヨーロッパ連邦に参加する権利を有している[64]」からであった。マッツィーニは、一九世紀を特徴づけるヨーロッパの革新運動は「目標を人類とし、出発点を祖国とする全体的な社会組織[65]」であり、祖国の「民族性の強化」は人類へと向かう「時代の進歩的運動の不可欠な条件[66]」と考えた。

マッツィーニの人類は、「人類の集合的・進歩的生活」という理念が、「知識人たちの信仰」、「最高の目標[67]」となったとき、普遍的な会議を通じて制度化されるものであった。マッツィーニのヨーロッパ再編成の理念は、民族的独立を保持し、ヨーロッパ議会の招集を通じてヨーロッパの平和を作り出そうと考えたサンシモンが、ティエールとともに一八一四年に著した『ヨーロッパ社会の再組織化』のなかで示したものと類似している[68]。

Ⅶ ヨーロッパ再編成の理念

ヨーロッパ再編成の理念

マッツィーニの政治理念は「イタリアとヨーロッパの緊密な関係を明らかにすることなしに理解できない」[1]。かれは、イタリアとヨーロッパにかかわる理念、すなわち祖国と人類の調和の理念に留まることなく、ヨーロッパの再編成、それを統治する政治組織を、漠然たるものではあるが示している。

一八三〇年代のマッツィーニは、「民族性を強化し、それを人類と調和させる」[2]ために、「国王の同盟」[3]を打倒し、「民族性」と人類の調和にもとづくヨーロッパを再編成する唯一の有効な方法は人民の革命運動であると述べている。かれは、「すべての人民」を「最高のもの」とし、そのことが「先導者を待つ一九世紀の秘密」[4]であると考えた。

マッツィーニにおいて、ウェストファリア条約やウィーン条約によるヨーロッパの政治体制、すなわち「古い君主制の民族性」にもとづくヨーロッパは死すべきものであり、「ヨーロッパの地図を作り直す必要」があった。かれは、「国王、特権的な家系、あるいはよこしまな王朝の野心にゆだねられたヨーロッパ」に取って代わる、人民の「新しい民族性」にもとづくヨーロッパが「遠くない時期に再生する」[5]と考えた。それは、諸民族の「相互の独立」を軸として、「文明化という唯一の目的に向かう共通の活動」を基礎に、「革命から生まれるヨーロッパ」[6]であり、とりわけ自由を奪われて苦闘している民族が人類の進歩に貢献できるヨーロッパであった。マッツィーニのいうヨーロッパ再編成の基本的な理念は「民族性」であり、自由で主権をもつ民族の友愛によって結合するアソチアツィオーネであった。ただ、かれがこのヨーロッパ再編成は「大国の野望の要因である小国の多くを消滅させ、われわれの時代の活力である民族性の欲求を満たし、戦争のあらゆる要因を取り去り、それに代わって友愛と進歩の道を平和的に競い合う精神を生み出す(7)」ものであると述べているように、少数民族の民族性への考慮が見られない理念であったことも指摘しておかねばならない。

ヨーロッパ再編成の構想と基準

一八五八年に発表した「政党の再編成」でマッツィーニは、「人民の願望」に従って、被抑圧民族の解放と諸民族のアソチアツィオーネという目的のために、かれらを「地球上に自然に配置すること(8)」を提示している。「ヨーロッパの新しい地図」の再編基準として、かれは「言語と伝統と信仰の類似性及び地政学的な条件(9)」、「領土と人口において可能な限り均衡のとれた一定数の国家」、「共通の土地ですでに獲得され、選択された基礎(10)」を挙げている。さらに、一八五二年四月の「ヨーロッパの現状と未来」においては、ウィーン体制という、「逆らうことのできない支配力をもつ五大強国」からなる「ヨーロッパの地図は、作り変えねばならない(11)」として、その基準を「地理的な全体的枠組み」、「山と川によって与えられた印(12)」とする自然国境論を示している。

「青年ヨーロッパ」結成の際に見られたように、マッツィーニは、ギリシア・ラテン世界はイタリア、ゲルマン世界はドイツ、スラブ世界はポーランドと、それぞれに指導的な役割、使命を与えた。この構想は、一方では異なる民族からなる寄せ集めの多民族国家、ハプスブルク帝国を崩壊させ、他方でロシアの関心をアジアに向けることが前提となっていた。

「青年イタリア」の時期にすでに、イタリアの独立と統一の問題をヨーロッパの革命運動と関連づけて志向していたマッツィーニは、ポーランドの歴史学者で、「青年ヨーロッパ」の結成にも参画したレレーヴェルと接触している。レレーヴェルも、ポーランド民族委員会の名において一八三二年一〇月に「青年イタリア」へ書簡を送り、「ハンガリー、ポーランド、そしてイタリアの状況はすべてにおいて、つねに同じ」であり、「行動は同時でなければならない」[13]と連帯を表明している。これに対してマッツィーニは、「君たちの言葉を喜びをもって受け入れる」と述べ、新しいヨーロッパにおける「人民の偉大な会議の萌芽」[14]として、ドイツ、ハンガリー、ポーランドはスラブの人民を文明化し、イタリア、フランス、スペインは南ヨーロッパの解放の中心とならねばならないと述べている。

マッツィーニのスラブ人に対する連帯意識は、一八三三年の「ボヘミアの詩歌文学」のなかで、「民族の詩歌は人民の息吹」であり、人民が人類の歴史において展開しようとする「理念と思想を反映する鏡」[15]であると記しているように、民衆の歌謡のなかに諸民族の特徴を見出したヘルダーの影響を受けており、「一九世紀のヨーロッパ文化に存在する共通の様式」[16]に起因していた。この観点から、マッツィーニは南部スラブ人に関心をもつようになり、オスマントルコが支配するヨーロッパの地域、いわゆる「ヨーロッパのトルコ」領に住むギリシア人、アルバニア人、スラブ人、ワラキア人などを認識するようになる。かれは「青年ヨーロッパ」の結成を通じて、イタリア問題の解決とヨーロッパの全体的な再編成という観点から、セルビア、クロアティア、ブルガリアなどの南部スラブ人だけでなく、ポーランド、ハンガリー、ルーマニアといったヨーロッパ中東部の民族運動にまで視野を広げることになる。

人種・言語・習慣・宗教・文化・経済などが複雑に錯綜するドナウ・バルカン地域において、ハプスブルク帝国支配下に置かれたハンガリーの民族運動に着目したマッツィーニは、それをヨーロッパの運動と連動させようと考えた。一八三三年に『青年イタリア』に発表した「ハンガリーについて」のなかでは、「ドナウの女王」と称されたハンガリーを重視し、それを中心とする「自由な連邦」として未来の東ヨーロッパを構想している。南部スラブ人の住む地域については「イリュリア王国はたんなる名前でしかない」として、広範なハンガリー国家のなかで自由な連邦体制を築くことを考えていた。[17]

すなわち、イタリアとハンガリーの共通の敵であるハプスブルク帝国の崩壊後、「ドナウの女王」としてハンガリーがバルカンからイリュリアとアドリア海岸地域まで拡大することを、マッツィーニは考えていた。その際にかれは、南スラブの少数民族やトランシルヴァニアのルーマニア人に対するマジャール人の圧政によって、反オーストリアだけでなく、「反ハンガリーの感情が高まっていた南スラブ人の民族感情を無視していたが、それはその地域の情報を欠いていた[18]」ことによるものであると、タンボッラは指摘している。「諸国民の春」の前夜の一八四七年に書いた「スラブの民族運動について」のなかで、マッツィーニは、スラブ民族にとって「四つの民族の発祥地」となる四つのグループにもとづく再編成について具体的に論じている。第一はポーランドで、一七七二年の「解体前のポーランドに再結集」し、「いつの日かスラブの指導者、旗手[19]」となるとして、「一つの自由なポーランドなくして、一つの自由なヨーロッパは存在しない[20]」と述べている。かれは、ポーランドを「スラブの愛国主義が現存する戦闘教会（現世の信者全体を示す）」として、ツァーリズムからヨーロッパを救い、オーストリア帝国の崩壊に決定的な役割をはたすものと考えていた。

第二はロシアで、「世界ではたすべき一つの偉大な使命[21]」をもつとして、アジアにおける文明化の使命をロシアに託している。一八四五年の「ロシア人に向けて」では、ロシアにはキリスト教徒として「ヨーロッパ文明と神の法」に従い、日本も含む、「野蛮な状態からの解放を必要としているアジア諸国[22]」を文明化する役割があるとしている。マッツィーニの構想する東ヨーロッパには、ロシアの脅威を除去し、トルコ支配下にあるギリシアの民族運動を惹起すれば、トルコの「半月旗を中東へと追いやり、オリエント問題を変える」ことになるという判断があった。

第三はボヘミアとモラビアを含むチェコ人を核としたスラブ民族と、ハンガリーのスロヴァキア人を結合したグループである。第四はクロアティアを中核とする西部・南部スラブ人で、セルビア、モンテネグロ、ボスニア、ブルガリアを、イリュリアあるいはイリュリア・セルボ国として一つの行政的連合のもとに統一する。マッツィーニは、「ブルガリアを除いて、これらの地域のすべてが基本的には共通の言語[23]」を話しており、かれらの民族的願望は同じものであると判断していた。かれは、第三と第四の地域の民族運動が「オーストリア帝国を崩壊させる」とし、またそれらを含めた四つの地域の運動は「東方問題をまったく新しいかたちで解決できる可能性をはらんでいる」だけに、「ヨーロッパ政治において重要である[24]」と指摘している。

ドナウ・バルカン地域の再編成において、一八三三年にハンガリーに対し重要な役割を与えたマッツィーニだが、一八四七年にはそれを見直している。その理由は、「マジャール人という外来人種がスラブ主義と執拗に対立している」ことにあった。スラブ人とマジャール人の敵対関係を考慮したマッツィーニは、住民の数でスラブ人が優位に立ち始めたハンガリーのスラブ化を黒海に向けて拡大し、ドナウ左岸のモルドヴァラキをも含む国家形成を構想するようになる[25]。しかし、一八四八年三月のコシュートによるペシュート蜂起に続いてハンガリーの独立運動が活発化すると、ハプスブルク帝国を崩壊に導く、ヨーロッパの革命戦略の拠点の一つとしてハンガリーを考え、イタリアの運動とスラブ及びドナウ・バルカンのそれとの連帯を模索するようになる。同年六月には、ハプスブルク帝国内部のスラブ民族の運動を考慮して、「民族性の原理は新たな活力をもって蘇り、未来の運動に指導的な機能をはたすであろう。民族的原理がヨーロッパのあらゆる騒擾にかかわっている[26]」と、かれは述べている。ただ、一八四八年にハンガリーの独立運動に対してクロアティアがハプスブルク側に加担したことは、マッツィーニにとって想定外のことであった。

マッツィーニは、ポーランド人のダラッとルーマニア人のブラティアーヌもメンバーとなった、一八五〇年中葉に結成する「ヨーロッパ民主主義中央委員会」への参加を、コシュートに次のように呼びかけている。「ハンガリーの革命勢力は、もしイタリアで最初に革命が起こるならば、イタリアの運動を支援しなければならない。イタリアの勢力は、もしハンガリーが最初に立ち上がれば、同じことをおこなわねばならない」[27]。コシュートは、マッツィーニの提案に理解を示すものの、「ヨーロッパ民主主義中央委員会」に参加することはなかった。このコシュートの対応についてマッツィーニは、かれは「ヨーロッパの運動とほとんど接触せず、われわれのもつ深い信仰も広い視野ももちあわせていなかった」[28]と述べている。他方、コシュートはマッツィーニの理念を全体として許容しながらも、「ヨーロッパ民主主義中央委員会」が「ドナウ・バルカンの中心にハンガリーを位置づけてないこと」に疑念を抱き、ハンガリーの「少数民族による反中央集権的な動きを強化」[29]することを恐れていた。

一八五二年四月の「ヨーロッパの現状と未来」において、マッツィーニは、スラブ南部の人民は「ドナウ河沿いに、おそらくハンガリーの主導権による広範な連邦」[30]を築くだろうと考えるようになる。「何世紀もの眠りから覚めたギリシア」は「ロシアのヨーロッパ略奪に対抗する強力な防壁をコンスタンティノープル」[31]に作るという。一八三〇年代から「スペインとポルトガルは一つの国[32]」と述べていたイベリア半島については、「吸収する使命」をもつブルボン王家が、「スペイン高地の付属物」以外の何ものでもない、「特別な使命を達成する素質[33]」を欠いたブラガンサ王家のポルトガルを統合して、連邦制共和国として統一すると述べている。北欧神話の最高神である「オーディンの地、スカンジナヴィア」では「スウェーデンがいずれ統一を達成する[34]」と考えている。

一八五七年の「スラブ人の手紙」では、ドナウ・バルカンの構想を再確認した上で、ルーマニア人が多数民族であるトランシルヴァニアをマジャール人から分離し、この地域のハンガリー支配を軽減しようとマッツィーニは考えた。一八五八年には、ヨーロッパは「ギリシア・ラテン、ドイツとスラブという三つの大きな家族」を有することになるが、「それぞれは七〇〇〇万人から八〇〇〇万人の人口」を擁して「民族的類似性と傾向[35]」をもち、ギリシアには「テッサーリア、マケドニア、ロメリーアの古い地方を与え、コンスタンティノープルまで領土を拡大させる[36]」と述べている。

一八六一年にイタリアが君主制統一国家を樹立したあと、マッツィーニの関心はヴェーネト地方の併合を求める運動と南部スラブの民族運動を結合させることにあった。その目標は、ヴェーネト地方を支配するオーストリアを攻撃する一方で、ハンガリーの運動を惹起するためにセルビアを決起させ、両側面からオーストリアに打撃を与えることであった。マッツィーニは、この地域の人民は「孤立していて、弱体である」が、「われわれを待っている[37]」と判断していた。一八六四年の「春、ヴェーネト、ガリツィア、セルビア、ハンガリー、資金、われわれはヨーロッパ革命をおこなう」[38]と、かれはそのプログラムを示している。

ドイツについて、ドイツ民族に新しい方向性を示す必要があると主張し始めるのは、一八三二年のハンバッハ祭の直後である[39]。マッツィーニはドイツの宗教的・政治的自由の根源をルターに求め、諸邦に分裂した状況の解決は、「ヨーロッパにおけるすべての人民の統一、ヨーロッパという唯一の祖国が樹立にいたる前兆」であるとして、重要な意味をもつと考えた[40]。その目標の実現のために、イタリア人とドイツ人は「ハプスブルク帝国という共通の敵と戦い、国内の地方的な特殊性を解消」しなければならなかった[41]。

一八七一年の「国際政治」で、マッツィーニは、大国の簒奪に対抗して、スペイン、ポルトガル、スカンジナヴィア、ベルギー、オランダ、スイス、ギリシアなどが「ヨーロッパ小国連合」を結成し、イタリアはその中心となることを主張している。スイス連邦はサヴォイアと南ティロルを加えてアルプス連邦とする他、スカンジナヴィア連邦、オランダとベルギーの共和制連邦を構想している[42]。

ヨーロッパの再編成構想で、マッツィーニは大国のオーストリア、フランス、イギリスについて言及していない。かれにとって、それらの国々は前提であり、ヨーロッパにおいて民族運動を展開している小国家をどう連合するかが問題であった。たとえば、一八四九年一〇月に発表した「ローマとヨーロッパ政府」のなかでは、ローマ共和国を崩壊させたフランスではあるが、「フランスは滅びてはならないし、滅びることもできない。ヨーロッパはフランスを、その能力を、その助言を必要としている」[43]と、フランスがヨーロッパではたす役割を強調している。一八五二年の「ヨーロッパの現状と未来」のなかでも、「フランスは大革命によって、キリスト教によって精神界に示された真実の市民世界における実際的適用を開始した」[44]とその歴史的な役割を評価している。

アメリカについては、一八六五年の「アメリカの黒人問題について」のなかで、「指導的な民族」として、世界中で展開されている「善と悪、正義と越権行為、平等と特権、義務とエゴイズム、共和国と君主国、真実と虚言、神と偶像」にかかわる戦いにおいて「真実と正義のために苦闘」する人々を「奮い立たせ、活気づける」使命があるとして、人類、すなわちヨーロッパに加えている[45]。

マッツィーニは一八三三年の時点で「アフリカの大地にヨーロッパの文明化の旗を打ち立てる」[46]と述べているように、キリスト教世界ではないアフリカ、アジアを「文明化」することはヨーロッパの使命であると考えていた。一八七一年の「国際政治」のなかでも、「アフリカの文明化」は「ヨーロッパに求められる不可避的な運動」[47]とし、「五世紀まではイタリアがその地のすべての主人」であったアフリカに、「フランス人が興味をもっており」、「もしわれわれがその地を手に入れないならば、いずれフランスが遠くないうちに獲得するであろう」[48]と指摘している。

このことについてサルヴァトレッリは、「マッツィーニが他の民族の存在を無視した、あるいはヨーロッパにおける人種主義の名のもとに軽視しようとしたということでは決してない」が、アフリカに対してはフランスとイタリアに、アジアに対してはロシアに文明化の使命を課したように、ヨーロッパ以外の人民を「事実上低いレベルのものと見なし、かれらに文明をもたらすのはヨーロッパだと考えていたことは明らかである[49]」と指摘している。

再編ヨーロッパの統治組織

一八三四年の「青年ヨーロッパ」の時期、マッツィーニは「統一に向かう傾向」があるヨーロッパの「全般的な再構築」において、「一つの連邦、大きな統一的結合」へと発展するためには、「民族性の特別な使命によって形成される人民の神聖同盟[50]」が有効であると考えていた。一八四八年には、ウィーン体制の要であったメッテルニッヒの失脚もあって、「ヨーロッパの地図は作り直されている[51]」とし、「人民の素質・使命・投票にもとづく自由で平等な諸民族の友愛関係[52]」において、「ヨーロッパをより均衡のとれたものとして再構築[53]」するために、「諸民族の契約と、その契約を平和裏に代弁」する「ヨーロッパ議会[54]」を提示している。また、一八四九年の「人民の神聖同盟」では「民主主義の課税[55]」を提案している。それは、人民を企業家にするためのクレジット、出版と民族教育の振興に対する助成、みずからの権利を要求して決起する人民の支援という三つの目的を実現するために諸国民に課せられる税金で、その時期にあってはきわめて斬新な提案である。

一八五〇年に、マッツィーニは「各民族が平等な投票権をもつ一人の人間」[56]によって代表される、ヨーロッパの代表機関組織「ヨーロッパ連合国家」Stati Uniti d'Europaを提案している。[57]「ヨーロッパ民主主義中央委員会」は「青年ヨーロッパ」の理念を継承し、「神と人類」にもとづく「共通の進歩を意志とし、同盟を手段とする一つの総合的な組織」[58]として同年七月に結成されたが、その宣言でかれは、「すべての民族性を受け入れ、承認された代表者が集う会議」において諸人民の神聖同盟を締結し、共通の権利と義務を決定するための「ヨーロッパの憲章」と「一つの新しい契約」[59]を発布することを謳っている。さらに、一〇月二〇日付の「ヨーロッパ委員会の人民に向けて」では、「自由な民族のすべてを代表する」未来の議会は、「共通の義務」及び「人民の権利」を定めた「諸民族の憲法」を発布すると述べている。[60]

このマッツィーニのヨーロッパ再編成の構想とその体制は、サルヴァトレッリによれば、ウエストファァリア条約以来続く国家間の勢力均衡の理論を自由な人民のそれに置き換えたものであり、「古い勢力均衡に対して、民族性にもとづく道徳的優位性」[61]を唱えるものであった。マッツィーニはヨーロッパ人民の結合・連帯関係を、「共和主義のアソチアツィオーネ」、同盟Lega、契約Patto、協約Intesa、信仰Fedeと多様な言葉で表現し、その組織名も共和主義連邦、ヨーロッパ連合国、ヨーロッパ小国同盟と変化させている。そのヨーロッパ人民の連合の形態については、制度的なことよりも、理念的なことが優先されていた。

ヨーロッパ再編成におけるイタリアの使命

ヨーロッパにおけるイタリアのイニシアティブというマッツィーニの主張は、フランスに対抗するものであった。かれは、一八三五年に発行された「青年ヨーロッパ」の「中央委員会公報」で、フランス革命、七月革命後のフランスについて次のように述べている。「人間」の権利を謳ったフランス革命が、「人類のドグマ」をフランス以外で実践することはなかった。「自分の民族性を他の民族性と置き換え」、全ヨーロッパに「自由をもたらすフランス」として、全人民の再生という理念を打ち出すことはなかった。フランスは「共通の自由」に配慮する「神聖な民族性」をもって「全人類を包含する進歩」の道を進むために、諸民族と結合することもなかった。「一つの民族が世界ですべてをおこなうことはできない。フランスは他のすべての民族よりも多くのことを成し遂げた」が、「他の人民の時代が到来したので、休息するときである」。一八三〇年の七月革命には「ヨーロッパ的意図」はなかったし、「いかなる新たな原理[62]」も打ち出されなかった。

マッツィーニによれば、王政復古時代（一八一五〜一八三〇）にフランスが演じた「一五年間の喜劇[63]」は、ブルボン王家だけでなく、ヨーロッパに冠たるフランスの「革命的エネルギー[64]」をも終焉に導いた。七月王政は一七八九年のフランスとは異なり、ヨーロッパの政治的主導権をとれず、「一五年間の喜劇」の政治原理である「中庸」、すなわち「政治的折衷主義[65]」を消し去るものであった。マッツィーニは、フランスの民主主義勢力に代わる、ヨーロッパの革命運動のオルタナティブとして「青年ヨーロッパ」を位置づけていた[66]。

一八一四年以降、フランスの民主主義運動においては、七月革命や翌年のリヨン蜂起のような、古い世界の終焉を加速できず、目標の統一を欠き、孤立しておこなわれる運動に特徴づけられた停滞と無気力、「主導権の空白」が存在するにもかかわらず、いまだにフランスの主導権が広く信じられているとマッツィーニは考えた。かれによれば、いまや凋落した「個人」の時代を要約する自由・平等・友愛という政治的原理にもとづいてその使命を実現したフランスに代わり、「神と人類」を綱領に掲げる新しい「社会」の時代という原理にもとづき、個々の民族に使命を課し、思想と行動によって主導権を握り、「社会」の時代の問題を解決するアソチアツィオーネを形成しなければならなかった。主導権を握る民族は、国民国家をすでに形成し、いまや労働者の問題を抱えるフランスではなく、独立と統一のために苦闘しているイタリア、ポーランド、ドイツであった。

ヨーロッパにおける主導権を失ったフランスに代わって、イタリアは「みずからを解放しながら、いまだに従属的な民族を解放する」という「ヨーロッパ問題の解決に向けた役割[67]」をはたさねばならない。「イタリアの再興は、他の被抑圧人民の再興を告げる狼煙」であり、イタリアに課せられた「人類の集合的生活において達成されるべき義務と特別な使命[68]」であった。その「手つかずのまま残っている」偉大な使命とは、ヨーロッパの「古い不正義を消し去る」ことであり、「神が人類に定めた神聖な進歩の法」にもとづく「諸民族の自由な連邦[69]」を実現することであった。

マッツィーニによれば、イタリアは歴史的に「二重の使命」を有する。第一は「宗教的使命」で、「教皇庁を廃止し、世界のために人間の良心の不可侵性を獲得し」、「恩寵による救済という原理を進歩のそれと取り換えること」である。第二は、国際関係を調整する「政治的使命」で、「未来の平和を保障する民族性の原理を発展させること[70]」である。

かれは、「民族の権利をヨーロッパの原則の高みに掲げる[71]」という使命をイタリアに課し、「もしすべての人のために生きるのでなければ、イタリアは生きられない[72]」と考えた。イタリアには、ヨーロッパの諸民族の先頭に立って、「平和的なアソチアツィオーネ」である「人民のヨーロッパ」連邦を樹立し、「諸民族を平和的に代表するヨーロッパ議会」を創設する使命があった。イタリアのイニシアティブは覇権ではなく模範であった。その主張は、諸民族が文明の発展において交互にイニシアティブを行使できるよう「固有の生活を広く普及する」という特別な使命がイタリアに与えられているという認識、そして「イタリアの偉大な時代の生活はつねにヨーロッパの生活であった[73]」という歴史認識にもとづくものであった。

第三のローマの使命

イタリアには「人類のための使命」があり、ローマは「生命の言葉」をもつ「一つの宗教[74]」であるというマッツィーニにとって、「ローマはローマ人のものではなく、イタリア人のものである」が、イタリア人だけのものではなかった。ローマはイタリアの「使命・未来」であり、「ヨーロッパにおけるイタリアの道徳的イニシアティブの中心・頭・心[75]」であった。イタリアに課せられた使命は、「ヨーロッパの進歩的文明化の歴史において[76]」、ローマから「ヨーロッパに向けて文明化の統一[77]」が二度にわたって発せられ、そこから「人類の統一の歴史が展開[78]」し、「世界にイタリアの使命が行使[79]」されたという歴史性によるものであった。

第一の時代では、カンピドーリオの丘から「軍隊に指揮され[80]」、「行動によって統一された[81]」皇帝のローマが、「自由の理念」にもとづき、「ローマの鷲印軍旗」を掲げて、「その時代に知られていた地上の三分の二にあたる町から町へ、政治的な法の統一[82]」をもたらし、勝利を収めた。第二の時代では、ヴァチカンから「平等の理念」をもって「権威[83]」と「思想で統一された[84]」「教皇たちのローマ」によって、「一二世紀にわたり、今日では道徳的に消滅した教皇権が信仰の統一と宗教的一致[85]」を地上にもたらした。

ローマでは、消滅した「異教的世界と教皇たちの世界」が「王冠についた二つの宝石のように相互に重なり合っている」。その「二つの宝石よりも広大な第三の世界[86]」を作り上げねばならない。二つの時代に世界を統一したローマは、「神と個人」ではなく、「神と人民」、「神と人類」を世界に呼びかけながら、「三度目の世界統一をもたらさねばならない[87]」。第三のローマは、人類に向けて「文明化の統一[88]」を発する。その第三のローマの時代には、「自由で平等な市民の間で兄弟愛の契約が結ばれ、それにより連合した人民のイタリア」によって、「ヨーロッパにアソチアツィオーネの時代が訪れる」[89]。

マッツィーニは、その生涯で一度だけ現実政治に直接に関与した一八四九年のローマ共和国議会において、ローマのはたすべき第三の使命について、次のように高らかに提起した。「わたしにとってローマはつねに一種の護符であった。少年のころ、イタリアの歴史を学び、それを発見した」。「歴史において諸民族は生まれ、成長し、世界で何らかの役割をはたし、最初の力以上に生まれ変わることなく滅びていった」が、ローマは「最初に達成されたもの以上に偉大な使命を世界ではたすために再興するという、神が与えた特権を有する唯一の都市」である。最初にアフリカからアジアにいたるまで「武器で征服」した「皇帝たちのローマ」は、「蛮族によって消し去られ、死んだ」。「蛮族を追放したあと、その墓に文明化の芽が再び現れたローマ」は、「言葉による征服」という、より偉大な再興を遂げた。「武器で征服したローマのあと、そして言葉で征服したローマのあとに、鑑となる徳によって実現されるローマが到来する」。「皇帝たちのローマ、教皇たちのローマのあとに、人民のローマが到来する」[90]。

イタリア統一を前にした一八六〇年一一月二八日、ローマは「われわれにとってすべて」であり、そこには「われわれの統一の証」があり、「その城壁のなかには未来において世界ではたすイタリアの使命」[91]が存在すると、マッツィーニは述べている。かれにとって、ローマは「ヨーロッパにイタリアの存在を示す導きの星」であり、「ローマの自由は世界の自由」であった。ローマには、イタリアにおける「民族問題を解決」し、さらにヨーロッパに対してその

「道徳的統一に着手する」[92]使命があった。

マッツィーニによれば、「神の摂理によって、統一という言葉を世界に広める使命が与えられた都市であり、永遠の都市」であるローマ、すなわち「人民のローマ」は、「思想と行動の信仰」において「ヨーロッパ、アメリカ、そして地球上の他の地域を合わせて統一[93]」するものでなければならなかった。「神聖な都市、統一の総合である都市」ローマは、世界が待ち望む「宗教的変化」をもたらすことを「運命的に求められる都市」であり、「未来の開始者[94]」である。

ローマが人類に対してはたす使命を、マッツィーニは一貫して主張し続けた。一八七一年の「国際政治」では、第三のローマの使命は、「皇帝たちのローマ」も「教皇たちのローマ」も認識することがなかった、「神の摂理である諸民族の集合的な運動」という「偉大な事業において、諸民族間の友愛関係[95]」を結ぶことであると訴えている。神聖な神の法を信じる人々にとって「アソチアツィオーネの継続的で決定的な解説者」であり、「神の聖なる教会」である「自由なローマ」は、「ヨーロッパとアメリカの徳のある知識人が集う公会議 Concilio」を開くことによって、世界の名のもとに新しい信仰の時代を宣言する都市であった。

ローマはマッツィーニにおいて、「二つの都市」ではなく、「一つの理念」であった。それは、「過去に世界の生命であった二つの偉大な宗教の墓」であり、「未来の世界に黎明をもたらし、生命を授ける第三の神殿[96]」であった。

Ⅷ　第二次「青年イタリア」の結成

「懐疑の嵐」の三年間

マッツィーニにとって、一八三七～一八四〇年の三年間は、「青年イタリア」、「青年ヨーロッパ」の失敗によって多くの同志が去っていき、政治活動の展望を失いかけた、「疑惑の嵐」[1]が吹きすさぶ「失意と無気力」[2]のときであった。ロンドンでの生活が二年目を迎えようとしていた一八三七年一一月二〇日付のジリオーリ宛書簡で、マッツィーニは「精神的にも物質的にも、個人としても市民としても、わたしは一人である。荒野にいる自分が恐ろしくなる」[3]と、その孤独感を吐露している。

父親からの支援を断り、経済的に自立しなければならなかったマッツィーニにできる仕事は書くことしかなく、ロンドンに亡命した最初の時期は売文で生活を立てていた。その時期には、ユーゴ、カーライル、サルピ、ダンテ、あるいはイタリア文学・美術に関する論考を残し、また時事評論も数多く書いている[4]。売文だけでは生活ができず、イギリスからイタリアへ衣類を、イタリアからイギリスへオリーブを輸出入する貿易に手を染めたが、成功しなかった。父親に隠れて母親が送った仕送りなしには生活が不可能であった。質屋通いの生活に追い打ちをかけるように、すでにスイス時代に現れていたマッツィーニの精神主義的で預言者的な思想に対する反発も起こり、ルフィーニ兄弟をはじめとして「青年イタリア」の同志が次々とかれのもとを去っていった。

その孤独感を癒したのが、ロンドンの古本屋で発見したフォスコロの未刊の著作の出版と、その地での新しい交友であった。マッツィーニは、当時イギリスで著名な作家の一人であったカーライルと面識を得ている。過去に未来を求め、英雄を崇拝するカーライルと、未来に社会的信仰を求めるマッツィーニの間に思想的接点はなかったが、その間を取りもったカーライルの妻ジェーンは、のちにマッツィーニの母とも手紙のやり取りをする仲となっている。その他に、アシュースト、テイラーなどがいた。アシューストの妻エリザベスとは第二の母と呼ぶほどに親交を深め、この家族との書簡数は、母親とのそれに匹敵するほどである。ロンドン亡命時代は、マッツィーニにとって、たしかに塗炭の苦しみをなめるような厳しい生活であったとしても、「決して失われた時間ではなかった[5]」。

第二次「青年イタリア」の結成

一八三九年中葉に「懐疑の嵐」の危機から立ち直ったマッツィーニは、翌年四月三〇日に「青年イタリア」をロンドンで再建し、政治活動を再開する。一八三五年の「信仰と未来」では、「政治政党としてわれわれは失敗した。われわれは宗教的政党として立ち上がらねばならない。宗教的要素は普遍的で、不滅である[6]」と述べているが、第二次「青年イタリア」は「党派ではなく、使徒として[7]」行動するとして宗教性を強めた。それに加えて、第二次「青年イタリア」においては民族革命とともに、「社会的な信仰[8]」という社会改革を打ち出すことになる。その特徴は、第二次「青年イタリア」が後述する「イタリア労働者連合」と相互補完の関係にあったことからも明らかなように、「労働者の道徳的・物質的状態を慎重に検討し[9]」、「イタリア人労働者を教育[10]」するとして、かれらを革命運動に組み入れようとしたことである。

マッツィーニは「青年ヨーロッパ」結成以降、「青年イタリア」の失敗を省みて、労働者階層への働きかけが不十分であったと自己批判をおこなっている。一八四〇年五月一九日付ベンツァ宛の書簡では、「わたしたちは人民のために働いてきたが、人民とともにではなかった。いま、それをする必要がある」と率直に述べ、「この目的のために、これまで蚊帳の外に置かれ、無視されてきた最多階級、すなわち労働者階級に下りていこう[11]」と、新しい行動方針を提示している。

この方針に従って、第二次「青年イタリア」は、革命は「労働者のために、労働者とともに[12]」であらねばならないと、労働者たちへの組織的な勧誘活動をおこなうことになる。もちろん、「あなたたちはイタリア市民である。そのために、祖国の統一・独立・自由・政治的権利を望む[13]」というように、マッツィーニにおいてはイタリアの民族的問題の解決が最優先課題であった。第二次「青年イタリア」は、「民衆的な要素をもった、労働者の自治的な組織[14]」であった。マッツィーニが労働者に目を向けることになった背景には、「ロンドン亡命初期はチャーチスト運動が最も発展した時代と一致する[15]」といわれるように、チャーチスト運動の影響があったと指摘される。イギリス亡命時代の一八三七〜一八四七年、ディケンズの小説に描かれた、産業革命がイギリスの労働者階層にもたらした悲惨な状況を直接に見聞することで、マッツィーニは社会問題に対して強い関心を寄せるようになった。

「特別な組織」としての「イタリア労働者連合」

労働者の「特別な組織」の立ち上げを考えたマッツィーニにとって、労働者は弁護士・商人・医者・技師のように、「特別な職業の分野、労働の一つの種類」であった。これらの職業には、「市民の権利と義務において、いかなる差別も存在しない」。「国家の構成員の間に認められる差異は道徳教育の差異である。いつの日か、共通の普通教育が共通の道徳をもたらすであろう。いつの日か、わたしたちすべてが労働者となろう[16]」と、マッツィーニは考えていた。

たしかに、マッツィーニは一八三二年の時点で、遺言・相続・贈与にかかわる法律によって「少数者による過度な富の蓄積や、少数の家族に財産が集中することを阻止[17]」し、貧富の格差を是正しようと、富の公平な分配を主張するとともに、「大衆」と「特権者」の対立関係を指摘している。この社会的対立についてはヨーロッパ諸国との比較によって、その二つの階級の経済的内容に踏み込んだ分析がおこなわれるようになる。イギリスでは「中産階級と、いまだに人民と呼ばれる大衆階級の間に絶対的な分離[18]」があり、またトーリー党とホイッグ党という、血統にもとづく伝統的な貴族階層と新興のブルジョア貴族の対立があると指摘するマッツィーニは、産業革命によって生じた富裕階層と労働者階級、「特権」と「労働」の政治的対立を見抜いていた。フランスでは「肉体労働者と思想家の間に致命的な分断[19]」があり、「ヨーロッパの三分の二において、最初の革命は最多最貧階級を揺り動かすであろう[20]」と、将来の革命を展望している。イタリアでも「人間には二つの階級が存在している[21]」。それは、「あらゆる労働、土地、クレジットあるいは資本を独占的に所有する者」と「肉体以外はすべてを欠く者[22]」という分裂であると考察している。前者は「裕福さと生活面での余剰を確保し、それを増大するために戦」い、後者は「生活を確保するために戦う[23]」と、マッツィーニは述べている。

イギリス、フランス、ベルギーに暮らし、「より良き近い未来の予感に目覚めている」労働者は「みずからの権利の意識とそれを理解する意識」をもっているとマッツィーニは認識していた。これらの国では、「同一言語を話すすべての人々がすでに緊密で平和的な兄弟関係の絆で結ばれていて、民族の統一も達成されており、労働者が祖国をもっている」。これに対して、民族の統一が実現されていないイタリアには、「祖国も、友愛関係も、共通する法あるいは力も存在しない」。「労働者は苦しい状況に置かれ、嘆いているが、解決策を考えることもなく、そもそもその状況を疑うことがない」。「思考が自分たちの住む小さな範囲に限られており」、「あらゆる障害を打破する意志の統一」も知らないかれらは、教育の機会もなく、書物もなく、支配する人々の「偽り」の教義や迷信を盲目的に信じさせられている。「祖国を立て直そうともせず、愛することもなく、知ろうともせず、歴史さえ知らない」。「愚かな君主や政府によって衰退し、失墜し、蔑まれ」、外国人が「占領し、支配する」がままに、祖国を放置している。「法律で、関税で、障壁で、軍隊で分断され」、「お互いに憎み合っている」。「ロマーニャ人、ジェーノヴァ人、ピエモンテ人、ナーポリ人と呼び合っているが、イタリア人であらねばならない」。その革命のためには、労働者が「結合する」必要がある。このように考えたマッツィーニは、「唯一の旗のもとで、唯一の団体として結合する」ために、労働者の「特別な組織」[24]を構想した。

イタリアにおける労働者の政治的後進性の理由を民族的独立・統一の欠如というイタリアの政治状況に求めるマッツィーニは、イタリアの労働者を地域的に孤立させ、弱体で無気力な状態に陥らせている弊害を取り除くためにも、独立と統一の達成という民族問題を優先することが必要であると説いた。それは、「社会的問題の解決には民族問題を優先するという一八三一〜一八三三年の革命論を再確認するもの」[25]であった。マッツィーニは、「これまで弱体で、少数で、分散していた」[26]イタリア人労働者を、「意志の統一で結束し、同じ信念で強く組織された」[27]民族的アソチアツィオーネに参加させようとした。独立と統一を達成し、労働者階級の要求に応えるという、政治的で社会的な二重の課題をもつイタリア革命を、イタリア人労働者の「特別な組織」によって実現しようと考えたのであった。

「特別な組織」は、「社会の階級協調的な組織」であらねばならなかった。その目標は、都市の労働者を対象にした労働時間の短縮や賃金の値上げ、無料の民族教育、有能な者に労働手段の獲得を促すための資金貸付をおこなう機関の創設などであった。マッツィーニは、目的を共有する共同体としてのアソチアツィオーネは、政府に管理される「資本・知識・労働」のアソチアツィオーネであると明確化し、それにもとづいて未来社会を構想した。ただ、この時点でも、マッツィーニの思想においては、農村人口の組織化は考慮されていなかった[28]。

マッツィーニの農村社会・農民に対する理解はきわめて限定されたもので、農民に対する直接的な働きかけをおこなうことはなかった。しかし、かれは共和国の樹立という政治的な目標を実現したのちに、教会と君主の財産を国有化し、それを労働者の協同組合の基金とすることを考えていた。その考えは、無産階級と有産階級の市民戦争を回避するために、有産階級に打撃を与えることなく階級間の牧歌的な協力関係を築くという階級協調主義にもとづくもので、終生変わることがなかった。

「イタリア人労働者連合」の結成

労働者の「特別な組織」は、「イタリア人労働者連合」Unione degli operai italiani として、一八四〇年三月一日に結成された。それは「青年イタリア」の下部組織で、二つの組織は相互補完関係にあり、一体化したものであった。

マッツィーニは、「イタリア人労働者連合」結成前に書いた一八四〇年三月一二日付の母親宛の書簡で、イギリスに「滞在するイタリア人労働者の民族教育」、すなわち「イタリアの統一と独立の理念を教育すること[29]」について述べている。「イタリア人労働者連合」の主たる目的は、イギリスとフランスに住むイタリア人労働者を組織し、かれらに対する教育を通してイタリアの民族意識を育成するという、「最多で、最貧の、徳育に乏しい階級」への「民族的伝道」であった。それは、「労働者に可能な限りの民族的徳育」をおこない、労働者の「要求と願望」を満足させ、かれらの「苦痛」[30]を軽減することであった。その意味で、「イタリア人労働者連合」は、「民族的民主主義の概念」を労働者に「拡大した、最初の労働者のアソチアツィオーネ」であり、「イタリアの労働者階級の歴史において重要」である。それは、「実際のところ、福祉団体や相互扶助団体の地平を超えた、民主主義的・民族的内容を有する政治活動をおこなった最初の労働者の団体であった」し、「とりわけ一八六〇～一八七一年に、イタリアの労働者運動の重要な部門として発展する」[31]ことになる。「イタリア人労働者連合」の具体的な活動は、労働者の「道徳的・物質的状況」を調査し、労働環境や賃金などの改善に対処することであった。規約に「社会的・政治的に不道徳な」[32]おこないをしたものを除名とするという条項があるように、その組織にはマッツィーニ固有の倫理感が反映されている。

マッツィーニは「イタリア人労働者連合」の支部をパリやベルギーにも組織しようとしたが、成功しなかった。イタリア人労働者を「イタリア人労働者連合」に統合することは「階級間の違い」を固定化するものであり、「分裂ではなく融合」[33]が重要であるという批判があったからである。この批判に対してマッツィーニは、過去のイタリアの革命は「外国人からの独立、政治的自由、政治的権利」を語りながら、「あらゆる革命が社会的本質のなかにある」[34]ことを忘れていたという自己批判も含め、「今日までの蜂起はもっぱら政治的な特徴をもっていたが、現在の仕事は最初の蜂起から政治的・社会的な特徴を同時にもつようにすることである」[35]と反論している。

第二次「青年イタリア」と「イタリア人労働者連合」を通じて労働者を民族問題の解決に動員するため、マッツィーニは情宣活動に重点を置いた。その手段が一八四〇年一一月から一八四三年九月にかけて、一〇号まではロンドンで、最後の二号はパリで、計一二回にわたり不定期発行された『人民の伝道』である。労働者の「日々の貯蓄」[36]を発刊資金とし、創刊号は二〇〇〇部が印刷された。機関誌のタイトルを『人民の伝道』とした背景には、イタリア人に「祖国を獲得させる神聖な理念」を実行に移すことは、「党派によらない」、献身的な「伝道」の仕事であるという理念があった[37]。

『人民の伝道』は、「これまで関心を払ってこなかった」、これからの「革命闘争において考慮すべき要素」、すなわち「一八四〇年以前に祖国を離れ、移民としてヨーロッパやアメリカの各地で働いていた」[38]イタリア人労働者を主たる読者とした。創刊号の巻頭に掲載された「イタリア人、とくにイタリア人労働者に向けて」で、マッツィーニは民族論と革命論を次のように展開している。「より良い未来と君たちの義務を実現する自由を唯一獲得できる手段」である革命は「必要であり、不可欠である」。「多くの小さな国に分断」されている「イタリアは、最も豊かで、最も肥沃で、最も多くの人が住んでいる地域の一つが外国人の手中にあるため」、「革命なしにはイタリア統一を期待できない」[39]。過去の革命は「君たち（労働者）のためではなかったし、君たちなしでおこなわれた」が、革命が成功するためには「君たちのために、君たちとともに」おこなわれねばならない。その革命の成功の秘訣は、「唯一の組織で、唯一の旗のもとに結集」することである。その理由は、唯一の国を創るには、「真の力は合一にあり、唯一のアソチアツィオーネが必要だからである」。「人民のために、人民にもとづいておこなわれる革命」のために、「青年イタリア」は、「民族的アソチアツィオーネ」を掲げたのである。[40]「イタリア人労働者はヨーロッパの兄弟たちがおこなっている運動において、いつまでも遅れたままでいてはならない[41]」。

労働者の教育手段としての『人民の伝道』は、政治問題と社会問題を同時に提示することの必要性を認識した上で、国際政治をわかりやすく解説し、労働者に身近なイタリアの政治的事件を取り上げて説明している。その例として、サルデーニャ王カルロ・アルベルトを「力も能力もない最悪の野心家[42]」と述べ、一八二一年の革命でかれに裏切られて亡命し、ギリシア独立戦争で戦死したサンタローザの言葉、「イタリアの解放は一九世紀の事件となろう[43]」を引用している。また、「人間、市民、詩人」であり、「民族の預言者」であるダンテの「天上と地上が天才である詩人の手に託されたように」(『神曲』天国篇第二五歌二)という言葉を引用しながら、「祖国の宗教」、すなわちイタリアの独立と統一に殉ずる「先駆者となれ、人民の使徒、案内人となれ。君たちは民族を約束の地に導くモーゼである。君たちは一つの時代を示す信仰の最初の聖職者である[44]」と、格調高く労働者に説いている。

マッツィーニは『人民の伝道』を、ロンドンだけでなくパリに多く住むイタリア人移民にも販売しようと、ラムベルティに販売店探しを依頼し、一〇〇部を送ったが、国境で押収された。リヨン、オルレアン、ニーム、マルセーユには定期的に届いた。イタリアでは、リヴォルノ、ジェーノヴァなどで販売されている。マルタ島に滞在していたファブリッツィには創刊号を一〇〇部送り、シチリア、ナーポリでの販売を依頼している[45]。北アメリカではスピールベルク獄を経験し、「青年イタリア」にも加盟した古参の革命家フォレスティによって、南アメリカでは一八三四年に亡命したジェーノヴァ出身のクーネオによって、イタリア人移民の手にわたった。

ロンドンのイタリア人労働者は「少人数で弱体」であっただけに、『人民の伝道』刊行の「結果に自信がもてなかった」というマッツィーニだが、「少なくとも部分的には効果が見られた」という。他方、フランスではイタリア人移民が「とりわけフランスの外国人アソチアツィオーネに加わっていたこと[46]」もあり、「イタリア人労働者連合」の加入者も増えず、『人民の伝道』も普及しなかった。

これに対しマッツィーニは、パリのイタリア人移民労働者が参加しているのは「財産の共有、私有財産の廃止[47]」を掲げる社会主義の組織であると批判した。かれらは「祖国の獲得」、同胞の「安寧[48]」というイタリアの問題に取り組むことなく、「外国のアソチアツィオーネで活動している[49]」といい、次のように続けている。アルプスと海に囲まれた地域に住み、「方言はあるものの同じ言語を話し、共通の習慣や性向、傾向をもつ二二〇〇万人の兄弟たち」が、「道徳的・物質的に抑圧され、七つの国、七つの宮廷に分断され、外国人に侵害され、疲弊している」ことに目を向けようとせずに、「われわれはフランス人だ、われわれはイギリス人だと尊大に繰り返す人々の間で暮らしていて」、「われわれはイタリア人だといえない恥ずかしさ」を感じないのか。「イタリアは存在しない」といわれる恐ろしさを感じないのかと。[50] その上でマッツィーニは、「諸民族と連合する前に、われわれが存在する必要がある。平等でないアソチアツィオーネは存在しない」といい、ヨーロッパの人民の連帯に先立って、まず祖国の実現という考えから、「一つの祖国を創り上げる手段を探そう。人民のイタリアを創設しよう」[51] と訴えている。

イタリア人移民の子弟のための識字学校

マッツィーニは、第二次「青年イタリア」及び「イタリア人労働者連合」の理念を実行に移すため、一八四一年一一月一〇日にロンドンでイタリア人労働者とその子弟のための無料識字学校を開校した。この学校設立の背景には、マッツィーニが亡命地ロンドンで初めて目にした、劣悪な労働を強いられるイタリア人移民の現実があった。かれはそれを直視し、イタリアの再生にとって不可欠な、最も優先されるべき民族教育をロンドンで実践した。

その学校では、「教育もなく、友人もおらず、祖国の記憶」[52] もなく、「教育と、それを受ける機会をまったくもたない数多くのイタリア人」[53] を対象に、読み書き、文法、算数、初級幾何、デザイン、地理が教えられた。英語を学びたいという受講者には、マッツィーニがみずから教えた。労働者の仕事が終わったあと、夜の八時から一〇時まで、毎日授業がおこなわれた。日曜日は午前中にデザインが、夜は道徳教育と祖国史が教えられた。講師への謝礼などといった運営費はイタリア人だけでなく、この活動に賛同したイギリス人からの寄付金などで賄われた。受講を無料とした理由として、受講者が払えないことの他に、「イタリア人労働者連合」の会員に受講を「義務」としたことがあった。「石膏像の販売人、手回しオルガン奏者」など貧しい労働者からなる受講者の数は二カ月足らずで約一六〇名に達し、一八四二年には二三〇名に増えている。

この学校の目的は、「民衆教育はイタリア再生の唯一の手段である」[54]というマッツィーニの言葉にも表れているように、外国の地で教育がないがゆえに劣悪な労働環境に置かれ、時代の新しい動きも理解できない移民や渡り職人などに教育の機会を提供することであった。また、イタリア人移民のほとんどは「読み書きができず、自分たちの国の歴史も、その偉人たちも知らない」とか、「堕落し、回復不能なまでに腐敗した、のろまで無知な」イタリア人とかいう風評を一掃し、自分たちは「活発で、利発で、天賦の才[55]」があると知らしめることも目標の一つであった。それは教育者マッツィーニの一面を示すものである。

マッツィーニは、フランス、アメリカ、スペインなど、イタリア人移民が多く住む国や都市でもこのような学校が必要であると訴えた。ボストン、ニューヨークでもかれの理念に賛同した者によって識字学校が開かれている。また、マッツィーニは、ロンドンで働かされ、虐待されていたイタリア人の子どもの保護活動をおこなっている。当時、イタリア山岳地帯の貧困家庭に生まれた子どもが、人身売買によって数多くロンドンの街頭で働かされていたが、それを「白人売買」として告発し、イギリス人の友人たちと救済活動をおこなっている。

このようなマッツィーニの教育活動に対して、カトリック教会は、「知育は悪である。少し知りたいと学び始める者はたくさん知りたいと思うようになる」として、民衆に教育を施すことなく、無知のままにしておくことを主張した。教える者は「不信心な人間であり、自由主義者であり、哲学者であり、魂を失った最悪の者である」とし、イタリア人移民に識字学校に通わないよう説いている(56)。この背後には、教会、とりわけイエズス会が教育機関を独占するなかで、「世俗的な野心のために信仰を犠牲にした年老いた教皇が顔をのぞかせている(57)」と、シロッコは指摘している。

第二次「青年イタリア」の組織活動

第一次「青年イタリア」の活動拠点がジェーノヴァ、ミラーノだけでなく、マルセーユやパリでも崩壊していたことで、第二次「青年イタリア」の組織活動は、その再建から開始しなければならなかった。第一次「青年イタリア」ではイタリアの外に拠点を置く中央指導部から指示が出されていたことが国内での不信感を生んだという反省から、第二次「青年イタリア」では国内と国外の活動を分離し、イタリアの地方組織に大幅な裁量権を認めた分権的な組織体制をとった。しかし、第二次「青年イタリア」では、第一次のような広がりは見られなかった。第一次「青年イタリア」の失敗もあって、多くの亡命者たちは独立と統一の思想をイタリアに普及させることに懐疑的で、参加することはなかった。

マッツィーニは、蜂起活動以前に労働者階層の民族意識を覚醒させるため情宣活動をおこなうことを重視し、革命の拠点は、オーストリアが支配し、イタリアのなかでも経済活動が盛んで労働者の数も多かったミラーノを中心とする北イタリアに置くことを考えた。これに対して、マルタ島に拠点を置くモーデナ出身のファブリッツィを中心とした民主主義者のグループは、革命の機が熟していると判断し、オーストリアの軍事介入が困難な南部イタリアを革命の拠点と考えた。ファブリッツィは、ナーポリのブルボン王朝支配に対する分離運動の動きが絶えなかったシチリア島での活動を展開するために、スペインで戦ったイタリア人軍人からなる軍事組織「イタリア軍団」を結成した。その戦略は、南部イタリアの蜂起を発火点とし、ゲリラ部隊の活動によって革命を全イタリアに発展させるものであった。ファブリッツィは、一八三七年にロンドンのマッツィーニを訪ね、イタリアでの活動再開を説得した。マッツィーニは、外部から侵入した少人数の遠征隊で革命の突破口を開くことが困難であること、革命に発展する可能性が低いこと、シチリアの分離主義に火をつけること、地中海に利権を有するイギリスが介入することを考慮して、ファブリッツィの計画に反対した。(58)

この時期、蜂起とゲリラ戦に関するマッツィーニの考えに変化が見られる。デッラ・ペルータによれば、マッツィーニは一八四〇年から一八四五年にかけて、「青年イタリア」は組織として脆弱であると認識していただけでなく、「蜂起活動に慎重な立場」をとっていた[59]。一八四〇年一二月一日付のファブリッツィ宛の書簡では、「ゲリラ戦はいつの日かイタリアを救うであろう。しかし、それは革命的な土壌からしか生まれない。この土壌を見出すために、わたしとともに働いてくれ[60]」と述べている。マッツィーニは、まず民衆を「無関心から目覚めさせ、いたるところで騒乱を引き起こし、蜂起できる状況を作り出す[61]」ことを優先すべきと考えた。一八四三年九月二二日付のファブリッツィ宛の書簡では、「わたしとビアンコが最初はゲリラ部隊を主張していたことは知っているだろう。しかし、わたしにとって、ゲリラ部隊は蜂起から生まれるものであり、ゲリラ部隊から蜂起が生じるのではない[62]」と繰り返し述べている。マッツィーニの説得は功を奏さず、一八四三年からファブリッツィは蜂起活動を展開することになる。

当時のマッツィーニの蜂起に対する考えは、いたずらに青年に殉教を説くのではなく、具体的な戦略にもとづく周到な準備を踏まえたものとなっている。すなわち、情宣活動によって革命的状況を作り出し、一つあるいは複数の国家で蜂起を起こして権力を奪取し、「政府」を作り、「軍隊の一部」も巻き込み、「すべての青年」をそれに参加させ、「戦争に必要な資材を手中に収めて」、「オーストリア軍が侵入したときにゲリラ部隊を編成し、山岳地帯で」戦うというものであった。その際、「導火線」の役割を担う外部からの亡命者部隊の侵入もありうるが、その場合は犠牲者を少なくするために、また短時間で戦況を有利にするために、大規模な部隊を侵入させる必要があるとかれは考えていた[63]。

蜂起とゲリラ戦の関係に関するマッツィーニの新しい考えは、イタリアの革命運動の戦略と戦術を変更するものでもあった。マッツィーニは、革命の機が熟したときに決起できる青年を中心とする同質的な革命組織の中核をイタリア各地に結成することを優先課題とし、成功の見通しのない蜂起活動を抑制した。また、イタリア国内で勢力を拡大していた穏和派や新教皇主義に対抗するために、共和主義か君主主義かという政治制度の選択を国民議会の決定にゆだね、独立と統一という点については穏和派も含めた政治勢力との統一戦線を提案することになる。

一八四三年から一八四五年にかけて、イタリアでは三つの蜂起が計画され、すべて失敗している。一番目は、中部イタリアにも活動地域を拡大したファブリッツィが一八四三年八月にロマーニャ地方で企てたサヴィニョ事件である。二番目は、一八四四年六月にバンディエーラ兄弟が起こしたカラーブリア遠征事件である。三番目は、一八四五年九月二三日に教会国家のリーミニで起こった、教会国家政府の悪政に対する反乱である。マッツィーニは無残な失敗に終わったこれらの蜂起に積極的に関与していなかったか、最初から蚊帳の外に置かれていた。それにもかかわらず、先に引用した一八四三年九月二二日付のファブリッツィ宛の書簡で「君はわたしに重大な害をもたらした[64]」と述べているように、失敗の責任を問われ、批判が集中したのはマッツィーニであった。なかでも、バンディエーラ兄弟がカラーブリアのコセンツァで起こした事件は、かれらがヴェネツィア貴族出身でオーストリア海軍士官であったことや、無謀な企てが招いた悲惨な結末であっただけに大きな反響を呼び、実際にはマッツィーニはそれを押し留めようとしたにもかかわらず、批判を浴びることになる。

一八四〇年代初頭のイタリアでは、「青年イタリア」と直接関係のない秘密結社が多数誕生していた。その代表がバンディエーラ兄弟の結成した秘密結社「エスペーリア」である。その政治方針はマッツィーニの倫理的・宗教的理念を基盤とし、オーストリアからの独立と過渡的に連邦制を認める統一共和制という目標を掲げたものであり、共和制に対する批判が強ければ立憲君主制による統一の可能性も除外しなかった。オーストリア海軍を脱走し、コルフ島に拠点を移したバンディエーラ兄弟は、イタリアでの騒乱を促すことを目指して、シチリア、南部イタリア、ロマーニャでの蜂起が可能であると判断し、一八四三年春にボローニャとイーモラで行動を起こしていた。カラーブリア遠征を企てたかれらは、一八四四年五月に起こったコセンツァの反乱が再び起こると信じていた。南部イタリアで反乱の口火を切ることに懐疑的であったマッツィーニは、弟のアッティリオ自身が「狂気的で有害なもの[65]」と呼ぶ企てについて、その資金援助要請に対する返事のなかで反対していたが、かれらを翻意させることはできなかった。一七名の同志とともにカラーブリアに上陸した直後、ブルボン軍に包囲されて降伏したバンディエーラ兄弟は、裁判で死刑をいいわたされ、銃殺刑となった。マッツィーニは、バンディエーラ兄弟への追悼文で、「イタリア人には民族と市民の義務という宗教的概念が残念ながら欠如」しており、「イタリア人はダンテの思想を、神が祖国に託した偉大な使命の思想を失った」[66]と記している。

書簡開封事件

バンディエーラ兄弟の蜂起失敗直後に、イギリス政府によるマッツィーニの書簡開封事件が発覚した。ピール内閣の外務大臣アーバーデンは、イギリス駐在のオーストリア大使の要請を受けて、一八四四年初頭からマッツィーニ宛の書簡とマッツィーニが投函した書簡を開封し、その情報をオーストリアと両シチリア王国に通報していた。それによって、バンディエーラ兄弟の計画は筒抜けとなっていた。

書簡開封の疑惑をもったマッツィーニは、手紙に工作してその証拠を押さえた上で、スキャンダルとしてイギリス議会に告発した。この書簡開封事件に関与していたのは外務大臣アーバーデンと内務大臣グラハムであった。急進派の議員ダンコンブは政府を攻撃し、カーライルは「マッツィーニは優れた才能と徳を備えた人物であり、これまでこのような人物に出会ったことがない」と、かれを全面的に擁護する記事を保守派の新聞『タイムズ』紙に発表した[67]。

この事件によって、マッツィーニはイギリスで一躍脚光を浴びるようになり、その生活は一変する。マッツィーニは、イギリス政府と内務大臣グラハムを、バンディエーラ兄弟の逮捕を促すように外国と連絡を取っていたとして告発した。その告発はすぐには認められなかったが、イギリス議会や新聞紙上で大々的に取り上げられ、激しい議論となった。マッツィーニは、イタリア問題をイギリスに知らしめる絶好の機会と考えて、直ちに小冊子『イタリア、オーストリア、そして教皇』を出版した。イタリア問題の根源にあるオーストリア支配と教会国家の圧政を告発し、イタリアに対するイギリス世論を喚起しようとしたのであった。

イタリア国内での穏和派の台頭

一八四〇年代にマッツィーニが活動を再開した背景には、革命ではなく改革を志向するみずからを「穏和派」と名乗る新しい政治潮流がイタリアで生まれ、勢いを増していたことへの危機感があった。その「穏和派」の嚆矢がジョベルティで、バルボ、アゼーリオと続くことになる。この三人のピエモンテ人は友人であるだけでなく親戚関係にもあり、ときには対立することもあったが、カンデローロが指摘するように、「穏和派の主張を政治運動に変化させ」、「一方では反動的勢力を抑え、他方では革命勢力をコントロールする」[68]ことに成功した。

サルデーニャ王国の宮廷主任司祭であったジョベルティは、一八三四年に『青年イタリア』第六号にペンネームで「共和国とキリスト教について」を寄稿している。かれは「青年イタリア」の同調者ではあったが、実際には「加入していなかったであろう」[69]。ジョベルティは自由主義思想を疑われ、最初パリに、その後ブリュッセルに亡命するが、一八四〇年代初頭から君主による穏和な改革という、急激な変化をともなわないイタリア問題解決法の可能性を探るようになる。一〇年近いブリュッセル亡命生活で思索を重ねたジョベルティは、バルボ、トローヤなどのカトリック自由主義運動と同調し、中世に教会がはたした文明化の機能を評価して、カトリック教会が君主と提携して諸国民を指導する役割を行使すべきであるという結論を得、一八四三年に二巻本の『イタリア人の道徳的・文明的優位』を出版した。

ジョベルティの思想の根底には、キリスト教信仰にもとづくイタリア人の結合力や、ローマにカトリックの総本山が存在することに依拠する、イタリアはすべての民族に対して「道徳的優位」に立っているという認識があった。その上で、蛮族に抑圧されているイタリア民族は「それ自体のなかに、とりわけ宗教を通じて、その民族的・政治的リソルジメントを求める条件を包含している」と考え、その歴史的前提が「血統、宗教、卓越した言語が相まった一つのイタリア民族、一つのイタリア」を形成しているとした。ジョベルティによれば、イタリアは「長きにわたる衰退ののちに、再生し、固有の国家を形成する権利」を有していた。「イタリア人民は、願望であっていまだ実体ではなく、仮定であって現実ではなく、名前であって実態ではない」ため、政治行動の主体とはなりえないと考えたジョベルティは、「宗教を通じて民族的・政治的リソルジメントを求める条件」がそろっているイタリアでは、民族の平和的な再生は諸邦の連邦制の構築を通じて実現され、その長には倫理的な優位性を保持する教皇が適切であると構想した[70]。

この構想は、諸邦の君主の同意とともに、世論の支持によって実現されるものであったが、宗教的なものを保障するローマと、軍事的役割を担うサルデーニャ王国が拠点とならねばならなかった。ジョベルティの考えによれば、教皇の道徳的権威の強化と教会の倫理的・文化的革新は、カトリックの中心であるイタリアの政治的リソルジメントと一致すべきものであり、文明の進歩においてイタリアはフランスに取って代わるものであった。ジョベルティにおいて、「教会の使命とイタリアの民族性の再生は平行する両輪であった」(71)。

マッツィーニが「人民のローマ」、すなわち「第三のローマ」を中心として考え出した「イタリアの使命」と、ジョベルティがカトリックの総本山のあるローマという見地から主張した「イタリアの使命」は、イタリアがヨーロッパではたす道徳的・宗教的役割であるという点において共通していた。しかし、マッツィーニは神に対する義務をはたす人間は進歩すると考えたのに対して、ジョベルティは進歩とカトリック教会の和解こそ新しいイタリアを優位に立たせるものと考えた。その他に、マッツィーニがイタリアの独立と統一という目的を実現するために人民のイニシアティブによる革命を通じて共和制を樹立することを主張したのに対して、ジョベルティは教皇庁の指導によるイタリア諸邦の連邦制を主張した。両者の決定的な違いは、ジョベルティが教皇の強力な権威にもとづく宗教改革と、それによるカトリック教会とイタリアのリソルジメントの緊密な関係を主張したのに対して、マッツィーニは教皇の世俗権を否定し、カトリック教会の解体を主張したことである。

ジョベルティの主張で見落とされがちなのが、産業革命の最中にあったヨーロッパ諸国のような経済的統一を試みることの必要性から、経済的統一と政治的統一の二つを促す関税同盟をイタリア諸邦の君主に呼びかけ、イタリア経済をヨーロッパ的水準に引き上げることを主張したことである。それによって、かれの思想は「経済的統一の戦いを開始した限られた知識人グループ」に「民族的な展望を与えることになり、マッツィーニが獲得したものを超える広範な動員を可能にし、指導階層からより広い賛同を得ることになった」[72]。

ジョベルティはイタリア半島の経済的統一を主張する世論の重要性を強調しながら、民主主義者が主張する民族統一の「ユートピア」に代わって、イタリアを「ローマ、トスカーナ、ピエモンテ、ナーポリという文明的で姉妹関係にある四つの君主国」に結合し、「憎悪すべきオーストリアを追放する」案を提示した。かれはさらに、この「ローマ、トスカーナ、ピエモンテ、ナーポリ」を結束させる根拠として、「ローマは巨大な道徳的力をもち、トスカーナは富をもち、ピエモンテとナーポリは富と軍事力を有する」ことを挙げた。『イタリア人の道徳的・文明的優位』は、ブリュッセルで出版されたにもかかわらず、教会国家の悪政やオーストリア支配に対する過激な批判を控えたことで検閲を免れ、イタリアで広く読まれ、五年間に少なくとも八版が印刷された。また、「イタリアの穏和主義に欠落していた政治構想」を提示していたことで、イタリアの現実に合致する統一論に関して活発な議論を引き起こした。ジョベルティが教皇を中心に統一を構想したことから、その主張・運動は新教皇主義、ネオグエルフィズモと呼ばれることになる[73]。しかし、ジョベルティの構想には現実を無視した二つの限界があった。一つは反動的な教皇グレゴリウス一六世を考慮していなかったこと、もう一つは連邦制構想において北イタリアを支配するオーストリアの存在を無視していたことである。この二つの限界を踏まえて、ジョベルティの「穏和的」な連邦制統一構想を継承しながらも、新たな構想を提起したのがバルボであった。

バルボは、『イタリア人の道徳的・文明的優位』がもたらした大きな反響を踏まえて、一八四四年三月に『イタリアの希望』をパリで出版した[74]。バルボは、イタリアの再編成の有効な方法として諸邦の連邦制を支持したが、ジョベルティに対して三つの基本的な批判をおこなっている。第一はイタリア人の道徳的な優位の妥当性。第二は教皇を大統領とする連邦制構想の実現性。第三はイタリアのリソルジメントにおいてオーストリアの存在を無視していることの問題。この批判を踏まえて、バルボはオーストリアからの独立を最優先課題とし、その方法として四つの可能性を提示した。第一は諸邦の君主の一致したイニシアティブ、第二は民族的反乱、第三は外国勢力への支援要請、第四は国際紛争の利用であった。第一と第二は不可能、第三はオーストリアに代わる新たな外国勢力に支配される危険性があるとしたバルボは、第四についてオスマントルコ帝国の解体を想定した上で、「有利なもののなかで最も可能性のある、可能性のあるもののなかで最も有利なもの」であると考えた。それは、バルカン半島のトルコ支配地がオーストリア領となることでロシアの南下を阻止し、ヨーロッパの勢力均衡としてオーストリアがイタリア領を放棄することであった。バルボが提案したのはオーストリアの「東方化」であった。つまり、オスマン帝国崩壊によってオーストリア帝国がバルカン半島に領土獲得の利害をもつようになり、その利害によってロンバルド・ヴェーネト地方の独立は相殺され、ヨーロッパの政治地図を再編成する機会が生まれるという発想である。

この発想は新しいものではなく、ギリシア独立に際してヨーロッパ列強が対立したときにピエモンテの外交筋が抱いたものであった。バルボはこのような政治的・外交的課題をサルデーニャ王国に課し、他の諸邦には軍隊改革、関税同盟の可能性も踏まえた交易の自由化、イタリア史とイタリア語にかかわる文化的な議論などによって、国内改革を遂行することを提案した。一八四三年から一八四四年にかけて、『優位』の理論家ジョベルティと『希望』の実利主義者バルボの提案は、「イタリア諸邦の現実に近いプログラム」として、「穏和主義の民族的プログラム」に関する本格的な議論を促し、穏和的・民主的な政治潮流が形成されることになる。[75] リッカーソリ、ミンゲッティなどがその議論に積極的に加わることになったが、[76] バルボの主張を救い上げ、それを大胆な国際外交のなかにもち込み、イタリアを独立と統一へと導くことになるのはカヴールであった。

一八四八年以前のリソルジメント運動の特徴の一つとして、マッツィーニと同じく、ジョベルティもバルボも亡命者としてイタリアの外から国内の革命・改革及び独立・統一を働きかけたのに対し、アゼーリオは違った。アゼーリオは、文学と美術の才能に秀でた人物で、当時にあってはきわめて稀なことであるが、イタリアの大都市だけでなく、ローマ以南の農村部にも足を運び、多様な社会階層の指導者と面識を得て、意見を交換していた。ジョベルティとバルボが提起し、広く賛同を得ていた穏和的改革の主張を実現可能なものとし、その議論に民主主義者も巻き込んだアゼーリオは、一八四四年から一八四五年まで政治活動に加わることはなかったが、民主主義者との友人関係を保ち、教会国家、ロマーニャ地方の政治に対する不満をみずから見聞したあとの一八四六年三月に、フィレンツェで『ロマーニャにおける最近の事件について』と題する小冊子を出版した。それは一八四五年九月二三日に教会国家のリーミニで起こった教会国家政府の悪政に対する反乱を扱ったものだが、アゼーリオはジョベルティの主張する教皇による統一の可能性を否定し、バルボの主張に賛意を示して、独立を優先することと、「民族的再生という偉大な事業にあらゆる者が手を貸し、自分たちの問題を忌憚なく議論すること」の必要性を訴え、穏和主義の新たな局面を切り開いた。(77)

一八四六年のピウス九世教皇就任と新教皇主義の高揚

一八四六年六月、反動的政策を推し進め、改革を要求する運動を厳しく弾圧したグレゴリウス一六世に代わって、ピウス九世が教皇に即位した。教皇即位直後に、ピウス九世が教会国家の政治犯に対する恩赦を発表するや否や、ジョベルティの新教皇主義の影響と相まって、自由主義的な民族運動の指導者という「ピウス九世神話」が瞬く間にイタリア全土に広まった。(78)それに押されるように、ピウス九世が「躊躇と不決断ののちに」発表した、教会国家での出版の自由（一八四七年三月一五日）、政府の選んだ代表者からなる国家評議会の設置（四月一九日）などの改革案により、教会国家を超えてイタリア全土が興奮の坩堝と化すことになる。イタリアの民族問題・政治問題はピウス九世の神話によって、一八四〇年代前半に議論が深まっていた関税同盟の導入、諸君主の協定などへの期待を凌駕することになる。

一八四六年七月一七日、教皇の住むクイリナーレ宮殿の前の広場に集まった民衆は教皇を賞讃した。さらに新教皇主義の運動は教会国家の諸都市だけでなく、トスカーナ、ピエモンテ、リグーリアといった地方にも広まり、一八四七年にかけて高揚することになる。この民族的な高揚を危惧したオーストリア軍による威嚇行為、すなわちフェッラーラ占拠は、火に油を注ぐようにイタリアの民族感情を高揚させ、ピウス九世神話をさらに増幅する結果となった。

教皇ピウス九世への公開状

ピウス九世の教皇即位によって一気に勢いを増した新教皇主義の高揚を前にして、マッツィーニは一八四七年九月八日、「再生者の教皇」ピウス九世に、教皇聖下の呼びかけで始まる公開状を送り、イタリアの「民族の旗に」神の加護を与えられんことを求めた(79)。

マッツィーニは、「わたしの名前はおそらくお耳に届いていると存じますが」と述べたあと、「わたしは秩序紊乱者でも、共産主義者でもありません」と断った上で、「わたしは神と、神の求めるものと思える道徳的統一と、ヨーロッパにおける民族の進歩的文明にとって天使である一つのイタリアという理念を崇めます」と述べ、「カンピドーリオがかつて有し、ヴァチカンがいま有している永遠の都の高みから、もう一つのヨーロッパ世界が展開されねばなりません」と、ヨーロッパでイタリアがはたす役割を述べている。そのために、教皇は「信仰者とイタリアをそれぞれ統一する」という二つのことをなさねばならないとし、「前者なくしては神と人間に見捨てられ、道半ばにして倒れるでしょう。後者なくしては偉大で神聖な、そして永続的なことを展開できる権限をもてません。あなたは信仰者です。王であること、政治家であることと、国家の人間であることを放棄しなさい」と、教皇の世俗権を否定している。続けて、「イタリア、あなたの祖国を統一しなさい。それは行動することではありません。あなたのために、あなたの名前において働くであろう者に加護を与えることです。あなたのまわりに民族的政党を代表する者を集めなさい。君主の同盟を乞うてはなりません。われわれ人民の同盟を獲得できるように進んでください[80]」といい、「われわれがこの地上に、一つの法、一つの摂理の計画において実現しなければならない、そして、われわれ全員が自分たちの力に従って、学び、振興しなければならない、すべての社会制度を超越する一つの宗教的な原理、神聖な秩序があると、わたしは信じています[81]」と述べている。

オーストリアと教皇をイタリア革命の主たる二つの敵としたマッツィーニが、教皇ピウス九世に公開状を送ったことの真意は何であったのか。それを知る手掛かりが、マッツィーニが公開状以前に発表した「教皇とイタリア問題」にある。教皇ピウス九世の登場と、とりわけ「ギロチンから一つか二つの頭を救ったであろう[82]」、「熱狂を引き起こした[83]」恩赦によって新教皇主義が高揚した時期に、マッツィーニは「教皇の世俗権によって、イタリアでは政治問題と宗教問題があまりにも多くの接点をもっている。その理由は、その国のあらゆる政治変革が遅かれ早かれ宗教的意味をもたざるをえないからである[84]」と述べている。また、「あまりに性急に再生者の教皇として歓迎された[85]」ピウス九世の民族的立場と宗教的立場の結合が、教皇の「世俗権の破滅」と「精神的な権威の低下[86]」につながることも見抜いていた。同時に、新教皇主義の幻想を批判し、ピウス九世がイタリアの民族問題に対処することは不可能であると、かれは判断していた。

このことから、一八三一年のカルロ・アルベルト宛公開状の真意が君主制に対する幻想を打ち砕くことにあったように、ピウス九世宛の公開状の真意は、新教皇主義の破綻を予測して、ピウス九世の神話を打破することにあったと考えられる。それはまた、母親宛の書簡で「大赦それ自体は有益であるが、ピウス九世への熱狂は常軌を逸している[87]」と述べていること、「教皇とイタリア問題」のなかでピウス九世は民族運動の指導者にはなりえないと断じていることからも、推測することができる。

マッツィーニは教皇権について、第一次「青年イタリア」の時期から、「教皇権は一つの宗教であり、宗教的統一の特徴は普遍的であることである。カトリックには権力が欠けている。

個々の教皇は、王位につき、その支配地を減らしてきた[88]」し、「教皇権は消滅した。教皇の道徳的支配力は、非常に長いこと、ヨーロッパでは失われている[89]」と述べている。また、「今日、カトリックは消滅した。それを繰り返してすべての人にいうことは、新しい統一を創り出すために力を向けることになるため有益[90]」であり、「教皇庁の失墜は人類の運命において不可避であり、それまで無視されてきた社会的要素の活動が姿を現した[91]」とも述べている。

宗教とカトリックについては、一八三三年に次のように明確に述べている。「宗教を破壊することを論じているのではない。宗教を最初の純粋なものに戻し、本来の使命を取り戻させ、今日軽視され、あるいは批判されているところで、それが崇拝され、愛されるようにすることで、回復させることを論じているのである。（カトリック教会の）統一を破壊することではない。それが存在しないところには建設し、教皇のために、あらゆる人民にそれを広げることが重要なのである。教会を解散することでもない。横暴あるいは貴族政治しか存在しないところで、教会を再建し、開放することである。教会に政治的・市民的な社会との調和をもたらすことである」。「教皇の上に集合された教会の優位を確立し、今日下僕、それも軽蔑された哀れな下僕に身をやつした教区司祭を復権させ、血統貴族、新興貴族によって打ち消されてしまった能力と徳の原理を復活させ、破滅の淵から教会、キリスト教、宗教を救うことである[92]」。

このような宗教観にもとづいて、マッツィーニは一八三八年一二月のメレガーリに宛てた書簡でヴァチカンの役割について次のように述べている。「キリスト教の適応であれ、キリスト教に続く宗教であれ、一つの新しい宗教的な顕示の必要性を感じている。この顕示の特徴は、信者の結合、人類の公会議からしか生まれない。そこには権威がある。世界を救うために、この顕示が必要と考える信者は、ローマが待っているこの公会議を可能にするために集まるのである。それは、わたしたちの行動にかかっている。これまで教会は存在しなかった。なぜなら、指導者も統一もなかったからである。指導者はキリスト教と人類を分裂させるもので、悪魔、力、物質と結びついていた。生命の言葉はもはやヴァチカンからは発せられない。ヴァチカンは明らかな空白である」[93]。

一八四一年には『人民の伝道』で、「教皇は何よりも王である。ローマはいまや一つの宗教を象徴するものではない」[94]と述べ、ラムネーがローマで考えたことをみずからの教皇批判としている。一八五二年には「ヨーロッパの現状と未来」で、「教皇庁と(ハプスブルク)帝国を一度に転覆することなしに、独立問題は解決しない」[95]といい切っている。

マッツィーニはピウス九世への公開状で、オーストリアを排除し、ハプスブルク帝国を崩壊に導くために、民族性の原理にもとづく新しい宗教、人類の宗教の創造を提起した。「それによって三度目の栄華として世界を指導する、『人民のローマ』を中心とした人類の新しい世紀を切り開こうと考えた」[96]。マッツィーニの公開状に対するピウス九世の返答は、一八四七年一一月一五日に国家評議会の開会式演説で聞かれた、「国家評議会に特別な理想、教皇主権と両立しない政治制度を夢見ることは間違いである」[97]という言葉であった。

マッツィーニの方針転換

一八四三年の時点で、マッツィーニは民主主義の進展を次のように評価している。「民主主義は前進した。たしかに、神と時によって。しかし、われわれは民主主義とともに前進したのか？　民主主義は考えとしては地盤を獲得した。日一日、ますます大衆に浸透している。かれらの敵の注意をもっぱら喚起している。あらゆる議論の中心に、見えるように、あるいは気づかれないように下りていっている。だれがそれを阻止しようとしているのか。民主主義の機は熟している[98]」。

しかし、ピウス九世が教皇に即位し、サルデーニャ王国を中心とする民族運動への期待が高まったことによって、民主主義勢力が明らかに劣勢となり苦境に立たされた時期、マッツィーニはリソルジメント運動の主導権を取り戻すために、共和制の主張を留保して独立と統一を優先し、穏和派との統一戦線を模索することになる。マッツィーニは、一八四三年春のロマーニャにおける蜂起の失敗後、すでに穏和派支持に回っていたリッチァルディ、レオパルディ、アマーリ、マミアーニなどのグループに対し、共和主義の旗を降ろして独立・統一・自由を優先することで統一行動を探り始めている。一八四三年一〇月二六日付の「融合のための回状」では、「われわれは共和主義者である。しかし、共和主義的蜂起を排他的に考えているわけではない。共和制は国民投票によって誕生すると考えている。われわれが行動するときには、旗に共和制を記さない。自由・独立・統一と記す[99]」と述べている。

バンディエーラ兄弟のカラーブリア遠征の失敗後に、マッツィーニは統一戦線の主張をさらに強めている。しかし、一八四四年七月二〇日付のラムベルティ宛の書簡において、「融合はあらゆることを台無しにしてしまった。融合は不可能な行動計画の実現を待ち望んでいる人々を欺くことになった。それは党に混乱をもたらした[100]」と述べている。同年一〇月七日付のラムベルティ宛の書簡では、「われわれは現在のイタリアの陰謀とは一線を画し」、原理において、「これまで以上に『青年イタリア』の原則を優先せねばならない[101]」と述べている。

一方で、リーミニ事件と一八四五年のロマーニャ地方の運動を考慮しながら、マッツィーニは広範な統一戦線の構築を再び主張するようにもなる。一八四七年一一月にはデ・ボーニ宛の書簡で、それまでの方針を変え、「いま、共和主義はあまり重要ではない。とりわけ重要なのは統一である。今日のわれわれの唯一の敵は連邦主義である。それはあらゆる運動の主導権を上部から行使しようとする体制の直接的な結果である。それは、われわれに一人の教皇、ただ一人の国王、一人の独裁者をもたらすことになろう。ともかくその他のことについては譲歩できるが、連邦主義についてはできない[102]」と述べている。

また、マッツィーニは、「君主、国王あるいは教皇からイタリアの救いがもたらされることはないし、それはありえない」と穏和派の主張と新教皇主義を否定している。その理由として、一人の国王が独立と統一をもたらすとすれば、その国王にはその戦いを勝利に導く「天賦の才能」と、危機に立ち向かうだけでなく目的の前に立ちはだかるあらゆる障害を一気に打破するている。

「ナポレオン的エネルギー」が必要であり、人民に武器をとらせ犠牲を強いるのであれば、権力の少なくとも一部を放棄する「至高の徳」[103]が備わっていなければならないからであると述べている。

この時期の揺れ動くマッツィーニの方針について、デッラ・ペルータは、一方で穏和派の「政治的・知的ヘゲモニー」が伸張し、他方でファブリッツィの「イタリア軍団」に象徴される革命組織の分散化が進んでいた一八四一年から一八四六年の間に、「青年イタリア」が「浸透できなかったこと、その行動能力の限界」[104]を証明するものであると指摘している。そこには、自己の主張に固執する偏狭な理想主義者ではなく、状況を的確に判断する現実的な政治家としてのマッツィーニを見ることができる。それは、このことで共和主義者の側から変節漢という誹りを受けてもなお、マッツィーニが統一を最も優先すべき課題と考えていたからに他ならない。長期間にわたって亡命していたマッツィーニのリーダーシップも疑問視され、民主主義者からは「教皇、カトリック、存在するすべての信仰に戦いを挑みながら、宗教の言葉」を語り、「破壊するけれども、作り出さない」[105]、「『青年イタリア』は今日も以前と同じである」[106]と批判を浴びることになるが、「かれはその精力的な活動と亡命者や国内の活動家との持続的な情報交換を通じ、つねに議論の中心にあった」[107]ことも事実である。

「人民の国際同盟」の結成

マッツィーニは、一八四四年にイエズス会士の追放をめぐってスイスのカトリック教徒とプロテスタントの間に生じた危機、すなわちゾンダーブント戦争がヨーロッパにもたらした影響を踏まえて、一八四七年にヨーロッパ規模で騒乱が起こると予測していた。そのことを確認するために、一八四七年一〇月中旬から一二月初頭までフランスに滞在し、ラムネーやジョルジュ・サンドに会っている。

そのヨーロッパ規模での騒乱の可能性を考慮して、マッツィーニは一八四六年九月三日に、「この数カ月、様々なヨーロッパ諸国の人々の中核を形成することに努めている」[108]とカルロ・フェンツィに書き送っている。そうした活動は、ハプスブルク帝国のスラブ民族に強い関心を示し、オーストリア帝国の崩壊を予言し、自由・進歩・諸民族の独立という原理を宣伝し、諸民族の連帯の振興を目的とする「人民の国際同盟」Lega internazionale dei popoli (People's International League) を結成することにつながる。一八四七年にロンドンで結成されたその組織は、モレッリによれば、「青年ヨーロッパ」の「再開と継続」[109]と見なされるものである。

この組織の中心的な人物の一人であったリントンによれば、「人民の国際同盟」は、「国際問題」にかかわるかたちで、「専制政治に支配される人民の闘争を支援する国民基金」という理念をイギリスで初めて提示した組織であった。[110] この組織には、書簡開封事件を契機にイギリス人がマッツィーニの活動に関心を寄せるようになり、かれの交友関係も広がったことで、「平和連合」の設立を目指していた急進主義者やチャーチスト運動のメンバー、そしてイギリスに住むポーランドとドイツの亡命者が加わった。ただ、イギリス人の自由主義者・共和主義者はアングロサクソンとプロテスタントの色彩が強く、被抑圧民族と連帯するというよりは、革命色を抑えた政治宣伝の色彩が強かった。また、その時期に、オーストリアがクラコヴィア共和国を圧殺したことで、イギリス人の関心はポーランドに向いており、この組織がイタリア問題をイギリスで喚起することはなかった。(11)

IX

イタリアの一八四八年革命

第一次独立戦争の幕開け

イタリアの一八四八年革命は、一月一二日にシチリア島のパレルモで起きた蜂起によって始まり、パリの二月革命、ウィーンの三月革命の影響を受けて、イタリア全土に一気に拡大した。その特徴は、一八二〇～一八二一年のナーポリとピエモンテの革命がスペインの革命の影響を、一八三一年の中部イタリアの革命がフランスの革命の影響を受けたものであったのに対して、ピウス九世神話への期待が薄らぎ、バルボが主張した関税同盟も困難になっていたなかで、イタリアの、それもシチリア島で口火が切られたことである。パレルモの蜂起は、ロザリーノ・ピーロ、ジュゼッペ・ラマーサが指導する下層民を中心に、ナーポリ政府に対する反感と、シチリアの貴族やブルジョア階層のシチリア独立願望が結合して、瞬く間にシチリア全土に広がり、両シチリア王国のフェルディナンド二世に憲法発布を認めさせた。その憲法は一八三〇年のフランス憲法をモデルにしたもので、イタリアで最も反動的な君主であったフェルディナンド二世はイタリアで最初の立憲君主となった。また、ナーポリに続いて、トスカーナ大公国が二月一七日に憲法を発布することになる。

パリの二月革命のニュースがイタリアに届くと、サルデーニャ王国ではカルロ・アルベルト王が三月四日に、教会国家ではピウス九世が三月一四日に憲法を発布し、絶対君主制から立憲君主制に移行した。このなかで、一八三〇年のフランス憲法と一八三一年のベルギー憲法をモデルとしたサルデーニャ王国の通称カルロ・アルベルト憲法は、一八六一年にはイタリア王国憲法となり、ファシズム体制まで存続した。その憲法は、第一条でカトリックを唯一の国家宗教としたにもかかわらず、ワルド派やユダヤ人に宗教的寛容を示したばかりでなく、結社の自由、出版の自由を認めたことで、一八四八年革命後にサルデーニャ王国を中心として活発化したリソルジメント運動にとって、きわめて重要な意味をもつことになる。

ミラーノでは一八四八年初頭にオーストリアが課した高額の煙草税に対してストライキや社会騒擾が起こっていたが、ウィーン革命とメッテルニッヒ失脚のニュースが伝わったことを受けて、三月一八日に「ミラーノの五日間」と呼ばれる反オーストリアの民衆反乱が起こり、市街戦に発展した。これによりミラーノの要所は民衆によって占拠され、政治犯は釈放された。カッターネオ、チェルヌスキなどの民主主義者は戦争評議会を組織して、オーストリア軍と戦った。ミラーノの反乱はモーデナ、パルマへと波及し、ロンバルディーア地方の農村部にも拡大して、多くの農民がその反乱に加わることになる。(1) 三月二二日、オーストリア軍がマントヴァ、ヴェローナ、ペスキエーラ、レニャーゴの四都市を中心とする、いわゆる四方形防衛陣(クヮドリラテーロ)に撤退すると、ミラーノでは穏和派のカザーティを議長とするミラーノ臨時政府が樹立され、その後オーストリアから解放された地域を含めたロンバルディーア臨時政府に拡大した。

ヴェネツィアでは、「ヴェネツィア人民の父」と呼ばれたダニエーレ・マニンを大統領として、三月二二日にヴェネツィア共和国が樹立された。サルデーニャ王国のカルロ・アルベルト王はイタリアで最強の軍事力を有していたが、対オーストリアとなると戦力不足だったため戦争に踏み切ることを躊躇し、開始できなかった。しかし、ミラーノからヴェネツィアにいたるロンバルド・ヴェーネト地方の急激な政治的展開とサルデーニャ王国の世論に動かされて、一八四八年三月二三日、対オーストリア戦を開始し、軍隊をロンバルディーアに進めた。

「イタリア民族協会」の結成と第一次独立戦争

マッツィーニは、第一次独立戦争が始まる前の一八四八年三月五日、「青年イタリア」に代わる「イタリア民族協会」Associazione nazionale italiana をパリで結成した。その目的は、「オーストリアとわれわれの戦いは不可避で、間近に迫っている(2)」という判断にもとづき、「あらゆる可能な手段を用いて、イタリア人民が表明した進歩的な願望に応えて(3)」、イタリアの独立と統一のために全勢力を結集することにあった。その際、君主制か共和制かという政治体制の選択は、統一後の男子普通選挙によって選出される立憲議会で決定されるまで留保するとされた。これは、対オーストリア戦では君主主義勢力と民主主義勢力が協同し、何よりも独立と統一を優先するという、すでに一八四三年ごろから示していたマッツィーニの方針であった。

一八四八年三月五日の「イタリア民族協会」綱領では、共和国という言葉は一回も使われていない。マッツィーニは、イタリアという「共通の祖国を分裂させている諸邦」において、「民族理念という一つの偉大で崇高な理念が優勢となった」と判断した上で、イタリアの民族理念を代弁するのは「トスカーナでも、ピエモンテでも、ナーポリでもなく、イタリアの連合」[4]であり、「自由で独立した一つの民族、対オーストリア戦、自由な民族とそのために今日戦っている人民の兄弟的な結合という三点に要約されるものに、イタリア民族協会は尽力する」[5]とした。

それ以降マッツィーニは、現下の問題は「祖国であり、イタリアである」[6]とした上で、「民族的観点から戦争を組織し、この目的にすべての民族的勢力を結集する」[7]として、共和主義よりも祖国イタリアの独立と統一を優先した。「祖国は最終的に国民の判断で決定され」るものであり、「共和主義者の最上の願いはイタリア統一」[8]であるとして、「民族的観点から戦争をおこない、この目的にすべての民族勢力を結集」[9]することを要求している。

マッツィーニは、独立運動の口火を切った「ロンバルディーア人のおかげで、今日、われわれすべてが一つの祖国をもった」[10]と「ミラーノの五日間」を称賛し、それによって「一二世紀のロンバルディーア同盟から一七四六年のジェーノヴァの勝利まで中断していた民族的伝統」が蘇り、イタリアの「隷属状態に終止符を打ち」、「独立イタリアの歴史が始まった」[11]と述べている。しかし、勝利の栄光は「ロンバルディーアではなく、イタリアのものであり」、「その権利は全民族の権利である」[12]とつけ加えている。マッツィーニは、イタリアの独立戦争はオーストリア支配下にあるスラブ民族にも刺激を与え、「ヨーロッパの地図からオーストリア帝国を消し去る」上でのイタリアの主導権を主張する結果となったといい、「ミラーノの五日間」がその正当性を証明したと述べている。[13]

シチリアの運動を「地方的なものではなく、民族のものとすることを訴え[14]」るマッツィーニは、一八四八年一月一二日の「シチリア人に向けて」で、一月のパレルモの反乱を、ヨーロッパにおける革命の口火を切った「イタリアのイニシアティブ」を実現するものとして高く評価しつつも、ナーポリからの分離・独立というシチリアの歴史的要求に危惧を示している。マッツィーニによれば、シチリアの蜂起はイタリア半島の問題と密接に関連しており、「イタリアの運命を変え」、「イタリアの発展において新しい時代を開始する」ものであるため、「長期間にわたって抑圧してきたナーポリ政府からの分離」に留まってはならなかった。それは、「ナーポリとシチリアの間の問題ではなく、シチリア人と未来のイタリアの間の問題」であった。マッツィーニは「イタリア半島の同国人と結合せよ[15]」といって、分離主義的なシチリアの反乱勢力をオーストリアからの独立とイタリアの統一へ誘導しようとした。かれは、「君たちはわれわれとともにある。君たちはわれわれから分離することはできない[16]」、「君たちはわれわれのものである。君たちはわれわれから離れることはできない[17]」と、シチリア人に呼びかけている。

第一次独立戦争の初戦は、義勇兵や両シチリア王国、教会国家、トスカーナ大公国の派遣軍も加わり、サルデーニャ王国側に有利に展開した。戦争開始時点でのイタリアの政治状況は、とりわけ「君主制・新教皇主義の側にきわめて有利な状況で展開していた[18]」が、短期間のうちに激変する。まず、ウィーンの三月革命から立ち直り、援軍を得たオーストリア軍が反撃に転じた。続いて、教会国家軍の独立戦争への派遣に対してオーストリアが反発したことから、ピウス九世はカトリック諸国の精神的指導者として、対オーストリア戦からの離脱を四月に表明した。それによって、「民族の再興の指導者である教皇」ピウス九世は落ちた偶像となり、イタリアの民族運動において広範な支持を得た新教皇主義も終焉を迎えることになる。それは教皇の世俗権と精神的権威の不一致の証明であった。

両シチリア王国のフェルディナンド二世も、四月にルジェーロ・セッティモが主宰する臨時政府が発したブルボン王家の失墜宣言によってシチリアと南部イタリアで高まっていた共和主義者の反乱に対処するために、またオーストリアから解放されたロンバルディーア地域のサルデーニャ王国への併合をサルデーニャ王国が抱くイタリア全土支配の野望の現れと考えた上で、ポー川平野に派遣していた軍隊を撤退させた。

ミラーノに到着したマッツィーニ

「ミラーノの五日間」のあと、イタリアへの帰国のときが来たと判断したマッツィーニは、四月一日にパリを発ち、帰心矢の如し、昼夜を問わず、雪のサンゴッタルド峠を越えて四月七日夜にミラーノに到着した。就寝前に母親に書いた手紙のなかで、「ここミラーノからわたしの手紙を受け取ることに驚かれるでしょう」と述べ、スイス国境のキアッソを越えるとき、税関職員や友人がかれの文章の一節を唱えて歓迎したことや、ホテルに行く道すがら「わたしの名前を叫んで、万歳という声を聞いた」[19]ことを記している。マッツィーニが一八年ぶりにその地を踏んだイタリアは戦場であった。ミラーノで歓迎を受けながらも、その町の「ほとんど悲惨な」状況に接して「逃げ出したくなった」[20]とイギリスのホークスに書き送っている。

パレルモ、ナーポリ、ミラーノ、トリーノ、ヴェネツィアの指導者たちは、それぞれに固有の理念、目標、あるいは利害のために戦っていた。イタリア語の「四八年」が「混乱」、「騒乱」を意味するように、その時期のイタリアを独立と統一の運動に収斂させることはきわめて困難であった。ミラーノの蜂起の初期段階で重要な政治的役割をはたしたカッターネオ、フェッラーリらは連邦制共和国の樹立を主張し、サルデーニャ王国の影響を受けた穏和派からなるロンバルディーア臨時政府を打倒して共和主義政府に変えようとしたため、独立と統一を優先するマッツィーニと激しく対立することになる。とくにマッツィーニは、イタリア革命はフランスの支援によってのみ成功すると主張するフェッラーリとは真っ向から対立した。

七月にクストーザで敗北を喫したサルデーニャ王国軍は自国領内へ撤退し、八月初旬にはオーストリア軍がミラーノを再征服、カルロ・アルベルト王はオーストリアとサラスコ休戦条約を締結することになる。この時点で、サルデーニャ王国、トスカーナ大公国では立憲体制が存続していたが、両シチリア王国は民主主義者の弾圧を強化し、イタリア諸邦の君主の合意という基盤は存在しなかった。ヴェネツィアだけがオーストリア軍に包囲されたなかで戦闘を続けていた。

マッツィーニにとって、第一次独立戦争はまさに、「共通の祖国の統一」を実現し、「祖国の宗教[21]」が凱歌をあげる戦いであった。かれは、ロンバルディーア人にとって重要なのは「同じ土地で生まれ、戦っている人々の共通の目標である[22]」独立と統一であるとし、政治体制はオーストリアをイタリアから完全に追放し、全イタリアが解放されたときに、「唯一の主権者である人民[23]」が普通選挙で選出した立憲議会で決定すべきであるという持論を展開していた。

独立と統一を優先させ、対オーストリア戦で民族的統一戦線を組むというマッツィーニの提案は、二つの側から拒否された。一つは、対オーストリア戦に勝利したとしても、ミラーノで共和主義者が権力を掌握し、君主制自体が否定されるのではないかと恐れるサルデーニャ王国と、サヴォイア王家の北イタリア王国樹立という方向で動いていた穏和派であった。しかし、かれらとしても、民衆に熱狂的な歓迎を受けていたマッツィーニの存在を無視することはできず、サルデーニャ王国からかれに対する働きかけがあった。その橋わたしをしたのが、ジェーノヴァ時代に文学サークルの友人だったカンパネッラで、ミラーノに到着して間もないマッツィーニに密使として接触し、君主制支持を条件に広範な自由主義憲法の発布としかるべき地位を提示した。これに対してマッツィーニは、カルロ・アルベルト王がローマを首都とするイタリア統一の先頭に立つと宣言し、他のイタリア諸邦の国王を廃位することを提案したが、受け入れられなかった。

もう一つの拒否は、マッツィーニがミラーノに着いた時点で示された、「ミラーノの五日間」

の政治的局面で重要な役割をはたしたカッターネオ、フェッラーリ、チェルヌスキといった連邦主義の共和主義者によるものであった。マッツィーニは、偏狭な地方主義と政治的確執によって市民の英雄的な戦いの成果も無に帰したミラーノで、フランスに介入を要請し、親サルデーニャのロンバルディーア臨時政府を打倒して民主主義政府に変えるという提案をカッターネオから受けた。共和主義を留保し、独立と統一を優先することを表明していたマッツィーニは、サルデーニャ王国のロンバルディーア併合を拒否するとともに、フランスの介入に対抗してイタリアの主導権を主張して、カッターネオの提案を拒否した。イタリアの独立を最優先課題としてサルデーニャ国王カルロ・アルベルトとの共同行動をも考えていたマッツィーニとロンバルディーアの民主主義者との間では、激しい議論が起こった。カッターネオから「この男は裏切り者」と侮辱されたマッツィーニは、「あらゆる戦いのなかで、内乱は最悪」としてカッターネオの提案を退け、聞く耳をもたなかった(24)。

「融合」・「統合」派との対立

ロンバルディーア臨時政府は、五月一二日、ロンバルディーアのサルデーニャ王国への併合、いわゆる「融合」fusione について住民投票をおこなうことを発表した。その住民投票は、単独ではオーストリアと戦えないロンバルディーア人にサルデーニャ王国への併合を迫るものであった。統一を優先する立場から、ロンバルディーア臨時政府がとるべき「政治体制について助言の権限はない[25]」としていたマッツィーニは、五月一三日、君主主義者と共和主義者の間で結ばれていた、対オーストリア戦の終結まで政治体制の問題は留保するという協定が、臨時政府によって破棄されたことに抗議する声明を発表した。これを契機に、マッツィーニは、それまでの独立を最優先する方針を撤回して、留保していた共和主義による統一を主張するようになる。マッツィーニはその共和主義運動の再開のために、ミラーノで『人民のイタリア』紙を発刊した。

イタリアの共和主義運動における最初の日刊紙である『人民のイタリア』紙で、マッツィーニは、「人民」は「わが祖先の古くからの雄叫び」であり、「イタリア」は「若い世代の雄叫び」であり、「民主主義と統一はわが民族性の二つの最高の要素である。この二つのいずれかを欠くか、犠牲にするプログラムは不完全なものであり、欠陥のあるものである[26]」と述べている。その上で、連邦主義的方向を強化し、中部イタリアや南部イタリアの「疑惑・嫉妬・野心」を惹起することになり、遠からず「外国の介入」をもたらすという理由から、マッツィーニはサルデーニャ王国による「北イタリア王国の形成を拒否[27]」した。

「何よりも統一主義者」であるというマッツィーニにとって、「中世のようないくつもの小さな共和国」と、「政治的に対立する君主や国家の委任であるイタリア議会 Dieta」を作り出す「統合[28]」は、連邦主義に行き着くことになるものであった。連邦制を否定して統一のために「決然と戦う」マッツィーニは、フランス式の「極端な行政的中央集権による政治的統一」ではなく、「民族とコムーネ」という「自然で永遠なる二つの生活要素を調和する統一[29]」を主張した。マッツィーニは、第一の目標はオーストリアとの「戦争」、第二は「祖国の統一」、第三は「自由と使命を保障する体制[30]」であるとして、独立・統一・政治体制の優先順位を再確認し、「北のこじんまりしたイタリア」Italiuccia del nord[31]に対して、「共通の祖国の神殿[32]」ローマを首都とする「偉大な、一つのイタリア」を対置した。

マッツィーニは、オーストリアとの「戦争が終わり、蛮族から領土が解放されるまで」は政治体制を決定しないという約束をカルロ・アルベルト王が反故にし、サルデーニャ王国に古くからあった領土拡大という野心の実現に乗り出し、「イタリア統一」ではなく、両地域の「統合[33]」へと動き始めたとして、「統合」を激しく批判した。かれにとって、この「統合」はサルデーニャ王国の領土拡大であり、北イタリア王国の成立であり、イタリア統一の要求を無にするものであった。その上でマッツィーニは六月二八日に『人民のイタリア』紙で、「外国のあらゆる介入の可能性を除去するが、外国人義勇兵は利用する」とし、「ロンバルディーアを戦場とし、あらゆる市民を兵士とする[34]」国民皆兵を説いた。

七月二七日にはサルデーニャ王国に併合されたロンバルディーア地方で男子普通選挙によって選出された議員からなる議会が開催され、カザーティを首相とする内閣が発足した。その議会で多数を占めたのは、親サルデーニャ王国で改革路線をとる、「北イタリア王国という融合を発明した[35]」穏和派であった。

この「融合」は「民族問題を王家の問題にすり変える誤り[36]」であるとするマッツィーニは、統一の実現方法として、まずは「五つのイタリア、続いて四つ、三つと減り、最後にすべてが併合される」と主張する者や、「連邦体制の統一が望ましい」と考える者を、「一つのイタリアはカンピドーリオを有した、そしてヴァチカンをもつ都市にはためく共和国の旗[37]」によってしか生まれないといって批判した。

マッツィーニにとって、「神聖なイタリアの旗を侵害し、統一を消滅させ、全イタリアにかかわる問題を一つの分派の投票で唱道した」北イタリア王国という「惨めな考え」は、「反イタリア[38]」であった。サルデーニャ王国の拡大による北イタリア王国の成立は、「ある意味でイタリアにおけるプロイセンの創設[39]」であり、「ドイツ統一におけるプロイセンの拡大」のように「王朝間に嫉妬の種をまき、政治均衡の危険な問題を惹起する[40]」ことになるものであった。同時に、「フランスで疑惑と取り返しのつかない嫌悪を引き起こした」という点において「非政治的」であり、「トリーノの貴族階層にロンバルディーアの若い生活と民主主義が刻印された文明の発展を託した」点で「反自由的」であり、「対オーストリア戦を君主の戦争としながら、すべての人々を唯一の国の拡大のために動員し、定められた王位を高めるために血の財源を消費した」点で「馬鹿げたこと」であった。それによって「ピエモンテ人とロンバルディーア人の間に、それまで存在していなかった不和と嫉妬の要因を作り出した[41]」と、マッツィーニはサルデーニャ王国及びその政策を支持した穏和派を痛烈に批判した。

人民の戦争

一八四八年八月九日、サルデーニャ王国とオーストリアの間でサラスコの休戦協定が締結された。そのことを踏まえてマッツィーニは、トスカーナ大公国、サルデーニャ王国、教会国家において民族的精神で鼓舞された政府が成立すれば、対オーストリア戦を再開し、勝利することができるとして、イタリアの全勢力を動員する民族戦争を展開するための人民の戦争をおこなうことと、人民を基盤として立憲議会を設立することを主張している。マッツィーニは、継続していたオーストリア軍とヴェネツィア共和国の攻防戦、八月八日にボローニャでオーストリア軍を退却させた蜂起などを踏まえて、この判断は現実的なものであると考えた。

マッツィーニは一八四八年八月の「イタリア人に向けて」の冒頭で、「王の戦争は終わった。祖国の戦争が始まる」(42)と、「人民の戦争」を呼びかけた。祖国の戦争とは、ピエモンテ人、ロンバルディーア人の戦争でもなく、またフランスが支援する戦争でもなく、「イタリア人民のための、イタリア人民による」戦争であった。「ミラーノの五日間」にバリケードを築いてオーストリア軍と戦い、「全ヨーロッパの喝采を浴びた」人々は、「生まれようとしていたロンバルディーアの軍隊を解散し」、「戦うことなく降伏した」(43)。「人民の戦争は国王の戦争に取って代わった」(44)。「もしイタリアが真に救いを望むのであれば、人民の戦争が始まる」(45)。その戦いは、「一つの軍隊の、あるいはイタリアの一地方の戦いではなく、民族の戦い」(46)であった。

「人民の戦争」について、マッツィーニはすでに六月二〇日の『人民のイタリア』で持論を展開していた。ロンバルディーアの破局的状況を打開する方策として、かれは「フランスの介入」と「総動員」の二つを挙げているが、前者はイタリアに「永遠の汚点」を残すことになり、後者は「国と名誉を同時に救う」[47]と述べている。その上で、人民を「総動員」し、「外国軍に対して自由を要求」して戦ったスペインやギリシアのようにゲリラ戦をおこなうことを提案し、「なぜわれわれはその方法をとらないのか」[48]と述べている。七月六日の『人民のイタリア』では、「ロンバルディーアだけでなく、全イタリアの熱狂をもう一度かき立てる必要がある。戦争を変える必要がある。義勇兵の陣地をアルプス山麓に作る必要がある」[49]と述べており、マッツィーニ自身も一義勇兵としてガリバルディ部隊に参加し、オーストリア軍と戦うことになる。その際に、「ロンバルディーア同盟の後裔」であるミラーノ人に対して、モンテヴィデオの要請に従いプラータ川で「イタリアの名前」に名誉をもたらしたガリバルディのまわりに「結集し、かれとともに行動せよ」と呼びかけ、みずからも「ガリバルディ義勇兵部隊兵士」[50]と記している。

国民議会について、マッツィーニは「一八三五年から一八三六年のスイス滞在中」[51]に言及しているが、それは一八四八年後半に民主主義活動を再開するにあたって影響力をもった「手段」であった。かれは、「君主の議会」に対置した普通選挙で選出される国民議会を通じて政治体制を決定し、それまではあらゆる権力を臨時的なものとするとしている。一八四八年一一月の

「青年に向けて」のなかでは、「民族革命はだれであっても開始しうるが、国民議会以外でしか達成できない」、「憲法をもってして可能である[52]」と述べている。このマッツィーニの主張がイタリアに知れわたったのは、モンタネッリが一〇月初頭にリヴォルノでおこなった演説を出版したためであった。しかし、モンタネッリにとって立憲国民議会は「君主制と人民主権、民主主義者と穏和派の妥協の手段」であり、マッツィーニにとっては「新しい民族の民主主義的基礎[53]」であった。

九月になるとマッツィーニは、イタリア独立の主導権はヴェネツィアがとり、それにロンバルディーア、ジェーノヴァが続き、「ロンバルド・ヴェーネト・リグーリアの共和主義の蜂起[54]」がフランスを対オーストリア戦に引き込むことになるとして、ヴェネツィア共和国のマニンに「祖国はピエモンテ、ヴェネツィアにあるのではなく、イタリアにある[55]」と共同行動を要請した。マッツィーニは当時、民主主義勢力を結集する拠点として、ヴェネツィアをイタリアの共和主義運動の橋頭堡とすることを考えていたが、ヴェネツィア共和国にその力はなく、指導者マニンにはその意志もなかった。待機的な戦術をとり、上層ブルジョア階層の支持を失わない穏和的な政治を目指すマニンは、サルデーニャ王国の軍事力なくして、対オーストリア戦の再開は不可能という現実的な考えであった。

人民の戦争は一八四八年一〇月、コモ湖とルガーノ湖の間に位置するインテルヴィ渓谷で始まった。一〇月二九日付の蜂起宣言では、マッツィーニが「蜂起中央委員会」の名前で、「コモ湖近くのアルプス山麓」[56]でオーストリアと戦うことを人民に呼びかけている。かれは、ロンバルディーアの蜂起計画を統合して、独立・統一・共和国を実現する人民の武装蜂起を起こすこと考えていた。しかし、ゲリラ部隊による戦いを開始したものの成果を上げられず、ミラーノがオーストリア軍によって陥落したあと、マッツィーニは戦闘行為を中止してルガーノに逃れた。一一月初頭にスイス政府の退去命令を受けたマッツィーニは、一二月末まで密かにスイスに留まり、翌年初頭にジェーノヴァに向かって、一月はそこで中部イタリアの状況を見守っている。

トスカーナへの働きかけ

「ミラーノの五日間」で始まった対オーストリア戦は、マッツィーニによれば、サルデーニャ王国の「王朝的エゴイズムの賭け」[57]によって「蜂起の特徴」を失いながら、「民族的なものから王朝的なものへと変化した」[58]。ここに、マッツィーニの一八四八年革命の第一局面は終わった。第二局面は一八四九年のローマ共和国における三頭執政官の興亡である。

マッツィーニは一八四九年二月八日、レオポルド二世逃亡後に臨時政府が誕生したフィレンツェへ向かった。一八四八年の春から夏にかけて、トスカーナでは穏和派が政府を指導していたが、ジェーノヴァで文学評論活動をしていたときに知り合った作家で民主主義者のグエルラッツィが影響力をもつリヴォルノでは政治的・社会的騒乱が頻発していた。トスカーナ大公国のレオポルド二世は、大学生義勇兵を率いて対オーストリア戦に参加したピーサ大学教授のモンタネッリを首相に、グエルラッツィを内務大臣に任命した。モンタネッリはマッツィーニが『人民のイタリア』紙で五月から展開していたイタリア立憲国民議会にもとづく共和制を主張したのに対して、グエルラッツィは民族的・共和的な要求の前に内政の強化を主張し、両者の対立は激化した。

一八四九年一月二三日、トスカーナ大公国議会は普通選挙で選出された議員を将来のイタリア立憲議会に送るという案を承認した。政府も世論もコントロールできないことを悟ったレオポルド二世はフィレンツェを放棄してシエーナ、続いてガエータに逃亡した。国王の逃亡を受けて成立したモンタネッリ、グエルラッツィ、マッツォーニからなる臨時三頭執政官政府は、最初から鋭い内部対立をはらんでいた。この政府は、「一つのイタリア以外になく、その首都ローマ」[59]にイタリア立憲国民議会を設置すること、「イタリアの自由のために」ローマと統合し、「トスカーナとの国境にある関税を廃止すること」[60]というマッツィーニの統合案を受け入れなかった。また、マッツィーニによる、「教皇は逃亡したが、教皇に超越する神が残った。大公も逃亡したが、君主を超越する人民が残った。神と人民の名において、勝利しよう」[61]という訴えも、第一次「青年イタリア」の拠点の一つであり、かれの影響が残るリヴォルノでは歓迎されたものの、地方主義・連邦主義・穏和主義が複雑に対立するトスカーナ全体としては受け入れられなかった。

トスカーナ議会は、二月に共和国を宣言していたローマ議会が決定したローマとの併合についての決定を延期して、大公の同意を経た上で人民の同意にもとづく君主制を志向し、ローマとの併合に反対の立場をとるグエルラッツィを臨時独裁者に指名した。グエルラッツィはサルデーニャ軍のノヴァーラでの敗北後に確実なものとなっていたオーストリア軍の介入を避ける唯一の方法として、大公の復帰について穏和派と合意した。四月一一日以降、フィレンツェ市民及び農村部から駆けつけた民衆と、グエルラッツィがみずからの政治的地位を確保するために呼び寄せたリヴォルノの義勇兵との間で市街戦が繰り返された。カッポーニ、リッカーソリなどからなる政府の臨時委員会は、この期を逃さず、議会の解散、グエルラッツィの解任と逮捕をおこなった。七月にはオーストリア軍がフィレンツェを占領し、レオポルド二世が復帰した。この過程で発布された憲法は機能しないまま、一八五二年に廃棄されることになる。

X　ローマ共和国とマッツィーニ

ピウス九世の逃亡とローマ共和国の成立

ピウス九世に民族運動への復帰と立憲議会の開催を要求する群衆がローマの教皇公邸クイリナーレ宮殿前の広場に集まり、混乱は拡大の一途をたどっていた。そのような状況で、一八四八年一一月一五日、教会国家の首相ロッシが民主主義者の若者に暗殺される事件が起こった。事態の収拾に窮した教皇ピウス九世は、両シチリア王国の保護を求めてガエータに逃亡することになる。

マルセーユにいたマッツィーニは、教皇の逃亡による権力の空白を利用し、ローマの共和主義者に共和国樹立を強く働きかけている。一二月一三日、ロマーニャ、エミーリア、マルケの民主主義者が教皇の世俗権を否定し、立憲議会の開催を決定した。[1] 翌一八四九年一月二一日、ローマ人に限定することなくすべてのイタリア人に選挙権を与えるローマ立憲議会とイタリア立憲議会についてそれぞれ投票 doppio mandato をおこなうという選挙法にもとづき、制憲議会選挙がおこなわれた。この選挙法には「ローマが民族運動の中心である[2]」ことが示されており、マッツィーニの影響を見ることができる。

直接普通選挙で選出された新しい議会は、二月九日、一八〇六年の皇帝ナポレオンに続いて教皇の世俗権を否定して共和国を宣言し、「二月の立法」と呼ばれる法令を発布した。教会財産を国有化し農民に永久小作地として低額で貸与する措置（二月二一日）、富裕階層に対する公債購入の割り当て（二月二五日）、小学校や大学に対する司教座の管轄権廃止などといった教育への司教の介入廃止（二月二五日）、異端審問を担っていた検邪聖省 Sant'Uffizio の廃止（二月二八日）、教会の裁判権の廃止（三月三日）、出版の自由及び法における市民の平等（三月九日）などである。その他に、住居を必要とする人々に小額かつ後払いの賃貸料で住居を貸与する法律、塩の専売を廃止して自由生産・自由販売制とする法律、貧困に苦しむ三人家族には二匹の牛で耕せる土地を与える法律も制定された(3)。

共和国を宣言し、教皇の世俗権を否定したローマは、イタリアの問題に留まらず、カトリック諸国の問題であった。二月七日にガエータで開催された枢機卿会議は、オーストリア、フランス、スペイン、両シチリア王国にローマを共同占領させるよう要請する方針を決定していた。この時点で、オーストリア軍はフェッラーラを占領しており、両シチリア軍はローマの南に集結していた。それに対抗するために、ローマ共和国は教会国家軍をもとに志願兵を中心とする軍隊の組織化を開始し、軍馬の調達、未使用猟銃の提出の布告が出された。

ローマに到着したマッツィーニ

二月二一日、ローマ議会は「イタリアにおいて最も熱心に自由を擁護する者である高名なマッツィーニ」をローマに招請すると全会一致で決定した。補欠選挙でローマ制憲議会の議員に選出されていたマッツィーニは、イタリア共和国国歌の作詞家であるマメーリからの電報「ローマ、共和国、駆けつけよ」を受け取り、一八四九年三月五日夜、メシアの到来という期待が高まっていた「人類の神殿」であるローマに到着した。かれは馬車を降りて、感動を噛みしめるかのように「ポポロ門」を歩いてローマに入った。そのときの感動を、「震えを覚え、ほとんど崇めるように」ローマに足を踏み入れ、「新しい命の噴出」のために「電気ショック」[4]を受けたように慄いた、と『自叙伝』のなかで記している。永遠の都ローマは、「神の摂理によって、ダンテがいうように、世界の長として、当然に、必然的に一つの自由な独立したイタリアのメトローポリとなる」[5]ものであった。そのようなマッツィーニのローマは、ロマン主義的ナショナリズムの特徴である「イデオロギーの次元で肥大化した」[6]ものであった。

財政問題で紛糾していたローマ議会に登場したマッツィーニは、「わたしは雄弁家ではないので、心で話す」[7]という言葉で演説を開始し、「一種の護符」[8]であるローマは、第一の武器による「皇帝のローマ」、第二の言葉による「教皇のローマ」に続く、第三の「人民のローマ」として、「鑑となる徳」[9]をもって行動するべきであると語った。「青年イタリア」結成時から「唯一ローマだけが古い統一を完全に崩壊させることができるがゆえに、近代的統一という言葉を三度目の栄華として発せられるのはローマをおいて他にない」[10]と述べていたマッツィーニにとって、不可避的な「歴史の進歩」としての「人民のローマ」は「ヨーロッパに道徳的な統一の思想」[11]を与えられるものであった。マッツィーニの「信仰」は、民族性の覚醒を通じて再生する世界の道徳的統一にあった。マッツィーニの演説は、ローマを中心とする「祖国の統一を実現するという沸き立つような興奮を多くのイタリア人に」[12]引き起こした。

三月一〇日のローマ議会演説で、マッツィーニはローマ共和国の二つの方向性を提示した。第一点は、「われわれは一つの民族を創ることを望む。われわれは、たんに共和主義的権利、ローマの人民の安寧な発展だけを求めるのではない。われわれは統一的な事業を試みており、アルプスから地中海までのイタリアを見わたしている[13]」という言葉からも明らかなように、ローマ共和国をローマという地域に限定するのではなく、イタリア共和国への発展を志向することである。このことは、「ローマの地方性の打破と全イタリア的視点に立った統一問題」を訴えるものであったが、フィレンツェ政府と同じく、ローマでも「根強い反対があった[14]」。

第二点は、「共和国をたんなる政府の形態とは考えない。共和国を一つの原理として考える。人民よって獲得された教育の一段階」、「展開すべき教育のプログラム」、「道徳的改善をおこなうにふさわしい政治制度と理解する」ことである。これは「われわれは共和国を、自由、平等、アソチアツィオーネを発展させねばならないシステムと理解する[15]」という、マッツィーニの道徳的・倫理的な共和国理念を追求するものであった。

マッツィーニがローマに到着したとき、穏和派議員が多数を占めるローマ議会は、過激な改革に反対し、逃亡した教皇との完全な断絶を望まなかった。ローマを首都とするイタリアの独立と統一を阻む最大の敵をオーストリアと考えるマッツィーニは、「オーストリアに対する戦いに最善を尽くさなければ、対ナーポリ戦を展開することはできない。そうしなければ、全イタリアがローマに抗議し、他の狙いがあると非難するであろう[16]」と述べている。マッツィーニにおいて、優先されるのは民族的・イタリア的な観点からの対オーストリア戦争であり、たとえ地理的に近いところに軍隊を集結していたとしても、イタリア内部の戦いとなる両シチリア軍との戦争ではなかった。この時点では、マッツィーニも含めてだれ一人として、フランスによる攻撃は予想していなかった。すべての人々が、フェッラーラを占領していた最大の敵であるオーストリアに対するイタリアの「聖戦」を考えていた。マッツィーニはローマ防衛のための軍事力の強化と戦略の統一を図るために、カルロ・ピサカーネを中心とする「戦争委員会」を三月一八日に創設し、「四万五〇〇〇〜五万人[17]」の軍隊を編成することとした。

マッツィーニの「ローマ共和国」

サラスコ休戦条約を破棄してオーストリアとの戦争を再開したサルデーニャ王国軍がノヴァーラで敗北したという知らせが届いた三月二九日、予想される「内外の敵」の軍事介入からローマ共和国を防衛するために、主として穏和派の執行委員会に代わって、「無制限の権限[18]」が与えられたマッツィーニ、アルメッリーニ、サッフィからなる三頭執政官制度が発足した。革命期の執行権の強化を目指した独裁的体制は、「青年イタリア」結成の時期から示されていたものであるが[19]、一八四八年八月にすでにマニンがヴェネツィア共和国で、グエルラッツィがフィレンツェでおこなっていたものであった。その体制は、権限を少数者に与え、難局にあたって臨機応変に対応する体制と理解すべきである。ローマ共和国は実質的にはマッツィーニの共和国であったといわれるように、三月二九日から六月三〇日まで三頭執政体制でマッツィーニが独裁的な権限を有したことはたしかである。その約三カ月間はマッツィーニが現実政治に携わった、最初で最後の唯一の期間である。

マッツィーニはローマ共和国を、「ヨーロッパに実質的で、道徳的な統一の思想[20]」をもたらした「人民のローマ」として、人類の進歩という使命をはたす拠点と位置づけていた。ローマ共和国の樹立によって、「特権の、個人的な原理の時代は終わった。新しい時代、集合的原理の時代、人民たちの時代が始まった[21]」と考えたマッツィーニは、外部の軍事介入に対するローマ防衛戦が、イタリア問題と「第三のローマ」の意味を、イタリア人のみならず、ヨーロッパに知らしめることを熟知していた。イタリアの「一八四八年革命」が風前の灯火となった時期に、ローマ共和国はマッツィーニの熱情的・預言者的な行動によって、「イタリアに向かうオーロラの輝き[22]」となった。マッツィーニは、共和国の名誉を保つための自由と秩序の維持、民主主義を徹底するための社会正義の実現を求め、「自由と徳、共和国と友愛を不可分に結合したもの」として「ヨーロッパに示す必要があり[23]」、「神と人民」という標語は「虚言ではなく」、ローマ共和国は「精神的・宗教的に至高の段階」にあると宣言した。

ローマで発行された『人民のイタリア』の一八四九年四月二日号でマッツィーニは、夢想家の空疎で神秘的な決まり文句と見なされてきた「神と人民」という言葉は「現在多くの都市で力強く示威運動の旗に輝き、荘厳なもの[24]」となっており、「イタリアの主導権はローマにある[25]」

と、念願の夢が実現したことを記した上で、共和国理念を次のように示している。「われわれにとって、共和国は一つの徳育の制度である。人間を完全なものとし、さらに知的に発展させ、愛の力をつけることが最高の目的である。統治の力をつける第一の手段は総合的な民族徳育である。徳育であって、知育ではない。民族徳育なくして、共和国を理解することはできない。徳育、そして社会的・政治的制度の全体によって」、市民は「共通の目的に導かれる様々な手段を選択する権利と責任の条件として自由」を、「アソチアツィオーネに不可欠な基礎と人間的尊厳の条件であるすべての人々の平等」を、そして進歩の唯一の自然な道であり、「能力、知識を増大する力である人類の法としてのアソチアツィオーネ[26]」を理解するのである。「政府は思考する民族であり、民族は行動する政府である[27]」。「イタリアで解体した集合体と個人、民族と地方、アソチアツィオーネと自由の調和を求める。ローマの政治的に秩序立った生活は、様々な地方の軍事的・司法的・科学的・行政的表明に波及する[28]」。第一の仕事は「戦争」であるが、それは軍隊による戦争ではなく、「勝利への唯一の道」である「人民の戦争」であり、「イタリアの一地方の戦争ではなく、民族の戦争である」。掲げる旗は、「政党の旗ではなく、イタリアの旗である」。「国王の戦争は終わった。もしイタリアが真の救いを望むのであれば、人民の戦争を開始する[29]」。

この論文には、「自由と秩序の保持、社会正義の実現、外国の軍事介入に対する防衛[30]」という、マッツィーニがローマ共和国で追求しようとした三つの政策も示されている。一つめについては、たしかに外国に介入の口実を与えないためにも公安秩序の維持を徹底したが、「攻防戦の時期における出版の検閲」も、共和国の敵対者に対する「死刑判決や追放[31]」もおこなわなかったと、規律とともに寛容さをもって対応したことを、共和国崩壊後に述べている。二つめの社会正義の実現は、マッツィーニの倫理的共和主義思想にもとづくものであるが、学位取得に対する税の廃止、通関税の値下げ、モデル農園の設置をおこなった他、四月一五日と二七日には「生産手段をもたない農民」に国有化した教会関係の土地を長期賃貸契約で分配している。この措置は、一八四八〜一八四九年の二年間にイタリアでおこなわれた農業改革のなかで、「最も進歩的[32]」なものであった。ローマ共和国をローマという一都市に限定するのではなく、全イタリアの統一の核とするという意志表明として、四月一二日付の布告で北イタリアを流れるポー川を「民族川[33]」と改名していることも指摘しておこう。

三つめの点は、四月二〇日にピウス九世がカトリック諸国にローマ復帰を訴え、オーストリア、フランス、スペイン、両シチリア王国の軍事介入に、教皇の世俗権を否定したローマ共和国に対する十字軍としての正当性を与えたことに関連している。フランス議会は、すでに四月一六日に、教皇とローマ市民の仲裁を目的とする軍隊のローマ派遣を決定していたが、これは表向きの理由であった。真の理由は、ノヴァーラでサルデーニャ王国が敗北し、オーストリアが再びイタリアに独占的な地位を築くことをフランスが恐れたことに加え、大統領に選出されたルイ・ナポレオンが教皇保護の役割をはたすことでカトリック勢力の歓心を買い、帝政の足掛かりとすることを考えていたことにあった。これに対して、マッツィーニは、四月二五日付の母親宛の書簡で、「フランスの干渉は慣習に反するものである。われわれは自分たちの義務をはたさなければならず、それをはたす。神は残された者を守るだろう。われわれは何も恐れないと繰り返しいう[34]」と記している。

マッツィーニは、フランスの軍事介入に対する徹底抗戦の準備を進めつつも、フランスの共和主義者がルイ・ナポレオンにローマに対する介入を中止するように働きかけてくれることを期待していた。一年前の一八四八年三月二二日、「イタリア民族同盟」の名によるフランス共和国臨時政府へのアピールのなかで、イタリアの独立と統一はフランスに「一つの姉妹」、「強力で忠実な同盟国[35]」をもたらすと訴えている。ローマ共和国がフランスの攻撃に晒されていた一八四九年六月一八日にも、『人民のイタリア』で、フランスは「偉大で普遍的な教育者的伝統を再開し」、「虐げられた者の戦争に共感を表明し」、「新しい時代、人民の時代を宣言し、未来の世界を告知」し、「剣ではなく、ヨーロッパの旗でなければならない[36]」とフランスの世論に訴え続けている。しかし、労働者の運動を弾圧した一八四八年の六月事件以降、フランスの共和主義勢力は衰退し、マッツィーニのルドリュ・ロランなどへの期待は裏切られた。

四月二四日、チヴィタヴェッキアに上陸したウーディノ将軍率いるフランス軍は、ローマに向けて進軍を開始した。ローマ共和国の防衛には、ナーポリ出身の軍人であったピサカーネを参謀本部長として、ロンバルディーアでの戦いで伝説的な英雄となっていたガリバルディ率いる「八〇〇人」からなる義勇兵部隊や、ニーノ・ビクシオなどがイタリア全土から集めた義勇兵が参加した。その他にポーランド人、ハンガリー人など「一〇〇人」[37]の外国人部隊も存在している。四月三〇日の初戦でフランス軍に勝利したガリバルディは追撃を求めたが、マッツィーニは問題解決を外交に求めて、許可を与えなかった。

フランスも同じく問題解決を外交に求め、のちにスエズ運河の建設で有名になる若き日の外交官レセップスを派遣してローマ側に休戦を求めた。「ローマ共和国」という名前を使用せず、ローマはフランス軍による保護を求め、フランス軍を友好国の軍隊として歓迎するというフランス側の提案を、マッツィーニは「ローマ共和国」の存在を黙殺しているとし、われわれはフランス軍を必要とせず、ローマの城壁の前に現れれば力で応戦するとして拒絶した。レセップスは最後通達として、フランス軍はローマの行政に関与しないこと、ローマはフランス軍に宿舎を提供することなどを加えただけで他は前回と同内容の提案をおこなった。これに対して、マッツィーニはフランス共和国の「保護」を「支援」に変えるという文言の修正で、フランスに対する最大限の抵抗を示して、五月三一日に協定を成立させた。ローマ議会では、このマッツィーニの外交手腕が賞讃され、フランス軍を撃退した「四月三〇日は共和国軍の名誉を守り、一カ月後の五月三一日は共和国外交の名誉を救った[38]」という演説がおこなわれた。

フランスによる攻撃とローマ共和国陥落

フランス政府はレセップスの協調的・妥協的な姿勢を批判して、フランス軍にローマ攻撃を命じた。その背景には、五月一三日におこなわれたフランスの総選挙で秩序党が圧倒的な勝利を収め、議会で君主主義者、保守的なカトリック勢力が多数を占めたことがあった。六月三日、フランス軍はレセップスの協定を破棄して、ローマ攻撃を再開した。ここに、マルクスのいう「フランス共和国によるローマ共和国の暗殺[39]」が始まった。

六月一二日、フランスはローマ政府に一二時間以内の降伏を勧告したが、ローマ議会はレセップスとの協定の実行を訴えるとともに、降伏を拒否した。六月三日の致命的な敗北にもかかわらず、ガリバルディ、ピサカーネなどによって防衛の戦いが続けられるも、六月二一日にはローマ市内がフランス軍の大砲の射程内に置かれることになった。降伏を望まないマッツィーニは六月三〇日の議会で、政府も軍隊もローマを放棄し、ロマーニャ地方でオーストリア軍と戦うことを提案するが認められず、他の三頭執政官とともに職を辞任する。議会が戦いの継続ではなく降伏を決定したことについてマッツィーニは、「徹底的に戦争を継続することが、権力を有する共和主義政党にとって基本的な思想であると思えた。議会でそのような基盤を作っておかなかったこと、それが致命的な誤りであった[40]」と『自叙伝』で述べている。

ローマ共和国防衛戦は、ローマ議会が名誉ある降伏を承認した七月一日に終わった。フランス軍がローマ入城をはたした七月三日に、ローマ共和国憲法が議会で承認された。実際に施行されることはなかったとはいえ、「主権は人民の永遠の権利」であるとし、貴族の称号及び家系・階層の特権を廃止し、「平等・自由・友愛」を民主主義共和制の指針としたこの憲法は、一八四八〜一八四九年にイタリアで宣言された憲法のなかで最も進歩的なものであった。一八四八年七月にシチリアで宣言された憲法が一八一二年のものを範としており、第二条で「シチリア民族の自由と独立」と記されているようにシチリアに限定されたものだったのに対して、一八四八年のフランス共和国憲法の影響を受けたローマのそれには、「個々の民族性を尊重し、イタリアの民族性を要求」する、ローマという地域性を超えたイタリアと、「全市民の道徳的・物質的状況の改善[41]」というマッツィーニ理念が強く反映されていた。

七月四日、フランス軍がローマ共和国の議場に侵入し、一九世紀イタリアで最も民主的な憲法を承認した議会を解散させた。マッツィーニは、「普通選挙で選ばれた議会によって誕生したローマ共和国がフランスの武力で崩壊させられた[42]」ことについて、一八四九年八月三〇日にイギリスの『ノーザン・スター』紙に発表した「ローマ共和国陥落について」のなかで、ローマ攻略はフランスの「犯罪」であり、ヨーロッパ諸国、とりわけイギリスの「大きな誤り[43]」と批判した。その「誤り」に対する批判は、ローマの民意にもとづいて成立した共和国を外国勢力が崩壊させたにもかかわらず、それに対して「普遍的な正義の名において[44]」抗議を発しなかった国際法の原理・道義性の問題にイギリスはかかわっているという認識によるものであった。

一八四九年一〇月に執筆した「ローマとフランス政府」では、「マクベスの妻のように、兄弟殺しの戦争で手についた血を、額の不名誉を消し去るあらゆる策[45]」を弄しているフランスは、「オーストリアがおこなったであろうこと」、すなわち教皇の「絶対的な世俗権[46]」を再び確立したと記している。フランスの外務大臣トクヴィルに宛てた抗議文では、マッツィーニが敵対者を攻撃するときの常套語である「虚言」を使って、「あなたたちは虚言で勝利し、虚言で正当化しようとしている[47]」と述べ、次のように抗議している。「あなたたちの大統領はカトリック教徒の票を必要[48]」としており、「ローマから、人民のローマから黎明が訪れたイタリアのリソルジメント[49]」を理解できない。「あなたたちはイタリアにフランスの影響を保持し、拡大しようと望んでいる」。「ローマ共和国は崩壊した。しかしその権利は不滅であり[50]」、「ローマの権利の根幹はイタリア全土で広く根を張り、ローマの希望はイタリア民族の希望である」。「神と人民がイタリアの守護者であり、ローマはイタリアの中心であり、心であることを宣言する[51]」。

ローマ共和国におけるマッツィーニは、「革命家としてだけでなく、現実的な政治家としての才能も示し、イタリアのみならずヨーロッパの耳目を集めた[52]」。批判する者も賛美する者も、革命家であり、政治家であるマッツィーニを無視することはできなかった。この数カ月の経験は、一八四九年以降のマッツィーニの「闘争心をかき立てる要素[53]」となった。

マッツィーニはフランス軍のローマ入城後も一〇日間ほどローマに留まっていたが、その後旅券もないまま小船の船長と偽ってチヴィタヴェッキアからマルセーユを通って、ローザンヌに居を移した。一八四八年にミラーノ、一八四九年にローマで発行した『人民のイタリア』紙を再刊したマッツィーニは、その再刊号に掲載された「イタリア人に告ぐ」で、「時は移ろい、亡命はきわめて悲しいもの」であるが、「祖国と人類の神聖な運動」[54]のために戦い続ける意志を表明している。「遠くない時期に訪れる未来のイタリア、一つの民族は不可避である」[55]と、意気消沈せずに新たな革命の可能性を信じ、一八五〇年二月までイタリアから遠く離れることなくローザンヌに留まって、イタリアの状況を観察していた。

ローマ共和国でマッツィーニの歴史的意義は終わったか？

イタリアの「一八四八年革命」は、ピウス九世の登場からサラスコの休戦まで連邦主義的穏和派の思想と行動両面に支配されていたが、その勢力は瓦解した。再開された独立戦争では一八四九年三月二三日にノヴァーラでサルデーニャ軍が敗北し、五月にフィレンツェとパレルモの臨時政府が崩壊して、七月にローマ共和国が陥落した。オーストリアが降伏を求めたヴェネツィア共和国は、イタリア全土から集まった義勇兵によって八月まで徹底抗戦を続けた。六月初旬、ヴェネツィア政府はコシュート率いるハンガリーの革命政府と同盟を結び、オーストリア軍に包囲されたヴェネツィアへの救援を期待したが、ハンガリーの革命を鎮圧するためにロシア軍がオーストリア軍に合流したことで、その期待は消え去った。兵糧攻めにあい食糧が底をついただけでなく、コレラの犠牲者も出始めたことから、ヴェネツィア共和国は八月二二日に降伏調印し、オーストリア軍の前に崩壊した。

一八四八年から一八四九年にかけて、イタリア諸邦の歴史的な地方主義の深さ、諸君主の独立の意志の濃淡、諸邦の地政学的な違い、そしてイタリア問題の解決がオーストリアのみならずヨーロッパ列強の利害に強く影響を受けていることが明確になった。ロンバルド・ヴェーネト地域以外の、オーストリアの直接的支配を感知できない地域の人々に、イタリア民族としての意識よりもナーポリからの分離という要求が歴史的に強いシチリアの人々に、一つのイタリア民族としての独立と統一を理解させることは、決して容易なことではなかった。

マッツィーニの存在が意味をもったのは一八四九年のローマ共和国までで、その後は「生き残った」だけ、あるいは「ローマ共和国の防衛をもって、マッツィーニの布教の実際的な価値は終わり、一八四九年以降に生まれる他の勢力の前に時代遅れのイデオロギーに鼓舞された効果のない企てとして粉々に砕け散った」という解釈に対して、一八四八年の「諸国民の春」後にマッツィーニが再起し、ヨーロッパの民主主義運動を展開したことが正しく評価されていないとして、モレッリは次のように反論している。

「だれが民族党を、『行動党』を結成したのか」。独立と統一のための「手段であり、一時的なもの」であるサルデーニャ政府との協力関係の模索は、だれがおこなったのか。ルイ・ナポレオンのクーデター後の新しい歴史的局面のなかでイタリアはヨーロッパで主導権を行使できるという「幻想」において、マッツィーニはイタリア問題の解決を考えた。これらは、サルデーニャ王国の政治と衝突しなければならなかった一八四九年から一八六六年まで危機に陥っていた民主主義者のリーダーシップを取り戻すために、またガリバルディの輝かしい名声に対抗するために、断続的にマッツィーニが追求したものである[56]。

たしかに、一八四九年以降、マッツィーニの組織的活動は「ブロックとして破壊されたが、それは逆に、たんに道徳的なものではなく、持続的に民衆を鼓舞する実践的な価値をもった」。かれは、他の者には理解できない状況を作り出す危険をおかしながら、「途切れることのない行動によって、多くの人がユートピアと見なした統一を実現するために」、連邦主義と闘い続けた[57]。

XI
「準備の一〇年」のマッツィーニの活動

名声を手にしたマッツィーニ

サルデーニャ王国による統一国家の樹立を前提としているという批判はあるものの、一八四九年から一八五九年までの一〇年間は統一国家樹立の「準備の一〇年」と呼ばれる。ローマ共和国崩壊後に国家指導者から一人の革命家に戻ったマッツィーニは、ローマ共和国における活躍により名声を手にし、「準備の時代」の活動を直ちに再開した。一八五〇年一二月には母親宛の書簡で、「あらゆる新聞がわたしについて語ることに興じている」と述べ、新聞によってドイツ、ジュネーブ、パリ、ロンドンと自分の所在地が異なっていることについて、「わたしは何カ所に居るべきなのか」[1]と冗談交じりに記しているが、そのことは、マッツィーニがスイスを転々と移動し、ときにはパリに現れるという神出鬼没な行動をとっていたことと、ローマ共和国での活躍によってヨーロッパで一躍有名人となり、注目を集めていたことを示している。

カッターネオはそのころのマッツィーニを「リソルジメントの先駆者」[2]と呼び、ジョルジュ・サンドは「この世紀の偉人の一人」[3]であると述べている。一八五一年にトリーノで出版された『人民の政治事典』の「マッツィーニ主義」[4]の項目にはマッツィーニの一番新しい経歴が記述されているように、かれがローマ共和国における活躍によって国内・国外で圧倒的な名声を博していたことは明らかである。それによりヨーロッパの、とりわけフランスの革命家たちとの交流も増したローマ共和国崩壊後の数年は、マッツィーニにとって「特別に幸せな」[5]時期であった。

マッツィーニの一八四八年革命の総括

マッツィーニは、新教皇主義の崩壊や、サルデーニャ王国を中心とする民族運動を主張していた穏和派の敗退を背景に、ローマ共和国の短期間ではあったが輝かしい経験を踏まえた上で、イタリアで民主主義運動に有利な状況が生まれたという認識をもっていた。フェッラーリ、モンタネッリ、ピサカーネなどが「一八四八年革命」後に新たな革命理論の構築をおこなっていたのに対し、マッツィーニは「民衆蜂起の成功、ローマとヴェネツィアの輝かしい防衛、君主たちの裏切りは、それまで主張してきた思想の正当性を示すもの[6]」として、これまでのみずからの理論と行動を信じ、疑うことはなかった。

「一八四八年のロンバルディーアの蜂起及び国王の戦争に関する要約と記録」のなかでマッツィーニは、パレルモの反乱に始まり、ミラーノの「五日間」の民衆蜂起へと続く一八四八年の「イタリアの運動は、何よりも民族運動[7]」であったと、イタリアの一八四八年革命を総括している。一八四八年のイタリアの運動は、「人民の運動」であり、「人民の戦争」であり、勝利すべきものであったが、サルデーニャ王国の「狭量な考え」が「人民の戦争」を「王朝の戦争」に変え、人民の「蜂起が提起した目的に応えるのではなく」、「民族戦争と人民の戦争、蜂起の勝利を打ち消した[8]」と考察するかれは、イタリアの一八四八年革命が失敗した原因をピウス九世とカルロ・アルベルト王に過大な期待を寄せた穏和派の政治指導に求めた。「サヴォイア王家の野望」であるロンバルディーア地方の「併合」は人民の戦争に破局をもたらし、「王朝の戦争」はピエモンテ人には「自分たちがイタリア人であり、サヴォイア王家の下僕でないことをイタリアとヨーロッパに向けて示す」義務を、ロンバルディーア人には外国人支配からの「解放の秘密は方針の問題[9]」であるという重い教訓を与えたという。マッツィーニによれば、「イタリアは教皇と国王ではなく、神と人民を信じる。独立はたんに人民のためではなく、人民によって達成されねばならない」。「蜂起は、革命すなわち民族を獲得するための戦いである。そのために、蜂起は民族的であらねばならない。同じ旗、同じ信仰、同じ目的のもと、いたるところで決起する。蜂起は革命が始まると終わる。蜂起と革命は異なる法と規範において治めなければならない[10]」と、かれはいう。

マッツィーニに対する民主主義者の批判

七月王政時代にフランスに亡命し、プルードン主義に関心を示していた連邦共和主義者のフェッラーリは、一八五一年二月に出版した『共和主義連邦』のなかで、マッツィーニは一八四八年にサルデーニャ王国に対して妥協的な態度をとっただけでなく、民衆を革命に動員することができる社会的な内容を議論の俎上にのせることすら拒否し、政治体制の変更だけを革命の目標としてイタリアの独立と統一という政治的課題を優先したとして、かれを社会的な観点が欠如した「形式主義者」と批判した。

フェッラーリは、「蛮族はミラーノとヴェネツィアだけにいるのではなく、世界的な誤謬の頂点にあるローマ」、すなわち教皇庁にも存在しているため、イタリア独立の闘争はヨーロッパのレベルで起こる、主たる敵である教会国家とその同盟国の間の戦いとならざるをえないと考えていた。かれにおいて、ローマ教会との戦争は宗教に科学を対置する無宗教を意味し、最初に革命を成就しなければならない同盟国のフランスの支援なしには実現できないものであった。(11)

一八四八年革命後にパリに亡命したモンタネッリは、一八五一年一二月に出版した『イタリア革命に関する若干の歴史的考察序論』のなかで大衆と革命の関係を強調し、民族革命に社会主義的要素を加えることを主張して、マッツィーニの革命理論を厳しく批判した。モンタネッリはサンシモン主義から社会問題について影響を受けており、宗教観についてはマッツィーニと同様に、教皇庁から世俗権を奪取し、カトリックを純粋な福音主義に戻すことで宗教的覚醒をもたらすことを考えたが、自由よりも統一を優先するマッツィーニのイタリアは「ルイ一四世のフランスのように、奴隷の統一(12)」となると批判した。

カッターネオは一八四九年にスイスのルガーノで出版した『一八四八年のミラーノの蜂起とその後の戦争(13)』で連邦共和制の統一を主張し、マッツィーニの統一の「信仰は独裁的、皇帝的、ナポレオン的(14)」であると批判した。フェッラーリはカッターネオを新しい党の発起人とすべく説得を重ねたが、かれはその要請を受けなかった。その理由として、カッターネオがイタリアの発展を確実にするブルジョアの可能性を信じ、社会主義の展望を否定していたこと、かれ自身が政治活動よりも文化活動に専念したいと考えていたことが挙げられる。ミラーノにおいてマッツィーニと激しく対立したカッターネオは、その後かれとの対立を避けた。そのことは、マッツィーニがピーサで亡くなったときに、カッターネオが贈ったマフラーを首にしていたことからも明らかなように、思想的対立を超えた人間的交流があったことを示している。

ピサカーネは一八五一年七月にジェーノヴァで『一八四八〜一八四九年にイタリアで戦われた戦闘』[15]を出版した。かれは、ナポレオン時代から始まる五〇年間の歴史を踏まえて、イタリアにおけるブルジョア階層の発展の限界を分析し、一八四八年革命で穏和派と民主主義者がともに民族運動を主導できなかったとして、民族革命とともに社会革命を通じて共和制による統一国家を目指すことを主張した。打倒すべき主たる敵を教皇ではなく、オーストリアの軍事力とするピサカーネは、民衆の要求を汲み取り、かれらを運動に動員できる新しい政党と、民衆を中核とする強力な軍隊の必要性を指摘した。

このように民主主義者からはマッツィーニに対する厳しい批判があったものの、マッツィーニ抜きの、あるいはマッツィーニに対抗する民主主義政党の結成は成功しなかったし、かれに代わるリソルジメント運動の指導者も存在しなかった[16]。

一八四九年以降のマッツィーニの活動

マッツィーニは、みずからに向けられた批判を意に介することなく、一八四八年革命の再来を信じて、とりわけオーストリア支配地のロンバルド・ヴェーネト地方での組織活動に専念した。かれは、蜂起によって民族解放の戦いの口火を切り、「外国人からの独立」、「祖国の統一」を実現し、普通選挙で選出される立憲議会において共和国を宣言するという、これまでの主張を変えることはなかった。[17] その立憲議会で選出される民族党 partito nazionale は、「ほとんどが共和主義者」であり、「青年イタリア」の「伝統と願望をもち続けている人々」からなる、「民族の心のなかから進歩と民族的生活の形態を引き出す上昇的な運動に信仰をもつ政党」であった。[18] マッツィーニは、民族問題の解決を一義的なものとし、社会的問題の解決をそれに従属させる一八四八年以前の方針を堅持し、民主主義勢力の再結集を図ろうとした。

一八四九年末の時点で、マッツィーニも含めてヨーロッパの多くの民主主義者が短期間のうちに革命は再発すると予測していた。マッツィーニは一八五一年一一月中旬に、「六カ月以内に、あるいは六日以内に」フランスで革命が起こるとして、ガリバルディに「シチリアにおける運動の指揮」[19] を提案する一方で、ルイ・ナポレオン大統領の任期が終わる一八五二年にパリで民衆運動が再発すると考え、民主主義勢力の再組織を追求した。

マッツィーニが考えた民主主義運動に有利な状況とは、一八四八年革命後に北イタリア・中部イタリアを再支配したオーストリアの圧政に対する民衆の不満であった。かれは、それを梃子として民衆を反乱に動員することを考えていた。ロンバルディーア地方では一八四八年革命後に行政的・軍事的権力を一手に収めたラディツキー将軍が、革命の温床になるとしてパヴィーア、パードヴァの両大学を一年間閉鎖したばかりでなく、戒厳令を敷き、公安秩序を乱す者に死刑を科す特別法を布告した。「ミラーノの五日間」の蜂起に加担した貴族階層・富裕階層には多大な罰金が科せられ、合法的な出版活動も厳しく制限され、多くの人々が亡命を余儀なくされた。オーストリア軍は、教会国家には一八五九年まで、トスカーナ地方には一八五五年まで駐屯している。両シチリア王国では革命勢力が地下にもぐり、秘密組織活動を展開する。この時期にナーポリで結成され、南部イタリアで組織網を広げた「イタリア統一」L'Unità Italiana は、組織名こそマッツィーニの思想・組織名を想起させるが、実際にはカルボネリーアとムソリーノの「青年イタリアの子どもたち」を受け継いだもので、組織的にはカルボネリーアやフリーメーソンと類似していた。一八五〇年から一八五一年にかけて「イタリア統一」員として逮捕された者のなかには、無実のカルロ・ポエーリオも含まれていた[20]。

このような状況にあって、マッツィーニ主義者はフィレンツェ、ジェーノヴァ、ロンバルディーアで組織活動を開始した。マッツィーニはこの時期にトリーノに亡命し、シチリアにおける蜂起を計画していたクリスピらのシチリア人グループと接触するようになる。シチリアの分離独立を目指すシチリア人グループは、統一を目指すマッツィーニと完全に目的が一致していたわけではないが、共同行動をとることになった。また、マッツィーニはヨーロッパの革命でイタリアが主導権を握るために、一八四八〜一八四九年にヨーロッパ各地で戦い、敗北した諸民族の民主主義勢力の結集とイタリアの愛国者の結集を同時並行的に進めようとした。

「ヨーロッパ民主主義中央委員会」の結成

ヨーロッパの一八四八年革命が失敗した要因は民主主義勢力を統一的に指導しなかったことにあると考えるマッツィーニは、君主の同盟に対抗する「人民の神聖同盟」の組織化を考えた。しかし、民主主義陣営の「一〇〇の異なる方針」に直面して、「将来達成されるプログラム」を共有することをあきらめ、民族性の原理と人類のなかで個々の民族がはたすべき特別な使命という、全体として受容可能な方針に的を絞ることになる。この方針にもとづき、マッツィーニは間近に迫っている革命に対応するものとして、ローマ共和国によって勝ち得た名声と自信を胸に、一八五〇年七月、パリで「ヨーロッパ民主主義中央委員会」Comitato Centrale Democratico Europeo を結成した。ヨーロッパの民主主義勢力の結集を目指す「ヨーロッパ民主主義中央委員会」には、フランスのルドリュ・ロラン、ポーランドのダラッ、ドイツのルーゲが参加した。この組織の結成には、ヨーロッパの名だたる民主主義者・社会主義者の参加を得ることで、みずからに浴びせられている批判に対抗する意図もあった[21]。

しかし、マッツィーニが階級闘争の否定という考えから社会主義者を除外したことで、すでに存在していた社会主義者との亀裂はさらに拡大した。とくに、ルドリュ・ロランの参加は、本質的には反社会主義者であるとされる紙の上の革命主義者で、当時ロンドンに亡命していたルイ・ブランを指導者とするフランスの社会主義者グループから批判された。ジョルジュ・サンドとゲルツェンからも、ルドリュ・ロランの参加に対する批判があった。ルドリュ・ロランかルイ・ブランかの選択を迫られたマッツィーニが前者を選んだのは、思想的により近いことと、フランスでの指導的役割を期待してのことであった。

青年ヘーゲル主義者グループに属し、マルクスの仲間でもあったルーゲは、民主主義者としてフランクフルト国民議会の議員を務め、反社会主義の立場を鮮明にしていた人物であるが、その参加にはドイツの亡命民主主義者からかれだけが支持されたという背景があった。一方で、前述したように、ハンガリーの民族運動の指導者コシュートには参加を依頼したものの拒否された。しかし一八五一年九月の時点でマッツィーニは、「コシュートは現在自由で、明らかにわれわれの兄弟である」[22]と記している。同年一一月には、マッツィーニとコシュートの連名で、「共通の敵」オーストリアに対する「共通する自由の戦争」[23]を両国の兵士に訴えている。

「ヨーロッパ民主主義中央委員会」の綱領は、一八一五年の「君主の神聖同盟」に対抗するものとして一八四九年に発表していた「人民の神聖同盟」であった。人民という言葉は「哲学的・宗教的な概念の表現であり、未来の神聖な言葉」[24]であり、その同盟は「瀕死の個人主義に取って代わる新しい世紀の基本的原理としてのアソチアツィオーネ」[25]であった。「ヨーロッパ民主主義中央委員会」はマッツィーニにおいて、基本的には祖国と人類の調和の実現を目指すものであった。かれは次のようにいう。「一つのヨーロッパではなく、ヨーロッパ連邦 gli Stati Uniti d'Europa の実現を追求する」。「個人と国家が個々の民族的民主主義の内部で調和して生き、進展できるように、祖国と人類はヨーロッパの民主主義の発展という兄弟愛で結ばれた調和をもって展開しなければならない[26]」と。一八五〇年に執筆した「民主主義の組織」と題する回状では、「人民の神聖同盟」で示した理念が「実行に移された[27]」と述べている。

しかし、「ヨーロッパ民主主義中央委員会」は、一八五一年一二月二日、すなわちルイ・ナポレオンのクーデター後にわずか一年あまりで解体し、マッツィーニに対する「サルデーニャ王国、オーストリア、ナポレオン三世の懸念を惹起[28]」しただけに終わった。マッツィーニの「ヨーロッパ民主主義中央委員会」に対抗するものとして、一八五一年八月にパリでラムネーが結成した「フランス・スペイン・イタリア民主主義者委員会」Comitato democratico franco-italalo-spagnolo があるが、この組織にはイタリア代表としてモンタネッリが参加し、ルイ・ブラン、プルードンも参加している[29]。この組織も大きな成功を収めることなく、短期間で終わっている。

「イタリア民族委員会」の設立

一八五〇年九月八日、マッツィーニはイタリアに向けた活動組織として「イタリア民族委員会」Comitato Nazionale Italiano をロンドンで結成した。「イタリア民族委員会」はイタリアでの蜂起を指導する「民族党」で、その「宣言文」にはローマ共和国政府の要職を務めたサッフィ、サリチェーティなどが署名している。「ローマの民族的理念は、いまや独立、自由、イタリアの統合 Unificazione を否定できない[30]」という一八四九年七月四日のローマ共和国議会の決定を「宣言文」の冒頭に記しているように、マッツィーニはこの組織におけるローマ共和国の理念的継続を示している。「宣言文」で統一ではなく統合が使われているのは、独立を優先し、民主主義勢力を結集することを考えてのことであった。共和主義の留保とサルデーニャ王国との連帯という方針は、サルデーニャ王国に期待を抱く亡命者、とくに旧軍人グループとの決裂を未然に防ぐことを主張したシルトーリの意見を取り入れたものであるが、マッツィーニも可能な限り広範な統一戦線を作り出すためにその柔軟な方針を受け入れ、「現実主義的色合い」[31]が強い組織となっている。しかし、蜂起と独立戦争は最初の段階で独裁的な最高権力に指導されるとするマッツィーニの主張に反対して、サリチェーティとシルトーリは脱退した。

「イタリア民族委員会」の活動で重要な意味をもつのが、イタリアの独立と統一のためにロンドンで発行された民族公債 Prestito nazionale である。一八五〇年九月の「イタリア民族委員会」の回状で、「資金なくして事業は不可能である。民族運動は戦争のための物資を必要としている」[32]と、一〇〇〇万リラの民族公債の発行を告知している。公債は一〇〇リラのものが五万株、二五リラのものが二〇万株で、契約の利子は六パーセント、その償還は統一後の政府がおこなうというものであった。公債で集まった資金はロンドンの銀行に預金され、イタリア人三人、イギリス人三人からなる運営委員会が定期的に運用を審査する。公債はイタリア国内に設立される委員会を通じて販売し、またイタリア移民を受け入れている国々でも販売するという内容であった。この時期のマッツィーニは、たんに活動資金の調達というだけでなく、国内・国外のイタリア人を結集するという政治的な意味ももつ公債の販売に全力を投入している[33]。これについてかれは一八五三年二月の「イタリア人に向けて」のなかで、われわれの行動の「新しい方向性を示す第一歩[34]」であったと述べている。

一八五一年九月三〇日の「イタリア人に向けて」と題された「宣言文」は、「広範な信頼を得た『イタリア民族委員会[35]』」は一年前のものと異なるとし、「イタリア革命は共和制となろう[36]」、「人民は一つである[37]」と統一と共和国の関係を明確にした上で、「貴族、君主、地方の野望の理論[38]」である連邦主義への批判を強め、革命は「社会的なものになろう[39]」、「宗教的なものとなろう[40]」と、より一層マッツィーニ色が打ち出されたものとなっている。また、その「宣言文」に示された「農民と地主、労働者と資本家のより公正な関係[41]」などの社会経済的な綱領は、社会改革をなおざりにし、大衆の「改革願望」を無視し、たんなる政治変革として革命を捉えているという批判に対抗するものでもあった。それはマッツィーニがこれまで主張してきた階級協調主義の範囲のなかで、農民と地主の「より公正な諸関係」といった新しい観点を「社会革命」に加えるようになったことを示している。「イタリア民族委員会」はその後衰退し、崩壊することになるが、それに代わる「マッツィーニを外した、あるいはかれに対抗する民主主義政党を組織する企ては成功しなかった[42]」。

ルイ・ナポレオンのクーデターとマッツィーニの方針転換

マッツィーニは一八五一年九月三〇日の「イタリア人に向けて」のなかで、「最大の危機が近づいている」(43)とし、ルイ・ナポレオンの大統領選出にともなう決定的な時期の到来を予測している。しかし、その予測は大きく外れ、同年一二月二日、ルイ・ナポレオンはクーデターによって政権を握り、翌年には皇帝となった。

ルイ・ナポレオンのクーデターに対して、マッツィーニは「民族委員会」の名前で一八五二年一月三一日に発表した宣言文において、「人民の自由に敵対する側が重大で意外な勝利を収めた。多くの人民が数カ月のうちに戦闘の合図を期待していたフランス」は、「能力も心もない人物の名前（ナポレオン）に魅了され」、「闘うことなく失墜(44)」したと述べている。ルイ・ナポレオンにクーデターを許したことの要因については、労働者階級に「有害で致命的な利己主義」を生み出し、「物質崇拝」を助長し、「犠牲的精神(45)」を奪ったフランスの社会主義者にあるとした。マッツィーニによれば、一八四八年にヨーロッパの諸民族は民族性と自由と独立のために決起したが、フランスは違った。そこでは社会の再組織に関連して「党派、分派、薄っぺらな思想家の野心」が充満していた。そうした野心は、「一方で進歩の唯一の保障である個人の自由を、他方で進歩の最終目標である社会の集合的権力を除去しながら、民族という至高の思想に哀れな『わたし』を置き換え、偉大な道徳的革命の理念を物質的改善や身体的に満足する欲求の問題に変えてしまったために、かれらの父親はパンと鉄以外要求しなかった(46)」とマッツツィーニは社会主義を批判した。かれは一八五二年に社会主義者に対する批判を強めるが、それは一八四七年に「ヨーロッパにおける民主主義についての考察」で展開したことを繰り返したものであった。

ルイ・ナポレオンのクーデターによってフランスの民主主義による反撃が期待できなくなったことで、マッツィーニはヨーロッパの全般的な蜂起を最終的に準備するのはイタリアであると考えた。ヨーロッパにおける「フランスの主導権は歴史的誤りであり、政治的亡霊である」[47]と主張していたマッツィーニにとって、ルイ・ナポレオンのクーデターによってそれが確信となった。一八四九年に「ローマで犯した不名誉な行為から一二月二日の不名誉な行為に行き着いた」[48]フランスのヨーロッパにおける主導権は非現実的なものとなったとして、一八三五年に書いた「ヨーロッパにおける革命的主導権について」以降「二〇年来主張してきた」[49]イタリアの主導権の正当性を再確認したのであった。

この確信の前提となったのが、当時ヨーロッパに存在した社会革命と民族革命という「二つの大きな問題」にかかわるマッツィーニの現状認識である。前者は「もっぱらフランス」に見られる、「労働と資本、生産と消費、労働者と雇用者の間で確立すべき良好な関係」にかかわるもので、「一つの国民の境界内で解決できるもの」であった。後者は「一八一五年の条約を打破しなければ」解決されないし、それをおこなうのは一八四八年に「祖国と自由のために戦った」イタリア、ポーランド、ドイツ、ハンガリーといった「その他の国民」[50]であった。

民族革命はマッツィーニにおいて、「諸人民の同盟と、（民族性と友愛という）新しい基礎にもとづいた諸民族の均衡(51)」に一致するものである。「今日存在する最も重要な問題はヨーロッパにおける活動組織(52)」であり、「共通の運動にもとづく人民の民族性によって共感と同盟を生み出し」、「ヨーロッパの地図を作り変えねばならない」と主張するかれは、ヨーロッパ連邦にこそ「時代の運動の秘密、イニシアティブの秘密(53)」が存在すると考えた。さらに、この運動の「プロローグは一八四八年革命(54)」であり、「目的の偉大さと普遍性が創始者の力を作り出すとすれば、それはヨーロッパの創始者となる人民である(55)」と述べている。

一八五二年八月九日、父親に隠れて物心両面からマッツィーニを支援し続けていた最大の理解者である母親が亡くなった。その一カ月前の七月八日に母親に宛てて書いた書簡でマッツィーニは、「ロンバルディーアの人民は（「ミラーノの五日間」が起こった）三月を再現」し、「再現された三月とヨーロッパの蜂起は揺るぎなく結合する(56)」と述べ、ヨーロッパ規模で一八四八年革命が再来することを確信している。かれはこの確信から、七月王政時代の共和主義指導者の兄弟で、ルイ・ナポレオンの競争相手であったカヴェニャックと接触し、フランスの労働者を戦わせるための政治宣伝を強化した。イギリスに対しては、テイラー、アシュースト、スタンスフェルドによって結成された「イタリア友の会」Società degli amici italiani の一八五二年に開催された集会で、次のように述べている。「何よりもわたしたちに道徳的力を与えてください。それはわたしたちに味方する強力で秩序立った世論を高めることであり、わたしたちの権利、わたしたちの要求、わたしたちの苦悩、わたしたちの闘争についての事実と正しい情報を集めること、そしてあなたたちの町のすべてで印刷物によってその情報を広げていただくることです」[57]。マッツィーニは出版物を通してイギリスにおけるイタリア問題への関心を喚起する運動を一八五五年三月まで続けている。

一八五三年のミラーノ蜂起

マッツィーニはナポレオン三世のクーデターで生じた状況の変化もあって、一八五二年中葉に蜂起活動の意志を固めている。南部イタリアを除いて、マッツィーニ主義者の組織はロンバルド・ヴェーネト地方、教会国家、トスカーナ地方、シチリアにいたるイタリア全地域に広がっていた。ロンバルド・ヴェーネト地方では一八五一年に計画された蜂起によって職人や聖職者も含むマッツィーニ主義者が弾圧され、マントヴァの処刑場ベルフィオーレで多くが絞首刑になった[58]。

一八四九年以降に北イタリア、中部イタリアにおいて構築した組織が壊滅することを恐れたマッツィーニは、一八五二年中葉ごろから決起を早めるように主張し始める。一八五二年一二月一七日付のグリレンツォーニに宛てた書簡では、「マントヴァの刑務所には二〇〇人がいるが、かれらは毎週判決を受け、死刑となり、ロンバルディーアでは仲間が銃殺か、絞首刑になり、アンコーナではハンガリー人が銃殺されている」と述べ、「(ハプスブルク) 帝国の崩壊とヨーロッパ革命は一つの事柄」であり、それに向けて決起を「フランスとイタリアで早く実行しよう[59]」と述べている。

一八四八年の「ミラーノの五日間」以降、「ロンバルド・ヴェーネト地方にイタリアの蜂起の鍵、戦略基地」があり、「主たる敵はオーストリア[60]」であり、「糾弾されるべき二つの代表的権威、教皇と（ハプスブルク）帝国がローマとミラーノ[61]」に存在し、「イタリアのイニシアティブはヨーロッパのイニシアティブ[62]」であると主張し続けていたマッツィーニは、ミラーノの蜂起がロンバルディーア全土に拡大し、オーストリア軍を孤立させ、それによってエミーリア、ロマーニャ、教会国家の中部イタリアに、さらには南部イタリアへと蜂起を拡大することを考えた。さらに、ミラーノに始まるロンバルディーアの蜂起はハプスブルク帝国のなかで「不可避的にハンガリーの蜂起を誘引し、イタリアとハンガリーの蜂起はウィーンの人民の蜂起を不可避的なものとし、イタリア、ハンガリー、ウィーンの蜂起はドイツの半分で蜂起を、残りの半分では騒乱状態を惹起する」として、イタリアのイニシアティブは「諸民族のイニシアティブであり、より広範な、兄弟愛で結ばれた人民による一八四八年の再現[63]」であると考えていた。その実現を目指す上で、イタリアの独立運動とハプスブルク帝国のスラブ系民族、とりわけハンガリー人との連帯は重要な意味をもっていた。

オーストリアによって壊滅的な打撃を受ける前の一八五三年二月六日、ミラーノ蜂起が計画された。同年一月初頭にマッツィーニはイギリスからスイスに移動し、ミラーノの同志と直接に連絡を取りながら、蜂起の成功後にピエモンテからの支援部隊とオーストリア軍のハンガリー人が参加することを期待し、蜂起の知らせが届くや否やミラーノに向かうべく待機していた。ミラーノ蜂起では民衆や職人が行動主体となり、ブルジョア階層は最初の行動が成功したときに参加するという立場をとった。しかし、二月六日に武器を奪うため短剣と小刀でオーストリア軍兵舎の武器庫を襲撃し、「ならず者」barabbaと呼ばれた民衆の数は少なく、その蜂起はオーストリア軍に容易に鎮圧され、粉砕されてしまった。(64)

マッツィーニはその失敗の要因を、蜂起に立ち上がった民衆の激情を主導しようとしなかった中産階層の無気力としただけでなく、ミラーノの民衆の犠牲的行動を無にし、民主主義勢力を解体したといって、左派と右派を問わずすべての反対者に責任を求めた。このマッツィーニの態度は非現実的で、自己正当化に徹したものであった。(65) かれは、ミラーノ蜂起は「開始途中で頓挫」した企てではあったが、「ロンバルディーアの沈黙はあきらめて眠りについたものではなく、押し黙った憎しみであった」ことをヨーロッパに示し、「解放の衝動は大衆にまで下りていった」(66) ことをイタリアに示したとミラーノ蜂起を総括し、蜂起行動の戦術を変えることはなかった。

この蜂起はデッラ・ペルータの指摘するように、マッツィーニがいまや「冷静な状況判断能力を失った」ことを示すものであった。うち続く蜂起の失敗、民主主義勢力の後退は、マッツィーニが一八四八年以降のイタリアの状況を的確に把握できなかったことに加え、イタリアの民族運動の主体が大きく変化していたことにも要因があった[67]。カッターネオは、「見当違いの計画に勇敢な人々を犠牲にする執拗」な「殉教の理論[68]」と、マッツィーニの企てを厳しく批判している。ジェーノヴァのメーディチなどのグループは、「みずからの理念を強要し、蜂起の時と方法を定める」マッツィーニの国外からの指示を拒否して、唯一の大きな政党にすべての共和主義勢力を結集する提案をおこなっている[69]。ミラーノ蜂起の失敗は、カヴールとヴィットーリオ・エマヌエーレ二世のサルデーニャ王国を中心とするイタリア統一の可能性を強化し、「ピエモンテにだけたしかな利益をもたらした」。この事件は、「あらゆる意味で、マッツィーニの活動の重大局面であった[70]」。

たしかに、ミラーノ蜂起の失敗はリソルジメント運動における「マッツィーニの行動上のリーダーシップ終焉を印したが、未来を展望しながらかれ自身が高く掲げた理念の終焉ではなかった[71]」。マッツィーニが悲惨な結末を招くだけの度重なる蜂起によって危機の度合いを深めていた時期に、カヴールの政治・外交活動に強力な拠所を見出した穏和派は、クリミア戦争へのサルデーニャ王国の参戦、その講和会議であるパリ会議への参加といった流れのなかで、民族運動のヘゲモニーを確立しつつあった。

「行動党」の結成

苦境に立たされたときの行動様式ではあるが、マッツィーニは一八五三年二月二二日付のホークス宛の書簡で、ミラーノの「心痛む、非常に悲しい失敗はイタリア人の革命的教育にとって成果のないものではないと信じている」[72]と述べ、使命感にもとづいた新たな行動へとみずからをかき立て、闘争の再開への意志を固めていった。

一八四九年からミラーノ蜂起までに浴びせられたあらゆる批判に対して、マッツィーニは一八五三年三月にジェーノヴァで出版された『イタリア人に向けて』のなかで反論している。それは、「人類のなかでのイタリアの使命という概念」に「たんなる自由と利己主義」を取り換える「イタリアを急襲したペスト」[73]、すなわち連邦主義者への批判であった。これに関連して、「生活の発展が開始されるコムーネ」と「人民の融合が時代を追って進む民族」の二つの「歴史的要素」[74]がイタリアには存在すると述べ、一八四九年の「ローマもヴェネツィアも、都市を守ることで一つの民族を立ち上げようとはしなかった」し、その戦争も「攻撃ではなく防衛であった」[75]といって、イタリアの地方主義を批判している。

その上でマッツィーニは、「一八四八年に状況は根本的に変化した。人民はわれわれとともにあり、われわれである」[76]として、「祖国を獲得し、民族を創る」ことを「人民の戦争」、「人民の政府」[77]によって実現するという言葉に象徴されるかたちで、これまでの活動の総括と未来に対する展望を示した。ミラーノ蜂起以降も「イタリア問題」の本質的な状況は変化していないということうした認識から、闘争再開のために「イタリア民族委員会」は解散され、それに代わって一八五三年四月に「行動党」が結成された[78]。

マッツィーニによれば、「行動党」は「民族の名前と力をもって自由を獲得しようとする人々の政党」であった。それは次のようなものである。「神を信じるイタリア人の政党は人民のなかに信仰をもち、それを説明し実現する、生き生きとした継続的な力を有している。ときが来たことを感じ、イタリアが決起し、自分のため、また他の人民のために勝利を収める機が熟したことを知る主導者の政党である」。「この党のメンバーは、（ミラーノ蜂起の）二月六日に開始された一連の武装攻撃を理解している[79]」。「もし民族の党がいま、すばやく明確に『行動党』に変わらなければ、それは熱意に乏しい人々の不名誉で堕落した党となる[80]」。革命の第一期である「徳育」の時代は「一八一五年から一八四八年までに消滅」し、第二期となる「行動の時代が開始され、継続する[81]」。

「イタリアの現状から求められる唯一の党」は「行動党」であり、戦いに勝つためには「原理・目的・手段」をもたねばならないというマッツィーニにとって、原理は「神と人民」であり、目的は「人類に対する固有の使命を意識した民族」であり、「手段は原理と目的が調和したものであらねばならなかった[82]」。「『行動党』は偉大な民族党の戦闘教会（現世の信者全体を示す）でなければならない[83]」と考えるマッツィーニは、「なぜイタリアは決起しないのだ[84]」と、武器をもって「祖国の宗教」への殉教に突き進むことを主張した。

「行動党」は妥協を排して、「旗に、計画に、目的に」統一を明示し、イタリア人民の各階層にいまや広く浸透した民族的理念と行動の原理を訴えるものであった。マッツィーニは、「イタリアでは高貴で大胆な偉業の機が熟している。必要なのは武装した使徒であり、役に立つ書物であり、思想を行動に移す人々[85]」であり、イタリア全土がそれを待ち望んでいると判断していた。必要なのは、「理念」ではなく、「武器」であり、行動であった。「現在一五日にわたって山岳地帯でもちこたえられるゲリラ部隊が二日間にわたって一つの都市で敵を急襲することに成功すれば、住民がそれに続くことは確実である。イタリアは救われた、というかけ声のもと、イタリアの政治は三カ月間ですべてが解放される[86]」と、かれは決起を鼓舞した。

「行動党」結成にともなうゲリラ戦に対する修正

「行動党」を結成したマッツィーニは、それまで蜂起のあとに始まるとしていたゲリラ戦に対する考えを変え、現状では蜂起の準備が整っているという判断のもと、ゲリラ戦によって革命の口火を切り、「数多くの二義的な地点から決定的に重要な地点」に向けて、つまり周辺から都市へと行動を展開するという考えをもつにいたった。オーストリアの軍事力を過小評価し、民衆には決起の用意があると盲信するかれは、ミラーノ蜂起後に修正したゲリラ戦の戦術にもとづいて、地方の個別的な蜂起を全国的な蜂起の起爆剤にしようとした。みずからのもとに残った忠実な信奉者とともに、一八五三年九月には「西側と東側のイタリア人を結合する[87]」としてトスカーナ地方北西部のルニジアーナで蜂起を企て、さらに一八五四年五月、一八五五年七月、一八五六年七月と計四回のゲリラ戦蜂起を企てるが、すべて失敗に終わる。

「行動党」を立ち上げたとき、一八四九年以降にマッツィーニに共鳴した人々によって構成されていた指導組織の機能は失われていた。多くは民主主義・共和主義思想においてつながりはあっても、マッツィーニが企てた蜂起行動に参加することはなかった。また、ミラーノ蜂起の失敗を契機に、マッツィーニの行動主義、イデオロギー的排他主義、イタリアの運動を外からコントロールすることを批判していた人々は離反することになる。メーディチ、コセンツ、ベルターニ、モルディーニ、アルベルト・マーリオなどは、一八五二年ごろにジェーノヴァで、のちにガリバルディの千人隊の軍事的中核となる「戦争委員会」を結成している。ベルターニは「戦争委員会」の結成にあたってマッツィーニの同意を得ていたが、その目的はマッツィーニの直接的な指導から独立して、連邦主義を主張する民主主義者との連帯を強め、共和主義者の統一戦線を目指すものであった。ベルターニはマッツィーニとカヴールの間で中立を保ち、柔軟に対応できる立場を堅持しつつも、マッツィーニに対して厳しい批判をおこなった。一八五〇年代に起源をもつ「急進派」と呼ばれるこの政治グループは、イタリア統一後に左派とも右派とも異なる「第三の政党」[88]を形成することになる。

ジェーノヴァに滞在していたピサカーネは、この「戦争委員会」の結成当初からのメンバーであったが、行動はともにしていない。その理由は、一八五二年ごろから書き始めた『イタリアに関する歴史・政治・軍事諸論文』のなかで展開された政治分析に示されている。かれによれば、イタリアには統一共和主義者、連邦共和主義者、君主主義者の三つの政治勢力が存在するが、連邦共和主義者と君主主義者は独立をフランスから「自由の贈りもの」として授けられることを期待する理論家で、行動する人間ではない。これに対して、マッツィーニを指導者とする統一共和主義者のなかには、殉教を厭わない高潔な者が多く、大胆かつ勇気ある青年をみずからの旗のもとに集めている。親サルデーニャ王国の穏和派はもちろんのこと、カッターネオやフェッラーリのような連邦共和主義者をも批判したピサカーネは、民族革命と社会革命を同時に遂行するという思想と相容れない無謀な蜂起を繰り返しつつも唯一「手段を有する」[89]革命政党を指導しているマッツィーニと再接近することになる。

サルデーニャ王国に流入した亡命者たち

オーストリアに敗北して歴史的な拠所であった軍隊の威信は失墜したが、イタリア諸邦で憲法を堅持したサルデーニャ王国には、一八四九年以降、イタリア各地から亡命者が押し寄せていた。最初の亡命者は、サルデーニャ王国との併合を主張したロンバルディーア人で、一八四八年夏にサルデーニャ王国に亡命している。サルデーニャ政府は亡命者たちにトリーノ大学入学やサルデーニャ軍入隊を認め、支援と監督の目的から内務省予算に支援金を計上して、亡命者委員会を組織し、かれらを援助している。

一八四九年以降にサルデーニャ王国に定住した亡命者の数は、シロッコによれば、「二万人、おそらくそれ以上」[90]であった。そのなかでも、フェルディナンド二世の弾圧を逃れた南部イタリアの人々が多かった。「かれらの多くは連邦主義を信奉しており」、生まれ育った国家、すなわち両シチリア王国がはたすべき歴史的役割を信じていたが、自分たちを受け入れたサルデーニャ王国を中心とする統一へと「改宗」(91)することになる。さらにその多くはその後の南部イタリア併合で重要な役割を担い、統一後には国家の要職につくことになる(92)。

モスカーティは、サルデーニャ王国に亡命したナーポリ人の特徴を次のように述べている。「一八三〇年から一八四八年にかけて、ナーポリ人はヨーロッパの文化的雰囲気のなかで生きていた。おそらく意識することはなかったであろうが、かれらは新教皇主義を超えた、あるいはその外で、自由・民族性・国家の概念を肯定する思想を発展させ、ナーポリ自由主義党を形成した。フェルディナンド二世によって追放されたかれらは、みずからの理論を実践する国家をサルデーニャ王国で認識することになる(93)」。

南部イタリアからの亡命者は、サルデーニャ王国の「政治文化と密接に関係をもちながら」トリーノに定着し、「ピエモンテの文化の刷新に決定的な刺激を与えた」。かれらはトリーノにみずからの理念の肥沃な土壌を見出し、サルデーニャ王国による統一の力を認めた最初の人々であった。かれらは統一主義者ではなかったが、まもなく出身地との関係を断ち切ってピエモンテ人になり、統一主義者となった。このことは、一八六〇年直後の「南北の相互理解に貢献する要素の一つとなる(94)」。

サルデーニャ政府は亡命者に対する政治的・社会的な基準を設けていた。たとえば、君主制に敵対する共和主義者はリグーリア地方のジェーノヴァに住むのに対して、サルデーニャ王国の政治を支持する穏和派はトリーノに住み、サヴォイア王家に忠誠を尽くし、要職にもつくことになる。[95]ミラーノ出身のメーディチ、ベルターニなどの民主主義者がジェーノヴァを拠点としたことには、このような理由があった。[96]

カルロ・アルベルト憲法は、第一次独立戦争の敗北によって失った威信を上回る威力を発揮することになる。この時期にサルデーニャ王国の難局を任されたのが、ピエモンテ人でありながら「頭脳と心がイタリア人」のマッシモ・アゼーリオである。ロメーオは、「アゼーリオこそが（ヴィットーリオ・エマヌエーレ二世の）『紳士王』という名声と神話の真の創始者で、主たる創作者である」[97]と述べている。「民族的感情を心底から覚え、あらゆる階層、あらゆる地域の欠陥と価値を熟知していた」アゼーリオには、教皇庁に滞在し、教皇庁軍で戦った経験もあった。カヴールさえローマの地を踏んだことのないサルデーニャ王国で、ローマ以南を知る数少ない人物であったアゼーリオは、難局に立たされたサルデーニャ王国の「運命を立て直すにふさわしい人物」であった。アゼーリオは民主主義者であれ穏和主義者であれ、保護を求める者を庇護し、憲法を遵守させ、ピエモンテ人となるようにした。このことは自由主義の発展において、「ピエモンテの政治だけでなく、イタリアの政治の要となるものである」。この変化の決定的な推進役をはたすのは南部イタリアの亡命者たちである[98]。

「行動党」による一連の無謀な蜂起の失敗は、マッツィーニ主義者に決定的なダメージを与え、リソルジメント運動の流れを大きく変えることになった。人民の蜂起を追求するマッツィーニの勢力と、改革によるサルデーニャ王国を中心とする民族問題の解決を主張する穏和派の勢力は対立し、その二つの軸の間で揺れ動いていたリソルジメント運動においては、一八五三年から一八五六年にかけて、多様な要素の「配置換え」のプロセスが進行していた。

この時期のマッツィーニの戦略は、「イタリアの蜂起は、(ハプスブルク)帝国の現状からして不可避的にハンガリーの蜂起を誘引する。イタリアとハンガリーの蜂起は必然的にウィーンの民衆の蜂起を導く[99]」というものであった。この認識は、一八五六年三月二五日付のヴァルザーニア宛書簡で「いかなるイタリアの運動もヨーロッパで孤立することはなく、即刻ハンガリーが続き、ハンガリーの蜂起はオーストリアの崩壊を引き起こすであろう[100]」と示され、同年四月二一日付のファブリッツィ宛の書簡では「われわれの運動は直ちにハンガリーとポーランドに飛び火し、戦争の勃発はフランスを巻き込むことになる[101]」と示されている。

クリミア戦争とマッツィーニ

一八五二年末にサルデーニャ王国の首相となったカヴールは、その卓越した政治・外交手腕、とりわけイギリスとフランスに幅広い人脈をもち、ヨーロッパの政治に精通した視野の広い国際感覚と後進国イタリアの現状を踏まえた経済政策をもって、カルロ・アルベルト王、ヴィットーリオ・エマヌエーレ二世が描いた計画、すなわちサルデーニャ王国の政治力・経済力の強化によってロンバルド・ヴェーネト地方からオーストリアを放逐し、その地を併合することを目指していた。

その後のイタリアの運命を決定することになるバルカン問題が起こったのはこの時期である。聖地エルサレムのベツレヘム教会の管理権をギリシア正教徒からカトリック教徒に移すことを要求したナポレオン三世にトルコ政府が屈したことで、ギリシア正教徒の権利と保護を要求するロシアとトルコの間で紛争が起こった。トルコの支援要請を受けたイギリスとフランスが艦隊を派遣し、クリミア戦争（一八五四〜一八五六）が始まった。一八五四年九月には、トルコが宗主権を有していたモルダビアとワラキア両公国からロシア軍が撤退したことを受けて、オーストリア軍がそこを占領した。

一八五四年の時点で、イギリス・フランスとロシアのバルカンにおける「東方戦争は（戦争の）場所と目的を変えつつあり、西ヨーロッパの戦争に変わりつつある」[102]と、マッツィーニは的確に予測していた。一八五五年一月一〇日、サルデーニャ王国はイギリス・フランス側に立ってクリミア戦争に参戦することを決定する。ロメーオによれば、このクリミア戦争への参戦決定は、「ヨーロッパに対してサルデーニャ王国をイタリアの代表であり覇者として示す第一歩」であり、「イタリア半島全体においてトリーノ政府の思想的・政治的ヘゲモニーを獲得する第一段階」[103]であるとして広く支持された。その例がダニエーレ・マニンによるサルデーニャ王国支持の表明であり、それは後述する「イタリア国民協会」の設立へとつながる。カヴールにとってクリミア戦争への参加は、オーストリアからの独立というイタリア問題を国際的な議論の場にもち込み、外交手段を通じてフランスとイギリスに働きかけて解決を図ろうというものであった。

マッツィーニは一八五五年二月のカヴールへの公開状で、イタリアの宿敵オーストリアがイギリス・フランスの同盟軍として参加するクリミア戦争にサルデーニャ王国が参戦することは「致命的な道[104]」へとつながり、「戦闘の名誉を得ることなく」、「外国人の指導者の責任で死ぬことになる[105]」と批判した。同年三月一五日には、サルデーニャ軍艦の出航に際してジェーノヴァで「イタリアの民族的蜂起[106]」を訴え、クリミアに向けて出発しようとしていたサルデーニャ軍兵士に脱走を呼びかけている。

マッツィーニにとって、サルデーニャ王国のクリミア戦争への参戦はナポレオン三世のフランスの圧力に屈したことを意味した。クリミア戦争の主戦場となったセヴァストーポリ要塞攻略では、イギリス・フランス軍が主勢力としてロシア軍と戦い、サルデーニャ軍には補助的な監視部隊の役割しか与えられなかった。しかし、サルデーニャ王国のクリミア戦争への軍事的貢献度とは別に、サルデーニャ王国の世論は熱狂した。

サルデーニャ王国が戦勝国として参加を認められたパリの講和会議でカヴールが目指したのは、イタリア問題の根源がオーストリア支配であることを会議で告発し、それについて何らかの公式表明を得ることと、参戦に見合った領土的拡大を認めさせることであった。カヴールがサルデーニャ王国の領土拡大からイタリア統一へと考えを変えたことについて、ロメーオは次のように解釈している。「非常に漠然」とした「民族的理念」しかもっていなかったカヴールは、クリミア戦争への参戦を「正当化する唯一の根拠」として、サルデーニャ王国の政策を「イタリアの民族運動の目標と一致」させることしかできなかった。すなわちカヴールは、「イタリア問題の解決がサヴォイア王家を抜きにして考えられないとすれば」、「ヴィットーリオ・エマヌエーレを国王とするかたちでの半島全域の統一こそが最良のプログラム」(107)と考えたのであった。

「イタリア国民協会」のはたした役割

イタリア問題の解決をサルデーニャ王国にゆだねる決定的な流れを作ったのが、一八四八年にヴェネツィア共和国の指導者であったダニエーレ・マニンである。マニンは一八五五年九月、イタリアが王をもたねばならないとすればそれはサルデーニャ国王であるとして、ヴィットーリオ・エマヌエーレ二世に統一運動の先頭に立つことを要請した。しかしマニンがそれを共和主義政党の名前で表明したことについては共和主義側から批判が起こり、穏和派のなかにも戸惑いが見られた。マニンは一八四九年からサルデーニャ王国下院議員となっていたミラーノ出身のパッラヴィチーノと協力して、サルデーニャ王国の主導権によるイタリアの独立と統合unificazioneのために共和主義者と君主主義者が合同することの緊急性と、そのための国民党の結成を主張した。この統合という言葉の意味は、連邦主義者と統一主義者それぞれの解釈にゆだねられた。一八四八年以前にアゼーリオが担った役割をマニンが引き受けることになったのであった[108]。

イタリアの民族運動とサルデーニャ王国の両立を基礎とする「イタリア国民協会」Società nazionale italiana の計画は、パリ講和会議直後の一八五六年夏に開始された。マニンとパッラヴィチィーノを指導者とし、シチリア人亡命者ラ・ファァリーナを組織責任者とする、統合、独立、「イタリアとヴィットーリオ・エマヌエーレ」を掲げた「イタリア国民協会」が結成されたのは、一八五七年八月一日のことである。サルデーニャ王国の「イタリア政策」の実現のためにカヴールはラ・ファァリーナと定期的に情報交換をおこなうことになり、ジェーノヴァに滞在していたガリバルディもこれに参加を表明した。

マニンがヴェネツィア、パッラヴィチィーノがミラーノ、ラ・ファァリーナがシチリアからの亡命者であったように、「イタリア国民協会」はイタリア全土の出身者を包含する大きなうねりとなっていた。ラ・ファァリーナが一八五六年に創刊し、マニンらの政治主張を展開していた『ピッコロ・コリエーレ・ディターリア』紙は、「イタリア国民協会」の機関紙となり、その情宣活動の重要な手段となった。マッツィーニ主義者の組織は、ロンバルディーア、トスカーナ、教会国家、南部イタリアにおいて、最初はサルデーニャ王国への併合を主張する「融合派」によって、続いてラ・ファァリーナの「イタリア国民協会」の活動によって、「壊滅的な打撃[109]」を受けることになる。

「イタリアは決起しなければならない。この義務は議論されるものではない[110]」と、「民族のための戦争」を呼びかけたマッツィーニは、「われわれはイタリアと民族を欲する。それゆえに、統一と自由な生活を守る国民軍を欲する」と述べ、「イタリア国王、ヴィットーリオ・エマヌエーレ」という標語は「多くの共和主義者を拒否するものである」として、それに「人民とともに、民族のために[111]」を対置した。また、一八五六年四月二一日に「民族のために、民族とともに、その旗に戻ろう[112]」とファブリッツィに述べたことを同年七月二八日に繰り返し、マッツィーニは次のように訴えている。「われわれは共和国の名において立ち上がらない。君たちも国王の名において決起しないでいただきたい。われわれは君たちに共和主義者であることを宣言することを強制しない。友よ、君たちもわれわれに君主主義者であることを強制しないでいただきたい。国の旗は、民族の上にある。まずは、すべての人々の名前で、すべての人々の助力によって、戦争を。そのあとで、民族が望むもの、事実が決定することをみずからの手で実現しよう[113]」。これは、まずは統一、続いて人民によって選出された国民議会において政治体制を決定するという、それまでも提示されてきた案であった。

マニンは一八五六年五月二五日の『タイムズ』紙に発表した投書記事で、マッツィーニの蜂起主義は「政治的暗殺の理論、いい換えれば短剣の理論」であり、「イタリアの大なる敵[114]」であると批判していた。マッツィーニは同年六月八日のマニンへの公開状で、「民族が民族を救う。民族が一つの自由な民族の運命を決定する[115]」と述べ、「短剣の理論はイタリアに決して存在したことはない[116]」と反論した。続けて、「わたしたちと同様にあなたたちにとっても、蜂起はイタリア問題の唯一可能な解決法であり、偉業の主導権はわれわれ人民に属している。統一をはたす君主国はそれに従う他なく、ピエモンテ軍は兄弟たちの要請に応えるしかない[117]」と述べている。そして、ヴィットーリオ・エマヌエーレをイタリアの王と宣言したマニンに対して、「過去と同じく現在も共和主義者であるわれわれは共和国を強要しない。過去に共和主義者であったあなたたちは、今日、君主制を押しつけようとしている。だれが排他的なのか[118]」、「われわれの側に戻れ、マニン[119]」と、執拗なまでに協力を訴えている。「イタリア国民協会」の発案者で、「イタリアのゴルゴダ[120]」であったスピールベルク刑務所に投獄された経験もあるパッラヴィチーノに対しては、「あなたの過去には敬意を表する」と述べた上で、「イタリア民族党の名前を使うことはわれわれの言葉を強奪すること[121]」であると批判している。

カヴールからマッツィーニへの働きかけ

マッツィーニは一八五三年から一八六〇年にかけて、主たる滞在地をイギリスに置きながら、秘密裏に、ときには半ば公然と、ジェーノヴァを訪れている。昔の同志が「イタリアとヴィットーリオ・エマヌエーレ」を掲げた「イタリア国民協会」に続々と転向していくその時期に、一方で「行動党」による蜂起活動を続け、他方でカヴールと接触を取るなど、かれの行動は大きく揺れ動いていた。

パリ講和会議から数週間後、「リソルジメントの主導権をめぐって争う対立党派の代表者」、マッツィーニとカヴールが接触している。それがどのようなきっかけで、どちらから要請されたのかはほとんど明らかにされてないが、ロメーオは「おそらくは（サルデーニャ）政府の側から働きかけがあった」という。フランス及びスイスの警察の厳しい監視下に置かれていたマッツィーニは一八五六年六月から一一月までジェーノヴァに潜伏し、トリーノにも現れている。サルデーニャ警察はその動向を把握し、その報告を受けていたカヴールも、当時のマッツィーニの行動計画を熟知していた。

この接触でマッツィーニが意図したのは、衰退の一途をたどっていたみずからの勢力に、民主主義者だけでなく、穏和派をも引き寄せることであった。一方、カヴールは危険な賭けともいえる譲歩を見せたわけだが、ロメーオによれば、これは「明らかに一つの手段」[122]であった。カヴールから見れば、マッツィーニの蜂起活動が成功した場合にはオーストリアの軍事介入を惹起し、それに対する軍事対決を正当化できる。蜂起が失敗した場合はフランスとイギリスにイタリア問題を知らしめ、その解決のための行動を促すことができる。つまり、マッツィーニが作り出す反乱・蜂起を「既成事実」としてオーストリアに軍事介入させ、それを口実にサルデーニャ王国は戦争に踏み切り、フランスの支援を得るという策略であった。マッツィーニにとしては、蜂起が成功すればサルデーニャ王国と対等な関係となり、カヴールの主導する民族運動を阻止することができると考えていた。マッツィーニは、ヴィットーリオ・エマヌエーレとも間接的に接触しているが、直接的な接触はカヴールの策謀で実現しなかった。

このような密かな交渉が続いていた一八五六年七月、マッツィーニは前述したように四度目のルニジアーナ蜂起を計画し、それまでの三回の企て同様失敗に終わっている。サルデーニャ政府はその計画を知りながら黙認し、カヴールはルニジアーナ蜂起の失敗を教会国家に存在する社会的緊張として対外的に宣伝した。

サープリ遠征

「イタリア国民協会」を中心とする親サルデーニャ勢力拡大に大きな危機感を抱いたマッツィーニは、一八五六年後半に、独立と統一の実現のために全勢力を結集する「中立の旗」を掲げた。それは、「イタリア国民協会」にかつての同志が吸引されていくのを阻止し、民族運動における孤立を避けるための戦略であった。組織防衛の意味をもつ「中立の旗」は、忠実な追従者の離反をもたらす危険もはらんでいたが、それを受け入れたのがピサカーネであった。この二人の革命家にとって、「中立の旗」は「戦術的で一時的な方策」[123]であった。

一八五五年二月、マッツィーニは「敵ではない」、「非常に有能な人物」[124]であるピサカーネに、クリミア戦争についての論文を書くよう依頼すべきであると語っている。これに応えるように、ピサカーネは「一人の人間にできうる限りの損害をわれわれにもたらした」マッツィーニを

「辱め、批判する」[125]ことには意味がないとして、一八五五年二月から九月にかけて、ジェーノヴァで発行されていたマッツィーニ主義者の機関誌『イタリアと人民』に論文を執筆している。マッツィーニとピサカーネに再接近をもたらした要因として、両者に共通する当時の状況認識がある。ピサカーネは、クリミア戦争に参加しイギリス・フランスの同盟に加わったサルデーニャ王国をタイトルで皮肉った「同盟条約万歳」を『イタリアと人民』に発表した。かれはそのなかで、「同盟はイタリアの事柄ではなく、すべからくピエモンテの問題である」[126]とサルデーニャ王国のクリミア戦争参戦を批判し、「ローマの暗殺者（ナポレオン三世）に新たな苦しみ以外は期待できない」[127]とナポレオン三世のイタリア問題への介入を牽制している。マッツィーニも、前述したようにサルデーニャ王国のクリミア戦争参戦に反対し、軍隊の派遣を阻止するためにジェーノヴァで蜂起を企てようとした。両者に共通したのは、サルデーニャ王国のクリミア戦争参加は革命によるイタリア問題の解決を遠ざけるという判断、ナポレオン三世のイタリアに対する野心を打破する姿勢、外国の援助を拒否してイタリアの力で革命を実行するという方針であった。

ただし、両者の間には革命戦略における違いがあった。ピサカーネがオーストリア軍の基地から遠い、南部イタリアの革命の可能性を考えていたのに対して、独立の最大の敵であるオーストリアが支配する北イタリアを革命の拠点と考えるマッツィーニは、南部イタリアの周辺地域での革命がイタリア全土に波及することを疑問視していた。しかし一八五六年夏、ジェーノヴァでピサカーネと会ったマッツィーニは、ピサカーネが提案した南部イタリアにおける蜂起行動を受け入れた。両者は、それと同時にマッツィーニが中部イタリアに運動を拡大するためリヴォルノとジェーノヴァにおいて蜂起をおこなうことで合意した。

マッツィーニがピサカーネの南部イタリアでの蜂起に同意した背景には、一八五〇年ごろから登場し一八五五年から一八五六年にかけて勢力を伸ばすことになるミュラー主義の台頭を阻止する意図もあった。ミュラー主義とは、一八〇六〜一八一四年にナーポリ王国を統治したナポレオンの妹婿ミュラーの息子で、ナポレオン三世の従兄弟にあたるルシアンを、フェルディナンド二世に代えてナーポリ王とし、ナポレオン三世の支援を得て状況を切り開こうとする、パリに亡命していたイタリア人たちの主張である。

ミュラー主義者は、フェルディナンド二世の親ロシア政策にイギリスとフランスが反発を示した一八五五年、ルシアン・ミュラーをナーポリ王にすえて憲法を発布し、ピエモンテと同じ体制を南イタリアに作り、オーストリアを追放して北と南の二つの大国にその他の小国を統合する連邦制統一を実現するという方針のもと、状況の転換を図ろうとした。これに対して、ジエーノヴァにいたピサカーネ、トリーノにいたデ・サンクティス、パリにいたリッチァルディなど、南部出身の亡命者のほとんどが反対の立場をとった。ピサカーネは一八五五年九月二四日、ジェーノヴァに滞在していた亡命者たちと連名で、トリーノの『権利』紙に「フランスの一つの属州になる可能性がある[128]」とミュラー主義を批判する声明を出している。

マッツィーニはミュラー主義を、「一人の外国人の名前をかざし、外国人の支援に期待し、民族を否定し、あらゆる原理を踏みにじる」[129]ものであると批判した。一八五五年に発表した「反ミュラー主義」と題する一文では、「少数の者が、ミュラーという一人の外国人を神聖な民族の旗に掲げて、われわれの運動を汚している」[130]と述べ、南部イタリアにナポレオン三世の傀儡政権を創るものとしてミュラー主義を批判している。ミュラー主義は、「イタリアの運命を外部から決定することができるとする亡命者の過信の現れ」[131]であったが、ナポレオン三世の支持が得られないことが判明した一八五六年に消滅する。

マッツィーニとピサカーネの具体的な行動計画は、次のようなものであった。ピサカーネは遠征隊を率いてサープリに上陸し、一八五〇年以降の厳しい弾圧にもかかわらず活動を続けていたネオカルボネリーアである「軍事カルボネリーア」を中心に、南部イタリアで蜂起を起こす。同時に、マッツィーニはジェーノヴァのサルデーニャ軍基地を襲撃して武器弾薬を奪い蜂起を起こし、さらに、トスカーナ地方へ反乱を拡大するためにリヴォルノでも蜂起を起こすというものである。

ピサカーネは一八五七年六月下旬にポリカストロ湾のサープリに上陸するが、未然に計画を察知していた両シチリアの陸軍・海軍に包囲され、最初の戦いで壊滅的な打撃を受けた。遠征の失敗を悟ったピサカーネは、七月一日にピストルでみずから命を絶ち、「即興の革命」[132]は無残な失敗に終わった。ピサカーネは南部イタリアへの遠征、いわゆるサープリ遠征に出発する前に残した「政治的遺書」のなかで、「わたしは社会主義を信じる。それは近い未来にイタリア、そしておそらくヨーロッパにかならず訪れるだろう[133]」と記している。フェッラーリよりも先進的な革命理論をもっていたピサカーネによる絶望的なサープリ遠征は、「典型的にマッツィーニ精神に従った殉死」であった[134]。

他方、六月二九日に軍事要塞の占領から始まったジェーノヴァの蜂起は数時間で鎮圧され、リヴォルノの蜂起は警察を襲撃しただけで終わった。ジェーノヴァの軍事基地襲撃は、「イタリア国民協会」の活動やパリ講和会議の成果などで期待が大きく高まっていた立憲国家サルデーニャ王国への攻撃であったため、穏和派の怒りを買ったばかりでなく、その勢力をさらに拡大する結果となった[135]。

ジェーノヴァ蜂起と並行して、ナポレオン三世暗殺計画が発覚した。その計画者にマッツィーニの名前があったことから、マッツィーニの行動を十分に把握しながらもサルデーニャ政府がかれを放置したことは両者の「共犯関係」を示しているというフランス側からの批判が起こった。マッツィーニと接触していたカヴールは、マッツィーニの危険性が明らかになったことを受けて、その行動を放任した責任を左派の内務大臣ラタッツィに求め、かれの排除に利用した。カヴールは、サルデーニャ政府とマッツィーニとの関係を疑っていたナポレオン三世に対して、マッツィーニの引き起こす騒乱の重大性を知らしめることで、イタリア問題の解決に踏み切るよう圧力をかけた。このことは、ロメーオが指摘するように、カヴールがマッツィーニに接触したことの意図、すなわち「既成事実」を作ることによって、「目的に最も役立つ部分を利用する」[136]ことであったのかもしれない。マッツィーニはジェーノヴァの軍事基地を襲撃した罪により、欠席裁判で死刑判決を受けることになる。

一八五八年三月の「行動党」の回状で、マッツィーニは、ピサカーネという「一部隊に値する一人の人間」を失い、「勇者の中核」を失ったが、「行動党」は「いまや広範な組織」であり、「弱体化することはない」[137]と意気軒昂であった。「公然と戦うべき」サルデーニャ政府と、われわれを「欺き、名誉を傷つける」[138]穏和派という二つの敵に対し、「行動党」は勝利を収めねばならないというマッツィーニは、一八五八年の時点で、「党の勢力は数の上では増大しているが、党の統一がなされていない」[139]という認識をもっていた。この時期、「今日、あまりにも安易に忘れられ、無視されている」[140]のは「思想と行動」であり、その「一致のなかに、あらゆる道徳の基本がある」[141]ということを強調している。この「思想と行動の統一」は、マッツィーニにおいて「行動党」を強化するものであり、穏和派への対抗策と考えられた。

マッツィーニの影響力は、ミラーノ蜂起からサープリ遠征にいたる蜂起の失敗を漁夫の利として確実に勢力を拡大していたサルデーニャ王国を中心とする民族運動を前に、地に落ちたものとなっていた。かつて同志の一人であったフォレスティはそのことについて、一八五七年八月一二日付のパッラヴィチーノ宛書簡で次のように述べている。「ジェーノヴァ、リヴォルノ、サープリで失敗に終わった最近の事件から収穫を得ることができた。預言者（マッツィーニ）はその絶対的な名声の最後の輝きを失った。政治家マッツィーニに対して永遠の鎮魂歌を詠おう。かれが消え去ったことで、イタリア民族の党（穏和派）に広い自由な活動の場が与えられた。それを利用することが必要である」[142]。

事実、サープリ遠征の失敗は、マッツィーニから「カヴールを粉砕する危険性」を取り去り、「ミュラー主義の企てを回避するのに役立った」[143]。マッツィーニは孤高に徹して、「恐怖に晒されている人民の国内における騒擾として、オーストリアが戦争開始者となるように苛立たせるために一連の攻撃をおこなう」[144]と主張し続けていた。そのことは、ナポレオン三世がカヴールを支持する「有力な誘因」[145]となった。この時期のマッツィーニは、カヴール政治の支持者のみならず、民主主義者・社会主義者からも批判を受け、革命家としての存在すら否定され、孤立を深めていた。デッラ・ペルータは、ローマ共和国以降のマッツィーニは「みずからの立場、みずからの政治綱領の全体的な枠組みに受け入れられる」[146]ものだけを取り入れたと指摘する。

サープリ遠征失敗後、マッツィーニはスイスを経由してイギリスに戻り、これまでと同じように再起する。一八五七年七月から一〇月にかけて『人民のイタリア』に発表された「現状」と題する論文では、民族的理念の「使徒たち」は、たとえ打ちのめされても何ら行動することなく詰問に終始する人々に対し、「君たちは臆病者だ」という権利を有しているとマッツィーニは述べている。その上で、「民族理念」[147]と「共通の祖国に対する宗教的礼拝」[148]を強調し、「不幸にしてピエモンテとイタリアを設定した二元論」は「民族の致命的な災難」であり、「地方の問題ではなく、民族の、イタリアの問題[149]」が重要であるとした。「小さな祖国は、大きな唯一の真の祖国であるイタリアを忘れさせてしまった[150]」と、かれはサルデーニャ王国を中心とする運動を支持した穏和派を批判している。

その上で、マッツィーニは「行動党」員に対して次のように述べている。「書物であり武器ではない」とはいわないし、「武器であり書物ではない」ともいわない。わたしたちは「臆病な学校の先生でもなく、野蛮人でもない。わたしたちは書物と武器というのだ[151]」と。すなわち、書物は人民のなかのイタリアという使命の意識をさらに強めるためのものであり、武器は内外の物理的障害を打破するためのものであるとして、思想と行動の一致を具体化することを訴えたのであった。「イタリア半島で唯一自由な、あるいは半自由」な状態にある人民は君主制のなかに取り込まれ、「地方の生活になれて」しまっているが、「昔から一つの神聖で厳かな使命」をもった「未来のイタリア」を代表するサルデーニャ王国が、世の罪と闘う「イタリアの武装教会」の信徒になることに専念し、「地方の生活を民族的な生活にする[152]」ことをマッツィーニは求めていた。

プロンビエール密約以降のマッツィーニの行動

一八五八年一月一四日、マッツィーニと行動をともにしていたロマーニャ出身のオルシーニが、ナポレオン三世はヨーロッパの反動勢力の中心人物であるとして、パリのオペラ座玄関前で暗殺を企てる事件が起こった。暗殺は未遂に終わったが、オルシーニは裁判でイタリアの惨状を訴え、ナポレオン三世への直訴状ではイタリアの独立への支援を求めた。ロメーオは、この事件がナポレオン三世をサルデーニャ王国との軍事同盟による対オーストリア戦へと踏み切らせたという古くからの解釈は、「真剣に論ずる価値もない」という。ロメーオによれば、ナポレオン三世にとって対オーストリア戦は「一八一五年の諸条約を解消するという基本的な目的のための一貫した政治路線」にのっとったものであり、オルシーニ事件以前の一八五七年末から一八五八年初頭の時点でその決意は固まっていた。イタリアの民族運動を支援することはナポレオン三世の「イデオロギーと政策の基本要素」[153]であった。それはフランスの利害に抵触しない範囲の支援であり、もしイタリアが統一国家を樹立することがあれば、それをフランスの影響下に置くことが前提になっていた。

フランス政府はオルシーニ事件の責任をサルデーニャ政府に求めたため、カヴールは国家の威信を守るために政治的暗殺に対して厳しい措置をとった。とりわけジェーノヴァに滞在していた諸邦の亡命者たちは厳しい監督下に置かれ、危険人物と見なされた者は追放あるいは強制指定居住となった。マッツィーニがオルシーニ事件に何ら関与していなかったことは明らかであったが、マッツィーニ主義者の機関紙『人民のイタリア』は発行停止処分を受けた。

ナポレオン三世が対オーストリア戦の計画に着手するのは、オルシーニ事件から六カ月後のことである。ナポレオン三世は一八五八年七月二〇〜二一日に、アルプス山中の湯治場プロンビエールでカヴールと会談し、密約を交わした。いわゆるプロンビエール密約と呼ばれるものである。その内容は、サルデーニャ王国をヴェネツィア・ジューリアのイゾンツォ川まで拡大した上で、それにパルマとモーデナ両公国、教会国家北部地域とロマーニャを加えてヴィットーリオ・エマヌエーレ二世を国王とする北イタリア王国を樹立し、トスカーナと残った教会国家を合体して中部イタリア王国とし、ローマとその周辺地域は教皇領に留めてナーポリ王国の国境線は維持するというものであった。「統一を目指す民族精神が希薄」で、サヴォイア王家とサルデーニャ王国中心のカヴールがこの案を受け入れたことについて、「残された唯一の選択肢に受け入れがたい条件がついていたとしても、それを議論する余裕」はかれにはなかったとロメーオはいう。受け入れがたい条件とは、サヴォイア王家のクロティルデ公女とナポレオン三世の従弟ジェローム公の結婚である。フランスとサルデーニャの軍事同盟であるプロンビエール密約は、対オーストリア戦においてフランス軍がサルデーニャ軍を支援し、その見返りとして王家発祥の地サヴォイア（サヴォワ）とニッツァ（ニース）をフランスに割譲するというものであった。

ナポレオン三世の提案には、「民族的理想主義と現実的な覇権への野望が緊密に結びついていた」(154)。カヴールの方策は、カファーニャが指摘するように、オーストリアに代わってフランスがイタリアに対する覇権を確立することを回避しながら、オーストリア軍に勝利を収める軍事力を欠くサルデーニャ王国が外部勢力のフランス軍の支援を得て独立を実現するというきわめて危険な賭けであった。それに成功したのはイギリスの支持が得られたためである。また、後述する対オーストリア戦の間に「イタリア国民協会」の強力な働きかけによって起きた中部イタリアの蜂起や、ガリバルディ率いる義勇兵部隊のシチリアでの勝利によるものでもあった[155]。ロンドンにいたマッツィーニはプロンビエール密約の情報をいち早く入手していたし、そうして張りめぐらされた情報収集網にはずば抜けたものがあった。かれはその密約を、「本質的にオーストリアに代わってフランスがイタリア支配」をもくろむ「致命的な協定[156]」であると直ちに批判した。その上で、次のように述べている。サルデーニャ王国を支配する人々は「ローマを愛さない[157]」し、「われわれの望む統一をもたらさない[158]」。「民族的統一を否定するピエモンテの政治は（サルデーニャ王国を）拡大する政治をさらに押し進めるだけである。原理を否定したら、利害以外に何も残らない。祖国の統一を望む人民の熱情と蜂起にみずからの未来を求めようとしない君主制が外交に救いを求めれば、統一に敵対する政府が入り込むことになる[159]」。ナポレオン三世と準備を進めている「戦争の主導権や思想はピエモンテの君主制にあるのでもなければ、イタリア解放の自然発生的な計画にあるのでもない。戦争の考えはボナパルトにある。戦争はボナパルトのためである[160]」。

フランスの軍事支援を得た第二次独立戦争は「王朝の戦争であり、民族戦争ではない[161]」と断言したマッツィーニは、それは「ローマの暗殺者[162]」、クーデターによって皇帝となった「一二月二日の男（ナポレオン三世）に支援[163]」される戦争であるとした。かれは「戦争はパリに、一人の不誠実な偽りの男の意志にもっぱら依存している」[164]といい、その戦争の目的は「ピエモンテの君主国が領土を拡大することと、ナポレオン王家の家系をイタリアへ移植することだけであり[165]」、そこには統一も、民族の旗もないと、ナポレオン三世とカヴールを弾劾した。

マッツィーニは、「われわれは祖国を欲する。その祖国はイタリアである[166]」と述べた上で、自分たちが望む戦争は、「オーストリアが直接的・間接的に支配するすべてのイタリアの土地において妥協しないこと」、「王朝の領土的な利害のためではなく、イタリアと呼ばれる偉大な原理、民族的統一のためである」こと、「外国人とともにおこなう戦争ではなく、自由人の戦争、人民と同盟した戦争」であること、「奴隷の戦争ではなく、生まれようとしているイタリアの運動を冒瀆しない戦争である[167]」ことを主張した。マッツィーニは、フランスが地中海を「フランスの湖[168]」とすることと引き換えに、ロシアはトルコの保護権を得て、両国がヨーロッパの覇権を分割することになると予測していた。

一八五九年一月一〇日のサルデーニャ王国議会でヴィットーリオ・エマヌエーレ二世がおこなった、イタリア全土から聞こえてくる人民の「慟哭の叫び」に無関心ではいられないという有名な演説、すなわちオーストリアへの実質的な宣戦布告のあと、一月三〇日にフランスとの同盟の代償としてナポレオン公とクロティルデの結婚式がおこなわれた。国王による「慟哭の叫び」演説以降、サルデーニャ王国には第二次独立戦争に参加するためにイタリア全土から義勇兵が集結し、軍隊も戦闘態勢を整えていた。

一八五九年初頭、対オーストリア戦に民族的・人民的特徴を与えるため義勇兵部隊が組織化されたことに対して、マッツィーニは「蜂起による戦争」を先行させるとして、義勇兵に「君主国を支援しない」ように呼びかけている。[169] ロンドンで発表した一八五九年二月二一日の「イタリア人に告ぐ」という声明では、「民族性は外国の軍隊ではなく、それを構成し、代表する人々の戦いによってのみ作られる」[170] といって、フランスとサルデーニャの同盟に断固反対の立場を表明した。この声明には、クリスピ、サッフィを含めた一〇〇人近い共和主義者が署名をしている。

第二次独立戦争とマッツィーニ

プロンビエール密約の存在を知ったロシアとイギリスは、オーストリアとフランスの衝突を恐れてサルデーニャ王国に武装解除を迫った。そのため一八五九年の二月から四月にかけてはプロンビエールの密約が無効になる危機的な状況にあったが、オーストリアがサルデーニャ王国に軍隊を平時の状態に戻して義勇兵部隊を解散させることを要求する最後通牒をおこない、それをサルデーニャ王国が拒否したことで、同年四月二七日に第二次イタリア独立戦争が始まった。ロシアとイギリスの反対で動揺していたナポレオン三世も否応なく参戦することになる。

戦争開始にいたる経過について、ロンドンにいたマッツィーニの影響力は皆無であった。マッツィーニは一八五九年五月に『思想と行動』に発表した「戦争」のなかで、この戦争の本質を突く批判を次のように展開している。「イタリアは民族的統一を望むが、ルイ・ナポレオンはそれを望んでいない。かれは、北イタリア王国の樹立の報償としてピエモンテが割譲するニッツァとサヴォイアを手に入れる以外に、ミュラーを南部の王に、従弟を中部イタリアの王位につけようとしている。ローマと教会国家の一部は教皇が支配することになる。イタリアは、（サルデーニャ王国を加えて）四つの国家となるであろう。その二つは外国人に直接支配され、間接的にフランスが全イタリアを支配することになろう。教皇は一八四九年以降フランスに依存しており、サルデーニャ王国は報恩の義務と劣勢のためにフランス帝国の属国となる[171]」と。マッツィーニは、「まず状況を変えなければならない」、「この危機から共通の祖国を救うことに全精力を集中しなければならない」と考え、サルデーニャ王国による北部イタリア王国の樹立という地方化 localizzare に対して、「中部へ、中部へ、南を目指して」、「戦争を拡大し、それをイタリア化 italianizzare する必要がある[172]」と主張した。「われわれは（フランス）帝国の介入を遺憾に思うが、オーストリアがイタリアのあらゆる民族的発展にとって永遠の敵であることを忘れることはできない。オーストリアが屈服することが必要である。すべてのイタリア人が協力しなければならない。すべてのイタリア人がみずからの良心に問うことである。すべてのイタリア人が対オーストリア戦に対して、できる限りの血・資金・助言を与えねばならない[173]」とかれは述べている。

マッツィーニは、この時期に中部イタリアで起こった「自然発生的」で「全般的な騒擾[174]」と、そこに数多くの市民・義勇兵が参加した状況を踏まえて、ピエモンテの君主制の戦争に「イタリアの人民の戦争[175]」を対置した。さらに、北部だけでなく南部も含めたイタリア全土の蜂起という行動方針を打ち出したかれは、オーストリア軍の駐屯する北部と中部ではヴィットーリオ・エマヌエーレを司令官に押し上げ、南部では「自主的」な行動に任せて、その帰属については戦争終結後に国王「みずからが運命的な至高の意志[176]」をもって決めるべきであると考えた。

第二次独立戦争はサルデーニャとフランスに有利に展開し、オーストリア軍は退却を続け、同盟国軍は六月八日にミラーノに入城して、一九世紀最大の戦闘と呼ばれるソルフェリーノとサン・マルティーノでも勝利を収めた。独立戦争開始による愛国運動の高揚と同盟軍の軍事的な成功によって、まずトスカーナ大公国、続いてパルマ、モーデナ、教会国家のなかのボローニャなど中部イタリア各地で旧体制が崩壊し、臨時政府が樹立された。「イタリア国民協会」の強力な働きかけを受けて誕生した穏和派に指導される臨時政府は、サルデーニャ王国への併合へと傾いていた。このことはナポレオン三世の予測を超える事態で、北イタリア王国、中部イタリア王国、そして南イタリア王国の連邦制というプロンビエール密約の内容とは異なる展開となった。加えて、フランスのイタリアにおける軍事的勝利を危惧するプロイセンが戦闘準備態勢に入るという状況が生まれたことで、フランス国内で全面戦争になる不安が広がったこともあり、ナポレオン三世は七月初頭に講和の決意を固め、六日にオーストリアに休戦を提案した。

一八五九年七月八～一一日に、フランス及びサルデーニャ王国とオーストリアの間でヴィッラフランカ講和予備会議が開催された。それによって、オーストリアが直接ではなく、フランスを通じてサルデーニャ王国にロンバルディーア地方を譲渡することとなった。チューリッヒでおこなわれる正式な講和交渉にはサルデーニャの代表の参加が認められなかった。オーストリアの敗北によって生まれた新しい国際政治体制のもとで、サルデーニャ王国はプロンビエール密約に従ってサヴォイアとニッツァをフランスへ割譲し、それと引き換えに中部イタリアは住民投票によってサルデーニャ王国に併合された。

マッツィーニはサヴォイアとニッツァのフランスへの割譲について、とりわけ「ニッツァは議論の余地なくイタリアのものである」[177]として、この「反民族的行為」[178]に激しく反対した。フランス語圏のサヴォイアをフランスに割譲することに関しては、かれの民族性の理解において言及したように、「言語は民族性の存在を証明する特徴の一つに過ぎない。姻戚関係・伝統・習慣・歴史的発展・地理的状況・使命が対立するところでは民族性はまったく存在しない。このすべての条件において、サヴォイアをフランスに溶け込ませることは困難である」[179]と述べている。ロメーオはヴィッラフランカ講和の歴史的意味について、ロンバルド・ヴェーネト地方の解放というプロンビエール密約の内容をすべて実現するものではなかったが、オーストリアから見ればウィーン条約で定めたヨーロッパが初めて「諸民族のヨーロッパ」に敗北したということであり、イタリアにおける「フランスの圧倒的な影響力」を作り出す大前提となったと指摘している。[180]

マッツィーニはこのヴィッラフランカ講和を、一七九七年にヴェネツィアをオーストリアに併合したカンポフォルミオ講和の新たな再現であるとして、イタリアの愛国運動の敗北と見なし、「今日のヨーロッパの専制政治を代表する三つの強国、フランス、ロシア、オーストリアの新たな神聖同盟の開幕である」[181]と批判した。マッツィーニはこの状況に、イタリア問題に対するフランスの介入を許し、自由は抑圧され、民主主義運動は中断し、イタリア統一がさらに遅れることになるという強い危機感を抱いていた半面、一八四九年のフランス軍の「ローマ派遣がフランスのクーデターの序曲であったように、クリミア戦争とイタリア戦争によってヨーロッパのクーデターに近づいた」[182]と新たな展開に希望をつないでいた。マッツィーニは、「一二月二日のクーデターの男」が抱く野心――トルコとオーストリアの崩壊後にロシア帝国とヨーロッパを二分支配すること――を恐れていた。

ヴィッラフランカ講和は穏和派の政治とサルデーニャ王国の主導権の限界を示すと考えたマッツィーニは、「蜂起と人民の行動が自由」となり、イタリアの「復活」[183]のときが到来したとして活動を再開した。一八五九年八月一〇日に発表した「為すべきこと」では、「イタリア人の目的は北イタリアに強力な王国を形成することではない」[184]、「イタリア人の目的はイタリアであり、民族統一であり、一つの自由な祖国の創設」[185]であると主張した。かれは「この目的を目指すイタリア人のあらゆる行動は民族的形態・特徴を帯びねばならない」[186]と述べ、「休戦することなく、国境を越えて、蜂起に活動を集中しなければならない」[187]と訴えた。「中部へ、中部へ、南部を目指して」[188]というマッツィーニの方針は、中部イタリアで成功した蜂起を発展させるために義勇兵を組織し、教会国家のマルケ、ウンブリアに侵攻し、南部イタリアをシチリアと連携しながら決起させ、両シチリア王国を南北二面から攻撃するというものであった。これによりトリーノとパリの連携に楔を打ち込み、外交に依存するサルデーニャ王国政府を孤立させ、中部イタリアを蜂起の舞台とし、イタリア統一の要であるローマに駐屯するフランス軍に打撃を加え、統一運動を南部まで拡大することが目的であった。

この計画を実現するために、マッツィーニはイタリアに戻り、一八五九年八月から九月にかけてイギリス旅券でフィレンツェに逗留している。その地を選んだ理由は、北部イタリアと南部イタリアを結合するイタリア統一の鍵があると考えたことと、イタリア半島の運動を眺望できるということであった。

第二次独立戦争でサルデーニャ軍の将軍となったガリバルディは、その戦争を「人民の戦争と国王の戦争の妥協」と捉え、「ガリバルディ義勇軍はサルデーニャ軍へ従属する」と考えた上で、ヴィッラフランカ講和後には中部イタリア同盟軍の司令官となり、実質的にエミーリア・ロマーニャの支配者となっていた。[189]かれは義勇兵部隊を率いて教会国家の国境を越え、マルケに侵入する計画を立てていたが、フランスだけでなく、紛争の拡大を阻止しようとするイギリスからも強い反対が起こり、その計画を脇で支援していたヴィットーリオ・エマヌエーレ二世から承認を得ることができなくなった。一八五九年末には、「イタリアとヴィットーリオ・エマヌエーレ」という旗を放棄しないまま、「革命によって民族運動を全イタリア半島に拡大しよう」という民主主義者が、ガリバルディのまわりに集結するようになる[190]。

この時期にヴィットーリオ・エマヌエーレ二世と接触していたマッツィーニは、一八四八年と同様に共和制の主張を留保して、ナポレオン三世の影響を排除し中部イタリアから南部イタリアへと最終目標である統一を実現するよう国王に働きかけた。それが一八五九年九月二三日にフィレンツェから国王に送った公開状である。そのなかでかれは、「陛下、あなたはヨーロッパのどの君主よりも強力です」、「イタリアは統一を求めています[191]」と訴えている。続けて、「陛下、イタリアを一つにすることができます。そのためには、ルイ・ナポレオンを排除し、かれの独裁から解放され、人民に依拠する必要があります。もし望まれれば、イタリア国王になれるでしょう」が、そのためには「ガリバルディにウンブリア、マルケを通過してアブルッツォへ向かわせ」、「ナーポリ王国を獲得すべきです[192]」と述べている。だが、ヴィットーリオ・エマヌエーレ二世はオーストリアの再介入を恐れて、行動に踏み切ることはなかった。すでにイタリア統一のシンボルとなっていた国王と接触したことは、一八六一年九月三〇日付のグリレンツォーニ宛書簡でマッツィーニ自身が述べているように、かれが「イタリアに重大な犠牲をもたらす混乱や争い」によって共和制の統一を実現するのではなく、統一を優先して、政治体制を「未来に先送りした[193]」ことによるものであった。

国王からの返事はなかったが、それが無駄でなかったのは、ヴィッラフランカ講和後に休戦に抗議して首相を辞任したカヴールのあとを継いだラタッツィ首相から会談の申し入れがあったためである。ルガーノに居を移していたマッツィーニは、サルデーニャ王国にはフランスと手を切り、みずからイタリアの独立と統一を実現する意志がないことを確認すると、ガリバルディにシチリア遠征を進言している。しかし、その提案をガリバルディは受け入れなかった。マッツィーニは、一八六〇年四月にジェーノヴァで発行された『イタリア統一』の創刊号で、「アルプスから地中海まで、トレンティーノの裾野からシチリアの南端までを含むすべてのイタリア」の民族統一は「イタリア人の否定できない願い[194]」であり、ロンバルディーアと中部イタリアの「併合はあくまでも手段であって、目的ではない」と述べている。

一八五九〜一八六〇年のイタリアの政治的推移において、マッツィーニの「直接的な影響はほとんど皆無」であったが、様々な方法で及ぼした「間接的な影響は非常に大きい[195]」ものであった。ロンバルディーアと中部イタリアのサルデーニャ王国への併合で頓挫するかに思えたイタリア統一のプロセスに推進力をもたらしたのは、穏和派ではなく、民主主義者の勢力であった。ロンドン滞在中に、マッツィーニはクリスピ、ピーロとともにシチリア遠征の準備を開始した。クリスピはマッツィーニに代わって、一八五九年七月から八月にかけて秘密裏にシチリアに滞在し、一〇月に蜂起を準備したが失敗した。

イタリア半島での急激な統一運動の進展の影響を受けて、シチリアでは社会的緊張が高まり、蜂起の状況が生まれていたことから、一八六〇年三月、ピーロはガリバルディに遠征隊の派遣を求めた。ガリバルディは生々しい記憶としてあるピサカーネのサープリ遠征の失敗も考えて、当初はその成功の可能性を信じず、否定的な態度をとっていた。しかし、同年四月四日にパレルモで民衆蜂起が起こり、農村部にも拡大していったことによって、ガリバルディの指揮する遠征隊のシチリア派遣が具体的になり、ジェーノヴァで義勇兵の募集が開始された。数多くのマッツィーニ主義者を含む義勇兵のシチリア遠征に対して、サルデーニャ政府は遠征隊のための準備組織である「一〇〇万丁銃運動」が所蔵する武器集積所を差し押さえる措置をとり、その動きをコントロールしようとした。マッツィーニは、ガリバルディ率いる千人隊がシチリア遠征に出発した直後の一八六〇年五月七日にロンドンからジェーノヴァに到着した。

一八六〇年四月から九月にかけて、すなわち千人隊の準備の時期からガリバルディのナーポリ入城の間に、イタリアの民族運動の主導権は民主主義者に戻った。マッツィーニは八月にフィレンツェに行き、そこに集結していた義勇兵とともに教会国家に侵入する計画を立てるが、実現しなかった。シチリアを征服したあと、メッシーナ海峡をわたり南部イタリアを凱旋将軍として北上してきたガリバルディは、一八六〇年九月七日にナーポリに入城した。マッツィーニは、ガリバルディのシチリア遠征について、「シチリアの運動はわれわれのものであり、かれら（カヴールや、ラ・ファリーナの『イタリア国民協会』の）もの」ではないと述べている。それはヴィッラフランカ講和の直後に「国が国を救う、人民の主導権がイタリアを創る」[196]という信念を抱いた人々によるものであり、「ガリバルディの遠征はかれらがおこなったことではない」、かれらはそれを「妨害」[197]したという指摘であった。

このマッツィーニの指摘は正しい。マッツィーニが「三〇年近く布教した祖国に対する義務と犠牲は一つの遺産」となっていた。シチリア遠征に参加した「義勇兵の多くがたとえかれと袂を分かっていたとしても」、それは「かれらのなかに生きており、その意味でかれらはマッツィーニ主義者であった」[198]。また、カヴールは、シチリアと南部イタリアをガリバルディが征服したときから、マッツィーニの主張していた統一を目標とするようになった。

一八六〇年九月、民主主義者の主要メンバーであるマッツィーニ、カッターネオ、フェッラーリ、ベルターニ、クリスピはナーポリに滞在していたが、共通の政治方針を議論することもなく、統一運動の大きなうねりの主導権を握る指導者はだれ一人いなかった。唯一の指導者はガリバルディであった。マッツィーニは国民的英雄となったガリバルディに、ナーポリに留まることなく、ローマ、そしてヴェネツィアへと進軍し続け、イタリアの統一を実現するように説得した。ロメーオによれば、ガリバルディはブルボン軍とのヴォルトゥルノ河畔での決戦まで、「もし可能であれば国王とともに、それが不可能であれば国王抜きで」[199]、ローマとヴェネツィアへ進撃する考えを放棄していなかった。

しかし、ヴィッラフランカ講和に抗議して首相を辞任していたカヴールが復帰すると、ガリバルディの北上を阻止し、それがもたらすフランスの介入を回避し、民主主義者に移った統一運動の主導権を奪還するために、一八五九年からマッツィーニが主張していたマルケ、ウンブリアに侵入して教会国家を統一へと導くという計画を換骨奪胎した。その時点で、中部イタリアの併合まで主導したサルデーニャ王国によるイタリア統一を支持する穏和派と、ガリバルディによるシチリア・南部イタリアの軍事的制覇によって勢いづいた民主主義者の間には鎬を削る激しい対立と抗争があった。カヴールが派遣したサルデーニャ軍は九月一一日に教会国家の国境を越え、巧妙なカヴールの政治判断が勝利した。この戦いに敗れたことを認めざるを得なくなったマッツィーニは、国王のナーポリ入城の前夜、一一月六日にナーポリを去った。ガリバルディとの最後の会談で、マッツィーニはローマとヴェネツィアを併合するために行動することと、カヴールの政府に反対し続けることを約束した。マッツィーニは立憲議会の招集なしに住民投票によって南部イタリアを併合することに反対したが、それについてはガリバルディも同調していた。

イタリア統一とマッツィーニ

イタリア統一期のマッツィーニは次のように考えていた。共和主義を留保して、統一のために「全勢力を集中する」。「国の統一への第一歩」として「蜂起に始まり戦争へと発展して獲得された」南部イタリアは、「全面的解放、ヴェネツィアとローマの解放、あらゆる外国人からの解放のとき」[200]を告げるものであった。そのために、「共和主義者は共和国のための陰謀は企てない。共和主義者は祖国の統一のために働く」[201]。

マッツィーニはこの時期に執筆した『自叙伝』のなかで、「頭のなかで描いていた構想が残念ながら事実によって証明された。主導権は君主制がとった。共和主義者にはその能力がなかった」[202]と認めた。しかし、シラクーサの僭主ディオニシウスの家来だったダモクレスの剣のように、「一見すると幸せと思えるときはつねに危険に脅かされている」[203]と警句を発したかれは、一八六〇年末にはサルデーニャ王国から一八三三年と一八五七年に下された二度の死刑判決を取り消すと伝えられたものの、それを拒否してロンドンに旅立った。

一八六一年三月一七日、イタリア王国の成立がトリーノで宣言され、ヴィットーリオ・エマヌエーレ二世がイタリア国王に即位した。前述したように、マッツィーニには統一国家樹立のプロセスに直接関与する余地はなかったが、中部イタリアのサルデーニャ王国への併合、ガリバルディ率いる義勇兵部隊のシチリア遠征と南部イタリアの併合においては間接的ではあるものの決定的な影響力を及ぼした。そのことについて、マッツィーニは一八五九年に発表した「君主主義者の戦術」のなかで、イタリア統一が実現されつつあることへの誇りも込めて、次のように述べている。「統一は道徳的に達成された。この統一は主として共和主義者の功績である。偉大な理念を広め、人民の心のなかで口には出されないけれど高まっていた衝動を直感的に感じ取ったこの意識を、だれも奪い去ることはできない。われわれが一八三一年に最初に統一の旗を公然と掲げたとき、イタリアの知識人は道に迷っていた。今日、才能ある人に、庶民たちに尋ねてみよ。なぜ騒々しく行動するのか、なぜ戦いの備えをしているのか。その全員が、三色旗のリボンを誇示し、『ローマのため、イタリアのため』と答えるであろう」[204]。

また、一八六一年一月七日付の『グラスゴー・ヘラルド』紙の編集者に宛てて書いた書簡で、マッツィーニは「精神錯乱者、見境のない扇動者」といわれながらも三十数年近く「イタリア統一のために働いてきた」という強い自負心をもって、サルデーニャ政府とカヴールを次のように厳しく批判している。イタリアの統一は「名誉を傷つけられた党」、すなわち民主主義者の党である「行動党」に基盤を有し、民主主義者は「イタリアのために戦い、血を流してきた」が、「サルデーニャ政府は主導権をとるための一歩すら踏み出さず」、カヴールは民主主義者の行動に「絶えず敵対したのに、獲得したばかりの成果を手中に収め」、ロンバルディーアを「贈りもの」として公然と受け取った。ルイ・ナポレオンが望まなかった中部イタリアの併合は、「われわれの党の騒擾」によって達成された。シチリアの併合も「政府とは意見を異にし、対立したにもかかわらず」、民主主義者が準備し、実現したものである。サルデーニャ政府は千人隊の遠征を認めようとせず、それを妨害した。「ガリバルディに与えられた支援――武器・義勇兵・資金――は、サルデーニャ政府からではなく、イタリア全土に散らばるわれわれの支部からのものであった」。イタリア半島への義勇兵部隊の上陸は「強い反対を受け、カヴールが差し向けた工作員に徹底的に妨害された」が、それをはねのけ、可能にしたのは「ナーポリにあるわれわれの行動委員会」によるものであった。[205]

さらに、一八六二年九月の「イタリアの復活」では、サヴォイア王家がおこなったことは限られたもので、ルイ・ナポレオンに寄りそい、かれの指令に従ってオーストリアと戦っただけであり、一八六〇年にサルデーニャ軍がおこなったマルケ、ウンブリアへの侵入は民主主義者によるローマ併合の主導権を阻止するためのものであったとして、サルデーニャ政府、直接的にはカヴールに対する批判をおこなっている。マッツィーニによれば、南部イタリアの解放は民主主義者の主導による人民の蜂起によるものであり、「われわれの行動と犠牲によって」[206]ルイ・ナポレオンの野望を粉砕することができたし、「シチリアでは、自分たちの旗ではないが、(『イタリアとヴィットーリオ・エマヌエーレ』という）人民によって掲げられた旗を受け入れて、人々は戦い、死んでいった」[207]と、統一国家の成立における共和主義者の貢献を強調している。

この批判が歴史的事実に則していることは、統一の一年前にカッターネオが述べた「カヴールはマッツィーニの敷いたレールの上を走っている」[208]という言葉からも明らかである。また、カヴールが「ローマを放棄するような行為は民族の正統性を疑わせるもの」になるという首都ローマ問題の「根底的な重要性を感知」して、一八六一年一〇月一一日に議会で「首都ローマ」の演説をおこなったことに対して、マッツィーニはそれが三〇年に及ぶみずからの「伝道」によるものであり、サヴォイア王家の君主制がピエモンテからイタリアへ変質したことを示すものであるとして評価した。[209]すなわち、プロンビエール密約で北イタリア王国の樹立を目標とし、シチリア・南部イタリアの併合もイタリア統一も想定していなかったカヴールの「首都ローマ」宣言は、「ローマはイタリアの真の、唯一の首都である。ローマなくして、可能な民族的統一は存在しない」[210]というマッツィーニの主張を受け入れたものであった。

一八五九〜一八六〇年の経過と結末はマッツィーニの長年の夢を大きく裏切るものであったが、「マッツィーニが語ることは事実である。イタリア統一の実現に『行動党』がはたした役割、すなわちマッツィーニの思想と行動の歴史的意義を見落としてはならない」[211]とデッラ・ペルータは指摘している。

「カヴールの政治やイタリア問題に介入したナポレオン三世、そして革命と取り換えられた外交に対する批判と交差し、一対のものとなった」マッツィーニのサルデーニャ王国批判は、「三〇年前におこなった一八三一年の中部イタリア革命批判と同じ論理」であり、「統一がイタリア人民の革命的な主導権ではなく、フランスの支援によって実現された脆弱なもの」であることへの鬱積した「不満の表れ」[212]であった。

一八四九年以来フランス軍が駐留するローマと、オーストリアの支配下にあるヴェーネト地方の併合なくして「イタリアは存在しない」と考えるマッツィーニにとって、サルデーニャ王国への併合を承認する「主権の偽りの表明」[213]、すなわち住民投票によって領土を統一するのではなく、立憲議会を通じて表明される、神が与えた使命を自覚した人民による「宗教的事業」[214]として統一を完成しなければならなかった。サヴォイア王家による君主制の統一は、民族のたんなる「骨格」であり、外観だけで「生命のないイタリア」であり、「民族の魂、神の恵みをもたらす息吹(215)」を欠いたものである。マッツィーニにとって、イタリアを領土的に統一する「物質的統一」以上に重要であるのが、人民の「道徳的統一(216)」、精神的・倫理的な統一であった。

XII　統一国家におけるマッツィーニ

労働者の組織化

一八六一年のイタリア王国成立から一八七二年に生涯を終えるまでの約一一年間におけるマッツィーニの活動は、労働者の組織化、ヴェーネト地方とローマの併合、そしてパリ・コミューンをめぐる論争に集中している。

一八六〇年一二月にロンドンに戻ったマッツィーニは、一八六一年五月二二日、「統一の問題は解決した」と述べた上で、これから取り組むべき課題として「自由と人民の問題」、「普通選挙」[1]問題を挙げている。さらに、同年一一月二九日には「労働者の進歩に配慮するだけでなく」、「ヨーロッパの労働者階級の主導権を確立できるような労働者の統一」[2]を促す組織活動をおこなうことを明らかにしている。それは、具体的には労働者・職人の相互扶助会であり、その目的は達成されたばかりの統一国家の労働者を友愛と連帯を通じて道徳的に再生することであった。

マッツィーニは一八六〇年の時点で、統一によって訪れた「新しい時代」は「民族あるいは諸民族の集合的生活を一新する、あるいは活発化する新しい要素の登場」と一致し、労働者階級は「閉じようとしている時代のブルジョア」[3]に取って代わると考えた。すでに一八四〇年にロンドンで最初のイタリア人の労働者組織を結成していたかれは、統一後はイタリアの労働者・職人・農民を主体とする相互扶助会に対して積極的な働きかけをおこなっている。労働者・職人・農民を対象に市民の道徳規範の形成を目指したこの啓蒙・組織活動は、一八六〇年夏にスイスで、秋にナーポリで出版した『人間義務論』にまとめた家族・祖国・人類についての義務論にもとづくものであった。(4)

一八四八年のカルロ・アルベルト憲法の「結社の自由」によってサルデーニャ王国に誕生した労働者協会・相互扶助会は、一八五〇年代から北イタリアと中部イタリアに、一八六〇年代にはイタリア全土に急速に普及する。その組織は、当初はブルジョア階層の指導を受けて労働者や職人が結成した同業組合の家父長的特徴をもっており、基本的には政治活動を拒否し、相互扶助を目的とするものであった。マッツィーニは、労働者の相互扶助だけでなく、かれらの権利の擁護を目的とする組織へと変化させ、普通選挙の要求などで政治化することを考えた上で、この組織に積極的にかかわるようになる。かれは「労働者のアソチアツィオーネが存在しないところには設立する」(5)として、労働者・職人・農民の相互扶助会や消費・生産の協同組合によって、職人や都市労働者を統合し、民主主義の基盤拡大を図ろうとした。

「ナーポリの統一協会」(6)や「ナーポリの労働者相互扶助協会」(7)、あるいはマッツィーニの名前のもとに組織された数多くの労働者協会を結集する「イタリアの全職人友愛」(8)など、多数の労働者組織の規約にはマッツィーニの理念が盛り込まれている。それらの組織はマッツィーニを（ときにはガリバルディと併記するかたちで）名誉会長あるいは名誉会員とし、マッツィーニ自身も一八七二年に生涯を終えるまで数多くの組織に対してアピール文を送っている。(9)ラヴェンナで組織された「進歩協会」という相互扶助会宛の一八六三年一〇月五日付文書のなかで、マッツィーニは、「進歩という言葉は、これまであらゆる政党の武器と理解され、生命とその法の定義を含んでいた」といい、「その理念は祖国と人類を含み、宗教的な変化を宿している」[10]と述べている。一八六五年七月付の「統一労働者協会　ナーポリの市場支部」宛の文書では、「民族の集合的な進歩と経済的な進歩を決して分離することはできない。前者に比例したものでなければ後者を永続して獲得できない。自由なくして安定した進歩は存在せず、統一なくして自由はつねに不安定で、外国人に脅かされる」[11]と、国民の精神的統一が物質的進歩を確実なものとすることを訴えている。また、「歴史の世界は二つの要素――個人の仕事と神の摂理――の継続的な行動の間で緩やかに展開する。前者を規定する言葉は自由である。後者を規定する言葉は進歩である。時間と空間はわれわれのものである。われわれは進歩を遅らせることも早めることもできるが、阻止することはできない」[12]とも述べている。こうした文書は、青年時代から晩年にいたるまで、マッツィーニにおいて進歩の法が揺るぎない理念であったことを示している。

これらの労働者協会は一八五三年に全国的な連合体を結成して、それ以降毎年全国大会を開催している。一八六〇年にミラーノで開催された労働者協会の第八回大会では、普通選挙の要求と並んで、会員の相互扶助と慈善活動を議題に取り上げている。一八六一年にフィレンツェで開催された第九回大会では、マッツィーニ主義の民主主義勢力とピエモンテの穏和派勢力の間で政治問題への関与について対立が深まり、穏和派に属する一二四団体の代表二〇〇名あまりが投票を拒否して退席した。ストライキを「不道徳」と批判したその大会では、労働時間の短縮や賃金の値上げの他に、労働者の組合運動を否定する刑法条文の廃棄、労働者組織の統一、普通選挙、カトリック教会の影響を排除した世俗の無償義務教育の要求などが承認され、ガリバルディを会長に全員共和主義者からなる執行委員会が発足した。

一八六四年一〇月にナーポリで開催されたイタリア労働者協会第一一回大会では、マッツィーニが提案した「友愛協定」が決議された。インターナショナルの結成以降、社会主義思想がイタリアにも浸透し、労働運動にも次第に影響を及ぼすようになるが、マッツィーニは一八七一年ごろまで労働者運動への影響力を保持していた。マッツィーニが亡くなる一八七二年以降、イタリアの労働運動はバクーニンの無政府主義思想に影響を受けることになる。

国際的な労働者運動

マッツィーニはイタリア国内の労働者を組織化する一方で、ラーマを会長とし、ロンドンに住むイタリア人移民三〇〇〜三五〇人が参加する「相互進歩のイタリア人労働者協会」を一八六四年七月に結成している。これはイタリアの相互扶助会と同類の組織であった。同年九月にロンドンのセント・マーティンズ・ホールで開催された国際労働者協会、すなわち第一インターナショナル結成会議には、イタリア代表としてラーマとウルフが規約の起草に参加している。その規約には、ナーポリの労働者協会大会で承認されたマッツィーニの人類的・宗教的な理念にもとづく友愛が盛り込まれたが、それはマルクスによって直ちに階級闘争に変更される。マッツィーニはインターナショナルに対して「譲歩的な立場[13]」をとり、一八六五年三月にはマッツィーニ主義者が中央委員会から退くことになる。

インターナショナルを「コスモポリタニズムの極地」、「民族性の否定」と見なすマッツィーニは、それを「理論的な狂気[14]」と述べ、「考え方としては良いが、階級闘争以外は語ろうとしない、小プルードンのドイツ人マルクスにあまりにも支配されている[15]」と述べている。マッツィーニはマルクスが『共産党宣言』でプルードンを「保守的あるいはブルジョア的社会主義」の代表者と批判したことを知らず、「マルクス主義とプルードンの社会主義を混同[16]」していた。

たしかにマッツィーニは社会主義思想を否定し、民族問題に社会問題を従属させたが、この時期に労働者への働きかけをおこなっていたのは「イタリアの民主主義運動において、かれ一人であった[17]」。マッツィーニは相互扶助会への働きかけを通じて、長い間周縁に置かれていた社会階層の人々の経済的な社会的結合を取り結ぶだけでなく、相互教育を通した人民の道徳的再生、ヴェーネト地方とローマの併合によるイタリア統一の完成、普通選挙の拡大などに向けてかれらを動員しようとした。

ヴェネツィアとローマの併合

マッツィーニは、オーストリアとの戦争がハンガリーを解放し、さらにはハプスブルク帝国を崩壊に導くという観点から、まずヴェーネト併合、次にローマ併合を考えたが、ガリバルディはその逆であった。一八四九年のローマ共和国防衛戦に端を発し、一八六〇年にガリバルディが「イタリアとヴィットーリオ・エマヌエーレ」を掲げたときに決定的なものとなった両者の対立は、マッツィーニが亡くなるまで続くことになる。「二つの世界の英雄」として一八六四年四月にイギリスで熱狂的な歓迎を受けた飛ぶ鳥を撃ち落とす勢いのガリバルディと、孤立の一途をたどっていたマッツィーニではあったが、「友人であることは困難であるが、敵になることも不可能であった」[18]という両者の関係を示す表現は、きわめていい得て妙なるものである。マッツィーニも、名声を博した英雄ガリバルディを欠いてはローマとヴェネツィアの解放を達成することはできないと考えて、かれとの関係を断つことはなかった。

マッツィーニは一八六一年末から一八六二年初頭にかけて拡大していた「統一協会」を通じて、ガリバルディは「ローマとヴェネツィアの対策委員会」を通じて、それぞれ活動をおこなっていた。一八六二年八月二九日、ガリバルディは「ローマか死か」というスローガンを掲げてローマ侵攻を目指し、南イタリアのアスプロモンテ山麓でイタリア軍と衝突する、いわゆるアスプロモンテの変を起こして、イタリア軍の銃撃により足を負傷した。同年九月初頭にスイスのルガーノで出版された小冊子『アスプロモンテ後に』で、マッツィーニは、イタリア統一を実現できないイタリア王国政府との協力関係は終わったとして、「いまやイタリアの唯一の希望となった人民」とともに、「偉大な信仰、共和主義の叫び[19]」を上げると表明した。

しかし、イタリア王国との決別を表明したにもかかわらず、ヴェーネト地方の併合の実現と、それにともなうハプスブルク帝国の崩壊を展望するマッツィーニは、君主制による統一を承認することなく、イタリア王国との連携を模索した。一八六三年五月から約一年にわたって、ヴィットーリオ・エマヌエーレ二世と個人的に接触を取り、武器の貸与とヴェネツィアでの行動を隠密に支援するという、「国王と人民、すなわち『行動党』の陰謀」[20]の合意を作り出そうとしている。その仲介者がディアミッラ・ミュラーである。かれに宛てた一八六三年一一月一五日付の書簡で、マッツィーニは「ヴェーネトにおける蜂起」と「政府の介入」[21]を語っている。国王とマッツィーニの間で議論された方策は、一八六三年一月に起こったロシアに対するポーランドの蜂起と連動させて、ヴェーネト地方の併合を実現しようというものであった。国王にはマッツィーニの「行動を監視するという目的」があり、マッツィーニには国王を「ヴェーネト地方の解放に踏み切らせるという思惑」があったが、マッツィーニの「もくろみは成功しなかった」[22]。

「九月協定」とクリスピの転向

一八六四年、ローマを首都とする共和制によるイタリア統一を追求するマッツィーニにとって、二つの衝撃的な事件が起きた。一つは、イタリア王国がフランスと締結した「九月協定」である。一八六四年九月一五日に締結されたその協定は、イタリアが教皇庁の領土を侵略せず、それに対するいかなる攻撃も阻止する代わりに、フランスは二年以内にローマに駐屯するフランス軍を段階的に撤退させるというものであった。この協定は、イタリアがローマ併合を放棄した証として、トリーノから他の都市に遷都を宣言したときに効力を発するものであった。一八六五年六月、トリーノからフィレンツェに遷都がおこなわれた。マッツィーニは、この「九月協定」をイタリア「民族の否定、不名誉」であり、「誕生したばかりの祖国に対する（イタリア・ルネサンス期の悪評高い）ボルジア家の裏切り政策(23)」であるとして、ナポレオン三世に屈してローマ問題の解決を放棄した政府を激しく批判し、共和主義活動を再開した。かれは、統一の実現に関してイタリア王国が無力であること、ナポレオン三世のフランスにイタリアが従属していること、立憲議会による全イタリアの統一ではなく、サルデーニャ王国への併合・拡大によって統一が進められたことを批判していた。

もう一つの事件は、イタリア王国の樹立、社会主義勢力の進出といった四面楚歌の状況にあったマッツィーニにとっては止めの一撃ともいえる、クリスピの君主制支持への転向である。クリスピは一八四八年のシチリア革命後にトリーノ、マルタ島、ロンドン、パリなどを転々とし、一八五三年以降は「行動党」に参加して、マッツィーニと緊密な関係を保っていた。一八五九年には「国王の戦争」に反対の立場をとり、ガリバルディのシチリア独裁政権時代にはその国務長官として、サルデーニャ王国へのシチリア併合延期と立憲議会招集というマッツィーニの主張を提案した人物である。南部イタリアの併合後にマッツィーニと次第に疎遠になっていったクリスピが、「君主国はわれわれを統合し、共和制はわれわれを分断する」[24]として君主制への転向を表明したのは一八六四年一一月のことであった。

マッツィーニは、「フランチェスコ・クリスピに向けて」[25]と題する抗議文で、かれを痛烈に批判している。住民投票の「公然たる侵害」[26]である「九月協定」とともに「このところ何人が変節したのか」、「だれが祖国の統一を崇めないと書けるのだ」、「外国人とイタリア人がユートピアと嘲った三五年前から」[27]統一を声高く求めたのではなかったのかと、渾身の怒りを込めてクリスピを「日和見主義者」[28]だと糾弾した。この時期、共和主義から君主主義に転向したのはクリスピだけではなかった。フィレンツェではなくナーポリを首都とすることを主張していたリッチァルディは、「わたしは共和主義者であるが、君主制も愛する」と「喜劇的」[29]に宣言したと、マッツィーニは述べている。

革命の時代は終わり、達成された統一国家を強化することを優先したクリスピの転向は、シロッコによれば、穏和派の指導階層による民主主義陣営の切り崩し、共和主義者の吸収というセンセーショナルな事件であり、その時期の「イタリアに存在した実際の勢力関係にもとづく具体的な政治議論」[30]を提示したものであった。また、クリスピの転向は、デッラ・ペルータが指摘するように、実証主義に影響を受けた文化的傾向に対処できなくなった「マッツィーニの精神主義的・ロマン主義的イデオロギーの無力」[31]を白日のもとに晒すものでもあった。

マッツィーニは、ヴェーネトでの蜂起とオーストリアに対する攻撃を促すヴィットーリオ・

エマヌエーレ二世との共同作戦に関する秘密交渉が失敗したことで、君主制との妥協を一切排して共和主義運動を再開するために、秘密の軍事組織である「聖なるファランジェ（方陣）」Falange Sacra を結成した。

第三次独立戦争――ヴェーネト地方の併合

一八六六年六月一五日、プロイセンはオーストリアに宣戦布告し、普墺戦争が始まった。プロイセン側に立って参戦したイタリアにとって、その戦争はヴェーネト地方の併合を目指す第三次独立戦争であった。開戦直前に、オーストリアはイタリアに対して中立を条件にヴェーネト地方の割譲を提案したが、イタリアはすでにプロイセンと攻守同盟を結んでおり、開戦と同時にオーストリアに宣戦布告した。イタリア軍は、六月にクストーザの陸上戦で、七月にリッサの海上戦で、オーストリア軍に大敗北を喫した。海でも陸でも敗北したにもかかわらず、「七週間戦争」とも呼ばれるこの短期間の戦争ではプロイセンが勝利し、イタリアも勝者となった。ガリバルディは国王の要請のもと義勇兵を率いて、六月中旬よりガルダ湖の西のルートから進撃を開始し、南ティロル地方でオーストリア軍と戦った。イタリア軍が海陸両方で敗北していたなかで、ガリバルディ率いる義勇兵部隊のベッツェッカでの勝利が、この戦いでイタリアが挙げた唯一の勝利であった。

プロイセンにとって、フランスの保護国に等しいイタリアをナポレオン三世から分断することは重要な意味をもっていた。ライン川左岸地域を狙っていたフランスと対立するプロイセンの利害と、オーストリアに代わってイタリアを支配しようとするナポレオン三世のフランスに対抗するマッツィーニの思惑が一致していただけでなく、オーストリアはドイツとイタリアの統一を阻む共通の敵であった(32)。

マッツィーニは、普墺戦争後の一八六七年一一月一七日にビスマルクに書簡を送り、イタリアとフランスの同盟を打破する目的でイタリア政府に対する反乱を起こすために、武器と財政支援を求め、それが成功した暁には「イタリアの民族的統一と同様に、ドイツの統一が樹立されることを望む」と表明している(33)。ナポレオン三世という共通の敵に対して、プロイセン政府とマッツィーニの「行動党」の戦略的同盟を結ぶことは可能であった(34)。ボナパルティズムはヨーロッパの敵であり、その敵への対処法はマッツィーニにおいて、「ドイツとイタリアの歓迎すべき、誠実で、強固な(35)」関係であった。

オーストリアとプロイセンは一八六六年八月二三日にプラハ和約を、オーストリアとイタリアは同年一〇月三日にウィーン和約を締結する。それによってイタリアはヴェーネト地方を併合したが、トレンティーノ、トリエステの併合が認められず、その後その地域の併合を要求する失地回復運動が起こることになる。ちなみに、その地域がイタリアに併合されるのは第一次大戦後のことである。

ヴェーネト地方の併合におけるイタリア王国軍の必要性を認めて、共和主義運動を控えていたマッツィーニは、イタリア軍の惨敗、フランスを通してヴェーネト地方がイタリアに譲渡されたこと、トレンティーノ、トリエステが併合されなかったことに抗議して、一八六六年九月発表した「共和主義の同盟」[36]で共和主義の旗に戻ることを表明し、秘密の軍事組織である「世界共和主義同盟」Alleanza repubblicana universale を結成した。一八六六年以降は、「死ぬ前にイタリアで共和国を宣言しなければならない」[37]と述べ、人民の蜂起によるローマ併合と共和国樹立に精力を注いだ。「世界共和主義同盟」は、統一政府の税制度に不満をもち、君主制を否定し共和制を求める民衆や軍隊のなかにも浸透した。

一八六六年のヴェーネト地方併合の恩赦で、マッツィーニは受け入れなかったものの、二回の死刑判決が免罪となった。同年にはメッシーナ選挙区で二回にわたって下院議員に選出されたが、議会はそれを認めなかった。三回目の選出で議会はそれを承認したが、マッツィーニは君主主義体制への忠誠宣誓を拒否して、受け入れなかった。同年八月二一日付のモリオンド宛の書簡では、「道義的に恩赦を受け入れることはできない。祖国の統一のための三五年にわたる行動について、忘却・恩恵・赦免という言葉はわたしの辞書にはない。イタリアに公的に戻ることはないであろう、亡命者として死ぬことになる」[38]と述べている。

マッツィーニは、一八六七年にジュネーブで開催された国際平和会議にガリバルディとともに招待されたが、会議を通した平和的な手段ではなく、「専制政府、不正義、横暴が支配するところでは、長い潜在的な戦い」[39]によって普遍的な人類の諸問題を解決する必要があるという持論を展開して、その招待を拒否した[40]。それは、ハプスブルクとオスマントルコという二つの帝国の解体が先で、その後に平和の実現のために「ヨーロッパ連邦」を語ることができるというものであった[41]。

一八六八年末、マッツィーニは蜂起活動再開のためにイギリスを出て、ロンドンで知遇を得てから精神的・物質的支援を受けていたユダヤ人のナターン家が所有するルガーノの別荘に拠点を移した。翌年四月九日には、「一つの階級、一つの党の優越ではなく、出生や富による特権に代わる徳と功績をもつすべての人の自由な投票で選ばれ、守られ、監視された政府」を求め、「行政の集中による独裁」ではなく、「人民にとって永遠なる二つの生活要素である民族とコムーネの調和」を主張し、「浪費ではなく消費の節約と生産の増加[42]」による経済改革案を提起している。マッツィーニにとって、歴史的使命である「人民のローマ」の実現を阻止しようとする君主国の行動は許しがたく、蜂起活動の再開はローマ問題の解決と深くかかわっていた。「困難ではあるが必要な」君主主義者と共和主義者の戦いは、かれにとって最後の賭けでもあった。

スイスに滞在していたマッツィーニは「イタリアにおいて共和制を樹立するのはテロではなく、友愛である[43]」としながらも、共和主義の蜂起を一八七〇年五月三日と定め、北イタリアで決起するが、無残な失敗に終わった。その蜂起は、「共和主義運動の最後の殉教者」といわれ、死刑となったイタリア軍伍長のバルサンティの犠牲に象徴される。この時期に、インターナシヨナリストのグループがロマーニャ・マルケ地方で拡大するが、マッツィーニの後継者であったサッフィの指導もあって、労働運動のなかではマッツィーニ主義が優位を保っていた。また「世界共和主義同盟」と並んで、共和主義の労働者協会と数多くのサークルにとって出会いの場となる共和主義運動の指導組織「連合」Consociazione も存在していた(44)。

一八七〇年夏に生じたフランスとプロイセンの対立において、ナポレオン三世が勝利の見込みのない戦争に拘束されると見越したマッツィーニは、教皇から世俗権を奪い、ローマをイタリアにもたらす状況を作り出そうと考え、その年の七月一九日に普仏戦争が始まると、南部からイタリアを「共和主義化する」ためにシチリアに向かった。六五歳となっていたマッツィーニは、イタリア統一、人民のヨーロッパのシンボルであるローマに向けて進軍し、君主制打倒のための革命運動に最後の希望を託していた。しかし、「青年イタリア」の古いメンバーで、過去に行動をともにしたこともあり、いまやイタリア王国の知事となっていたメーディチの指示によって、同年八月一二日にパレルモの埠頭で逮捕され、ガエータの刑務所に収監される。

マッツィーニがガエータの刑務所に収監されていた間に、フランス軍はセダンでプロイセン軍に敗北し、第二帝政は崩壊、第三共和制が誕生した。そしてこの二カ月にわたる収監中に、マッツィーニの「生涯の二つの夢(45)」は打ち砕かれた。一つは、一八七〇年九月二〇日、ローマに駐屯するフランス軍が普仏戦争に勢力を集中するためにライン川方面に移動した間隙をぬって、イタリア王国軍がローマを占領したことである。それによって、マッツィーニの「人民の潰えたのであった。

ローマ」、「第三のローマ」の夢は潰えた。もう一つは、第三共和制の誕生によって、イタリアではなく、フランスがヨーロッパの共和主義運動のイニシアティブをとったことである。一八三一年以来主張してきたヨーロッパの民主主義運動におけるイタリアのイニシアティブの夢も潰えたのであった。

しかし、マッツィーニは、フランスに誕生した第三共和制は短期間に終わるもの、君主制に戻るまでの一時的なものと認識していた。それは、「今日のフランスをイニシアティブの地とは信じない」し、「共和国はフランスの状況から生まれた一つの事実であり、一つの原理ではない。旗は見えるが、精神がない[46]」という言葉からもわかるように、偉大な革命は義務の時代を到来させるために権利の時代を終結するという、マッツィーニの古くからの理念が一八七〇年の時点でも強く生きていたことを示している。

第二帝政の崩壊によって誕生した共和国政府は、プロイセンとの戦いを続行していた。ガリバルディはこの戦争でフランス側に立ち、二万人近い国際義勇兵部隊を率いてプロイセン軍と戦った。ガリバルディの部隊がディジョンでプロイセン軍と戦っていた一八七一年一月、共和国政府はプロイセンと休戦協定に調印した。プロイセン軍に占領されたパリでは、戦争の終結に反対する労働者・国民軍が三月一八日に政府に対抗してパリ・コミューンを宣言した。フランス軍はプロイセンの援軍を得てパリを制圧し、労働者や革命家を弾圧した。この事件についてマッツィーニは、「無限の支配[47]」を行使したとしてフランス共和国政府を批判している。

ローマ解放後の一八七〇年一〇月中葉にガエータの刑務所から釈放されたマッツィーニは、イタリア王国へのローマ併合の恩赦による国王の慈悲を拒絶し、みずからの意志で亡命を選んだ。ローマを通って、リヴォルノでロッセッリ家の接待を受けたあと、ジェーノヴァの母の墓を訪れている。マッツィーニはそのときの感動的な体験を、イギリス人に宛てた手紙で簡潔に綴っている。「夜だった。人一人いなかった。門番の一人がわたしに気がついた。墓地の出口には司祭も含む人々が、深々と頭を下げながら、わたしが通る道の両側に列を作っていた。微笑みもなく、意味のない拍手をしようともしなかった。かれらはわたしの悲しみを察しており、それを分かち合おうと必死に努めていた」[48]。その後、マッツィーニはルガーノに移動して、ロンドンへとわたった。しかし、一八七一年には密かに偽名で何度かイタリアに滞在している。

マッツィーニの最後の政治闘争

マッツィーニはパリ・コミューンを、フランスがドイツ軍に降伏した反動として生まれた民族的背景をもつ運動と理解していた。一八七一年四月初頭に『人民のローマ』に発表した「職人階級」のなかでは、「いまだにプログラムあるいは意志」を明確にせず、「フランスの領土的解体を投票で認可する犯罪的な議会」に対する「共和主義者の抗議」[49]と見なしている。マッツィーニはそこに社会主義の主張を見出しながらも、君主制を否定するものとしてパリ・コミューンを評価していた。

しかし、サッフィには「パリ・コミューンが勝利するなどと、どうして信じられるか！」[50]と述べている。ジャンネッリには「コミューンについては語らない。わたしはそれも、議会も信じない。プロイセン人とパリの運動は君主制の復帰をさらに早めることになるとだけ述べておこう」[51]といい、さらにピッチーニには「フランスの愚かな無政府状態」[52]と書き送っている。「ヴェルサイユは君主制で、パリは無政府である。パリはおそらく陥落する。フランスの当面の運命は崩壊のあり方にかかっている」というマッツィーニは、君主側と共和側が協定を結べば共和国が少しは存続し、流血の対決になれば君主制が復活すると判断していた。その上で、「フランスには共和国の知性が存在せず、利害と情熱が存在する。これによって決起したが、再び倒れる」[53]と考えていた。共和国政府がパリ・コミューンを弾圧し、流血事件が起こったあとの一八七一年五月には、「このフランスの凄惨な事態は、わたしにとってまさに悪夢である。コミューンの、そして議会の行動は、等しく嫌悪感を覚えるものである。フランス人同士の殺し合いは、調教師から逃げ出した野獣の闘いのように思える」[54]と述べている。

マッツィーニのパリ・コミューン批判は、たんにパリの流血事件に向けられたものではなく、国家体制が中央集権から広範な地方分権へと移ることに対するものでもあった。マッツィーニは二つの観点からパリ・コミューンを批判した。一つは、「主権をもつ独立した三万六〇〇〇のコミューンの同盟」[55]が民族の統一を解体に導き、「地方の物質的な利害を哀れにも信仰したことによって祖国という神聖な言葉は消し去られ」、「教育は機能せず、全民族に共通する目的が否定されたことによって進歩は阻害され、あるいは先送りされた」[56]と述べているように、かれの民族統一の理念と深くかかわるものである。マッツィーニは民族の統一という観点から、コムーネに全面的に権限を委譲することになる地方分権は統一共和国の破壊と終焉の兆候であるとして、パリ・コミューンに反対した。加えて、パリ・コミューンの進展がイタリアの統一に及ぼす影響も深刻に受け止めていた。

パリ・コミューン批判のもう一つの根拠は、パリ・コミューンがインターナショナルの指導を受けていることから、民族と神の存在を否定する社会主義思想の影響がイタリアに及ぶ恐れが生まれたことである。インターナショナルは「神・祖国・民族の否定」であり、私有財産の否定によって労働者運動を「その原理と目的において」[57]欺くものであるとして否定していたマッツィーニは、「パリ・コミューンの政治綱領は、新しい政治の時代の開幕でも、古い時代の終焉でもなく、個人主義という古い原理の結末」であり、「第二帝政の失墜でみずからの使命を達成した（社会主義）分派による唯物論の論理的結末」であり、「新しい使命を開始することはできない」[58]と批判している。史上初の労働者人民政府を誕生させたパリ・コミューンに対するマッツィーニの評価は、「古い世界の終末ではなく、個人主義という古い原理の最終的な結果である」[59]という言葉に象徴されている。

マッツィーニは出席していないが、一八七一年一一月にローマで開催された労働者協会第一二回大会では、インターナショナル派が欠席するなか、一八六四年にマルクスが拒否した「友愛協定」に要約されるマッツィーニの社会思想の本質的な有効性、すなわち「個人と社会の安寧のために労働者階級を政治的・道徳的・知的・経済的に解放すること」が強調され、協会の体制が強化された。それは人類的要求と愛国的要求を調和させつつ、労働者階級の未来を民族に対抗させるのではなく民族のなかで達成されるべきものとする方針であり、インターナショナリズムとは相容れないものであった。

その時点でも、労働者に対してマッツィーニは隠然たる影響力を及ぼしており、様々な要求の調停手段として階級協調主義が承認された[60]。その大会には一〇〇の組織から一五三名の代表が参加したが、ほとんどがマッツィーニ思想を支持していた。その後、「友愛」団体は二倍に増加し、全国的規模に発展することになる。このようなマッツィーニの活動についてロッセッリは、マッツィーニは「神に導かれていることを感じ、それゆえにみずからのプログラムの絶対的な優越性を信じ、論理的にそれを命じようとした[61]」と述べている。

マッツィーニは一八七一年五月末に、政治問題と社会問題を解決する「唯一の道は労働と資本という二つの要素をもったアソチアツィオーネ」であるとし、「労働と資本の無分別な戦い[62]」を開始する体制、すなわち「人類のあらゆる伝統を否定し、人間の最も神聖で巨大な傾向を否定し、人々を無政府状態と専制主義に導く、暴力的で、党派的で、横暴な社会主義の体制と戦う[63]」と述べている。

マルクスはマッツィーニの「誹謗」を拒否し、「かれの共和主義は時代遅れで」、「労働者運動につねに敵対する」ものであるとした。ただ、マルクスの批判の矛先は、マッツィーニではなく、イタリアの労働運動に影響力を行使していたバクーニンにあった[64]。バクーニンはマッツィーニを、「イタリアにおける貧弱な政治的成果」を守る、たんなる「中傷者[65]」としてしか見ていなかった。バクーニンのマッツィーニ批判が頂点に達するのは一八七一年一一月にローマで開催された労働者協会大会である。かれは労働者組織におけるマッツィーニ勢力に対抗して、そのパリ・コミューン批判などを取り上げた[66]。

社会主義及びパリ・コミューンをめぐって、マッツィーニとガリバルディの対立も表面化した。マッツィーニが社会主義を断固として拒否したのに対して、ガリバルディはそれを表面的には支持していた。しかし、「インターナショナルは未来の太陽である[67]」といったガリバルディにとっては、インターナショナルは一種の「平和同盟[68]」であった。バクーニンは、ガリバルディが「インターナショナルについて書いたものはすべて、かれがそれを理解していない、それをまったく知らないことを証明している。かれの政治思想のすべて、かれの政治的傾向のすべてが古い世界[69]」、すなわち民族性の世界に留まっていると批判している。一方で、国民的英雄のガリバルディがパリ・コミューンやインターナショナルへの支持を表明したことで、イタリアの若い知識人たちに大きな影響を与えたことも事実である。

ガリバルディが国際義勇兵部隊を率いてフランス共和国側に立ちプロイセン軍と戦ったことを、マッツィーニは「ガリバルディの致命的な失敗[70]」と批判し、イタリアにおける共和制樹立のために戦うべきであると主張した。それは、ローマが君主国によって併合された状況にあっては、イタリアで共和国を樹立することを優先すべきであり、ヨーロッパの共和主義運動のイニシアティブはイタリアがとるべきであるという考えにもとづくものであった。この批判に対してガリバルディは、フランス共和国を支持するのは「あらゆる誠実な人間の義務[71]」と反論した。マッツィーニは普仏戦争を利用してイタリアで共和制を樹立する可能性を考えた上で、フランスに対抗してプロイセンを支持したが、ビスマルクのドイツ統一に対しては「プロイセンはドイツ民族に魂を欠いた、形式的な統一をもたらした[72]」と批判的な立場をとっている。

マッツィーニの死去

晩年のマッツィーニは気管支喘息の発作に苦しんでいたが、唯一の楽しみである葉巻とコーヒーをやめることはなかった。一八七一年から一八七二年にかけてのロンドン滞在後にルガーノに戻ったマッツィーニは、一八七二年二月六日にピーサのマダレーナ通り三八番地にあるペッレグリーノ・ロッセッリ家（現在、ドムス・マッツィーニアーナ Domus Mazziniana）に移り、ジョージ・ブラウンという偽名でイギリス人商人として逗留し、療養を続けていた。

ローマ共和国崩壊後の一八五〇〜一八六〇年のイギリス亡命時代に、マッツィーニはユダヤ人のナターン家と知り合った。メイヤー・ナターンはフランクフルトの銀行家で、ロンドンに住んでいた。リヴォルノのロッセッリ家出身の妻サーラ・レーヴィは熱烈なマッツィーニ信奉者となった。サーラの子どもも母親の影響を受けて育った。その息子の一人ジュゼッペ・ナターンは、一八六六年のヴェーネト地方併合においてガリバルディの義勇兵としてオーストリア軍と戦い、一八七〇年五月にはみずから義勇兵部隊を率いて共和主義者の運動に加わっている。もう一人の息子エルネスト・ナターンは、最後までマッツィーニ主義者としてローマ市長を務め、マッツィーニ生誕一〇〇周年に際して国民版マッツィーニ全集の発行を政府に働きかけただけでなく、その編纂にも携わっている。また、マッツィーニの『人間義務論』を小学校の教科書とするように公教育省に働きかけ、採用されている。サーラの娘のジャンネッタ・ナターンは、同じくユダヤ人のペッレグリーノ・ロッセッリと結婚した。

そのロッセッリの家で、マッツィーニは一八七二年三月一〇日に六七歳の生涯を終えた。息を引き取る直前に診察した医者から素晴らしいイタリア語を話すと驚かれると、マッツィーニは「わたしはイタリア人です。自分の祖国を心から愛しています。祖国のために何がしかをおこなったと信じます」といったという。臨終に立ち会ったのは、ペッレグリーノとジャンネッタ夫妻、サーラなど限られた人たちであった。マッツィーニの遺体には、カッターネオが贈ったマフラーがかけられていた。

マッツィーニの遺骸は三月一七日にジェーノヴァに運ばれ、スタリエーノ墓地にある母親の墓の横に埋葬された。警察の推定によれば、ピーサからジェーノヴァのスタリエーノ墓地に移送される葬列には一万五〇〇〇人が参列し、沿道では多数の人々が弔意を表した。イタリア王国議会はマッツィーニの死に簡単な弔意を表したが、当時の首相ランツァはマッツィーニを悼む言葉を発しなかった[73]。

マッツィーニの死後も、ナターン、ロッセッリ両家とマッツィーニの関係は続くことになる。ペッレグリーノの妹アメーリアの子どもは、反ファシズムの活動でフランスに亡命し、一九二九年にパリで「正義と自由」Giustizia e Libertàを結成し、一九三七年六月にファシストの刺客によって暗殺されるカルロ・ロッセッリとネッロ・ロッセッリ兄弟である。ペッレグリーノが亡くなるとき、この二人の甥に「マッツィーニの『義務の宗教』は絶対的な生活規範である[74]」と述べたように、ロッセッリ家のマッツィーニへの心服は絶対的なものであった。

「闘争者」であり、「巨人」のようなマッツィーニの、「当時存在しなかった（そして現在も存在していない）伝記の執筆」をネッロ・ロッセッリは「夢見ていた[75]」とガランテ・ガッローネは述べている。兄のカルロ・ロッセッリは、マッツィーニの伝記を書いたグリフィスに、「マッツィーニの精神で行動します。わたしたちの祖先の自由を求める闘争と現在の闘争の継続性を深く感じています」と語ったという。一九三〇年代に反ファシズム活動を展開していた「正義と自由」の時代と比べて、「『青年イタリア』を結成した一八三一年当時のマッツィーニはわれわれ以上に夢想家であった」とカルロは語っていたと、ガランテ・ガッローネは述べている。さらに、五十数年前に母方の伯父ペッレグリーノが余命いくばくもないマッツィーニを迎え入れたが、「それから五〇年後に苦境にあった（一八九二年のイタリア社会党創設者の一人で、一九二二年には統一社会党を創設してファシズムを批判し、一九二六年からコルシカ島、パリに亡命した）フィリッポ・トゥラーティを救済する以外に何ができたか？」とカルロは自問していたという。マッツィーニが亡くなってから六年後の一八七八年、スタリエーノ墓地のマッツィーニの墓を引きも切らず詣でる巡礼者のなかに、若きトゥラーティの姿があった。かれはそのときの印象を、友人であり、イタリア社会党創設者の一人で、『アヴァンティ』の編集長も務めたレオニーダ・ビッソラーティに、次のように書き送っている。「神に誓っていう、わたしは感動した。自分自身のエゴイズムも少しあったが、その感動は賛美ではなく、純粋な哀惜であった。君にどう説明すればいいかわからない。主観主義とだけいっておこう。このお墓はヘーゲルがいうところの生成である。わたしは自分の名刺を墓の鉄柵のなかに投げ入れた(76)」。

おわりに

マッツィーニの思想と行動の特徴は、リベラリズムとナショナリズムの一九世紀ヨーロッパにあって、イタリアのみならず異民族に支配される被抑圧民族がそれぞれの有する民族性を尊重しながら、自由で平等なヨーロッパ的結合にいたることを求めたことである。デ・サンクティスに始まり、サルヴェーミニ、オモデーオ、ジェンティーレ、サルヴァトレッツリ、シャボーといったイタリアの代表的な歴史家や哲学者たちの多くがマッツィーニを論じているが、その理由は祖国と人類の調和を革命の最終目標としたマッツィーニの「わたしたちはすべて他者のために生きる。個人は家族のため、家族は祖国のため、祖国は人類のために」という理念に惹かれたことにあったのではないだろうか。

中世史家であったサルヴェーミニは、フランコ・ヴェントゥーリが「マッツィーニの歴史的理解に関する最も初期の、最も適切な」ものであり、「のちのあらゆる研究のモデル」となったと評するマッツィーニ研究を一九〇五年に出版した。エルネスト・セスターンはその研究を、「一九世紀の生活とイタリア及びヨーロッパの知的潮流を再結合させ、人間としての大きさを矮小化することなく、歴史化し、復元したマッツィーニである」と評価している。そのサルヴェーミニはマッツィーニを行動の人と捉え、かれの優れた点、かれの真に心を動かされる側面は、その「生涯」であったと述べている。

マッツィーニの「生涯」をまとめることは「並外れて困難」である。そのことは、イギリスやアメリカのイタリア史研究者は別にして、マッツィーニ研究の大家と見なされるイタリアの歴史家においてすら本格的なマッツィーニ伝を著していないことからも明らかであろう。「マッツィーニの未亡人」と形容され、その生涯をマッツィーニ研究にささげたエミリア・モレッリ先生の著書は『ほぼ、大体、伝記』*Quasi una biografia* となっている。多くの精緻な研究論文を著しているマッツィーニ研究の権威、フランコ・デッラ・ペルータ先生も、そのマッツィーニ伝を「導入的覚書」*Nota introduttiva* というタイトルにしている。そのデッラ・ペルータ先生においてして、マッツィーニについては膨大な数の伝記や個別研究が存在するが、「批判的なマッツィーニ伝」はいまだに存在しないと述べている。

マッツィーニの思想と行動をまとめることの困難性はどこにあるのか。一つは著作数の膨大さにあるが、それ以上に、シャボーが指摘するように「マッツィーニは周知のように理路整然とした人物ではない」ことにある。また、カンデローロがいうように、進歩の法、義務、使命、アソチアツィオーネ、神と人民、神と人類といった「多くの論題が張りめぐらされた政治的説教」にもその困難性はある。その論題を一つ一つ解読し、それをつなぎ合わせてマッツィーニの全体像を描くしか方法がない。本書は、「祖国は人間と人類の支点」というマッツィーニの理念を導きの糸にして、そのテーマにかかわる論点を引き出し、再構築して、マッツィーニの思想と行動を論じた。

一九七二年一一月に開催されたマッツィーニ没一〇〇周年を記念する「マッツィーニとヨーロッパ」と題された会議で議長を務めたアルベルト・マリーア・ギザルベルティ教授は、冒頭の挨拶で、自分の弟子を語ることを詫びた上で、「モレッリ嬢は、わたしの親愛なる弟子の一人であり、今日わたしが最も尊敬する同僚であるフランコ・デッラ・ペルータと同じく、マッツィーニのすべてを読んだ」と述べている。

ファシズム期に大学で学んだ保守的な自由主義者のモレッリ先生と、高校時代にレジスタンスの経験をもつ徹底したマルクス主義者のデッラ・ペルータ先生は、ともにわたしが教えを受けたマッツィーニ研究者であり、まさにわたしにとって師である。モレッリ先生からは一九七一年にローマ大学に留学して以来、イタリア人の弟子に対するのと同じように、限りない懇志をいただいた。デッラ・ペルータ先生には研究方法に苦闘していたとき、ミラーノ公文書館で一次史料にもとづく研究の指導を受けた。わたしの能力もあってその指導に応えるような研究はできなかった。突然に亡くなったモレッリ先生の訃報を、「モレッリ、亡くなった」と電話で知らせてくださったのは、デッラ・ペルータ先生であった。わたしはこの二人の師に、見えない糸で結ばれているような縁を強く感じている。

この二人のマッツィーニ研究者に指導を受けたわたしが、マッツィーニを読まずして、マッツィーニを書けるはずはなかった。その昔、一つの「挑戦」として、イタリアの大学で卒論を書いてみたいとローマ大学に正式に入学した。その際にモレッリ先生は「卒論のテーマはマッツィーニ以外にしなさい」といわれ、わたしはその意味を理解できなかった。それがマッツィーニ研究の難しさを知っての言葉であったということを、いまは理解できる。

マッツィーニの書簡を通じて、かれの緊迫感、高揚感、そして失意の息遣いを感じた。「数世紀にわたって隷属してきた人民は徳と死によってしか再生できない」というかれの言葉からは、異民族に支配されたイタリアの、そしてマッツィーニの悲しみ、怒り、熱情が伝わった。著作に引用されているホラティウス、ダンテ、ゲーテ、シェイクスピアなどの言葉からは、教養人としてのマッツィーニ像が浮かび上がってきた。

原典を読み込むという研究の基本に従うことで、学問研究の醍醐味を味わったともいえる。マッツィーニの研究を始めたときから長い月日がたったが、それをまとめるのが遅かったとは思わない。イタリア史研究において、その言語の習得から始め文化を理解することの他に、一つのテーマについての蓄積と、それが発酵するまでの時間が必要であった。研究に対する恐れ、畏怖の念をもち続け、学ぶことに謙虚であるという心構えを心に刻み、世俗的なものをそぎ落とすなかで、少なくとも自分自身で納得できるものが書け、近代イタリア史研究のスタートラインにやっと立てたという思いがある。ただ、マッツィーニを理解できるだけ読み込んだか、再度読み直せば別の解釈も可能ではないかという不安もつきまとう。

満足感と不安が交錯する本書を、モレッリ先生の助手を務め、一九七一年秋にローマ大学で初めて会って以来四〇年来の友人であるジュゼッペ・モンサグラーティと一緒に、スイス国境近くの小さな村の墓地に眠る師の墓に届ける約束になっている。そのあとに、ミラーノでデッラ・ペルータ先生にお届けしなければならない。

これまで限りなく多くの方々のご指導とご支援をいただき、今日まで研究を続けることができた。その方々に心からの感謝を申し上げます。本当に有難うございました。

学徒に定年はない。学問研究を通じて人間を研き、究めるのがわたしに課せられた義務であり、使命である。これはマッツィーニから学んだことである。

藤澤　房俊

二〇一一年二月一六日

文献目録

マッツィーニ研究の完璧なリストとして、以下のものがある。

1. Franco Della Peruta, *I democratici dalla Restaurazione all'Unità*, in Bibliografia dell'Età del Risorgimento, in onore di Alberto Maria Ghisalberti, Firenze, Olschki, 1971, vol.I, pp.298-308.
2. Giovanni Luseroni, *I democratici dalla Restaurazione all'Unità*, in Bibliografia dell'Età del Risorgimento, Firenze, Olschki, 2003, vol.I, pp.377-684.

本文献目録では基本的文献のみを示すこととし、より詳細な文献を求められる方には右記二冊を参照されることをお勧めしたい。

マッツィーニの著作

1. *Scritti editi ed inediti di Giuseppe Mazzini*, Imola, Cooperativa Tip. edit. Paolo Galeati, 1906-1943, 100 volumi.
2. *Scritti politici di Giuseppe Mazzini*, a cura di Terenzio Grandi e Augusto Comba, Torino, UTET, 1972 (nuova ed. Torino, UTET, 1987).
3. *Scritti politici di Giuseppe Mazzini*, a cura di Franco Della Peruta, Torino, Einaudi, 1976-1977, 3 volumi.
4. *Giuseppe Mazzini. Opere*, a cura di Luigi Salvatorelli, Milano, Rizzoli, 1967, 2 volumi.
5. マッツィーニ／齋藤ゆかり訳『人間の義務について』岩波文庫、二〇一〇年。

学会報告集

1. *Mazzini e l'Europa*, Atti del Convegno, Roma, Accademia Nazionale dei Linceí, 1974.
2. *Mazzini e il mazzinianesimo*, Atti del XIV Congresso di storia del Risorgimento italiano (Genova, 24-28 settembre 1972), Roma, Istituto per la Storia del Risorgimento italiano, 1974.
3. *Mazzini e i repubblicani italiani*, Studi in onore di Terzio Grandi nel suo 92° compleanno, Torino, Istituto per la Storia del Risorgimento italiano, Comitato di Torino, 1976.
4. *Pensiero e azione : Mazzini nel movimento democratico italiano e internazionale*, Atti del LXII Congresso di storia del Risorgimento italiano (Genova, 8-12 dicembre 2004), Roma, Istituto per la Storia del Risorgimento italiano, 2006.
5. *Dalla Giovine Europa alla Grande Europa*, a cura di Francesco Guida, Roma, Carocci, 2007.
6. *Mazzini nella cultura italiana*, Atti del Convegno di studi, a cura di Vincenzo Pirro, Terni, Edizioni Thyrus, 2008.

伝記

1. Jessie White Mario, *Della vita di Giuseppe Mazzini*, Milano, Sonzogno, 1886 (altre ediz. : 1891, 1896, 1908, 1922, 1986).
2. Bolton King, *The life of Mazzini*, London, J. M. Dent, 1902 (trad. ital. : *Mazzini*, Firenze, Barbèra, 1922) ; ボルトン・キング／力富阡蔵訳『マッツィーニの生涯』黎明書房、一九七三年。
3. Aurelio Saffi, *Giuseppe Mazzini. Cenni biografici*, Firenze, Barbèra, 1904 (Pisa, Nistri-Lischi, 1972).
4. Alessandro Luzio, *Giuseppe Mazzini. Conferenza. Con note e documenti inediti*, Milano, Treves, 1905.
5. Gwilym Oswald Griffith, *Mazzini, prophet of modern Europe*, London, Hodden & Stoughton, 1932 (trad. ital. : *Mazzini, profeta di una nuova Europa*, Bari, Laterza, 1935).
6. Arturo Codignola, *Mazzini*, Torino, UTET, 1946.

7. Alessandro Luzio, *Mazzini*, Firenze, Barbèra, 1955.
8. Giuseppe Santonastaso, *Giuseppe Mazzini*, 2a ed. riv, Napoli, [s.e.], 1971.
9. Benedetto Musolino, *Giuseppe Mazzini e i rivoluzionari italiani*, introduzione di Paolo Alatri, Cosenza, L. Pellegrini, 1982.
10. Emilia Morelli, *Mazzini : quasi una biografia*, Roma, Edizioni dell'Ateneo, 1984.
11. Pietro Barbieri, *Vita e idealità di Giuseppe Mazzini*, Milano, Italia Letteraria, 1984.
12. Luigi Ambrosoli, *Giuseppe Mazzini : una vita per l'Unità d'Italia*, Manduria, Lacaita, 1993.
13. Romano Bracalini, *Mazzini : il sogno dell'Italia onesta*, Milano, Mondadori, 1993.
14. Denis Mack Smith, *Mazzini*, Milano, Rizzoli, 1993.
15. Giuseppe Monsagrati, *Giuseppe Mazzini*, Firenze, Giunti & Liscíani, 1994.
16. Rolandi Sarti, *Mazzini. A life for the religion of politics*, Westport [Connecticut], Praeger, 1997 (trad. ital. : *Giuseppe Mazzini, La politica come religione civile*, Bari, Latenza, 2000).
17. Massimo Scioscioli, *Giuseppe Mazzini. I principi e la politica*, Napoli, Guida, 1995.
18. Giovanni Belardelli, *Mazzini*, Bologna, il Mulino, 2010.

マッツィーニの思想

1. Alessandro Levi, *La filosofia politica di Giuseppe Mazzini*, Napoli, Morano, 1967 (Firenze, 1922).
2. Otto Vossler, *Il pensiero politico di Mazzini*, a cura di Carlo Francovich, Firenze, La Nuova Italia, 1971 (*Mazzinis politisches Denken und Wollen*, München, Oldenbourg Verlag, 1927).
3. Alberto Maria Ghisalberti, *Attorno e accanto a Mazzini*, Milano, Giuffrè, 1972.
4. Gaetano Falzone, *Ricerche mazziniane*, Palermo, Flaccovio, 1976.
5. Salvo Mastellone, *Il progetto politico di Mazzini (Italia-Europa)*, Firenze, Olschki, 1994.

6. Salvo Mastellone, *La democrazia etica di Mazzini (1837-1847)*, Roma, Izzi, 2001.

ジェーノヴァ時代のマッツィーニ

1. Gaetano Salvemini, *La formazione del pensiero mazziniano*, Firenze, Tip. Adino, 1910 [opusc.] (rist. in G. Salvemini, *Scritti del Risorgimento*, a cura di Piero Pieri e Carlo Pischedda, Milano, Feltrinelli, pp.283-307).
2. Alessandro Luzio, *Giuseppe Mazzini carbonaro*, Torino, Bocca, 1920.
3. Arturo Codignola, *La giovinezza di Giuseppe Mazzini*, Firenze, Vallecchi, 1926.
4. *Mazzini e i primi mazziniani della Liguria, 1828-1834*, Atti del Convegno, Savona 25 Novembre 2005, a cura di Giulio Fiaschini / Franca Icardi / Lara Piccardo, Savona, Marco Sabatelli Editore, 2006.

「青年イタリア」、「青年ヨーロッパ」の時期のマッツィーニ

1. Giovanni Faldella, *I fratelli Ruffini. Storia della Giovine Italia nel 1833*, Torino, Roux, Frassati e C., 1895-1897, 3 volumi.
2. Dora Melegari, *La Giovine Italia e la Giovine Europa. Dal carteggio inedito di Giuseppe Mazzini a Luigi Amedeo Melegari*, Milano, Treves, 1906.
3. Alessandro Luzio, *Carlo Alberto e Mazzini*, Torino, Bocca, 1923.
4. Arturo Codignola, *I fratelli Ruffini. Lettere di Giovanni e Agostino Ruffini, alla madre dall'esilio francese e svizzero*, Genova, Soc. ligure di storia patria, 1925-1931, 2 volumi.
5. Salvo Mastellone, *Mazzini e la «Giovine Italia» (1831-1834)*, Pisa, Domus Mazziniana, 1960, 2 volumi.
6. Franco Della Peruta, *Mazzini e i rivoluzionari italiani. Il "partito d'azione" 1830-1845*, Milano, Feltrinelli, 1974.
7. Maria Grazia Melchionni, *Uno statuto per l'Italia nella strategia rivoluzionaria degli esuli (1831-1833)*, Pisa, Domus Mazziniana, 1991.

8. Cesare Vetter, *Dittatura e rivoluzione nel Risorgimento italiano*, Trieste, Università di Trieste, 2003.
9. Arianna Arisi Rota, *Il processo alla Giovine Italia in Lombardia (1833-1835)*, Milano, Angeli, 2003.

ロンドン亡命時代のマッツィーニ

1. Emilia Morelli, *L'Inghilterra di Mazzini*, Roma, Istituto per al Storia del Risorgimento italiano, 1965.
2. Michele Finelli, *"Il prezioso elemento". Giuseppe Mazzini e gli emigrati italiani nell'esperienza della Scuola Italiana di Londra*, Verucchio(RN), Pazzini, 1999.

一八四八～一八四九年の時代のマッツィーニ

1. Ivanoe Bonomi, *Mazzini triumviro della Repubblica romana*, Torino, Einaudi, 1936.
2. Domenico Demarco, *Una rivoluzione sociale. La repubblica romana del 1849*, Napoli, Fiorentino, 1944.
3. Giorgio Falco, *Giuseppe Mazzini e la Costituente*, Firenze, Sansoni, 1946.
4. Luigi Rodelli, *La Repubblica romana del 1849*, Pisa, Domus Mazziniana, 1955.
5. *«Rassegna Storica del Risorgimento»*, Anno LXXXVI, Numero speciale per il 150º anniversario della Repubblica Romana del 1849, Roma, Istituto per la storia del Risorgimento italiano, 2000.
6. Salvatore Calleri, *Giuseppe Mazzini e la Roma del Popolo. La Repubblica Romana del 1849. Saggi e documenti*, Messina, Tip. Messina, 2001.
7. Giovanni Luseroni, *Giuseppe Mazzini e i democratici nel Quarantotto Lombardo*, Roma, Istituto per la Storia del Risorgimento italiano, 2007.
8. Stefano Tomassini, *Storia avventurosa della rivoluzione romana. Repubblicani, liberali e papalini nella Roma del '48*, Milano, il Saggiatore, 2008.

「準備の時代」のマッツィーニ

1. Emilia Morelli, *1849-1859. I dieci anni che fecero l'Italia*, Firenze, Le Monnier, 1977.
2. Franco Della Peruta, *I democratici e la rivoluzione italiana*, Milano, Feltrinelli, 1958.
3. Alfonso Scirocco, *I democratici italiani da Sapri a Porta Pia*, Napoli, Esi, 1969.

統一国家でのマッツィーニ

1. Nello Rosselli, *Mazzini e Bakunin. Dodici anni di movimento operaio in Italia (1860-1872)*, Torino, Bocca, 1927 (nuova ediz. : Torino, Einaudi, 1967, a cura di Leo Valiani).
2. Oscar Spinelli, *Mazzini e la cooperazione, con giudizi di cooperatori stranieri*, Pisa, Domus Mazziniana, 1956.
3. Bianca Montale, *La Confederazione Operaia Genovese e il movimento mazzinano in Genova dal 1864 al 1892*, Pisa, Domus Mazziniana, 1960.
4. Aldo Romano, *Storia del movimento socialista in Italia*, Milano-Roma, Bocca, 1954-1956, 3 volumi. (nuova ediz. : Bari, Laterza, 1966-1967).
5. Francesco Fiumara, *Mazzini e l'Internazionale (Contatti, rapporti, polemiche)*, Pisa, Nistri-Lischi, 1968.
6. Giovanna Angelini, *L'ultimo Mazzini. Un pensiero per l'azione*, Milano, Angeli, 2008.
7. Leonardo La Puma, *Il socialismo sconfitto. Saggio sul pensiero politico di Pierre Leroux e Giuseppe Mazzini*, Milano, Angeli, 1984.
8. Sergio Luzzatto, *La mummia della Repubblica. Storia di Mazzini imbalsamato, 1872-1946*, Milano, Rizzoli, 2001.

注

はじめに

（1）*Scritti editi ed inediti di Giuseppe Mazzini*,（以降 S.E.I.と略記）Imola, Cooperativa Tipografico-editrice Paolo Galeati, 1906-1943, vol.XXXVIII, p.274.

（2）Alessandro Campi, *Nazione*, Bologna, Il Mulino, 2004, p.142.

（3）Gwilym Oswald Griffith, *Mazzini, profeta di una nuova Europa*, Bari, Laterza, 1935, p.141.

（4）S.E.I., vol.LXIV, p.165.

（5）Federico Chabod, *Storia dell'idea d'Europa*, Bari, Laterza, 1967, p.135.

（6）Emilio Gentile, *La Grande Italia. Ascesa e declino del mito della nazione nel ventesimo secolo*, Milano, Mondadori, 1999, p.27.

（7）S.E.I., vol.LXIV, p.166.

（8）S.E.I., vol.LXII, p.15.

（9）S.E.I., vol.X, p.323.

I

（1）S.E.I., vol.LXXVII, pp.5-6.

（2）Aurelio Saffi, *Giuseppe Mazzini (compendio biografia)*, Firenze, G. Barbèra, 1904, p.1 (Pisa, Nistri-Lischi, 1972, p.14).

(3) Emilia Morelli, *Giuseppe Mazzini. Quasi una biografia*, Roma, Edizioni dell'Ateneo, 1984, p.6.
(4) *Ibid.*
(5) Franco Della Peruta, *Nota introduttiva*, in Scrittori politici dell'Ottocento. Tomo I, Giuseppe Mazzini e i democratici, Milano-Napoli, Riccardo Ricciardi, 1969, p.205. マリーア・ドラーゴについては、Alessandro Luzio, *La madre di Giuseppe Mazzini*, Torino, Fratelli Bocca, 1923 ; Itala Cremona Cozzolino, *Maria Mazzini ed il suo ultimo carteggio*, Firenze, La Nuova Italia, 1939 ; Leona Ravenna, *Maria Mazzini*, Firenze, Le Monnier, 1932 ; Gaetano Salvemini, *La formazione del pensiero mazziniano*, in Gaetano Salvemini, Scritti sul Risorgimento, a cura di Piero Pieri e Carlo Pischedda, Milano, Feltrinelli, 1961, pp.288-290がある。
(6) S.E.I., vol.XXXIX, p.178.
(7) Gaetano Salvemini, *La formazione del pensiero mazziniano*, cit., p.290.
(8) S.E.I., vol.LXXVII, p.6.
(9) S.E.I., vol.LXIX, p.3.
(10) S.E.I., *Nuova serie, Zibaldone giovanile*, vol.I, 1965, pp.3-6. フォスコロ以外に、古代ローマの歴史家タキトゥスの著書を読みふけり、聖書は暗記するほどに読んでいた。読書リストには、ペトラルカ、クオーコ、レオパルディ、ルソーの『エロイーズ』『エミール』『不平等について』『言語の起源について』、ラ・フォンテーヌ、ヴォルテール、ディドロ、ウォルター・スコット、シラーの著作などがある。オモデーオによれば、マッツィーニは、キネーがドイツ語から翻訳したヘルダーの著作から「歴史は自由のスペクタクルである」を、ゲーテからヨーロッパ文学の理念を知った。ジェーノヴァ時代のマッツィーニを感動させたのは「摂理と希望の詩人」シラーである。『ドン・カルロス』のような戯曲、その主人公のポーザ侯爵から想像をかき立てられ、自由への情熱を燃やすことになる。マッツィーニが思想的示唆を受けたドイツのロマン主義者のなかにはシュレーゲルもいた。しかし、マッツィーニはシュレーゲルのなかに民族的傲慢さ、かれの言葉によれば「卑しい民族的虚栄心」、「節度のない祖国の感情」を見て取り、一八三六年にはシュレーゲルを「たんなる芸術的なロマン主義」、「社会的感情の欠如」した人物と批判するようになる。その他に、「マッツィーニがイタリアをヨーロッパに導き、結合させ、かれがすでにもっていた明確な政治的感覚である文化的コスモポリタニズムを肯定」するきっかけとなった人物として、レッシングとバイロンがいた。マッツィーニは、「民族的障壁を超えた、フランス人、あるいはドイツ人、またイタリア人でもない人間、ヨーロッパ人であろうと努めていた」。この時代、「ヨーロッパは全世界で、コスモポリタンを意味していた」が、一つのヨーロッパ文明を熱望するマッツィーニは、復古王政時代のフランス文化を何よりも評価していた。Adolfo Omodeo, *Studi sull'età della Restaurazione*, Torino, Einaudi, 1970, p.194, nota 1.

(11) S.E.I., *Nuova serie, Zibaldone giovanile*, vol.II に収録されている。

(12) Franco Della Peruta, *Nota introduttiva*, cit., p.206. サルヴァトレッリ編集の書簡集では、発信地「ジェーノヴァ」と日付「一八二四年夏」ともに?がついている。*Giuseppe Mazzini. Opere*, a cura di Luigi Salvatorelli, II, Scritti, Milano, Rizzoli, 1967, p.68.

(13) S.E.I., vol.V, pp.4-5.

(14) S.E.I., vol.LXXVII, p.8.

(15) S.E.I., vol.XXIV, p.5.

(16) Franco Della Peruta, *Nota introduttiva*, cit., p.206. 父親は医学の道を望み、マッツィーニもそれに従ったが、法学部へと進路を変更している。その理由についてジェシー・ホワイト・マーリオは、マッツィーニは「解剖実験室に入り、メスを手にしたとき、気を失った。父親の同意を得て、考えを変え、法律に転向した」と述べている。Jessie White Mario, *Della vita di Giuseppe Mazzini*, Milano, Sonzogno, 1886, p.38. アシュースト・ヴェントゥーリは、マッツィーニは「遺体の解剖」を嫌ったと述べている。Emily Ashurst-Venturi, *Biographie de Mazzini*, Paris, Charpentier, 1881, p.16.

(17) S.E.I., vol.XXXIV, p.72. その他の友人に、ベンツァ、ピエトロ・トッレ、バッティスタ・ノチェティ、フィリッポ・ベッティーニ、カンパネッラなどがいる。Gaetano Salvemini, *La formazione del pensiero mazziniano*,

cit., pp.288-290でも、大学時代の交友関係が論じられている。

(18) S.E.I., vol.LXXVII, p.8.

(19) *Giuseppe Mazzini. Opere*, a cura di Luigi Salvatorelli, cit., p.68.

(20) S.E.I., vol.LXXVII, p.9.

(21) Ivi, p.88.

(22) Giorgio Candeloro, *Storia dell'Italia moderna, Dalla Restaurazione alla Rivoluzione nazionale 1815-1846*, Milano, Feltrinelli, 1966, vol.II, p.197.『イル・コンチリアトーレ』誌の同人には、ポッロ・ラムベルテンギ、ペッリコ、ロマニョージ、ベルシェなどがいた。

(23) Walter Maturi, *Partiti politici e correnti di pensiero nel Risorgimento*, in Nuove questioni di stora del Risorgimento e dell'Unità d'Italia, Milano, Marzorati, 1961, vol.I, pp.88-89.

(24) Franco Della Peruta, *Mazzini e i rivoluzionari italiani. Il "partito d'azione" 1830-1845*, Milano, Feltrinelli, 1974, p.20. サルヴァトレッリも、「マッツィーニにとって、そのすべての著作が行動であった。文学的著作と政治的なものの区別は、かれの場合には意味をもたなかった。文学作品のカテゴリーに属する一八三一年以前の著作のなかで、かれは諸国民の結合、世界の進歩の法、アソチアツィオーネの新しい世紀、個人意志と社会的存在の闘争と調和の理念をほのめかしている」と指摘している。*Giuseppe Mazzini. Opere*, a cura di Luigi Salvatorelli, cit., pp.9-10 ; Arturo Codignola, *La giovinezza di G. Mazzini*, Firenze, Vallecchi, 1926, pp.150-152.

(25) Franco Della Peruta, *Mazzini e i rivoluzionari italiani*, cit., p.12.『インディカトーレ・ジェノヴェーゼ』紙に発表した評論には「文学総覧とマンゾーニの『婚約者』」（一八二八年六月）、「現代詩」、「ウォルター・スコットの歴史小説『パースの麗しき乙女』」（一八二八年六月）、「カルロ・ボッタとロマン主義者」（一八二八年八月）、「グエルラッツィの『ベネヴェントの戦い』」（一八二八年八月）、「シュレーゲルの『文学史』」（一八二八年一一月）がある。これらの評論は、スタール夫人の論争、シスモンディの歴史研究、ヘルダーやシュレーゲルの理論を踏まえて、ロマン主義の重要なテーマを論じたものであり、そのなかにはすでに人類史の進歩の概念が見出せる。Alessandro Levi, *La filosofia politica di Giuseppe Mazzini*, Nuova edizione, a cura di Salvo Mastellone, Napoli, Morano, 1967, pp.80-83.

（26）S.E.I., vol.LXXVII, p.8.

（27）Franco Della Peruta, *Nota introduttiva*, cit., p.207.

（28）Id., *Mazzini e i rivoluzionari italiani*, cit., pp.12-13, nota 24.

（29）S.E.I., vol.I, p.65.

（30）Giovanni Belardelli, *Mazzini*, Milano, Il Mulino, 2010, p.24. ベラルデッリは、「ロマン主義の立場に立つマッツィーニは、シュレーゲルの過度な中世への憧憬を批判しながらも、中世を評価していた」と指摘している。

（31）S.E.I., vol.I, pp.137-151.

（32）Ivi, p.150 ; Franco Della Peruta, *Mazzini e i rivoluzionari italiani*, cit., p.18 e nota 43.「フォスコロのナポレオンへの追悼」（一八二九年一〇月）では、イタリアの「優位」について言及し、より民族的・愛国的な文章となっている。Ivi, p.17, nota 41.

（33）Salvatore Battaglia, *L'idea di Dante nel pensiero di G. Mazzini*, Napoli, Centro napoletano di studi mazziniani, 1966, p.7.

（34）Franco Della Peruta, *Nota introduttiva*, cit., p.206. レーヴィは、マッツィーニはダンテから「都合のよい議論を探した」と述べ、マッツィーニが『自叙伝』で、ギゾー、クーザン以前に進歩の理論を「ダンテから引き出した」(S.E.I., vol.LXXVII, pp.22-23) と述べていることを否定している。Alessandro Levi, *La filosofia politica di Giuseppe Mazzini*, cit., pp.88-89.

（35）S.E.I., vol.LXXVII, p.8.

（36）Laura Fournier Finocchiaro, *Il pensiero letterario di Giuseppe Mazzini tra "Letteratura nazionale" e identità europea*, in «Bollettino della Domus mazziniana», Anno LIII, 2008, numero 1-2, p.10.

（37）S.E.I., vol.I, p.17.

(38) Ivi, p.22 e p.23 ; Franco Della Peruta, *Mazzini e i rivoluzionari italiani*, cit., p.9 ; Id., *Nota introduttiva*, cit., p.207.

(39) S.E.I., vol.LXXXVI, p.18.

(40) Salvatore Battaglia, *L'idea di Dante*, cit., p.14.

(41) S.E.I., vol.I, p.17.

(42) S.E.I., vol.V, p.4.

(43) S.E.I., vol.I, p.189.

(44) Ivi, p.177.

(45) Ivi, p.191.

(46) Ivi, p.204.

(47) S.E.I., vol.V, pp.4-5.

(48) S.E.I., vol.I, p.177.

(49) Ivi, p.215.

(50) Ivi, p.218.

(51) Franco Della Peruta, *Mazzini e i rivoluzionari italiani*, cit., p.18.

(52) Giorgio Candeloro, *Storia dell'Italia moderna*, cit., vol.II, pp.206-207. カンデローロは、マッツィーニの左派ロマン主義は、反動的なロマン主義に特徴的な反合理主義的・信仰絶対論的なものではなく、近代哲学思想にもとづく概念であったが、それはサンシモンが『新キリスト教』で、ラムネーが『ある信者の言葉』で使用したものと類似する展開であったと指摘している。

(53) Ivi, p.197.

(54) S.E.I., vol.LXXVII, p.22. ギゾーがマッツィーニに与えた影響については、Adolfo Omodeo, *Primato francese e iniziativa italiana*, in Difesa del Risorgimento, Torino, Einaudi, 1951, pp.17-38 に詳しい。オモデーオは、ミシ

ュレーがフランス語に翻訳したヴィーコに接し、キネーの翻訳したヘルダーを知ったことで、マッツィーニは王政復古時代初頭のロマン主義が謳った、反動的・伝統的な束縛からの解放を目指す文化を吸収したと指摘している。

(55) フランソワ・ギゾー／安士正夫訳『ヨーロッパ文明史』みすず書房、二〇〇六年、二六五頁。

(56) Giorgio Canderolo, *Storia dell'Italia moderna*, cit., vol.II, pp.206-207.

(57) フランソワ・ギゾー／安士正夫訳『ヨーロッパ文明史』前掲書、一九一頁。

(58) Franco Venturi, *L'Italia fuori d'Italia*, in Storia d'Italia, 3, Dal primo settecento all'Unità, Torino, Einaudi, 1973, pp.1208-1209. ジェーノヴァ時代のマッツィーニは、ギゾーとクーザンの思想を進歩の原理にもとづくものとして受け入れていたが、フランスに亡命するや否や、「その二人を批判するようになる」。マッツィーニのクーザンからの影響については、Salvo Mastellone, *Victor Cousin e il Risorgimento italiano*, Firenze, Le Monnier, 1955, p.24を参照。

(59) S.E.I., vol.X, p.145.

(60) S.E.I., vol.I, pp.240-241. マステッローネは、マッツィーニは「青年イタリア」を結成する以前に「立憲君主主義の折衷主義に接近した」と指摘している。Salvo Mastellone, *Victor Cousin e il Risorgimento italiano*, cit., pp.40-41.

(61) Francesco Luigi Mannucci, *Giuseppe Mazzini e la prima fase del suo pensiero letteraio*, Milano, Casa ed. Risorgimento, 1919, p.148.

(62) Alessandro Galante Garrone, *Mazzini in Francia e gli inizi della Giovine Italia*, in Mazzini e il mazzinianesimo. Atti del XIV Congresso di Storia del Risorgimento (Genova, 24-28 settembre 1972), pp.194-196, nota 1.

(63) S.E.I., vol.LXXVII, pp.14-15.

(64) Ivi, p.11.

(65) Emilia Morelli, *Giuseppe Mazzini*, cit., p.6. 評論活動とカルボネリーア加入の関係について、ガランテ・ガ

ッローネも「初期の文学論考は、カルボネリーアへの参加、親しい友人たちの勧誘と一致する強力な仕事であり、すべてがそのことに結合していた」と指摘している。Alessandro Galante Garrone, *Mazzini in Francia e gli inizi della Giovine Italia*, cit., pp.196-197, nota 2.

（66）S.E.I., vol.LXXVII, pp.14-15 ; Alessandro Luzio, *Giuseppe Mazzini carbonaro*, cit., p.264.

（67）Franco Della Peruta, *Nota introduttiva*, cit., pp.208-209. この論文は全集 (S.E.I., vol.XCIV, p.108) に収録されている。

（68）Franco Della Peruta, *Giuseppe Mazzini dalla Giovine Italia alla Giovine Europa*, in Mazzini e il mazzinianesimo. Atti del XIV Congresso di Storia del Risorgimento (Genova, 24-28 settembre 1972), p.31. カルボネリーア員のマッツィーニが「フランス革命を高く評価」していることは「非常に明白」であり、それは「一般に考えられている以上に長い時間にわたってマッツィーニに見られた」ことである、とガランテ・ガッローネは指摘している。Alessandro Galante Garrone, *Mazzini in Francia e gli inizi della Giovine Italia*, cit., pp.197-198.

（69）Alessandro Luzio, *Giuseppe Mazzini carbonaro*, cit., p.43.

（70）Ivi, pp.237-241. この逮捕については S.E.I., vol.LXXVII, pp.23-25 を参照。

（71）S.E.I., vol.LXXVII, p.28 ; Franco Della Peruta, *Mazzini e i rivoluzionari italiani*, cit., pp.20-21.

（72）Salvo Mastellone, *Mazzini e la «Giovine Italia» (1831-1834)*, Pisa, Domus Mazziniana, 1960, vol.I, p.44.

（73）Giovanni Belardelli, *Mazzini*, cit., p.27.

Ⅱ

（1）*Giuseppe Mazzini. Opere*, a cura di Luigi Salvatorelli, cit., pp.19-20. 亡命直前にサルデーニャ王国の警察が記したマッツィーニの記録は「出生地　ジェーノヴァ、職業　弁護士、身長　中背、年齢　二六歳、毛髪　黒、顔　美顔、目　黒く輝いている、顔色　オリーブ色がかった褐色、顔付　とりわけ細面、体型　痩せ型、特徴　小さな口髭」となっている。

（2）Alfonso Scirocco, *L'Italia del Risorgimento*, Bologna, Il Mulino, 1990, p.178.

（3）Alessandro Galante Garrone, *Mazzini in Francia e gli inizi della Giovine Italia*, cit., pp.200-204. ガランテ・ガッローネは、マッツィーニがマルセーユを亡命地として選んだことについて、「ジェーノヴァとマルセーユの秘密結社間の接触が存在していた」ことも重要な要素であると指摘している。

（4）Franco Della Peruta, *Mazzini e i rivoluzionari italiani*, cit., p.60.

（5）Alessandro Galante Garrone, *Mazzini vivo*, Bari / Santo Spirito, Edizioni del Centro libraio, 1973, pp.11-12. ガランテ・ガッローネは、マルセーユ時代の時代背景と関連づけて、次のように述べている。マッツィーニは「イタリアのみならず外国の古い政治勢力と新しい政治勢力の激しい衝突、一八三一年の諸運動の失敗に対する怒り、フランスの民主主義者・共和主義者の影響、ブォナロッティととりわけサンシモン主義者の政治宣伝、ルイ・フィリップ政府に対する反感」をみずからのものとしていった。それらは、「青年イタリア」を結成させる跳躍台の役割をはたした。Ivi, p.12 e pp.17-18.

（6）Id., *Mazzini in Francia e gli inizi della Giovine Italia*, cit., p.215. サルヴェーミニは一九四九年九月一九日付でガランテ・ガッローネに送った書簡で次のように述べている。「マッツィーニはつねに（あらゆるものを吸収する）海綿 una spunga であった。一八二九年から一八三〇年の著作から明らかなように、かれはフランスの折衷主義者の賛美者としてフランスに到着した。続いて、（君の発見だが）バブーフ主義に夢中になり、さらにサンシモン主義者となった。最終的にサヴォーナ（蜂起）の敗北後のスイスでマッツィーニ主義者となった。そしてそのとき以降、全生涯を通じて、〝司祭〟に留まった。すなわち、神によって啓示された真実を有すると信じたのである」。Id., *Salvemini e Mazzini. In appendice Lezione inedite di Salvemini*, Messina-Firenze, Casa editrice G. D'Anna, 1981, pp.11-12.

（7）Id., *Mazzini in Francia e gli inizi della Giovine Italia*, cit., p.193.

（8）ドイツの影響について、ヴェルニッツィは次のように述べている。一八〇七年に出版されたヘーゲルの『精神現象学』、一七九八年に出版されたフィヒテの『世界の神聖な政府における我々の信仰の形成について』、一八〇〇年に出版された『人間の使命』を、マッツィーニは「確実に知っていた」。しかし、かれにとって、それらは「哲学的体系を構築」するためのものではなく、イタリアとヨーロッパ諸国に独立と自由をもたらすための犠牲的精神を育み、連帯を求めるという実践的な「みずからの思想に整合性を与える」ためのものであった。マッツィーニの理念には、フォイエルバッハの宗教論、キリスト教、哲学思想と多くの類似性が見られる。Cristina Vernizzi, *Introduzione*, in Mazzini nella cultura italiana. Atti del Convegno di studi, a cura di Vincenzo Pirro, Terni, Edizioni Thyrus, 2008, pp.11-12.

（9）Salvo Mastellone, *Il progetto politico di Mazzini (Italia-Europa)*, Firenze, Olshki, 1994, p.32.

（10）Alessandro Galante Garrone, *Mazzini in Francia e gli inizi della Giovine Italia*, cit., p.208. 一八二〇年の亡命者のなかにはビアンコの他にピロンディ、ポッロ・ラムベルテンギ、クレジーアなど、一八三一年の亡命者にはファブリッツィ、チェレスティ・メノッティ（チーロの兄弟）、ウシーリオ、ラムベルティ、モーデナ、メレガーリ、そして「原則の純粋性と持続性において稀な女性」であるシードリなどがいた。マッツィーニとシードリとの間に生まれた男子については、Id., *Mazzini vivo*, cit., pp.33-80 に詳しい。

（11）S.E.I., vol.IV, p.190.

（12）S.E.I., vol.II, pp.3-14.

（13）Alessandro Galante Garrone, *Mazzini in Francia e gli inizi della Giovine Italia*, cit., p.208 e p.213, nota 6.

（14）Ivi, pp.205-206.

（15）S.E.I., vol.III, p.82. メノッティについては、Franco Della Peruta, *Ciro Menotti e il problema nazionale italiano*, in Conservatori, liberali e democratici nel Risorgimento, Milano, Angeli, 1989, pp.63-70 を参照。

（16）Alessandro Galante Garrone, *Mazzini in Francia e gli inizi della Giovine Italia*, cit., p.214.

（17）Giorgio Canderolo, *Storia dell'Italia moderna*, cit., vol.II, p.201.

（18）Alessandro Galante Garrone, *Mazzini in Francia e gli inizi della Giovine Italia*, cit., p.221 ; Id., *Mazzini vivo*, cit., pp.11-12. マステッローネは、カルボネリーアとの断絶を宣言したカヴェニャックなど青年を中心とする

「人民の友協会」が理念の普及や勧誘活動で採用した印刷物の活用や組織構造を、マッツィーニの「青年イタリア」がモデルとしたことを指摘している。「人民の友協会」と結合した「個人の自由と出版の自由のための協会」は、「人民の教育に有益な理念の普及を目的」として結成されたものである。それは、マッツィーニが結成する「イタリアの啓明伝播結社」と類似した活動であった。Salvo Mastellone, *Il progetto politico di Mazzini*, cit., pp.49-51. ベラルデッリも、マッツィーニが「青年イタリア」のモデルとしたのは、フランスの共和主義組織のなかでも、一八三一年春に指導者の裁判がおこなわれていて関心の中心にあった「人民の友協会」であったと指摘している。Giovanni Belardelli, *Mazzini*, cit., p.40. デ・フランチェスコは、マッツィーニが注目し、影響を受けたのは、一七九三年憲法で示された原理を綱領とし、ロベスピエールの理念を支持する「人権協会」であったという。マッツィーニは、ジャコバン主義の伝統的な世俗主義以上にサンシモン、ラムネーの民主主義理念を基礎として、革命独裁の拒否、過去の神話に対する批判的な見解、私有財産の尊重としての中産階級の保障、社会問題の解決のための合法的な権力の前提となる普通選挙の必要性、搾取からの解放を目指す労働者のアソチアツィオーネの必要性などを提示した。Antonio De Francesco, *Ideologie e movimenti politici*, in Storia d'Italia, Le premesse dell'Unità, a cura di G. Sabbatucci e V. Vidotto, Roma-Bari, Laterza, 1994, p.289.

（19） S.E.I., vol.LXXVII, p.47.

（20） S.E.I., vol.V, p.9. ガランテ・ガッローネは、公開状が六月前半にピエモンテに出回っていたことから「五月下旬に書かれたに違いない」と指摘し、「マッツィーニ独特の文体、燃えるようなパトス、ブォナロッティよりもカヴェニャックの影響が見られるフランスの共和主義者の政治宣伝から得た政治・社会革命への言及、秘密結社の重要性と、それに一つの広い戦闘精神を込めようとする試み」などを見出せるという。Alessandro Galante Garrone, *Mazzini in Francia e gli inizi della Giovine Italia*, cit., pp.218-220. カルロ・アルベルトへのマッツィーニの公開状については、Alessandro Luzio, *Carlo Alberto e Mazzini*, Torino, Fratelli Bocca, 1923 に詳しい。

（21）S.E.I., vol.II, p.17.
（22）*Ibid.*
（23）S.E.I., vol.II, p.19.
（24）Ivi, p.22.
（25）Ivi, p.20.
（26）Ivi, p.26.
（27）Ivi, p.23.
（28）Ivi, p.33.
（29）*Ibid.*
（30）Ivi, p.36.
（31）Ivi, p.41.
（32）マッツィーニがカルロ・アルベルトに「何らかの期待」を抱いていたことは否定できないとカンデローロは指摘する。Giorgio Canderolo, *Storia dell'Italia moderna*, cit., vol.II, p.202. 共和主義者マッツィーニがそれを本気で書いたとすれば、「悲しくも、気高き生涯の一つの汚点としなければならない」というキングの評価もある。Bolton King, *Mazzini*, Firenze, Barbèra, 1926, p.44. 最近の研究では、マッツィーニはカルロ・アルベルトを「イタリアの自由・独立・統一の戦いの先頭に立たせる好機」と捉え、公開状を送ったとバンティが指摘している。Alberto Mario Banti, *Il Risorgimento italiano*, Roma-Bari, Laterza, 2004, p.63.
（33）S.E.I., vol.V. p.9.
（34）S.E.I., vol.LXXVII, p.44.
（35）S.E.I., vol.LV, p.296.
（36）Franco Della Peruta, *Giuseppe Mazzini dalla Giovine Italia alla Giovine Europa*, cit., p.33.
（37）Alessandro Galante Garrone, *Mazzini in Francia e gli inizi della Giovine Italia*, cit., pp.218-220. モレッリもま

た、マッツィーニの真意について、オーストリア支配に終止符を打つためにカルロ・アルベルト国王に民族運動の先頭に立つことを求めつつも、実際は自由主義者の熱狂をかき立て、かれらに決起を促すために「イタリアに向けて」書かれたものであったと解釈している。Emilia Morelli, *Giuseppe Mazzini*, cit., pp.8-9.

(38) S.E.I., vol.II, p.27.

(39) *Ibid.*

(40) *Ibid.*

(41) Franco Della Peruta, *Giuseppe Mazzini dalla Giovine Italia alla Giovine Europa*, cit., p.210.

(42) Alessandro Galante Garrone, *Mazzini in Francia e gli inizi della Giovine Italia*, cit., p.206.

(43) Franco Della Peruta, *Giuseppe Mazzini dalla Giovine Italia alla Giovine Europa*, cit., p.33.

(44) Alessandro Galante Garrone, *Mazzini in Francia e gli inizi della Giovine Italia*, cit., p.219.

(45) S.E.I., vol.LXXVII, p.43.

(46) Ivi, p.30.『自叙伝』執筆以前の一八五三年にも、「サヴォーナの獄に収監されていたときから、古いカルボネリーアと新しいアソチアツィオーネを取り換えることを企んでいた」(S.E.I., vol.LI, p.73)と述べている。しかし、一八五六年には、「サヴォーナの獄を出て、マルセーユに潜伏していたとき、注目すべき唯一の政治組織と思えた古いカルボネリーアが指導者の問題、雑多な要素の混合、曖昧な象徴」などによって「無能であることが証明された」(S.E.I., vol.LV, p.294)ため、そのときから亡命者の間で統一主義と共和主義を明確に掲げるアソチアツィオーネ、「青年イタリア」の結成を考えたといい、それについてジェーノヴァのルフィーニ、トスカーナのグエルラッツィの賛同を得て、「カルロ・アルベルトがサルデーニャ国王についたときに、その勧誘活動を開始し」(Ivi, p.295)、またカルロ・アルベルトへの「公開状の直後に、アソチアツィオーネの活発な仕事を開始した」(Ivi, p.296)と述べている。この証言によれば、カルロ・アルベルトが国王に即位した四月に、「青年イタリア」は結成されたことになる。この証言は、『自叙伝』のものと明らかにずれがある。

(47) Franco Della Peruta, *Giuseppe Mazzini dalla Giovine Italia alla Giovine Europa*, cit., p.32. マルセーユに居を

構えてから数週間の間に生まれた「古い亡命者とマッツィーニの緊密な関係は、サヴォーナの古いもくろみを実現すること、すなわち『青年イタリア』の結成と矛盾するものではなかった」とデッラ・ペルータは指摘する。Id., *Mazzini e i rivoluzionari italiani*, cit., p.60 ; Id., *Giuseppe Mazzini dalla Giovine Italia alla Giovine Europa*, cit., p.32.

(48) S.E.I., vol.II, p.117.

(49) S.E.I., vol.V, p.17.

(50) S.E.I., vol.V, p.45.

(51) デッラ・ペルータは「青年イタリア」が「七月一〇日から八月六日の間」に活動を開始し、誓約形式、最終目標、組織方針、行動規範が決定したと (Franco Della Peruta, *Nota introduttiva*, cit., p.210)、ガランテ・ガッローネは「誕生は六月」とし、「七月にはすでに最初の組織的な実体が現れている」と (Alessandro Galante Garrone, *Mazzini in Francia e gli inizi della Giovine Italia*, cit., p.221) 解釈している。

(52) Alessandro Galante Garrone, *Mazzini in Francia e gli inizi della Giovine Italia*, cit., p.234.『自叙伝』の記述をもとに、サヴォーナの獄の「古い計画」をマルセーユで実行に移したと解釈するのがモレッリである。モレッリによれば、マッツィーニがサヴォーナの獄で「青年イタリア」のために作り上げた「政治理論」は、「かれの全生涯を通じて変わらなかった。獄の壁のなかではとりわけ、かれの布教の基礎である概念、神が人民に託した使命を理解させ改善させるためにイタリア人を教育する必要があるという理念をみずからのなかで深めた。すなわち、個人から人類にいたるより広い進歩の法則の行程として民族統一を獲得するための行動の必要性である。この信念をもって国境を越え、ヨーロッパの秘密結社の世界と直接接触するようになる。マッツィーニは、中部イタリア革命の失敗後に国境を越えなければならなかった人々とともに、新しい結社である『青年イタリア』の最初の核を形成し、一八三一年中葉にその宣言文を発表する」。Emilia Morelli, *Giuseppe Mazzini*, cit., pp.7-8. デッラ・ペルータは、本文で引用したように、「青年イタリア」結成時期を、カルボネリーアに「耐えられなくなり」、それに批判的になった時期に求め、マッツィーニはサヴォーナに投獄される以前の時期に新しい組織結成を決断していたと主張している。モレッリとデッラ・ペルータの解釈と同じく、「サヴォーナの獄」かそれ以前かの違いがあるにしても、ジェーノヴァ時代のカルボネリーア批判を「青年イタリア」結成の契機とするのが、カンデローロである。カンデローロは次のように述べている。「青年イタリア」は、「新しい政治プログラムと新しい闘争方法をもって、民族運動に向けて全面的に新しい生命とエネルギーを吹き込むことができるアソチアツィオーネであった。マッツィーニは当初からその組織をカルボネリーアのような古い結社に代えようと意図していたのではなく、漸進的に指導権を握るために、既存の秘密結社に新しいアソチアツィオーネを組み込むことをとりわけ望んでいたと考えられる。その理由は、古い指導者や古い秘密結社に一気に取って代わることはできないというタイミングの問題だけでなく、古い秘密結社運動の共和主義的・統一的な傾向に道徳的・思想的な親近感を覚えたからである」。Giorgio Candeloro, *Storia dell'Italia moderna*, cit., vol.II, p.200. マステッローネは、カルボネリーアとの断絶はサヴォーナの獄ではなく、「フランスの地で、ビアンコと出会うことによって生じた」と解釈する。Salvo Mastellone, *Il progetto politico di Mazzini*, cit., p.35. マトゥーリの解釈によれば、若いカルボネリーア員であったマッツィーニは、一八二〇～一八二一年及び一八三一年の革命の失敗から学び、「一八三一年後半から一八三二年の間に」、新しい政治組織である「青年イタリア」を結成した。マトゥーリは、それらの革命を指導したカルボネリーアに対する批判として目的の秘密性・不明確さがあったが、それにより活動家の数は確保されるものの、思想的に対立するメンバーが混在し、行動の時点で対立が生じることになったと指摘している。Walter Maturi, *Partiti politici e correnti di pensiero nel Risorgimento*, cit., p.87.

（53） Alessandro Galante Garrone, *Mazzini vivo*, cit., p.19.

（54） Id., *Mazzini in Francia e gli inizi della Giovine Italia*, cit., p.234 ; Id., *Mazzini vivo*, cit., p.12 e pp.17-18.

（55） S.E.I., vol.V, p.45.

（56） Alessandro Galante Garrone, *Mazzini vivo*, cit., p.19. ガランテ・ガッローネは、マッツィーニのカルボネリーアに対する信頼性については「いまだに議論がある」という。ガランテ・ガッローネによれば、『自叙伝』

の回想には、「他の活動も見出せなかった当時の状況で、行動への抑えがたい衝動からカルボネリーアに加盟したこと」と、「カルボネリーアに問題があったにせよ、マッツィーニの目には思想を行動に一致させようとする価値があるように思えたこと」という二つの問題が、マッツィーニとカルボネリーアの関係で存在していたことが示されている。Id., *Mazzini in Francia e gli inizi della Giovine Italia*, cit., pp.198-199, nota 3.

（57）Alessandro Galante Garrone, *Mazzini vivo*, cit., p.12 e pp.17-18.

（58）Id., *Mazzini in Francia e gli inizi della Giovine Italia*, cit., p.225.

（59）Ivi, p.234.

（60）Franco Della Peruta, *Nota introduttiva*, cit., p.325, nota 1. この「一般教程」は「教会国家を中心に流布し、そのコピーがミラーノ警察本部に転送され、一八三一年一〇月一九日の日付でミラーノ裁判所長官に報告されたもの」で、Ivi, pp.325-330に収録されている。このなかに「この時点（一八三一年八月）」（Ivi, p.328）とあるので、書かれた時期は特定できる。この「一般教程」と同じく、形式としても系統立っていない、秘密結社の痕跡を残す史料が「イタリア解放という目的のための大民族的アソチアツィオーネ計画」（S.E.I., vol.II, pp.59-63）である。この「計画」と同じ内容が一八三一年七月二一日付のジリオーリ宛書簡に記されていることから（S.E.I., vol.V, p.27）、書かれた時期を一八三一年七月と推定することができる。

（61）「『青年イタリア』の兄弟愛で結ばれた者に対する一般教程」はS.E.I., vol.II, pp.45-56に収録されている。マステッローネは、第二の「一般教程」を「一般的に認められている一八三一年後半ではなく」、『青年イタリア』に掲載された初期の著作のあと、すなわち「真のイタリア人協会」との論争が終わったあとの一八三三年に書かれ、蜂起活動への参加者に配布されたものであるという。Salvo Mastellone, *Il progetto politico di Mazzini*, cit., pp.150-151. ガランテ・ガッローネは、一九〇七年に刊行が始まった『国民版マッツィーニ全集』が「極端に不完全で、確実でない」と指摘している。「青年イタリア」初期にあっては、マッツィーニの書いたものか、他が書いたものかの区別が困難なものが多いが、このような誤りが生じた責任は、「年代の記憶が非常に弱い」マッツィーニが、「政治的な理由でかれのテキスト自体を改竄し、削除した」ことにある、とガランテ・ガッローネはいう。その上でガランテ・ガッローネは、「ささいな、表面的には枝葉末節に見える」執筆者と執筆時の問題は、新しい思想を精力的に吸収し、「青年イタリア」の存在を認めさせ、他の組織を吸収し、優位を確立するための暗中模索の時期であっただけに、「年だけでなく、月、ある場合には週さえも」確定することが重要であると指摘している。Alessandro Galante Garrone, *Mazzini in Francia e gli inizi della Giovine Italia*, cit., pp.227-230.

（62）Franco Della Peruta, *Nota introduttiva*, cit., p.325, nota 1.

（63）Alessandro Galante Garrone, *Mazzini in Francia e gli inizi della Giovine Italia*, cit., p.223.

（64）Franco Della Peruta, *Nota introduttiva*, cit., pp.325-330 ; Id., *Mazzini e i rivoluzionari italiani. Il “partito d'azione” 1830-1845*, cit., pp.70-71.

（65）Id., *Nota introduttiva*, cit., p.327.

（66）Ivi, p.328.

（67）Ivi, p.211 ; Id., *Giuseppe Mazzini dalla Giovine Italia alla Giovine Europa*, cit., p.33.

（68）S.E.I., vol.V, pp.26-34.

（69）Franco Della Peruta, *Nota introduttiva*, cit., p.328.

（70）*Ibid.*

（71）Alessandro Galante Garrone, *Filippo Buonarroti e i rivoluzionari dell'Ottocento*, Torino 1975, p.392, nota 13. アポファジメーニの創設者については、研究者によって解釈が異なっている。ガランテ・ガッローネは、アポファジメーニの長はビアンコで、「ブォナロッティの後援を受けてビアンコが設立したか、ブォナロッティが設立したか、そのいずれにしてもブォナロッティの秘密結社の世界に属していた」と解釈している。Ivi, p.166 e p.346. また、ギリシア語の名前をもつことから、その結成に際して、イタリア人の愛国者と緊密な関係があった祖国の独立を求めるギリシア人の関与があった可能性を指摘している。Ivi, pp.392-393, nota13. デッラ・ペルータはガランテ・ガッローネと同じ解釈で、「一八三〇年ごろにビアンコが設立」し (Franco Della

Peruta, *Nota introduttiva*, cit., p.328, nota 1)、かれが「おそらくマルタ島にいたときから、そして確実なことはフランスに到着したあと、自分の活動組織としたのがアポファジメーニ」であったとし、ビアンコは「その唯一の創設者ではないにしても、重要な発起人であった」と解釈する。Id., *Mazzini e i rivoluzionari italiani*, cit., p.41 e nota 131. ガランテ・ガッローネは、ビアンコのゲリラ戦理論にブォナロッティの直接的な影響が見られるとしながらも、デッラ・ペルータの主張する、ジャコバン主義という共通の土壌に起因する「イデオロギー的一致」という解釈を肯定している。Alessandro Galante Garrone, *Mazzini in Francia e gli inizi della Giovine Italia*, cit., pp.215-216. デ・フランチェスコは、ビアンコは恐怖政府時代と独裁的権力への関心を示していたが、それがブォナロッティからの影響か、あるいは「より一般的に復古王政時代のフランスの政治的反対勢力との間にもった関係」によるものか、明確にすることは難しいという。Antonio De Francesco, *Ideologie e movimenti politici*, cit., pp.285-286. ギザルベルティはアポファジメーニの創設者をブォナロッティとし、ビアンコをその「普及者」としている。Alberto Maria Ghisalberti, *Cospirazioni del Risorgimento*, Palermo, 1938, pp.31-58.

(72)『イタリアで適用されるゲリラ部隊の蜂起による民族戦争』は Franco Della Peruta, *Giuseppe Mazzini e i democratici*, in Scritti dell'Ottocento, cit., pp.51-75 に収録されている。ビアンコとアポファジメーニの関係については、Vittorio Parmentola, *Carlo Bianco, Giuseppe Mazzini e la teoria dell'insurrezione*, in «Bollettino della Domus Mazziniana», 1959, Anno V, Numero 2, pp.5-10 がある。

(73) S.E.I., vol.V, p.49.

(74) Ivi, pp.49-50. カンデローロはこの書簡を一八二三年としているが誤植と思われる。Giorgio Canderolo, *Storia dell'Italia moderna*, cit., vol.II, p.200.

(75) S.E.I., vol.XXV, pp.241-244. マステッローネは、アポファジメーニは「青年イタリア」に吸収されてはおらず、一定の行動の独立性を維持していたという。Salvo Mastellone, *Giuseppe Mazzini e l'Associazione dei Veri Italiani*, Napoli, Centro napoletano di studi mazziniani, 1962, p.10. また、ガランテ・ガッローネは、ビア

ンコは革命行動において徹頭徹尾マッツィーニ主義者であり、イデオロギーにおいてブォナロッティの主張を堅持したことは「イデオロギーの逸脱」であったと指摘している。Alessandro Galante Garrone, *Mazzini in Francia e gli inizi della Giovine Italia*, cit., p.217. 一八四三年五月四日に亡命地ブリュッセルで経済的苦境のなか自殺したビアンコへの追悼文で、マッツィーニは「かれの人生で唯一の罪」とその死を悔やみ、「われわれにとって死者崇拝は、地上でその存在を支配した思想の宗教的実現以外であってはならない」(S.E.I., vol.XXV, pp.241-244) と記している。

(76) Alessandro Galante Garrone, *Mazzini in Francia e gli inizi della Giovine Italia*, cit., p.228, nota 11.

(77) Ivi, p.193.

(78) Franco Della Peruta, *Nota introduttiva*, cit., p.210.

(79) S.E.I., vol.V, p.61.

(80) Ivi, p.17.

(81) Ivi, pp.24-25 e p.31.

(82) Alessandro Galante Garrone, *Mazzini in Francia e gli inizi della Giovine Italia*, cit., p.222.

(83) S.E.I., vol.V, p.31.

(84) この協定文書は S.E.I., vol.V, pp.505-506 に収録されている。フランコヴィッチは「真のイタリア人協会」の結成時期を一八三二年二月とし、ブォナロッティがマッツィーニの活動に対抗する方向で直接結成に踏み切り、その長となったという。Carlo Francovich, *Filippo Buonarroti e la Società dei Veri Italiani*, in Il Ponte, febbraio 1951, p.138.

(85) Salvo Mastellone, *Giuseppe Mazzini e l'Associazione dei Veri Italiani*, cit., pp.12-13. マステッローネは、「真のイタリア人協会」員の「すべてをブォナロッティ主義者と見なすことはできない」と述べ、平等主義にもとづく社会思想の確固たるブォナロッティ主義者は少数で、とりわけ一八三三年のピエモンテの厳しい弾圧もあって、多くは祖国愛や民族的感情に訴え、「イタリアの偉大な歴史的記憶やイタリアの道徳的優位の願望に共感し」、「マッツィーニの愛国的な主張に親近感を抱いていた」という。その他に、フランスのイニシアティブを主張するブォナロッティに対して、フランス革命の思想の有効性は否定しないけれども、フランスのイニシアティブは否定するマッツィーニの対立的姿勢、加えて一七九三年のジャコバン憲法が「主権を有する人民は市民の総体である」としたのに対し、「あらゆる主権の原理は本質的に民族にある」とする一七九一年の憲法をマッツィーニは支持し、「われわれは民族を構成する人々の総体として人民を理解する」と述べていることを忘れてはならない、とマステッローネは指摘している。Id., *Mazzini e la «Giovine Italia»*, cit., vol.I, p.25 ; Id., *Giuseppe Mazzini e l'Associazione dei Veri Italiani*, op. cit., p.15. マトゥーリによれば、「真のイタリア人協会」の指導者であった老練な革命家のブォナロッティが「青年イタリア」を「他の群小組織のように操ろうとし」たのに対して、若い天性の組織者マッツィーニは預言者的な強力な個性をもって、「真のイタリア人協会」から「青年イタリア」へ参加者を移動させようとした。Walter Maturi, *Partiti politici e correnti di pensiero nel Risorgimento*, cit., p.89.

(86) *Giuseppe Mazzini. Opere*, a cura di Luigi Salvatorelli, cit., p.75. パリの「真のイタリア人協会」の使者であるチッカレッリと、マッツィーニの代理を務めるビアンコが、一八三二年九月二九日、マルセーユで協定に調印している。協定の第一〇条には、「『真のイタリア人』は『青年イタリア』誌を募金と文書で支援する」とマッツィーニの主張を入れ、九条では「二つの結社はイタリアにおける運動が全般的なものでなければ冒険をおかしてはならず、あるいは少なくともそのようになる方法で指導しなければならないことを認識する」と、マッツィーニが蜂起活動の指導権をとることを恐れる「真のイタリア人協会」の意向が反映されている。マステッローネによれば、この協定が表面的には「真のイタリア人協会」に「マッツィーニが従属したことを意味する」にしても、「マッツィーニの情熱、信仰、勢いが上回り」、「青年イタリア」はこの協定によって強化され、ダメージを受けることはなかった。Salvo Mastellone, *Giuseppe Mazzini e l'Associazione dei Veri Italiani*, cit., p.11.

(87) Salvo Mastellone, *Mazzini e la «Giovine Italia»*, cit., vol.I, p.25.

（88）Alessandro Galante Garrone, *Filippo Buonarroti*, cit., p.384.

（89）Franco Della Peruta, *Mazzini e i rivoluzionari italiani*, cit., p.155.

（90）Salvo Mastellone, *Il progetto politico di Mazzini*, cit., p.177.

（91）S.E.I., vol.LXXVII, p.106.

Ⅲ

（1）Alfonso Scirocco, *In difesa del Risorgimento*, Bologna, Il Mulino, 1998, pp.55-57 ; Id., *L'Italia del Risorgimento*, cit., p.179. ガランテ・ガッローネは、「青年イタリア」を「イタリアの最初の政党」と指摘している。コンバは「青年イタリア」は「真の、固有の革命政党」の中核を作ったと、シロッコは「青年イタリア」は「目的と組織において、近代の国民的な政党」であると指摘している。マッツィーニと「青年イタリア」の評価において、マッツィーニの追従者は「混成のグループであったことから、かれの運動あるいは政党を語ることは誤り」であると指摘するのはサルティ一人である。Franco Della Peruta, *Nota introduttiva*, cit., p.212 ; Id., *Giuseppe Mazzini dalla Giovine Italia alla Giovine Europa*, cit., p.33 ; Id., *Mazzini e i rivoluzionari italiani*, cit., pp.69-160 ; Alessandro Galante Garrone, *Mazzini in Francia e gli inizi della Giovine Italia*, cit., pp.191-234 ; Augusto Comba, *Movimento repubblicano*, in AA. VV., Storia d'Italia, 2, a cura di F. Levi / U. Levra / N. Tranfaglia, Firenze, La Nuova Italia, 1978, p.717 ; Roland Sarti, *Giuseppe Mazzini. La politica come religione civile*, Roma-Bari, Laterza, 2000, p.6.

（2）S.E.I., vol.II, p.47.

（3）Ivi, p.177.

（4）Emilia Morelli, *Giuseppe Mazzini*, cit., p.8.

（5）Ivi, p.226.

（6）S.E.I., vol.II, p.153.

（7） S.E.I., vol.XXV, p.178.

（8） Ivi, p.179. カルボネリーアの「待機的改良主義、地方主義、連邦主義、外国の主導権と支援にイタリアの運動を従属させる傾向」は「過去の歴史」であり、「イタリア、ヨーロッパの新しい状況にいまや合致しない」とした上で、それらに対抗するものとして「青年イタリア」が誕生したことを示している。Giorgio Candeloro, *Storia dell'Italia moderna*, cit., vol.II, p.203. マッツィーニは「古い思想にもとづいて主張する者と、新しい思想のなかに感動を覚える者」の間の一致が不可能であることをより明確にしたとシロッコは指摘する。マッツィーニは古い世代の指導者たちとの論争を通じて、「革命を作り出す原則を理解し、鼓舞し、勝利に導くことができ、同時代人と大衆の要求を代弁しうる新しい指導者のカリスマ的概念」を、「神と人間の媒介者としての天才という理論の適用として」発展させた。Alfonso Scirocco, *In difesa del Risorgimento*, cit., pp.55-57 ; Id., *L'Italia del Risorgimento*, cit., p.179.

（9） S.E.I., vol.II, p.156.

（10） Ivi, pp.161-162.

（11） Ivi, p.46.

（12） Ivi, p.56.

（13） S.E.I., vol.III, p.55. マッツィーニは「青年イタリア」の政治綱領の起草において、ビアンコ、ニコラーイ、ブォナロッティなどと結んだ知的・政治的関係の影響を受け、「イデオロギー的動機、政治宣伝のテーマ、論争点、政治的現実の解釈のきっかけ」などを引き出した。Franco Della Peruta, *Mazzini e i rivoluzionari italiani*, cit., p.60 ; Alessandro Galante Garrone, *Filippo Buonarroti*, cit., p.323 ; Id., *Mazzini in Francia e gli inizi della Giovine Italia*, cit., pp.193-238. 第一次「青年イタリア」の政治綱領については、Bolton King, *Mazzini*, Firenze, Barbèra, 1903, pp.19-51 ; Otto Vossler, *Il pensiero politico di Mazzini*, a cura di C. Francovich, Firenze, La Nuova Italia, 1971 (Prima edizione 1927), pp.4-11 ; Salvo Mastellone, *Mazzini e la «Giovine Italia»*, cit., vol.I, pp.133-137 ; Roland Sarti, *Giuseppe Mazzini*, cit., pp.64-85 を参照。

(14) S.E.I., vol.II, p.45.
(15) Ivi, p.55.
(16) Ivi, p.56.
(17) S.E.I., vol.III, p.52.
(18) S.E.I., vol.II, p.45.
(19) S.E.I., vol.LXIV, p.177.
(20) S.E.I., vol.II, p.45. 統一を前にした一八五九年には「神は(イタリアを)創り、その上で微笑み、ヨーロッパにおける永遠の力と永遠の運動のシンボルであるアルプスと地中海という二つの最も崇高なものをその国境として与えられ」、「地中海はアルプスに取り囲まれていないところのすべてを温かく抱擁するように取り入れている。その海を先祖の人々は『われらの海』と呼んでいた。その海のまわりに王冠からこぼれ落ちた宝石のように点在する、コルシカ、サルデーニャ、シチリアや小さな島々」(S.E.I., vol.LXIV, p.177)も、その「土地の自然、山の岩、言葉、心の鼓動がイタリアを語っている」(Ivi, p.178)と述べている。一八六〇年には「民族的統一は、アルプスから地中海まで、トレンティーノの裾野からシチリア島の南端まで、イタリアのすべてを含む。それはイタリア人の否定できない願いである」(S.E.I., vol.LXVI, p.49)といい、最晩年の一八七一年には「イタリアの東部国境は、ダンテが『あるいはイタリアを閉じ込め、その周縁を洗うカルナーロ湾近くのポーラでは……』(『神曲』地獄篇第九歌一一三)と書いたときから明示されている」として、「イストリアはわれわれのもの」(S.E.I., vol.XCII, p.158)と述べている。
(21) S.E.I., vol.LXXXVI, p.18.
(22) S.E.I., vol.II, p.61.
(23) S.E.I., vol.V, p.49.
(24) S.E.I., vol.XXV, p.223. モーデナで発行されていた保守派の新聞『真実の声』は、一八三二年一月一七日号で、「神を冒瀆する」組織が「イタリア人亡命者のゴミや屑どもによって、マルセーユで結成された」(S.E.I.,

vol.II, p.127)と報じている。

(25) S.E.I., vol.III, p.28.

(26) S.E.I., vol.II, p.92.

(27) S.E.I., vol.III, pp.57-58.

(28) S.E.I., vol.II, p.148.

(29) Franco Della Peruta, *Nota introduttiva*, cit., p.213.

(30) S.E.I., vol.II, p.111.

(31) Ivi, pp.86-91.

(32) Ivi, p.68.

(33) Ivi, p.147.

(34) S.E.I., vol.II, pp.94-95.

(35) S.E.I., vol.III, p.393.

(36) S.E.I., vol.II, p.178.

(37) Ivi, p.280. 一八三四年一二月には、「大学生はどこでも進歩と自由の聖体である」と「青年」を「大学生」にいい換えている。また、「青年の土壌の若芽はかならず実を結ぶ」(S.E.I., vol.X, p.257)といい、一八五九年の第一次独立戦争に義勇軍として参加した青年のなかには「純粋無垢な希望」と、「思想を行動に移す情熱が生きている」(S.E.I., vol.LXIV, p.123)とも述べている。

(38) Ivi, p.102.

(39) Franco Della Peruta, *Nota introduttiva*, cit., p.213.

(40) S.E.I., vol.II, p.102. マッツィーニがヨーロッパの革命の兆候と考えたのがリヨンの蜂起であった。一八三一年にリヨンの絹織物製造業者と労働者が買い占め商人や金貸しの横暴に耐えかねて起こしたこの武装蜂起に、かれは共和主義と相互扶助的な経済組織の運動を見ていた。

(41) Ivi, p.93 e p.95.

(42) Ivi, p.96.

(43) Ivi, p.85. クーザンは折衷主義哲学者の一人である。復古王朝時代と七月王政期に、王権神授説の君主制にも人民主権の主張にも反対するギゾーを中心とした自由主義者の潮流が主張した政治体制は、「中庸」と呼ばれた。

(44) デッラ・ペルータは、「青年フランス」以外にも、復古王朝期におけるフランスの自由主義政治文化の代表者たち、とくに議会政治の自由を主張していたギゾーやミシュレーなどの名前を挙げている。Franco Della Peruta, *Nota introduttiva*, cit., p.340, nota 1 e 2, p.341, nota 1. なお、マッツィーニは、「ヴィーコの書物から得た知識や原理、そして無限の進歩的改革という理論のもち主で、道徳的革新の主唱者と認められている若干の人々」(S.E.I, vol.II, p.87) と述べている。また、デッラ・ペルータは、一八〇八年春にドイツで結成され、ナポレオンに対抗してドイツの民族意識の覚醒に寄与した秘密結社「徳の同盟」Tugendbund が「青年友愛団体」Jungenbund に改称したことと、一八三〇年から一八三一年に起きたポーランド革命の中心的指導者の一人で、その失敗後にフランスなどに亡命し、一八三四年から「青年ヨーロッパ」においてマッツィーニと関係をもつことになるポーランドの歴史家レレーヴェルが「数多くの愛国結社を青年の大きな連合」へと発展させたことについて言及している。ガランテ・ガッローネは、一八三一年四月の「人民の友協会」の裁判で、革命の要因となった神聖同盟に対する戦争の不可避性や、イタリアとスペインを支援し、「あらゆる国民を解放するという、ヨーロッパにおけるフランスの使命を語った弁護演説」のなかでも、とりわけカヴェニャックの弁護演説の言葉——「われわれは若い、若いのだ。われわれは急いではいない。準備はできている」——が、「マッツィーニのそれと非常に類似している」として、それが「マッツィーニに少なからぬ影響を与えた」と指摘している。Alessandro Galante Garrone, *Mazzini in Francia e gli inizi della Giovine Italia*, cit., p.214 e nota 7. ベラルデッリは、青年の革命に対する貢献とその犠牲的精神を鼓舞したのは一九世紀の「ありふれた」思想であるといい、フィヒテも『ドイツ国民に告ぐ』のなかで青年に芽生えた「まったく新しい、それまでのものとは異なる世界」について述べているし、ゲーテの『若きウェルテルの悩み』、フォスコロの自伝的小説『オルティス』、バイロンの長編詩『チャイルド・ハロルドの遍歴』を通じて、一八三〇年代の若い世代に共通するものであると指摘している。また、世代に共通する「青年」という思想が、マッツィーニの「青年イタリア」によって「直接的な政治的価値」をもつことになったとも指摘している。Giovanni Belardelli, *Mazzini*, cit., pp.36-37.

(45) S.E.I., vol.II, p.87.

(46) 一八三一年七月から一二月にかけて、マッツィーニにとって最優先課題であるイタリア統一理念が、イタリア諸邦の「連合」unione から全半島の「統一」unità という言葉に変わっている。このことについて、かれは一八三一年一〇月一一日付ジリオーリ宛書簡で「連合は思想と手段と作戦行動の友愛」(S.E.I., vol.V, p.67) であると述べ、一八三二年六月付ベンツァ宛書簡では「連合であるためには、統一・独立・自由の三つの基盤が必要であり、統一は連邦制でない統一である」(Ivi, p.97) と述べている。ガランテ・ガッローネは、『青年イタリア』に発表された二つの文書――「『青年イタリア連盟』の回状」(S.E.I., vol.II, pp.67-71) と「『青年イタリア』の宣言」(Ivi, pp.75-82)――によって「青年イタリア」の「初期局面は終了」し、一八三二年から一八三三年は一八三一年末に到達した「困難ではあったが凱歌をあげた地位」を確認・発展させただけという。Alessandro Galante Garrone, *Mazzini in Francia e gli inizi della Giovine Italia*, cit., pp.230-231.

(47) この逸話に関連してコンバは、一七歳のマッツィーニがすでにカトリックに対する批判を強め、「伝統的な宗教観から離脱し、それに代わる固有の世俗的宗教観を抱いていたことを象徴する」ものと指摘している。この宗教観は、他の文化的・宗教的な影響を受けながら、マッツィーニの思想の根幹をなすものとなった。コンドルセから吸収した思想は無限の進歩の理論であり、スタール夫人やクーザン、サンシモン主義の影響を受けながら、マッツィーニの基本的な理念となる。Augusto Comba, *Scritti politici di G. Mazzini*, Torino, 1972, pp.17-18.

(48) S.E.I., vol.I, p.172.

(49) Ivi, p.150.

(50) S.E.I., vol.LXXX, p.252.

(51) カンデローロは、「マッツィーニにとって、進歩は歴史の基本的な法であるが、歴史の法は神の法であった。それは、人類の無限の向上の一歩でなければならない定められた普遍的な目的の達成のためにおこなわれるべき、神が人間と国民に与えた一つの任務、使命という考えに示されている」と指摘している。Giorgio Candeloro, *Storia dell'Italia moderna*, cit., vol.II, p.206. マッツィーニは『自叙伝』で、進歩の理念を「ダンテの『君主論』から得た」(S.E.I., vol.LXXVII, p.68) と述べているが、ベラルデッリはそれについて「ほとんどありえない」と指摘している。Giovanni Belardelli, *Mazzini*, cit., p.25. マッツィーニに対するコンドルセの影響については Giuseppe Santonastaso, *Il neo-liberalismo di Giuseppe Mazzini*, Bari, Adriatica, 1958, pp.139-140 に詳しい。サントナスターゾは、マッツィーニの進歩思想はジョアッキーノ・ダ・フィオーレの神秘思想の影響も受けていたと述べている。

(52) S.E.I., vol.II, p.187.

(53) Ivi, p.297.

(54) S.E.I., vol.VI, p.13.

(55) S.E.I., vol.VII, p.182.

(56) S.E.I., vol.XLVI, p.259.

(57) S.E.I., vol.XV, p.70.

(58) S.E.I., vol.VI, p.340.

(59) Ivi, p.336.

(60) S.E.I., vol.LI, p.307.

(61) S.E.I., vol.XXXI, p.48.

(62) S.E.I., vol.XXV, p.257.

（63）S.E.I., vol.VII, p.191.

（64）S.E.I., vol.XXXIV, p.244.

（65）S.E.I., vol.LXIX, p.23.

（66）S.E.I., vol.LXXXVII, p.142.

（67）S.E.I., vol.II, p.297.

（68）S.E.I., vol.XII, p.401.

（69）S.E.I., vol.XXI, p.85.

（70）S.E.I., vol.XXXIX, p.81.

（71）S.E.I., vol.XII, p.401.

（72）S.E.I., vol.LXIX, p.40.

（73）S.E.I., vol.VII, p.170.

（74）Ivi, p.186.

（75）S.E.I., vol.LXXXVII, p.142.

（76）S.E.I., vol.XXIX, p.128.

（77）Franco Della Peruta, *Nota introduttiva*, cit., p.216.

（78）S.E.I., vol.X, p.323.

（79）S.E.I., vol.XXI, p.85. モンサグラーティは、啓蒙主義の影響を受けた者は進歩と呼び、ロマン主義の影響を受けた者は使命と呼び、神秘的な傾向の者は信仰と呼ぶ、新しい理念であったと指摘している。Giuseppe Monsagrati, *L'Europeismo di Mazzini prima e dopo il 1848*, in Dalla Giovine Europa alla Grande Europa, a cura di Francesco Guida, Roma Carocci, 2007, p.27.

（80）S.E.I., vol.LXXVII, p.255.

（81）S.E.I., vol.II, p.275.

（82）Ivi, p.274.
（83）Ivi, p.275.
（84）S.E.I., vol.XXXIX, p.81.
（85）Emilia Morelli, *Giuseppe Mazzini*, cit., pp.51-53.
（86）S.E.I., vol.II, pp.31-32.
（87）S.E.I., vol.LI, p.117.
（88）S.E.I., vol.LXII, p.25. 一八六一年のイタリア統一後に、マッツィーニがヴェネツィアの併合を、ガリバルディがローマの併合を求め、その優先順位をめぐって対立したとき、マッツィーニは「イタリア国民は民族統一の契約に調印するために、巨大な行列で、首都ローマに向かわねばならない」と信じていた。マッツィーニにおいて、政治的理念と道徳的な理念の基礎となるローマ理念、すなわち人民のローマ、第三のローマは、ローマ自体がもつ象徴的な価値なしには創造できなかった。このような考えが、民族のシンボルを損なうことを恐れて、一八四九年にローマに赴くことをマッツィーニに躊躇させた理由である。
（89）S.E.I., vol.VII, p.103.
（90）S.E.I., vol.LXIX, p.109.
（91）S.E.I., vol.VI, p.349, nota 1.
（92）Franco Della Peruta, *Giuseppe Mazzini dalla Giovine Italia alla Giovine Europa*, cit., pp.37-38. マッツィーニがサンシモン主義から影響を受けたことについては、その具体的な内容や度合いにおいて違いがあるが、研究者の間で異論はなく、広く認められている。サルヴェーミニは一九〇五年に「マッツィーニ思想の五分の四はサンシモン主義に由来する」と断定的に指摘した。Gaetano Salvemini, *Scritti sul Risorgimento*, cit., p.223. その後、クローチェがマッツィーニは「競争に対する嫌悪、アソチアツィオーネ、未来の宗教などの質的に劣るものをサンシモン主義からみずからの体系に組み入れた」(Benedetto Croce, *Storia d'Europa nel secolo XIX*, Bari, Laterza, 1943, p.140) といい、オモデーオはマッツィーニによって「進歩の概念は真に固有な宗教形態として黙示録的に統合」(Adolfo Omodeo, *Figure e passioni del Risorgimento*, 1945, p.167) されたと指摘している。ベルティは、クローチェによって質的に劣ると見なされたサンシモン主義の思想は、「マッツィーニの民主的・社会的理論の本質的で特徴的な要素であり、それなしにはマッツィーニ主義は存在しないであろう」と反論した。また、サルヴェーミニの解釈は「あまりに専断的」であり、オモデーオの解釈は「明らかに広い視野で、歴史的にも根拠を明示した」ものであると指摘している。その上でベルティは、マッツィーニはサンシモンの実証主義ではなく理想主義だけを、とくに「サンシモンにおいて不可分な社会改革と道徳的・宗教的改革の関係」を自分の思想のなかに組み入れており、「サンシモンなくして、マッツィーニの社会的・宗教的イデオロギーは説明できないであろう」と述べている。さらに、マッツィーニがサンシモン主義から取り込んだアソチアツィオーネの概念は、一八六〇年前後に組織され、「イタリアにおける最初の労働運動となった職業別の協同組合的・相互扶助会的な同盟の起源」とも指摘している。Giuseppe Berti, *I democratici e l'inziativa meridionale nel Risorgimento*, Milano, Feltrinelli, 1962, pp.17-18 e p.25 ; Alessandro Galante Garrone, *Mazzini vivo*, cit., pp.27-32. マッツィーニとサンシモン主義の関係にかかわる論争については、Id., *Salvemini e Mazzini*, Messina-Firenze, D'Anna, 1981, pp.136-156 を参照。

(93) Otto Vossler, *Il pensiero politico di Mazzini*, cit., p.50, nota 5. ジェーノヴァの文学評論サークルは、イタリアにも届いていたサンシモン主義の機関誌『ル・グローブ』に「特別な関心を払っていた」。Leonardo La Puma, *Il socialismo sconfitto. Saggio sul pensiero politico di Pierre Leroux e di Giuseppe Mazzini*, Milano, Franco Angeli, 1984, pp.11-12.

(94) 拙著『赤シャツの英雄ガリバルディ—伝説から神話への変容』洋泉社、一七〜一八頁。

(95) Alessandro Galante Garrone, *Filippo Buonarroti*, cit., pp.475-479.

(96) サンシモン主義からの影響については、Giuseppe Santonastaso, *Il neo-liberalismo di Giuseppe Mazzini*, cit., pp.115-119 ; Id., *Giuseppe Mazzini*, Centro Napoletano di studi mazziniani, Tip. Editrice Glaux, Napoli, 1971, pp.105-108 に詳しい。ガランテ・ガッローネは、『ル・グローブ』紙と『ラ・レヴュー・アンスィクロペディ

ク』誌から、クーザンやギゾーの著書にいたるまで、マッツィーニにとって、「すべてが思想の活力」であり、それなしには「マッツィーニを理解することさえできない」と述べている。マッツィーニは、一八七二年にピーサで生涯を終えるときまでこれらの雑誌のバックナンバーを所有していた。Alessandro Galante Garrone, *Mazzini in Francia e gli inizi della Giovine Italia*, cit., pp.193-194. また、サンシモン主義以外に、ブッシェ、フーリエ、ラムネー、ポーランドのメシア信仰、社会主義など、当時のイデオロギーを漁るように読んだ。Id., *Mazzini vivo*, cit., p.12. ガランテ・ガッローネは、マッツィーニがサンシモン主義から影響を受けて形成した思想について、具体的に次のように指摘している。マッツィーニの基本的な理念には、「知識」・「能力」のある者の指導的役割、「思想と行動の結合」、「立憲に限定された要求の過小評価」、「あらゆる政治的・社会的革命が必然的にもたねばならない宗教的特性」、「偉大な『組織』の時代への接近」などがある。「これらの理念はたんに教義上の上張りではなく、信仰と行動へ向かわせる一つの強力な推進力であった」。Ivi, p.28. また、「勝ち誇るかのように広く普及した絶頂期のサンシモン主義と出会ったこと」でマッツィーニが受けた具体的な影響についてもいくつかの点を挙げている。第一は、七月革命のバリケードの熱狂がオルレアン王朝の公然たる背信行為という急激な結末を迎えたことに対して、多くのサンシモン主義者が覚えた失望と、そこで起きた批判である。その失望は、サンシモン主義者だけでなく、「ブォナロッティやかれの追従者、共和主義者、民主主義者、イタリアやポーランドの愛国者たちにいたるまで、理由や立場は異なるとはいえ、大きな挫折感をもって共有されていた。その突然の推移が、サンシモン主義者の激しい批判を通じて、マッツィーニに「一つの大きな印象を与えないはずはなかった」。第二の、「さらに明確な」影響は、権力に居座った「無為」なブルジョアに対する批判、階級闘争の厳然たる拒否、「最多最貧階級」を犠牲にした富者の特権の利己的な擁護、寄生都市パリに対する生産者の都市リヨンの対置などといった、サンシモン主義者の主張である。第三は、サンシモン主義から摂取したアソチアツィオーネの概念である。さらに、かれの主要な哲学的・宗教的基本概念である神の存在、進歩の思想、自由な民族のアソチアツィオーネ、義務の尊厳、アソチアツィオーネを通じての大衆の物質的改善、教育などもある。一方、イタリアの主導権にかかわる影響も重要である。一八三一年のサンシモン主義者の著作、とくに『ル・グローブ』誌のコラムには、「諸民族の歴史的役割」、「民族の使命」と関連して、「歴史がフランスに託した使命の優位性」や「その必然的な主導権」を前提に、「ヨーロッパの諸民族の先頭に立ち、指導者として必然的な介入」をおこなうべきといった主張が見られた。ガランテ・ガッローネによれば、このサンシモン主義の主張がマッツィーニ思想の根幹をなす「イタリアの主導権」、「イタリアの使命」という理念の形成を促したが、それだけではない。オモデーオが明らかにしたように、ギゾーとミシュレーの著作からも大きな影響を受け、マッツィーニの基本的な理念となるイタリアの「使命」、「主導権」という主張が形成されることになったのである。Id., *Mazzini in Francia e gli inizi della Giovine Italia*, cit., pp.232-233 ; Id., *Mazzini vivo*, cit., pp.30-31.

(97) マッツィーニとサンシモン主義の中心的人物であったピエール・ルルーとの関係については、Leonardo La Puma, *Il socialism sconfitto*, cit., p.36 e p.39 を参照。

(98) S.E.I., vol.II, p.185.

(99) S.E.I., vol.XXXIV, p.162.

(100) Ivi, pp.92-246.「サンシモン主義は思想と行動が調和した、きわめて稀なる一つのスペクタクルを見せてくれた」と、思想と行動の一致という道徳的な点についても影響を受けたことを明らかにしている。Giuseppe Mazzini, *Pensieri sulla democrazia in Europa*, a cura di Salvo Mastellone, Milano, Feltrinelli, 2005 (II edizione), pp.65-133 にも詳しい。

(101) S.E.I., vol.XLVI, p.254.

(102) Franco Della Peruta, *Democrazia e socialismo nel Risorgimento*, Roma, Riuniti, 1965, p.14.

(103) S.E.I., vol.III, p.64.

(104) Ivi, p.63.

(105) S.E.I., vol.LXIX, p.63.

(106) S.E.I., vol.II, p.187.

(107) S.E.I., vol.XXXIX, p.81.
(108) S.E.I., vol.II, p.187.
(109) S.E.I., vol.XXXIX, p.81.
(110) S.E.I., vol.LXIX, p.109.
(111) S.E.I., vol.II, p.256.
(112) Emilia Morelli, *Mazzini*, cit., p.48.
(113) S.E.I., vol.LXVI, p.305.
(114) S.E.I., vol.V, p.61.
(115) Ivi, p.59.
(116) S.E.I., vol.XXXIX, p.213.
(117) S.E.I., vol.VII, p.103.
(118) S.E.I., vol.XXXIX, p.81.
(119) S.E.I., vol.LXIX, p.63.
(120) S.E.I., vol.II, p.251.
(121) S.E.I., vol.XXXIX, p.352. バンティは、マッツィーニの思想と行動がキリスト教の伝統にのっとったものであったことを次のように指摘している。「青年イタリア」の政治活動は、民族の「復活」Risurrezioneにつながる外国人・圧制者との「聖戦」guerra santaや「聖なる十字軍」sacra crociataで倒れた愛国的行動の「殉教者」を例証しながら、また「教え」verboの普及を通じて、参加者を勧誘する伝道活動apostolatoであった。「強靭な宗教的信仰」、深い「信念」に根ざしていない民主主義思想は実現されることはない。「神と人民」のスローガンは、「青年イタリア」のメッセージの基本を統合するものであった。Alberto Mario Banti, *Il Risorgimento italiano*, cit., p.65.
(122) S.E.I., vol.VI, p.328.

(123) *Ibid.*
(124) S.E.I., vol.XXXIX, p.210.
(125) Ivi, pp.214-215.
(126) S.E.I., vol.I, p.218.
(127) S.E.I., vol.XXXVIII, p.56.
(128) S.E.I., vol.V, p.202.
(129) S.E.I., vol.VI, p.346.
(130) S.E.I., vol.XXV, p.55.
(131) S.E.I., vol.XXXVIII, pp.177-178.
(132) S.E.I., vol.LXIV, p.165.
(133) *Ibid.*
(134) S.E.I., vol.XXXVIII, pp.177-178.
(135) S.E.I., vol.LXIX, p.67.
(136) S.E.I., vol.LXIV, p.165.
(137) S.E.I., vol.LXIX, p.66.
(138) S.E.I., vol.LXIV, p.166.
(139) カンピによれば、一八世紀における祖国とは、人々が生まれ育ち、記憶や郷愁・哀惜も交えた、空間的に非常に限られた情緒的・精神的な場所であったが、一九世紀になると「文化的に成熟した個人に限られるものの、とくに保障される自由と豊かさの度合いに応じて生きることを選べる場所」となった。祖国の選択は、「感情的な訴えや、外部から導入された、あるいは伝統や慣習によって課せられた政治的必要性ではなく、人間の精神活動の要求、一つの知的な意思に合致するもの」であり、そこには「明確な道義的意味と義務が付随する」ことになる。「知識人である政治的エリートの指導によって、民衆をも巻き込んだ自由・独立・自治を求める闘争の手段とされた民族理念は決定的に政治化するとともに、民族理念と統一国家はますます緊密な関係を築くことになる」とカンピは指摘している。Alessandro Campi, *Nazione*, cit., pp.123-124. コーンによれば、祖国は「居心地の良いところ、そこが祖国」ubi bene, ibi patria（キケロ）であり、ゲーテの表現に倣えば「有益なところ、そこがわたしの祖国である」ということになる。Hans Kohn, *L'idea del nazionalismo nel suo sviluppo storico*, Firenze, La Nuova Italia, 1956, p.506. この現象を、「愛国主義の民族化」とヴィローリは名づけている。Maurizio Viroli, *Per amore di patria. Patriottismo e nazionalismo nella storia*, Roma-Bari, Laterza, 2001, pp.137-158；マウリツィオ・ヴィローリ／佐藤瑠威・佐藤真喜子訳『パトリオティズムとナショナリズム』日本経済評論社、二〇〇七年。

(140) S.E.I., vol.II, p.152. 一八三一年の時点で、マッツィーニは risorgimento という言葉を使用しており、そこに普遍的な使命を与えられた「第三のローマ」の理念の萌芽を見ることができる。「われわれの思想の目的、魂、拠りどころであるイタリア」は、「神がこよなく愛された土地」であるが、そこは、「二度にわたって世界の女王となり、二度にわたって外国人の醜行により失墜した」(Ivi, p.103)。そして、昔のように、「リソルジメントの要素が広く、強く、知的に、豊かに」(Ivi, p.104) あるという。

(141) S.E.I., vol.XXV, pp.257-258.

(142) S.E.I., vol.XXXVIII, p.266.

(143) S.E.I., vol.II, p.191.

(144) S.E.I., vol.LXVI, p.262.

(145) S.E.I., vol.XXXIX, p.183.

(146) Ivi, p.191.

(147) S.E.I., vol.LXIV, p.166.

(148) S.E.I., vol.XXII, p.166.

(149) S.E.I., vol.LXVI, p.297.

(150) *Ibid.*

(151) S.E.I., vol.LXXV, p.18.

(152) S.E.I., vol.LVII, p.191.

(153) S.E.I., vol.XLVI, p.8.

(154) S.E.I., vol.VIII, p.133.

(155) S.E.I., vol.XXXIX, p.375.

(156) S.E.I., vol.XXIV, p.231.

(157) S.E.I., vol.III, p.313.

(158) S.E.I., vol.II, p.46.

(159) S.E.I., vol.III, p.64.

(160) S.E.I., vol.XXXVIII, p.314.

(161) Giorgio Candeloro, *Storia dell'Italia moderna*, cit., vol.II, p.205. バンティは、一九世紀イタリアの民族的・愛国的文学作品のなかには、「血統」「祖先」「土地」に訴える人種的・言語的な帰属が、政治的契約にもとづく意志的なものとしばしば結合した民族的共同体という観念と混合されていることを明らかにしている。バンティによれば、イタリア民族は意志や政治的イニシアティブに訴えながら、一から作り上げるものではなく、大昔に起源を求め、それを一つの国家、一つの統一的な政治体制に付与させながら、覚醒させる必要がある自然な共同体であった。換言すれば、民族は大昔からすでに存在していた。それは、マンゾーニが『一八二一年三月』のなかで「武器、言語、祭壇、記憶、血統が一つとなった」と詠っているように、つねに一つであった。マッツィーニは民族を共同体という前政治性 prepolotica の意味で使用する以外に、「単一で、独立した、自由な、共和制にもとづく民族としてイタリアを樹立する」というなど、「青年イタリア」が実現しようとする国家形態を示す政治性を有する意味でも使っている。Alberto Mario Banti, *La nazione del Risorgimento*, cit., p.56 e pp.64-65. サルヴァトレッリによれば、マッツィーニの「民族は人民である、運命共同体としての全人民である。人民のイニシアティブの概念はマッツィーニにとって根本的なもので、かれの政治システムの原則そのものである」。Luigi Salvatorelli, *Pensiero e azione del Risorgimento*, Torino, Einaudi, 1965, p.95.

(162) S.E.I., vol.LXXXIII, p.371.
(163) S.E.I., vol.XCII, p.154.
(164) S.E.I., vol.XXV, p.76.
(165) S.E.I., vol.IV, p.69.
(166) S.E.I., vol.III, p.62.
(167) S.E.I., vol.VI, p.126.
(168) S.E.I., vol.LIX, p.XX e p.97.
(169) S.E.I., vol.XXXIX, p.342.
(170) S.E.I., vol.XXXVI, p.253.
(171) S.E.I., vol.III, p.304.
(172) Ivi, p.311.
(173) Ivi, p.303.
(174) S.E.I., vol.LIX, p.167.
(175) S.E.I., vol.VII, p.156.
(176) S.E.I., vol.XXXVIII, p.173.
(177) Ivi, p.56.
(178) S.E.I., vol.LXIV, p.183.
(179) *Ibid.*
(180) S.E.I., vol.XCII, p.203.
(181) S.E.I., vol.II, pp.52-54.

(182) Ivi, p.94.
(183) S.E.I., vol.V, p.202.
(184) S.E.I., vol.XXXVIII, p.261.
(185) S.E.I., vol.LXII, p.175.
(186) S.E.I., vol.LIX, p.163.
(187) S.E.I., vol.II, pp.52-53. マッツィーニのなかでは、一八三一年の中部イタリア革命後に、「ヨーロッパで革命的主導権をとるのはイタリアであるという認識が生まれていた」。Alessandro Galante Garrone, *Mazzini in Francia e gli inizi della Giovine Italia*, cit., p.214 e nota 7.
(188) S.E.I., vol.III, p.102.
(189) S.E.I., vol.LXVI, p.10.
(190) S.E.I., vol.III, p.299.
(191) Ivi, pp.299-300.
(192) S.E.I., vol.XXXI, p.417.
(193) *Ibid.*
(194) S.E.I., vol.III, p.300.
(195) *Ibid.*
(196) Ivi, p.301.
(197) S.E.I., vol.VII, p.208.
(198) S.E.I., vol.LXIX, p.189.
(199) S.E.I., vol.LXIV, p.166.
(200) S.E.I., vol.LXVI, p.283.
(201) S.E.I., vol.LIX, p.15.

(202) S.E.I., vol.VII, p.208.
(203) S.E.I., vol.XLVI, p.140.
(204) S.E.I., vol.XLIII, p.214.
(205) S.E.I., vol.VI, p.125.
(206) S.E.I., vol.IV, p.267.
(207) S.E.I., vol.XXV, p.257.
(208) S.E.I., vol.VI, p.127.
(209) S.E.I., vol.VII, pp.342-343.
(210) S.E.I., vol.XCII, p.153.
(211) S.E.I., vol.XXXVI, p.40.
(212) S.E.I., vol.LXXV, p.321.
(213) S.E.I., vol.XXXVI, pp.40-41.
(214) S.E.I., vol.VII, pp.342-345.
(215) S.E.I., vol.LXII, p.51.
(216) S.E.I., vol.XCIII, p.85.
(217) S.E.I., vol.XXV, pp.257-258.
(218) S.E.I., vol.XXXVIII, pp.288-290.
(219) S.E.I., vol.XXXVI, p.252.
(220) S.E.I., vol.XLIII, p.276.
(221) ロザリオ・ロメーオ／柴野均訳『カヴールとその時代』白水社、一九九二年、四九九頁；Rosario Romeo, *Vita di Cavour*, Roma-Bari, Laterza, 1984, p.530.
(222) Federico Chabod, *L'idea di nazione*, cit., p.65 e pp.82-83. シャボーによれば、民族の解放を一国に限定せず、

抑圧される他の民族にも敷衍したのはマッツィーニだけでなく、「民族性原理の理論家」であるマンチーニもまた、ヴィーコの唱える「自由に調和的に達成された民族性の発展のなかにこそ人類の祝賀とその市民的発展」があるという言葉を最高の目標として民族性を理解した。シャボーは、一九世紀の「ドイツの民族運動とイタリアのそれの間にはいくつか相似・類似している部分があるにもかかわらず、本質的に絶対的な相違がある」と述べ、領土、血統、感情、自然主義、過去の記憶を特徴とし、運命共同体へ帰属するというロマン主義的なドイツの民族概念に対して、意志、個人的意識、未来の感覚を特徴とする意志の衝動、自覚的選択、集合的契約というイタリアの民族概念を対置した。このシャボーの、人種主義に行き着くドイツの「悪しき」ナショナリズムと自由の理念に鼓舞されたラテンの「良き」ナショナリズムという対置にもとづく定義は、時代の政治状況に強く影響を受けていた。シャボーの『民族の理念』は一九四三年から一九四四年におけるミラーノ大学での講義をもとに一九六一年に出版されたもので、当時のイタリアの政治文化や歴史研究を強く反映したものであった。Ivi, pp.68-74. Cfr. M. Cuaz, *Sulla fortuna dell'«Idea di nazione»*, in Nazione, nazionalismi ed Europa nell'opera di Federico Chabod, a cura di M. Herling e P. G. Zunino, Firenze, Olschki, 2002, pp.141-167；Alessandro Campi, *Nazione*, cit., p.140 e nota 51. このシャボーの解釈に対してロメーオは、第二次世界大戦後のイタリアで、民族性の解釈についてフランス型にドイツ型を対置する「まったく、価値のない」議論がおこなわれたと批判する。ロザリオ・ロメーオ／柴野均訳『カヴールとその時代』前掲書、四九九～五〇〇頁；Rosario Romeo, *Vita di Cavour*, cit., pp.530-531. これは、「特定の政治共同体に賛同する市民の自由な意志表現」の上に成立するフランス型の民族性に対して、「自然的及び決定論的特徴を強く帯びた」「言語と歴史を共有する」ドイツ型の民族性を対置したシャボーへの批判であった。ロメーオによれば、一九世紀に民族性の原理が民族統一の方向で提起されたことを考慮すれば、文化的民族と政治的民族を明確に区分することは単純なことではない。ロメーオは、一九世紀における人種的・言語的側面と政治的・領土的展望、民族の自然的概念と選択的・意志的な概念は、考えられている以上に複雑に交錯しているという。Id., *Italia mille anni. Dall'età feudale all'Italia moderna ed europea*, Firenze, Le Monnier, 1981, p.164. ロメーオの批判はシャボーに対してだけでなく、文化的民族と領土的民族の図式的な区分をおこなったマイネッケに対するものでもあった。マイネッケによれば、最初に言語・文学・宗教など「共通の努力によって獲得された何らかの文化的所有物の上に主として基礎づけられたもの」、次に「政治史、共通の法律の統合的な徳に基づいて作られたもの」があり、それぞれ「古いかたちの民族と新しいかたちの民族」として区分することができる。フリードリッヒ・マイネッケ／矢田俊隆訳『世界市民主義と国民国家1—ドイツ国民国家発生の研究』岩波書店、二〇〇一年、五~七頁；Friedrich Meinecke, *Weltbürgertum und Nationalstaat*, München und Berlin, 1928. カンピは、一九世紀に入り、民族の概念は「その氏族的あるいは貴族的」、「排他的」な特徴を失い、世界的で包括的な概念となるとしている。民族はもはや特別な区域あるいは集団を示すのではなく、一つの郷土のすべての住民を含む総体を意味する。民族は象徴的に人民とますます一致するようになる。人民は、社会学的には、一つの、不可分な、主権をもつ民族が定めた政治的・法的な範疇のなかにおいてのみ実現できる価値・要求・権利を備えたダイナミックで行動的な存在である。「ドイツ的」でロマン主義的なヴァージョンの概念においては、民族は言語・歴史・文化を一つとする個人から構成される一つの有機的で堅固な統一であり、絶対的に不可分な唯一の精神的特徴をもつ全体であった。Alessandro Campi, *Nazione*, cit., pp.122-123. フランス革命以降の人民概念の決定的な変化については、Rosario Romeo, *Italia mille anni*, cit., pp.163-164 を参照。

(223) S.E.I., vol.II, p.81.

(224) S.E.I., vol.III, p.61. カンピによれば、民族と人民の同義的使用あるいは緊密な相互関係は「典型的に一九世紀的」であり、さらにそこに民族と祖国の同義的な使用も加わった。民族と祖国という言葉は、その新しい政治的な意味において、多くの場合に互換的なものとなる。Alessandro Campi, *Nazione*, cit., p.123.

(225) S.E.I., vol.VII, p.127.

(226) S.E.I., vol.II, p.189.

(227) S.E.I., vol.III, p.61.

(228) S.E.I., vol.VII, pp.191-192.
(229) Ivi, p.135.
(230) S.E.I., vol.III, p.297.
(231) Ivi, p.295.
(232) Franco Della Peruta, *Giuseppe Mazzini dalla Giovine Italia alla Giovine Europa*, cit., p.36. カンデローロも、マッツィーニは一八三一年一二月に最初に使用した「最多最貧階級」という「典型的にサンシモン主義的な表現」で示される大衆を人民と同じ意味で使用していると指摘している。Giorgio Candeloro, *Storia dell'Italia moderna*, cit., vol.II, p.215.
(233) S.E.I., vol.II, p.108.
(234) Ivi, pp.47-78.
(235) Ivi, p.177.
(236) Ivi, pp.52-53.
(237) S.E.I., vol.XLVIII, p.122.
(238) S.E.I., vol.LXXVII, p.75.
(239) S.E.I., vol.LXXXXVI, p.37.
(240) S.E.I., vol.VII, p.127.
(241) S.E.I., vol.II, p.55.
(242) S.E.I., vol.XLVI, p.141.
(243) S.E.I., vol.VII, pp.302-303.
(244) S.E.I., vol.XXXIV, pp.235-236.
(245) S.E.I., vol.II, p.194.
(246) S.E.I., vol.XXXVIII, p.43. ロッシによれば、対となった「神と人民」は政治的な解釈における意味とはかけ離れており、「神と人間の間に至上権あるいは聖職的なヒエラルキーを介在させる」ことではなく、「相互依存関係という神学的な概念」を意味していた。マッツィーニにとって、「神なくして人民は存在せず、人民は神の理念の受託者であり、地上での神の実在の条件」であった。人間に必要な神という説に対して、神なくして人民は存在せずとは、典型的にマッツィーニ的である。ロッシによれば、マッツィーニの宗教性は「支配的要素」をもつプロテスタントとも、「偉大な同時代人であるマンゾーニに安らぎを与えた」カトリックとも異なり、「ジャンセニズムの解釈」に近かった。Giuseppe Mazzini, *Dei doveri dell'Uomo, Fede e avvenire*, a cura di Paolo Rossi, Milano, Mursia, 1965, pp.5-6.

(247) S.E.I., vol.XXXIX, p.80.

(248) S.E.I., vol.XXXVIII, p.175.

(249) *Ibid.*

(250) Ivi, p.9.

(251) S.E.I., vol.XXXIX, p.218.

(252) Ivi, p.88.

(253) S.E.I., vol.LXXX, p.116. 無神論について、パリで植字工として働いていたイタリア人の自殺と関連して、マッツィーニは「絶望と無神論は同一である」(S.E.I., vol.XXV, p.92) と述べている。

(254) S.E.I., vol.III, p.8. シスモンディは、次のように諭すようにマッツィーニに返答している。「君たちは既存のすべてを拒否して、一つの宗教を望んでいる。君たちは人民に一つの宗教の必要性を示そうとしている。増大してゆく光明のなかにある、人間理性という宇宙の法則に日々浸透している科学の進歩、そして道徳観の発展を役立てようではないか。宗教のなかに、可能な限り、理性と哲学を浸透させることに専念しようではないか」(S.E.I., vol.III, pp.13-14)。

(255) S.E.I., vol.XIV, p.290.

(256) S.E.I., vol.LXIX, p.23.

(257) S.E.I., vol.XXXVIII, p.176. マトゥーリは、「この言葉はみずからの宗教概念をあまりにも不完全に表した」ものであるとしている。Walter Maturi, *Partiti politici e correnti di pensiero nel Risorgimento*, cit., pp.91-92.
(258) S.E.I., vol.LXXX, p.67.
(259) S.E.I., vol.III, p.8.
(260) S.E.I., vol.XCII, p.224.
(261) S.E.I., vol.III, p.156.
(262) S.E.I., vol.LXXXIII, p.63.
(263) S.E.I., vol.III, p.8.
(264) S.E.I., vol.XXXIX, p.73.
(265) S.E.I., vol.XCII, p.152.
(266) Antonio De Francesco, *Ideologie e movimenti politici*, cit., p.290.
(267) Giuseppe Berti, *I democratici e l'inziativa meridionale nel Risorgimento*, cit., p.41. オモデーオはマッツィーニの神について次のように解釈している。マッツィーニの神は、「人民の、とくに被抑圧者の声であり、義務の命令を通じて意識に語りかけるもの」であり、「その神は人間の進歩的統一という人類の共通の解放に応じる道徳的な義務」である。「マッツィーニを突き動かしたのは宗教思想であった」。「歴史を導く神、開始される新しい信仰という黙示録的なモチーフはマッツィーニの基本的な確信であった」。マッツィーニは七月革命に続く時代状況のなかで、「当時つかの間の名声を博していた社会主義思想であるサンシモン主義」が社会の新しい有機的構造を求める新しい宗教、「新キリスト教」を夢想していた。反動的な人々と袂を分かっていたラムネーは「神と自由」の旗を掲げ、社会生活を再生する力をカトリックのなかに見出していた。教皇からこれを非難されると、ラムネーは民主主義の教育と、形成しなければならない新しい社会的信仰の伝道をあくまでも主張した。旧約、新訳聖書は民族性の運動と交じり合い、混合されていた。マッツィーニはそのような状況で「神と人民」を見出した。マッツィーニにとって、「神が展開する行動と協同し、人民が神から授けられた使命を認識し、受け入れ、人類に新しい道を開くイニシアティブを希求することは、世界における活動を意味していた。それは、内面的な戒律に従い、褒章を期待することなく、効用を計算することなく、義務を生活の中心に置くことであった。祖国と人民は神の思想であり、祖国は絶対的な人間の意識に駆り立てられる人民を求める」ものであった。マッツィーニには、祖国は個人のエゴイズムを超越する慈愛、精神的・社会的・宗教的再興の成就と思われたのである。一八三〇年から一八四八年の間にヨーロッパの広範な地域に広がっていた政治的・宗教的ロマン主義の雰囲気のなかにあって、とくにカルボネリーア活動によって亡命を余儀なくされ、さらにカルボネリーアからの脱却も重なった時期に、マッツィーニの思想は形成された。Adolfo Omodeo, *Difesa del Risorgimento*, cit., pp.76-77.

ストッポーニは次のように述べている。「オモデーオによれば、マッツィーニはすべての人間の心に啓示すべき神聖な財宝が隠されており、この精神的な光の豊かさは個人を超える一つの統合のなかで人類を包み込まねばならず、祖国として、人類のなかに組み込まれた諸祖国として実現されると確信していた。それゆえに、共通の解放の意志において、神が意識の奥深いところで語るのは、達成すべき義務と理解された。これらの考えは、マッツィーニが傾倒していたラムネーの思想からの影響もあるが、イタリアの哲学的伝統、とくに摂理が人間の歴史と永遠の思想史の統合をもたらすというヴィーコの思想と無縁ではなかった。マッツィーニの生涯を貫くこの固い信念は、人間の進歩的統一としての人類の構想でもある神の構想に応える人々に、宗教的・道徳的な義務を与えた。政治的統一は、歴史における神の意志の表現であり道徳的な義務であるがゆえに、マッツィーニの全活動の中心であり、原動力であった。新しい信仰は外交的な解決や戦略としてだけ表現されるものではなく、実現されるべき預言の根源性による政治意識の獲得につながるものであった。オモデーオは、民主主義概念の内部で唯物論とジャコバン的な神話から人々を救済することを主張したマッツィーニの『黙示的動機』を指摘した。この前提から、マッツィーニ主義の広く普及した特徴的な主張――サンシモンに影響を受けたであろう批判の時代と組織の時代の区分、皇帝のローマ、教皇のローマ、人民のローマという三つのローマ、神と人民の標語、思想と行動の統一、実現すべき高い理念の名における犠牲の道徳、使命と教育の概念——が提起された。イタリア人民の統一は、歴史における神の存在を説明するための宗教改革をその基礎に置いていた」。Roberto Stopponi, *Il pensiero di Giuseppe Mazzini nell'interpretazione di Adolfo Omodeo*, in Mazzini nella cultura italiana, Atti del Convegno di studi, a cura di Vincenzo Pirro, Terni, Edizioni Thyrus, 2008, pp.151-152.

(268) S.E.I., vol.XXXI, pp.27-28.

(269) S.E.I., vol.XLVI, p.141.

(270) S.E.I., vol.XXXVIII, p.176.

(271) S.E.I., vol.XXXIX, p.81.

(272) S.E.I., vol.III, p.8.

(273) S.E.I., vol.XXXIX, p.218.

(274) S.E.I., vol.XCII, p.112.

(275) S.E.I., vol.V, p.29.

(276) S.E.I., vol.XXV, pp.98-99.

(277) マッツィーニは一八二九年の「ヨーロッパ文学について」で知識人の役割について、「諸民族のなかでかつては先頭に立っていたイタリアは後塵を拝しているが、その理由は知識人の棕櫚の葉（勝利）を天上も太陽も保証しないからである」(S.E.I., vol.I, p.189) と言及している。マッツィーニの天才の概念について、ベルティは次のように解釈する。「知識人ということ以上に神聖なる啓示と見なされた神秘的な直感をもつ預言者であり、「先駆者」という「本質的にロマン主義の理念」であった。天才の概念はマッツィーニと同時代のロマン主義文学に広く見られるものである。マッツィーニがスタール夫人の『ドイツ論』と類似した『イタリア論』を書こうと考えたのは、決して偶然ではなかった。マッツィーニは天才を自然と人類の間の仲介者、解釈者と見ていた。マッツィーニによる天才の概念と「未来の宗教」としての進歩の理念の結合は、ギゾー、クーザンの影響を受けており、マッツィーニ主義の中心的な特徴な一つとして残ることになる。Giuseppe

Berti, *I democratici e l'iniziativa meridionale nel Risorgimento*, cit., pp.19-20.

(278) S.E.I., vol.VII, p.316.

(279) Ivi, p.317.

(280) Ivi, pp.308-309.

(281) Ivi, p.356.

(282) Ivi, p.302.

(283) Ivi, p.303.

(284) Ivi, pp.300-301.

(285) S.E.I., vol.XXXI, p.4.

(286) *Ibid*.

(287) S.E.I., vol.VII, p.310. 徳育とは、「個人や社会の要求に応じて、特別な目的に有効な知的・道徳的な原理を取得させること、あるいは他者との関係で礼節をわきまえて礼儀正しく振る舞う基準を教えること」である。知育は「体系的な教育を通じて技術的・文化的な訓練に関連する知識を取得させること」とある。Giacomo Devoto e Gian Carlo Oli, *Dizionario della lingua italiana*, Firenze, Le Monnier, 1971.

(288) S.E.I., vol.VII, pp.302-303.

(289) Ivi, pp.304-305.

(290) Ivi, p.297.

(291) S.E.I., vol.II, p.19.

(292) S.E.I., vol.IV, p.75.

(293) S.E.I., vol.XLVI, p.28.

(294) Ivi, p.249.

(295) S.E.I., vol.LXII, p.16.

(296) S.E.I., vol.VII, p.323.
(297) S.E.I., vol.XXV, p.181.
(298) Ivi, p.182.
(299) *Ibid.*
(300) S.E.I., vol.LXII, p.37.
(301) S.E.I., vol.XLVI, p.27.
(302) S.E.I., vol.XXV, p.182.
(303) S.E.I., vol.II, pp.47-48.
(304) Ivi, p.273.
(305) S.E.I., vol.VI, p.301.
(306) S.E.I., vol.XXXIV, p.124.
(307) S.E.I., vol.II, p.218.
(308) Ivi, p.203.
(309) *Ibid.*
(310) *Ibid.*
(311) Franco Della Peruta, *Nota introduttiva*, cit., p.212. カンデローロによれば、「ロマン主義の歴史研究に典型的なコムーネ時代の賛美」からの明らかな影響で、その一つとしてシスモンディの『イタリア共和国の歴史』がある。マッツィーニの共和主義思想は、「ルソーに始まり、ジャコバン主義を通じて、民主主義者に広く浸透していた」一九世紀初頭のヨーロッパの時代思潮であり、「平等主義的・民主主義的、ルソー的、ジャコバン的」な特徴を示している。Giorgio Candeloro, *Storia dell'Italia moderna*, cit., vol.II, pp.210-211. 君主制をめぐるマッツィーニとの論争において、シスモンディは、ヨーロッパの戦争は「イタリアに全面的な衝撃をもたらし、すべてを再構築する機会を民族にもたらす」(S.E.I., vol.III, p.11) とし、その際、独立には「自由よりも力」が必要なので、「たとえば、ピエモンテ、あるいはナーポリの国王が軍隊と海軍の一隊をそれに賭けるならば、わたしは君主制に従うであろう」（S.E.I., vol.II, p.21）と述べた。このシスモンディに対してマッツィーニは、「ピエモンテの国王も、ナーポリの国王も、あなたが示したような素晴らしいことを引き受けない」し、「君主主義者の期待を強化する」（S.E.I., Appendice, vol.I, p.31）だけだと反論している。

(312) S.E.I., vol.II, pp.48-49.

(313) Ivi, p.218.

(314) Ivi, p.49.

(315) S.E.I., vol.III, p.390.

(316) S.E.I., vol.XXXIX, pp.268-269.

(317) S.E.I., vol.XXXVIII, p.10.

(318) S.E.I., vol.XXXIX, p.215.

(319) Franco Della Peruta, *Nota introduttiva*, cit., p.211. マッツィーニは政府 Governo を次のように定義している。議会の上位に存在する政府では「支配される者と支配する者の調和が存在し、そのなかで政府から人民へ、人民から政府へと、霊感の継続的な運動が生まれる。政府はそれを選択した人民の投票の解釈者であり、浄化する人である」（S.E.I., vol.XLI, p.20）。「政府はわれわれにとって思考する民族であり、民族は行動する政府である。すべては義務として民族を秩序立て、民族が発信しなければならない霊感を、宣伝と持続的な主権の行使によって調整することにある」（S.E.I., vol.XXXIX, p.94）。また、一八五七年には、「政府は一つの民族の精神である。もしそれが民族を導かねばならない道徳法、すなわち民族が絶えず展開し、適用しなければならない生活の法を代弁しなければ、正しくない」、「共和主義者が意図するように民族的意思をもって整備される政府は、選挙、宣伝、委任統治の廃止」（S.E.I., vol.LIX, p.42）にもとづいて設立される政府であると述べている。

(320) S.E.I., vol.II, pp.48-49.

(321) Ivi, p.50.
(322) Ivi, p.215.
(323) Ivi, p.199.
(324) S.E.I., vol.XLI, p.27.
(325) S.E.I., vol.XXXIX, p.92.
(326) *Ibid.*
(327) S.E.I., vol.VI, pp.306-307.
(328) Ivi, p.307.
(329) Emilia Morelli, *Giuseppe Mazzini*, cit., p.31 e pp.134-136.
(330) Ivi, p.58 e p.60.
(331) Ivi, p.V. サルヴェーミニは、「マッツィーニの民族的統一民主制共和国は、本質的に一つの宗教的体制」であり、「主権は神に存在する」と指摘している。Gaetano Salvemini, *Scritti sul Risorgimento*, cit., p.175. オモデーオは、マッツィーニの共和主義は「その使命を意識した人民による道徳的な自主性の論理的帰結以外の何ものでもない」と解釈している。Adolfo Omodeo, *Difesa del Risorgimento*, cit., p.78. マステッローネは、「共和国と民族を同一視する理念的な混乱」であるという。Salvo Mastellone, *Mazzini e la «Giovine Italia»*, cit., pp.320-321. レーヴィは、マッツィーニにおいて共和国は「一つの政治体制以上の」もので、「進歩の法則に包含されるすべての原理の正式な認定であり、一括した手段」であり、「共和国は民主主義の自然な形態であり、論理的な形態」であったと指摘する。Alessandro Levi, *La filosofia politica di Giuseppe Mazzini*, cit., p.153. シャボーによれば、マッツィーニにとって共和国は特権を否定し、民衆大衆を運動に参加させる「一般意志」にもとづく政府であり、外国の影響を一切排除したものである。共和主義的自由の実現は、全般的な進歩を推し進める諸民族がその使命の意識を獲得するために不可欠な前提であり、進歩の法に従った自明で不可避的な事柄であった。マッツィーニは、まさに「中途半端でも、留保のついたものでもない、完全で、絶対的な、自由を欲するがゆえに、共和主義者である」とシャボーはいう。Federico Chabod, *L'idea di nazione*, cit., p.78. モレッリは、サルヴェーミニの指摘——「民族的統一が宗教的刷新、民主制、共和制でなくしても実現できる可能性が、たとえ遠いものであっても示されるや否や、マッツィーニは揺らぐことのないみずからの信仰のなかに妥協的な力を見出した。それは、遅かれ早かれときが解決するとして、かれは計画の完全な遂行を未来に先送りし、他の理念を横に置き、ローマを首都とするイタリア統一の実現に全精力を投入した」——に異議を唱える。モレッリは次のようにいう。「マッツィーニ思想構造における二つの不可欠な基点は、民族を欠いた統一は生命力を欠いた空虚な標語であるという命題にもとづく、政治的国家を樹立するための統一と、道徳的国家を実現するための民族である」。Emilia Morelli, *Giuseppe Mazzini*, cit., pp.46-47.

(332) S.E.I., vol.II, p.49.

(333) Ivi, p.68.

(334) S.E.I., vol.III, p.269.

(335) S.E.I., vol.XXXVI, p.281.

(336) S.E.I., vol.XXXVIII, p.173.

(337) Ivi, p.56.

(338) S.E.I., vol.LIX, p.167.

(339) S.E.I., vol.XXV, p.257.

(340) S.E.I., vol.LXXXIII, p.33.

(341) Franco Della Peruta, *Nota introduttiva*, cit., pp.211-212.『イタリアに適用される連邦制政府についての省察』は Ivi, pp.188-202 に収録されている。「青年イタリア」結成の時期にニコラーイが『イタリアについての考察』を出版しているが、それからの影響があるとデッラ・ペルータは指摘している。カンデローロも、マッツィーニの統一主義の主張は「本質的にブォナロッティの主張であり」、かれに「おそらく由来」すると指摘している。Giorgio Canderolo, *Storia dell'Italia moderna*, cit., vol.II, p.210. ブォナロッティは『省察』のなかで、連邦制は民族的統一を地方の利害関係によって断片化し、貴族や特権階層の復活を呼び起こし、野心的な勢力の伸張を許すことになると述べている。デ・フランチェスコは、ブォナロッティが展開した連邦主義批判とともに、権力の民主主義的行使として法律を承認・却下する人民主権と全市民の平等を実現する必要性の主張を、マッツィーニは「活用したであろう」と指摘している。Antonio De Francesco, *Ideologie e movimenti politici*, cit., p.287.

(342) S.E.I., vol.II, p.49.

(343) S.E.I., vol.XXV, p.26.

(344) S.E.I., vol.LI, p.39.

(345) S.E.I., vol.II, p.49.

(346) S.E.I., vol.LI, p.39.

(347) S.E.I., vol.III, p.295.

(348) S.E.I., vol.XXXVIII, p.290.

(349) Ivi, p.6.

(350) S.E.I., vol.XLXII, p.22.

(351) S.E.I., vol.XLII, p.253.

(352) S.E.I., vol.II, p.50.

(353) *Ibid.*

(354) S.E.I., vol.LXII, p.24.

(355) S.E.I., vol.LXIV, p.177.

(356) Ivi, p.139. カルロ・アルベルト国王にしろ、教皇ピウス九世にしろ、さらにヴィットーリオ・エマヌエーレ二世にしろ、「陛下」Sireを使って敬意を払ったマッツィーニが、ナポレオン三世だけは一貫してルイ・ナポレオンと呼んだことは、ナポレオン三世に対するマッツィーニの評価と深くかかわっていた。

(357) S.E.I., vol.II, p.50.
(358) S.E.I., vol.XXV, p.263.
(359) S.E.I., vol.XXII, p253.
(360) S.E.I., vol.XXXI, p.422.
(361) Ivi, p.419.
(362) Ivi, p.421.
(363) S.E.I., vol.XXXVIII, p.7.
(364) S.E.I., vol.XLVI, p.125.
(365) Ivi, p.127.
(366) Ivi, p.254.
(367) S.E.I., vol.XXXVIII, p.314.
(368) S.E.I., vol.XXV, p.281.
(369) Ivi, pp.257-258 e p.263.
(370) Ivi, p.281.
(371) Ivi, p.304.
(372) S.E.I., vol.XXXVIII, p.290.
(373) Emilia Morelli, *Giuseppe Mazzini*, cit., p.8. メノッティについては、Franco Della Peruta, *Ciro Menotti e il problema nazionale italiano*, in Conservatori, liberali e democratici nel Risorgimento, Milano, Angeli, 1989, pp.63-70.
(374) Ivi, pp.IV-V. シロッコも、イタリアの「統一への道は、マッツィーニの思想と行動によって開かれた」(Alfonso Scirocco, *L'Italia del Risorgimento*, cit., p.7)と指摘している。カンデローロは次のように指摘している。マッツィーニは、過去において「とりわけ文学者によって、ローマ的・カトリック的コスモポリタニズムの根強い残滓をもって、しばしば修辞的形式で表現されてきた文化的統一」、そして「フランス革命時代の政治的革新運動」に見られた統一を、イタリア民族の独立と不可分なものと考え、統一主義をリソルジメント運動の基本的目標とした。それをイタリアの民族運動に関する理論の第一歩として印し、「イタリア人の頭に打ち込み」、実践することになる。この統一主義はマッツィーニにおいて、イタリア問題解決の一つの選択肢ではなく、「イタリア問題は本質的に民族問題である」がゆえに、「唯一の可能な解決策」であった。「一般教程」のなかで、「信仰と社会契約の統一なくして、民法・刑法の政治的立法の統一なくして、教育と代議制なくして、民族は存在しない」(S.E.I., vol.II, p.50)と明示しているように、「イタリアを一つの民族とすることは、かれにとって、イタリアの統一的な政治意思を、すなわち統一国家を創ることを意味した」。Giorgio Candeloro, *Storia dell'Italia moderna*, cit., vol.II, p.209.

(375) S.E.I., vol.II, p.52.

(376) Ivi, p.47.

(377) S.E.I., vol.XXXIX, p.372.

(378) S.E.I., vol.VII, p.323.

(379) 教育について、フィヒテは『ドイツ国民に告ぐ』でドイツ人の「祖国愛を覚醒させる必要性」を訴えた。それは「教育を最優先事項とすることへと直ちに帰着する」という指摘があるが、マッツィーニにおいても同じことがいえる。ジョエル・ロマン/大西雅一郎訳「二つの国民概念」『国民とは何か』河出書房新社、一九九七年、一四〜一五頁。

(380) S.E.I., vol.III, p.68.

(381) S.E.I., vol.XXXIX, p.92.

(382) *Ibid.*

(383) S.E.I., vol.LXIX, p.103.

(384) Ivi, p.67.

(385) Ivi, p.105.
(386) S.E.I., vol.II, p.201.
(387) Ivi, pp.201-202.
(388) Alfonso Scirocco, *L'Italia del Risorgimento*, cit., p.180. カンデローロは、教育と蜂起の結合に関連して、マッツィーニは民族的統一と解放という政治目的と本質的に結びついた文化的活動を開始しようとし、「穏和派がおこなっていた家族主義的・改革的・漸進的な」政治教育に対して、「政治的・道徳的・宗教的な布教」を対置したという。マッツィーニの思想は「空想的であり、危険視されて」いたため、それを受け入れたのは「きわめて少数の勇気ある人」であったが、「青年イタリア」の結成から三年後には「全イタリア」に流布することとなり、検討すべき「一つの理念」となった。Giorgio Candeloro, *Storia dell'Italia moderna*, cit., vol.II, pp.212-213.
(389) S.E.I., vol.II, p.141.
(390) S.E.I., vol.VII, p.87.
(391) S.E.I., vol.II, p.142.
(392) S.E.I., vol.VII, pp.78-79.
(393) S.E.I., vol.LXXXIII, p.80.
(394) Salvo Mastellone, *Il progetto politico di Mazzini*, cit., p.53.
(395) マッツィーニのジャーナリストとしての活動については、Alfonso Scirocco, *Note sul giornalismo mazziniano*, in Pensiero e azione：Mazzini nel movimento democratico italiano e internazionale, cit., pp.353-394；Renato Carmignani, *Storia del giornalismo mazziniano*, vol.I, 1827-1830, Pisa, Domus Mazziniana, 1959；Alfredo De Donno, *I giornali mazziniani*, in AA. VV., Giornalismo del Risorgimento, Torino, Loescher, 1961 を参照。
(396) Franco Della Peruta, *Nota introduttiva*, cit., p.212. カルロ・ビアンコに関しては、Vittorio Parmentola, *Carlo Bianco, Giuseppe Mazzini e la teoria dell'insurrezione*, in «Bollettino della Domus Mazziniana», V (1959), n.2,

pp.5-40 ; Enrica Melossi, *Documenti sulla diffusione in Italia del Trattato di Carlo Bianco di St. Jorioz*, in Mazzini e i repubblicani italiani, Torino, Istituto per la storia del Risorgimento italiano, 1976, pp.45-53 を参照。

(397) Franco Della Peruta, *Nota introduttiva*, cit., pp.218-219.「青年イタリア」の綱領と同様に、たとえ「農村住民が貧困に苦しんでいても、その絶望した人々を決起させる」と述べてはいるが、蜂起への人民大衆の参加を促進することはなかった。Franco Della Peruta, *Giuseppe Mazzini dalla Giovine Italia alla Giovine Europa*, cit., p.39.

(398) S.E.I., vol.II, pp.52-54.

(399) *Ibid.* 独裁政権については、Cesare Vetter, *Dittatura e rivoluzione nel Risorgimento italiano*, Trieste, Edizioni Università di Trieste, 2003, pp.27-88 を、立憲議会については、Giorgio Falco, *Giuseppe Mazzini e la Costituente*, Firenze, Sansoni, 1946, pp.21-31 を参照。

(400) この論争の発端は、ガランテ・ガッローネが一九五一年に出版した著書で示した解釈、すなわち、のちにサンシモン主義を多く取り入れるにしても、一八三一年後半の時点で「すでにマッツィーニはブォナロッティと親密な関係」をもつようになり、「理念的にも、また具体的な陰謀活動」においてもブォナロッティに近く、「ブォナロッティの政治・社会思想を少なからず取り入れて」、「ブォナロッティと大きな隔たりはなかった」という解釈にあった。Alessandro Galante Garrone, *Filippo Buonarroti*, cit., pp.339-343. ガランテ・ガッローネがフランス亡命初期のマッツィーニを「ブォナロッティ主義者」と解釈したことに対して、フランコヴィッチは過剰な「汎ブォナロッティ主義」panbuonarrotismo と批判した。Carlo Francovich, *Albori socialisti nel Risorgimento. Contributo allo studio delle società segrete*, 1776-1835, Firenze, Le Monnier, 1962, pp.121-137. マッツィーニ生誕一〇〇周年を記念するイタリア・リソルジメント史学会大会で、ガランテ・ガッローネはフランコヴィッチの批判を認め、自説を「見直し、弱める」必要があると修正している。Alessandro Galante Garrone, *Mazzini in Francia e gli inizi della Giovine Italia*, cit., p.216. ガランテ・ガッローネによると、マッツィーニはマルセーユ亡命初期の数カ月に、「たとえ高齢のジャコバン主義者に直接的に由来するものではないとしても、ブォナロッティの主張を取り入れた」。しかし、このイデオロギーの獲得は「マッツィーニの行動方針にとって、本質的な重要性をもつものではなかった。それは、他の明確に異なるイデオロギー的示唆とまもなく共存することになり、最後にはサンシモン主義の主張のように、乗り越えられ、ほとんど痕跡もなく消散してしまう。つまり、つかの間の熱狂、表面的な着色、あるいは物事に一定の関心をもって仕方なく付き合い、論じなければならなかった環境において見せた、支配的な思想への一つの譲歩であった」。Ivi, p.217. 同様に、カルボネリーアの痕跡は消え、秘密結社主義は「そぎ落とされるさびのようなものであった」。老齢のジャコバン主義者であるブォナロッティから直接に受けた影響も、当時の民主主義者や秘密結社に共通するものであったブォナロッティ的な要素も、「急速に溶解するか、マージナルな残滓となった」。そのように他の組織の影響が影を潜めていったのと平行して、「青年イタリア」の「教理と行動プログラムと定義できる」、「イタリアの主導権の挑発的な主張、厳しい倫理性」をもった新しい主張が登場することになる。もちろん、すべてが新しいものではなく、他の亡命者が唱えていたものも含まれていた。「青年イタリア」の斬新性は「熱狂的な口調、文体、理念を威厳ある道徳に、思想を行動に、持続的に変えていくことであった。魂を揺り動かし、新しい支持者を魅了するような大きな力をもつようなものは、それまで亡命者のなかで耳にすることはまったくなかった。亡命者の間できわめて早く頭角を現した秘密は、(たとえ当時、そしてその後に、無理解、敵愾心、聞く耳をもたない反発が、マルセーユだけでなくその他の地域でも存在したとしても)まさにこの点にあった」と、ガランテ・ガッローネは指摘する。Ivi, pp.230-231. その上でガランテ・ガッローネは、ブォナロッティのマッツィーニへの「思想の直接的・間接的影響」は明らかであるが、「いずれにしても、一時的で、薄れていく影響である」と修正し、一八三二年から一八三四年にかけて見られた両者の対立の根源にはマッツィーニの「立場の斬新性」があり、マッツィーニは「革命の概念自体がジャコバン独裁と恐怖政治という極端な形態を含むフランス革命の記憶と必然的に結びついていた時代に、ジャコバン主義と決別し、一七九三年の遺産を切り捨てながら、革命家の立場を頑として保持することを考えていた」と述べている。マッツィーニが受けた「ブォナロッティ主義」の影響に対する「二十数年前の過度な評価」については、ブォナロッティの思想がマルセーユ時代の数カ月間にマッツィーニに及ぼした影響力は、「他の歴史家もそうであるように、今日でもわたしには議論の余地のないものと思われるものである。しかし、サンシモン主義の非常に明確な、継続した効力」を鑑みると、「その期間及び本質的な内容において」たしかに縮小されると解釈を修正している。Id., *Mazzini vivo*, cit., pp.21-22 e p.31.

カンデローロは、ブォナロッティが一八三一年に出版した『イタリアに適用される連邦政府についての考察』を読み、同年末に「ビアンコあるいは他の亡命者を通じて」直接ブォナロッティと連絡をとるようになったことで、マッツィーニは「かれのジャコバン主義、またバブーフ主義の一部の思想を受け入れた」と述べている。Giorgio Candeloro, *Storia dell'Italia moderna*, cit., vol.II, p.201. ブォナロッティは、当初「連邦制共和国」を主張していたが、連邦制では社会的不平等を温存させ、「人民主権の実質的・効果的な行使」を保障できないとして「統一共和国」という結論にいたっている。この共和主義による統一は、「その後の民主主義的な愛国運動の発展に影響を与え」、マッツィーニの活動によって「非常に決定的な民族的特徴」をもつことになるというのが、カンデローロの解釈である。Ivi, pp.194-195. 一方、「独裁的権力」については、ブォナロッティのマッツィーニに対する直接的な影響というよりも、「マッツィーニがフランスに滞在した時代に広く流布していた思想」、すなわち「民主主義的・ジャコバン的」(Ivi, p.201) なものであったという。

(401) Antonio De Francesco, *Ideologie e movimenti politici*, cit., p.289.

(402) Alfonso Scirocco, *L'Italia del Risorgimento*, cit., p.181. この区分の理由は、共和国を実現する上で市民的権力と軍事的権力が混合することを避けるためであった。Salvo Mastellone, *Il progetto politico di Mazzini*, cit., p.142. ブォナロッティと独裁については、Cesare Vetter, *Dittatura e rivoluzione nel Risorgimento italiano*, cit., pp.41-47 に詳しい。

(403) Ivi, pp.178-179.

(404) S.E.I., vol.V, p.107.

(405) Ivi, p.206.

(406) Antonio De Francesco, *Ideologie e movimenti politici*, cit., pp.287-288. スピーニは、「心はフランスにありながら、その影響は全ヨーロッパに及んでいた」ブォナロッティはマッツィーニと出会ったことで、「青年イタリア」に対抗して秘密結社「真のイタリア人協会」を結成し、かれと対立することになると解釈している。Giorgio Spini, *Le origini del socialism. Da Utopia alla bandiera rossa*, Torino, Einaudi, 1992, p.344.

(407) Franco Della Peruta, *Nota introduttiva*, cit., p.219.

(408) S.E.I., vol.II, p.51.

(409) マッツィーニはカトリック教会関係の言葉を使用することが多いが、Congrega は本来宗教的な集会を意味する言葉である。それにはビアンコが使用した Congreghe が反映されていると、ガランテ・ガッローネは指摘している。Alessandro Galante Garrone, *Mazzini in Francia e gli inizi della Giovine Italia*, cit., pp.223-224.

(410) S.E.I., vol.II, p.54.

(411) *Ibid*.

(412) S.E.I., vol.V, pp.30-31.

IV

(1) S.E.I., vol.V, p.35.

(2) Ivi, p.80.

(3) Ivi, p.43.

(4) Ivi, p.45.

(5) Salvo Mastellone, *Il progetto politico di Mazzini*, cit., p.160.

(6) Alfonso Scirocco, *L'Italia del Risorgimento*, cit., pp.181-185.

(7) Giovanni Belardelli, *Mazzini*, cit., p.51.

(8) S.E.I., vol.XXXIV, p.79.

（9）Franco Della Peruta, *Mazzini e i rivoluzionari italiani*, cit., p.98.
（10）Ivi, pp.101-105.
（11）Alfonso Scirocco, *L'Italia del Risorgimento*, cit., p.185.
（12）Franco Della Peruta, *Mazzini e i rivoluzionari italiani*, cit., pp.127-128.
（13）Alfonso Scirocco, *L'Italia del Risorgimento*, cit., p.185.
（14）Franco Della Peruta, *Mazzini e i rivoluzionari italiani*, cit., p.118.
（15）イタリア国内における「青年イタリア」の組織拡大については Ivi, pp.97-160 ; Id., *Giuseppe Mazzini dalla Giovine Italia alla Giovine Europa*, cit., p.40 に詳しい。ロンバルディーアにおける「青年イタリア」の浸透と弾圧については Arianna Arisi Rota, *Il processo alla Giovine Italia in Lombardia (1833-1835)*, Milano, Angeli, 2003 に詳しい。シロッコは、ローマではカルボネリーアの伝統が存在していて、「青年イタリア」との妥協による、マッツィーニの意図した組織化は見られなかったと指摘している。Alfonso Scirocco, *L'Italia del Risorgimento*, cit., p.186.
（16）S.E.I., vol.V, p.96.
（17）Ivi, pp.96-97.
（18）モンサグラーティは、一八三三年の時点で「青年イタリア」加入者の数は六万人以上であったと指摘している。Giuseppe Monsagrati, *Mazzini*, cit., p.42. そのなかには、モンタネッリ、ミンゲッティ、ヴィスコンティ・ヴェノスタがいた。
（19）Franco Della Peruta, *Mazzini e i rivoluzionari italiani*, cit., p.149.
（20）Id., *Nota introduttiva*, cit., p.220.
（21）Alberto Maria Banti, *Il Risorgimento italiano*, cit., p.66.
（22）Alfonso Scirocco, *L'Italia del Risorgimento*, cit., p.186. カンデローロは次のように指摘している。マッツィーニ思想における義務・犠牲などの「説教的・預言的」な内容、神が与えた使命などの理解困難な「宗教的理念」にもかかわらず、「イタリアの政治的問題解決に関する論理的で、単純で、明確な」提示はそれまで無関心であった人々の関心も呼び起こし、自己犠牲の精神にもとづく亡命・投獄・死刑も厭わないかれらの行動は反対派を震撼させずにはおかなかった。Giorgio Canderolo, *Storia dell'Italia moderna*, cit., vol.II, p.213.

（23）S.E.I., vol.V, p.75.

（24）Ivi, p.438.

（25）Salvo Mastellone, *Il progetto politico di Mazzini*, cit., pp.152-154.

（26）S.E.I., vol.V, pp.420-421.

（27）Ivi, p355.

（28）S.E.I., vol.LXXVII, pp.132-133.

（29）Salvo Mastellone, *Il progetto politico di Mazzini*, cit., p.164.

（30）Ivi, p.165.

（31）S.E.I., vol.V, p.470 e p.467.

（32）Salvo Mastellone, *Il progetto politico di Mazzini*, cit., p.155 に詳しい。

（33）S.E.I., vol.XXXIV, p.86.

（34）*Ibid.*

（35）S.E.I., vol.III, p.192.「真のイタリア人協会」と「青年イタリア」の関係については、Salvo Mastellone, *Il progetto poltico di Mazzini*, cit., pp.146-149 に詳しい。

（36）この時期にマッツィーニは、一八三一年の革命でモーデナから亡命していた二七歳の未亡人ジュディッタ・シードリとの間に男の子を得たが、三歳で亡くなっている。マッツィーニの子どもについては、Alessandro Galante Garrone, *Mazzini vivo*, cit., pp.33-80 に詳しい。

（37）Krzysztof Zaboklicki, *Mazzini e la tormentate vicende della Giovine Polonia*, in Dalla Giovine Europa alla Grande Europa, Roma, Carocci, 2007, p.121.

(38) Salvo Mastellone, *Mazzini e la «Giovine Italia»*, cit., vol.II, p.163.
(39) S.E.I., vol.III, p.189.
(40) Ivi, p.194.
(41) Ivi, p.145.
(42) Ivi, p.152.
(43) Ivi, p.112.
(44) Ivi, pp.119-120.
(45) Salvo Mastellone, *Il progetto politico di Mazzini*, cit., p.180. サヴォイア蜂起については、Id., *Mazzini e la «Giovine Italia»*, cit., vol.II, pp.147-202に詳しい。
(46) S.E.I., vol.III, pp.345-346.
(47) Ivi, pp.353-355.
(48) Ivi, p.216.
(49) Ivi, p.204.
(50) Ivi, p.213.
(51) Ivi, p.214.
(52) Ivi, p.218.
(53) Ivi, p.229.
(54) Ivi, p.232.
(55) *Ibid*.
(56) S.E.I., vol.III, p.239.
(57) Ivi, p.235.
(58) 「そのときに、ガリバルディの名前を知った」(S.E.I., vol.LXXVII, p.162, nota 1) とマッツィーニは『自叙伝』に記しているが、当時ガリバルディが「青年イタリア」に加入していたかどうかは不明であり、おそらくマッツィーニの脚色であろう。

(59) Franco Della Peruta, *Mazzini e i rivoluzionari italiani*, cit., p.160.

(60) S.E.I., vol.IV, pp.27-29.

(61) Franco Della Peruta, *Mazzini e i rivoluzionari italiani*, cit., pp.157-158.

(62) S.E.I., vol.III, p.VII.

(63) Ivi, p.385.

(64) Ivi, p.372.

(65) Ivi, p.382.

(66) Ivi, p.386.

(67) Salvo Mastellone, *Il progetto politico di Mazzini*, cit., pp.157-165 ; Id., *Mazzini e la «Giovine Italia»*, cit., vol.II, pp.147-202.

(68) S.E.I., vol.XXV, p.173.

(69) Ivi, p.175.

(70) Franco Della Peruta, *Nota introduttiva*, cit., p.221.

V

(1) マッツィーニとポーランド人亡命者との関係については、Krzysztof Zaboklicki, *Mazzini e le tromentate vicende della Giovine Polonia*, cit., pp.121-128.

(2) Franco Della Peruta, *Mazzini e i rivoluzionari italiani*, cit., p.161.

(3) Franco Venturi, *L'Italia fuori d'Italia*, in Storia d'Italia, coordinata da R. Romano e C. Vivanti, III, Torino, Einaudi, 1973, p.1258.

(4) S.E.I., vol.IV, p.177.

(5) Ivi, p.180.

(6) Rosario Romeo, *L'europeismo mazziniano*, in «Nuova Antologia», 1984, n.2150, p.128.

(7) Giuseppe Monsagrati, *L'europeismo di Mazzini prima e dopo il 1848*, in Dalla Giovine Europa alla Grande Europa, cit., p.28.

(8) Franco Della Peruta, *Giuseppe Mazzini dalla Giovine Italia alla Giovine Europa*, cit., pp.40-41 ; Id., *Mazzini e i rivoluzionari italiani*, cit., pp.161-219 ; Id., *Nota introduttiva*, cit., p.221.

(9) Alessandro Galante Garrone, *Mazzini vivo*, cit., p.14.

(10) S.E.I., vol.LXXVII, p.164.

(11) S.E.I., vol.V, p.16.

(12) S.E.I., vol.IV, pp.3-6.

(13) Franco Della Peruta, *Nota introduttiva*, cit., p.221 ; Id., *Giuseppe Mazzini dalla Giovine Italia alla Giovine Europa*, cit., p.41.

(14) Alfonso Scirocco, *In difesa del Risorgimento*, cit., pp.59-60.

(15) Franco Della Peruta, *Nota introduttiva*, cit., p.221.

(16) Giuseppe Monsagrati, *Lettere inedite di Giuseppe Mazzini (1834-1869) nella Biblioteca Apostolica Vaticana*, in «Bollettino della Domus Mazziniana», 1981, pp.11-19.

(17) ファルコは、スイスへの亡命は「マッツィーニの政治意識を円熟させるのに役立った」と指摘している。君主の神聖同盟に対抗して「諸国民の神聖同盟」で諸国民を結合させるという意図をもって、「青年ヨーロッパ」というアソチアツィオーネを結成し、共和制政府の統一的形態を作り上げる必要があると認識するにいたったからである。Giorgio Falco, *Giuseppe Mazzini e la Costituente*, cit., pp.21-31.

(18) S.E.I., vol.IV, p.11.

（19） Ivi, pp.3-4.「青年ポーランド」Młoda Polska は初期の段階ではマッツィーニの直接的な影響を受けていたが、民主主義者レレーヴェルの参加によって、「青年ヨーロッパ」の中央委員会と距離をとりながら独自の路線を歩むようになり、マッツィーニから独立していくことになる。ただ、中央委員会と決定的に分離したわけではないし、レレーヴェルもマッツィーニと緊密な関係を維持していた。「青年ポーランド」は国外で多くの亡命者を取り込み、また国内でも参加者があったように、一九世紀のポーランドの民主主義運動史において重要な位置を占めている。亡命者の間で、またポーランド国内で急速に拡大し、一九世紀ポーランドの民主主義運動の一頁を印した「青年ポーランド」が「青年ヨーロッパ」と決定的な分裂にいたることはなかった。「青年ドイツ」Junges Deutschland は、スイスで働くドイツ人移民労働者が数多く参加したことが特徴であるが、マッツィーニへの過度な従属に対する批判にもかかわらず、一八三六年中葉まで、「青年ヨーロッパ」と「強い関係」を保っていた。「青年スイス」は、「青年ヨーロッパ」と組織的な関係はなく、マッツィーニの個人的な活動であった。マッツィーニはスイス連邦の政治構造改革のために民主勢力の結集と統一を促す組織作りに乗り出した。その手段として『青年スイス』Jeune Suisse を発行し、一八三五年から一八三六年にかけて、スイスの問題だけでなく、ヨーロッパについても、五〇以上の論文を掲載している。 Franco Della Peruta, *Nota introduttiva*, cit., pp.226-227 ; Id., *Giuseppe Mazzini dalla Giovine Italia alla Giovine Europa*, cit., pp.44-45 ; Id., *Mazzini e i rivoluzionari italiani*, cit., pp.161-219.

（20） S.E.I., vol.IV, p.10.

（21） Ivi, p.12.

（22） S.E.I., vol.VII, pp.215-216.

（23） S.E.I., vol.VI, p.346.

（24） S.E.I., vol.IV, p.192.

（25） Ivi, p.9.

（26） Ivi, p.11.

(27) S.E.I., vol.VII, p.347.

(28) Alberto Maria Ghisalberti, *introduzione* ad Convegno, in Atti del convegno sul tema : Mazzini e l'Europa, cit., p.13.

(29) S.E.I., vol.IV, p.5.

(30) Franco Della Peruta, *Nota introduttiva*, cit., p.221.

(31) シロッコも、「青年ヨーロッパ」は「ヨーロッパの政治亡命者を結集し、広範な運動を起こす」ものではなく、マッツィーニの「魅力」と「組織能力」による「一時的な同盟」であったと指摘している。Alfonso Scirocco, *In difesa del Risorgimento*, cit., pp.59-60. モレッリもまた、「青年ヨーロッパ」の目的は、「本質的に道徳的な価値」をもち、諸民族の物質的な要求からではなく内面的な衝動から生まれるべき道徳的な義務を人民に自覚させることにあったという。「青年ヨーロッパ」は、諸民族の祖国であるヨーロッパに民族理念を普及させ、異民族の支配から脱する方法で問題を解決し、人類の勝利をもって終了する行程の一歩であった。Emilia Morelli, *Giuseppe Mazzini*, cit., p.11. ボルトン・キングは、「青年ヨーロッパ」は「一九世紀の哲学・科学・政治の思想の発展に何ら評価できるような影響をもたらさなかった」として、その組織をマッツィーニの「たんなる大法螺」と見なした。Bolton King, *Mazzini*, cit., p.65. スピーニは、ドイツ、ポーランド、スイスで「青年ヨーロッパ」の組織拡大が見られたことを指摘している。Giorgio Spini, *Le origini del socialismo*, cit., p.353.

(32) Salvo Mastellone, *Il progetto politico di Mazzini*, cit., p.195.

(33) Emilia Morelli, *Giuseppe Mazzini*, cit., p.11.

(34) S.E.I., vol.VI, p.306.

(35) Ivi, p.307. シロッコは、スイス亡命時代に「共和主義政党」を宗教的組織に変えようとしたマッツィーニの新しい方針を強調しつつも、「国家組織についての考えを変えるにはいたらなかった」と指摘している。Alfonso Scirocco, *L'organizzazione dello Stato nel pensiero di Giuseppe Mazzini*, Napoli, Edizioni Glaux, 1971,

p.15.

(36) S.E.I., vol.VI, p.189.

(37) Ivi, p.190.

(38) Ivi, p.341.

(39) Ivi, p.310.

(40) Ivi, p.336.

(41) Ivi, p.351.

(42) Ivi, p.351.

(43) Ivi, p.353.

(44) Franco Della Peruta, *Nota introduttiva*, cit., p.226.

(45) S.E.I., vol.VI, p.317.

(46) Ivi, p.339.

(47) Ivi, p.340.

(48) Ivi, p.341.

(49) Ivi, pp.341-342.

(50) Giuseppe Galasso, *Antologia degli scritti politici di Giuseppe Mazzini*, Bologna, Il Mulino, 1961, p.11.

(51) S.E.I., vol.IV, p.155.

(52) Ivi, p.168.

(53) Ivi, p.168 in nota.

(54) Ivi, p.167.

(55) S.E.I., vol.VI, p.325.

(56) Ivi, p.326.

(57) Ivi, p.339.

(58) S.E.I., vol.IV, p.177.

(59) Emilia Morelli, *Mazzini e il 1789*, in «Nuova Antologia», n.2175, 1990, p.61.

(60) マッツィーニのフランス革命批判は、ド・メストールの反動的なロマン主義と似ているが、革命の歴史的成果自体を否定する反革命論者のそれとはまったく別のもので、革命の成果をさらに豊かにするためのものであった。

(61) S.E.I., vol.XCII, pp.224-225.

(62) Emilia Morelli, *Mazzini e il 1789*, cit., pp.67-68.

(63) S.E.I., vol.IV, p.177.

(64) S.E.I., vol.VI, p.301.

(65) Ivi, p.306.

(66) Franco Della Peruta, *Nota introduttiva*, cit., p.224.

(67) Emilia Morelli, *Giuseppe Mazzini*, cit., p.13.

VI

(1) S.E.I., vol.LXIV, p.165. マッツィーニは表現を変えて、この理念を何度も使用している。「祖国は梃子の支点であり、人類が目的である」(S.E.I., vol.VI, p.344)。「祖国はわれわれが共通の利益のために集中しなければならない梃子の支点である。この支点を失うならば、祖国と人類に無益なものとなる危険をおかすことになる」(S.E.I., vol.XXV, p.56)。「祖国はわれわれが共通の利益に向けて指揮しなければならない梃子の支点である」(S.E.I., vol.XXXV, p.55)。「祖国は人類の利益のために動く梃子に与えられた支点である」(S.E.I., vol.XXXIX, p.214)。

(2) Luigi Salvatorelli, *Mazzini e gli Stati uniti d'Europa*, in Atti del convegno sul tema : Mazzini e l'Europa, cit.,

p.30.

(3) S.E.I., vol.I, p.218 ; Franco Della Peruta, *Mazzini e i rivoluzionari italiani*, cit., p.161.

(4) S.E.I., vol.I, p.218.

(5) Ivi, p.215.

(6) S.E.I., vol.II, pp.18-19.

(7) Ivi, p.49.

(8) S.E.I., vol.III, p.199.

(9) S.E.I., vol.II, p.274.

(10) Ivi, p.275.

(11) S.E.I., vol.VII, p.347.

(12) S.E.I., vol.II, p.273.

(13) Ivi, p.256.

(14) Ivi, p.267.

(15) S.E.I., vol.XCII, p.157.

(16) S.E.I., vol.X, p.219.

(17) S.E.I., vol.XCII, p.145.

(18) S.E.I., vol.XXV, p.56.

(19) S.E.I., vol.LXIV, p.165.

(20) S.E.I., vol.XXXVIII, p.179.

(21) S.E.I., vol.XXXIX, p.214.

(22) S.E.I., vol.XXV, p.56.

(23) S.E.I., vol.VI, p.349, nota 1.

(24) Ivi, p.346.

(25) S.E.I., vol.VII, p.205.

(26) S.E.I., vol.XXXI, p.75. シャボーは、「マッツィーニにとって、人類は本質的にヨーロッパである」という。Federico Chabod, *L'idea di nazione*, cit., p.81. サルヴァトレッリは、マッツィーニの「ヨーロッパの理念と定義は、人類の理念と定義と交互に用いられ、とりわけほとんど同じものとして取り換えられる」という。サルヴァトレッリによれば、「ヨーロッパはそのなかに潜在的に人類を含んでいた」。マッツィーニの「ヨーロッパ人民のアソチアツィオーネ」という理念は、「かれの生涯の最初から最後まで」、「一義的なもの」であり、ヨーロッパ統合の基本的な二つの要素、すなわち「国際世界における特別の個性としてのヨーロッパの概念」と「ヨーロッパ人民の政治的アソチアツィオーネの要求」が持続的に存在したとサルヴァトレッリは指摘している。Luigi Salvatorelli, *Mazzini e gli stati uniti d'Europa*, cit., pp.29-30.

(27) S.E.I., vol.LXIV, p.164.

(28) S.E.I., vol.II, p.267.

(29) Ivi, p.256.

(30) S.E.I., vol.XLIII, p.203.

(31) Luigi Salvatorelli, *Mazzini e gli Stati Uniti d'Europa*, cit., p.30.

(32) S.E.I., vol.XXXIX, p.213.

(33) Fedrico Chabod, *Storia della politica estera italiana dal 1870 al 1896*, Bari, Laterza, 1965, p.51.

(34) S.E.I., vol.XXXI, pp.27-28 ; Fedrico Chabod, *Storia della politica estera italiana dal 1870 al 1896*, cit., p.51. 一九世紀前半に形成されたヨーロッパ理念の系譜について、マルガは次のように要約している。ベンサムはヨーロッパ諸国の代表からなる議会の枠のなかで平和維持を討議することを提案している。ノヴァーリスはカトリックとプロテスタントの宗教的分裂を超える統一を視野に入れ、キリスト教ヨーロッパの理念を擁護して、宗教的和解で対立を阻止しようと考えた。シャトーブリアンは想像力を麻痺させ理性を特権化する啓蒙主義に対して、キリスト教にもとづく生活の再生を対置し、キリスト教を世界の詩的経験を刺激する可能性を有する真の宗教と捉えた。フィヒテはカントの理念的社会に理念的民族国家を対置し、文化を通じて結合する自立した民族国家からなるヨーロッパを主張した。バークは民族的本質がキリスト教的遺産と結合しているヨーロッパを唱え、ド・メストールはヨーロッパ統合の基礎であるキリスト教の普遍主義を守ろうとした。シュレーゲルはキリスト教のヨーロッパを主張し、それをドイツ民族が指導する時代を想定した。Andrei Marga, *Sul concetto di Europa tra Settecento e Ottocento*, in Dalla Giovine Europa alla Grande Europa, cit., pp.22-23.

シャボーによれば、各民族が達成すべき使命という理念は、ドイツではシラー、シュレーゲル、フィヒテ、ノヴァーリスに見られ、フランスではド・メストールの他に、「フランスがヨーロッパ文明の中心であり、温床であった」とフランスの「民族的な優位性」を明確に肯定したギゾーにも見出せる。Federico Chabod, *Storia dell'idea d'Europa*, cit., p.146. その上で、マッツィーニは民族の使命について、ギゾーの『ヨーロッパ文明史』から影響を受けたと指摘している。Ivi, p.136 ; フェデリコ・シャボー／清水純一訳『ヨーロッパの意味―西欧世界像の歴史的探求』サイマル出版会、一九六八年、一五四〜一七七頁。ギゾーは、ヨーロッパ文化のなかで脈々と息づいていたヨーロッパ意識に関する啓蒙主義的モチーフの「ほとんどすべて」を取り入れ、それを豊かにし、歴史的考察の対象とした。かれは「ヨーロッパ諸国の文明にはある統一性が輝いている」として、ヴォルテールが強く主張した啓蒙主義的な「文化的統一体」としてヨーロッパを理解しつつ、それを一国に求めるのではなく、民族の多様性のなかに求めるロマン主義的ヨーロッパ主義の要素も取り入れている。その上で、統一と多様性を両立させるヨーロッパを指摘し、「自由こそ、ヨーロッパ文明をなす要素である多様性の結果」として、民族意識と統合意識を協調しうるものと考え、両者の均衡状態を想定した。ギゾーにおいては、祖国愛が反ヨーロッパとなることはなかった。

このギゾーのヨーロッパ論は、ウィーン会議後のヨーロッパにおける、メッテルニッヒとは異なるヨーロッパ論の再構築であっただけに、大きな影響力をもった。ギゾーの影響を受けたのはマッツィーニだけではなかった。バルボはキリスト教による統一体としてのヨーロッパを論じている。穏和派にとって、「民族性の原理」は、カヴールが確認したように、現状の「保持」という「大きな原理」でもあった。国内的な現状「保持」は革命的な騒擾と対立するものであり、対外的な「保持」はヨーロッパの秩序、「一つのヨーロッパ共同体」を保持することであった。Adolfo Omodeo, *L'opera politica del Conte di Cavour*, Firenze, La Nuova Italia, 1940, I, p.11 sgg. ; Luigi Salvatorelli, *Il pensiero politico italiano dal 1700 al 1870*, Torino, Einaudi, 1941, pp.296-297. ジョベルティはイタリアの倫理的・文化的優位を公然と唱える。Federico Chabod, *L'idea di nazione*, cit., pp.89-90 ; Id., *Storia dell'idea d'Europa*, cit., pp.133-136. カッターネオもまた、一八四九年に発表した有名な「ミラーノ蜂起」についての論文の最後に、「われわれがヨーロッパ連合国を有したときにのみ、真の平和がある」と記している。シャボーによれば、カヴールにもヨーロッパ理念があった。それはイタリアをフランス、イギリスのような西欧の強国のレベルに引き上げることであり、カヴールはヨーロッパの基盤は確実で、必要なものであるとして、それを変えようとは考えてなかった。カヴールの死後、一八七六年までイタリアの政権を担った「歴史的右派」の穏和派のなかにも、カヴールの影響を受けて、そのようなヨーロッパ観が存在していた。かれらのヨーロッパ主義は、「政治的・道徳的な全般的革命によって生まれた兄弟愛で結合する新しい国民をその内部に有する未来のヨーロッパではなく、偉大な過去、幾世紀にもわたる文化的・宗教的・政治的伝統にもとづくヨーロッパ」を念頭に置いたものであった。かれらにとって、ヨーロッパは「文明の最も高い目標であり、新しいイタリアの精神と生活の模範」として掲げるものであった。かれらはイタリアをヨーロッパ列強のレベルにまで引き上げながらイタリアを変えていこうと考え、イタリア問題にみずからの要求を限定しようとした。Id., *L'idea di nazione*, cit., pp.82-85. ただ、カヴールのヨーロッパは、イタリアとフランスの穏和派に共通する「中庸」juste milieu のヨーロッパであった。「中庸」は一八三〇年以降の西欧における政治的基本概念の一つであった。

シャボーによれば、穏和派の人々はイタリアの独立、そしてヴェネツィアとローマの併合による統一の完成によって、現状維持を愛する保守的で平和的なヨーロッパ主義者となった。かれらは、「ヨーロッパの家」

を崩壊させようとは思わなかった。その家は「きれいで、頑丈であった」ので、取り壊す必要はまったくなかった。カヴールを含めた穏和派の人々は、ヨーロッパの「統一」ではなく、社会あるいは「連合体」を考えていた。「連合体」は、「政治的には一種のヨーロッパの（古代ギリシアの）隣保同盟のように、強国の均衡と調和の原理」にもとづくものであった。マッツィーニとカッターネオ、マッツィーニとカヴールの相違点は、カッターネオとカヴールにとって、「個の拡大はヨーロッパの全体的利害と（それを構成する）民族の利害に対する本質的・直接的な制限」であるがゆえに、「個（民族）のみならず、総体（人類、より明確にいえば、まだそれはヨーロッパ）にも影響を及ぼすもの」であった点にある。そのことは、一八四八年一〇月二六日にサルデーニャ王国首相としてカヴールが最初におこなった下院演説で、「ゲルマン主義は生まれたばかりであるが、すでにヨーロッパの均衡を混乱させる危険性があり、優位と簒奪の思想を示している」と述べていることからも明らかである。Ivi, pp.81-87.

マッツィーニの民族理念を論理的に体系化した国際法学者マンチーニは、民族性の究極の目標に「ヴィーコの諸民族の人類」を置いていた。それは、「民族性の自由で、調和した、完成された発展によって、人類の祝賀とその文明的発展を目指すもの」であった。Pasquale S. Mancini, *Il principio di Nazionalità*, ed. de «La Voce», Roma, 1920, pp.23-24.

（35）S.E.I., vol.IV, p.167.
（36）Ivi, p.180.
（37）Federico Chabod, *Storia dell'idea d'Europa*, cit., p.134.
（38）S.E.I., vol.LXXXVI, p.155.
（39）S.E.I., vol.LXIV, p.164.
（40）Luigi Salvatorelli, *Mazzini e gli Stati uniti d'Europa*, cit., p.29.
（41）「愛国的精神とコスモポリタニズムの両立」は、カンピによれば、「モンテスキューからヴォルテールにいたる啓蒙主義者と、とりわけ初期ロマン主義者たちの民族理解を特徴づけるものの一つである。啓蒙主義者は、特別な特徴をもち、同時に普遍的文明の共通の基礎である共同作業という合理的精神がある歴史的・経験的実体として、理性と寛容にもとづく普遍的な共和国の理念を主張した。初期ロマン主義者は、特別な帰属領域ではあるが排他的ではなく、倫理的・政治的に厳格な国境のなかに人民がみずからを閉じ込めることを阻止する国家を謳い、それを世界の歴史的枠組みのなかに組み入れられた実体として捉えていた」。Alessandro Campi, *Nazione*, cit., p.130.

(42) S.E.I., vol.VII, p.340.

(43) Ivi, pp.346-349.

(44) Ivi, p.350. サルヴァトレッリによれば、マッツィーニにとってヨーロッパ人民のアソチアツィオーネは、それを構成する「人民を解放することによって即座に生まれる直接的で自然な結果であった」。ヨーロッパの統一に向けて、まず民族の解放があり、そのあとにヨーロッパのアソチアツィオーネへと進むという二つの段階があるにしても、「人民解放のプロセスは、マッツィーニにとって、かれらの結合のプロセスと同じ一つのもの」であった。Luigi Salvatorelli, *Mazzini e gli Stati uniti d'Europa*, cit., p.31.

(45) S.E.I., vol.XXXVI, pp.34-35.

(46) *Ibid.*

(47) Ivi, p.43.

(48) S.E.I., vol.VII, pp.336-337.

(49) Ivi, p.340.

(50) Ivi, p.350.

(51) S.E.I., vol.XLIII, p.276.

(52) S.E.I., vol.LXXVII, p.369.

(53) S.E.I., vol.XXXIX, p.213.

(54) S.E.I., vol.XCII, p.145.

（55）S.E.I., vol.XXXIX, p.214.
（56）S.E.I., vol.XLI, p.52.
（57）S.E.I., vol.LXXXIII, p.165.
（58）*Ibid.*
（59）*Ibid.*
（60）*Ibid.*
（61）S.E.I., vol.XXXIX, p.214.
（62）S.E.I., vol.I, p.218.
（63）S.E.I., vol.II, p.274.
（64）*Ibid.*
（65）S.E.I., vol.VII, pp.201-202.
（66）Ivi, p.203.
（67）S.E.I., vol.XXXIX, p.213.
（68）マルガは一九世紀前半のヨーロッパ理念に関連して、それまでの「歴史観・世界観」を根本的に変えた四つの要素を挙げている。一番目は、「財産の伝統的形態」を変え、「経済的価値」の根源を労働とし、国家を功利主義的観点から考察することになる産業革命である。二番目は、人間と市民の権利及び自由の名において伝統的社会を暴力的方法で変えたフランス革命である。三番目は、ヨーロッパ諸国に権利の理念を拡大し、それによって民族的観点からの反発を引き起こしたナポレオン帝国である。四番目は科学革命である。Andrei Marga, *Sul concetto di Europa tra Settecento e Ottocento*, in Dalla Giovine Europa alla Grande Europa, cit., p.21.

VII

(1) Salvo Mastellone, *Il progetto politico di Mazzini*, cit., p.138.
(2) S.E.I., vol.III, p.180.
(3) S.E.I., vol.II, p.267.
(4) S.E.I., vol.IV, p.177.
(5) S.E.I., vol.XXXI, pp.431-432.
(6) Federico Chabod, *L'idea di nazione*, cit., pp.81-84 ; Luigi Salvatorelli, *Il pensiero politico italiano dal 1700 al 1870*, cit., p.277.
(7) S.E.I., vol.XXXIX, p.209.
(8) S.E.I., vol.LXII, p.53.
(9) S.E.I., vol.LXXII, p.60.
(10) S.E.I., vol.XXXIX, p.214.
(11) S.E.I., vol.XLVI, p.262.
(12) *Ibid.*
(13) S.E.I., vol.III, p.78.
(14) Ivi, p.82.
(15) S.E.I., vol.I, p.378.
(16) Antonio D'Alessandri, *L'Europeismo mazziniano tra teoria e realità*, in Dalla Giovine Europa alla Grande Europa, cit., p.131.
(17) S.E.I., vol.III, pp.116-117.
(18) Angelo Tamborra, *Introduzione* al gruppo di lavoro ‹Mazzini e l'Europa orientale›, in Mazzini e il mazzinianesimo, cit., p.290 ; Franco Della Peruta, *Mazzini, Kossuth e le relazioni tra Italia e Ungheria nel Risorgimento*, in

Conservatori, liberali e democratici nel Risorgimento, cit., pp.347-348.

(19) S.E.I., vol.XXXVI, p.182.

(20) S.E.I., vol.LXII, p.135.

(21) S.E.I., vol.XXXIV, p.5.

(22) Ivi, p.15.

(23) S.E.I., vol.XXXVI, p.133.

(24) Ivi, pp.116-123.

(25) Ivi, pp.109-215.

(26) S.E.I., vol.XXXVIII, p.105.

(27) S.E.I., vol.XLVII, p.92.

(28) Ivi, p.93.

(29) Franco Della Peruta, *Mazzini, Kossuth e le relazioni tra Italia e Ungheria nel Risorgimento*, cit., pp.360-361.

(30) S.E.I., vol.XLVI, p.262. マッツィーニとハンガリーについては、Franco Della Peruta, *Mazzini, Kossuth e le relazioni tra Italia e Ungheria nel Risorgimento*, cit., pp.343-365 に詳しい。

(31) S.E.I., vol.XLVI, p.262.

(32) S.E.I., vol.VI, p.90.

(33) S.E.I., vol.XCIII, p.92. マッツィーニのイベリア半島統一国家案については、Francesca di Giuseppe, *L'iberismo nella strategia internazionale di Giuseppe Mazzini*, in Dalla Giovine Europa alla Grande Europa, cit., pp.71-84 に詳しい。

(34) S.E.I., vol.XLVI, p.262.

(35) S.E.I., vol.LXII, p.41.

(36) S.E.I., vol.LXXII, p.60.

(37) S.E.I., vol.LXXV, pp.121-122.

(38) S.E.I., vol.LXXVI, p.151. 電報によって送られた文章の一部。

(39) Marco Paolino, *Mazzini e il mondo tedesco*, in Dalla Giovine Europa alla Grande Europa, cit., pp.57-70 に詳しい。

(40) S.E.I., vol.II, p.265 e p.271.

(41) Ivi, p.281.

(42) S.E.I., vol.XCII, p.157.

(43) S.E.I., vol.XXXIX, p.243.

(44) S.E.I., vol.XLVI, p.244.

(45) S.E.I., vol.LXXXIII, p.166.

(46) S.E.I., vol.III, p.148.

(47) S.E.I., vol.XCII, p.167.

(48) Ivi, p.167.

(49) Luigi Salvatorelli, *Mazzini e gli Stati uniti d'Europa*, cit., p.30.

(50) S.E.I., vol.VI, p.19.

(51) S.E.I., vol.XXXVIII, p.74.

(52) *Ibid.*

(53) Ivi, p.41.

(54) Ivi, p.74.

(55) S.E.I., vol.XXXIX, p.220.

(56) S.E.I., vol.XLIII, p.199.

(57) Ivi, p.202.

(58) Ivi, p.215.
(59) Ivi, p.214.
(60) Ivi, p.276.
(61) Luigi Salvatorelli, *Mazzini e gli stati uniti d'Europa*, cit., p.34.
(62) S.E.I., vol.IV, pp.188-190.
(63) Ivi, p.158.
(64) S.E.I., vol.VI, p.298.
(65) Ivi, p.308.
(66) Franco Della Peruta, *Nota introduttiva*, cit., p.223.
(67) S.E.I., vol.III, p.199.
(68) S.E.I., vol.XXV, pp.257-258.
(69) S.E.I., vol.XXXVI, p.274.
(70) S.E.I., vol.XCII, p.152.
(71) S.E.I., vol.LXIX, p.376.
(72) S.E.I., vol.LXXV, p.116.
(73) S.E.I., vol.LI, p.55.
(74) S.E.I., vol.LXXXIII, p.371.
(75) Ivi, p.68.
(76) S.E.I., vol.XXXVIII, p.5.
(77) S.E.I., vol.XXXI, p.76.
(78) S.E.I., vol.LI, p.55.
(79) S.E.I., vol.LXVI, p.367.

(80) S.E.I., vol.XXXI, p.76.
(81) S.E.I., vol.LXIV, p.180.
(82) Ivi, p.367.
(83) S.E.I., vol.XXXI, p.76.
(84) S.E.I., vol.LXIV, p.180.
(85) S.E.I., vol.LXVI, p.367.
(86) S.E.I., vol.XXXVIII, p.178.
(87) Ivi, p.371.
(88) S.E.I., vol.XXXI, p.76.
(89) S.E.I., vol.XXXVIII, p.5.
(90) S.E.I., vol.XLI, p.7.
(91) S.E.I., vol.LXVI, p.358.
(92) S.E.I., vol.LXIV, p.297.
(93) Ivi, p.180.
(94) S.E.I., vol.LIII, p.181.
(95) S.E.I., vol.XCII, p.152.
(96) S.E.I., vol.LXXXVI, p.65.

Ⅷ

(1) S.E.I., vol.LXXVII, p.248.
(2) Franco Della Peruta, *Nota introduttiva*, cit., p.227.
(3) S.E.I., vol.XIV, p.161.

（4）一八三六〜一八四〇年に、フランスの『ルモンド』紙、スイスの『ヘルヴェティ』紙などに、イギリスの政治動向について記事を送っている。

（5）Emilia Morelli, *Giuseppe Mazzini*, cit., p.14. シロッコは、ロンドン亡命中のマッツィーニはヨーロッパの政治思想を吸収したが、「自分の問題関心と直接的に関連しないものには完全に」目をそむけたため、「思想的に大きな変化は起こらなかった」と指摘している。Alfonso Scirocco, *L'organizzazione dello Stato nel pensiero di Giuseppe Mazzini*, cit., p.15. ロンドン亡命時代のマッツィーニについては、Emilia Morelli, *L'Inghilterra di Mazzini*, *Roma*, Istituto per la storia del Risorgimento italiano, 1965 に詳しい。Denis Mack Smith, *Mazzini*, Milano, Rizzoli, 1993, pp.35-72 も、イギリス亡命時代のマッツィーニを詳しく論じている。

（6）S.E.I., vol.VI, p.344.

（7）S.E.I., vol.XXII, p.409.

（8）S.E.I., vol.XXV, p.176.

（9）S.E.I., vol.XXII, p.409.

（10）Ivi, p.420.

（11）S.E.I., vol.XIX, p.119.

（12）S.E.I., vol.XXV, p.14.

（13）Ivi, p.120.

（14）Franco Della Peruta, *Nota introduttiva*, cit., p.228.

（15）Ivi, p.229. デッラ・ペルータは、イギリスの労働運動・社会問題がマッツィーニに与えた影響は「決定的」なものであったと認めた上で、「青年ドイツ」が「手工業者組織」Handwerkervereinen を通じて、スイスで働くドイツ人労働者を読書クラブ・合唱サークル・相互扶助会などに組織化し、政治宣伝をおこない、指導者を育成したことの重要性を指摘し、「マッツィーニが『青年ドイツ』のおこなった職人・労働者の組織体系を『青年イタリア』にも適用できるかもしれないと『青年ヨーロッパ』の時代に考え始めた可能性はある」と述べている。
(16) S.E.I., vol.XXV, p.111. マッツィーニは、この時期に執筆した論文を一八六〇年に『人間義務論』として出版するが、その冒頭には「イタリア人労働者に向けて」が収録されている。
(17) S.E.I., vol.III, p.67.
(18) S.E.I., vol.XXV, p.46.
(19) Ivi, p.46.
(20) Ivi, p.47.
(21) Ivi, p.111.
(22) *Ibid.*
(23) Ivi, p.112.
(24) Ivi, pp.6-8.
(25) Franco Della Peruta, *Nota introduttiva*, cit., p.231. バンティも、マッツィーニにおいては「イタリアの独立と統一という民族的な課題が一義的であり、社会問題は二義的なものであった」と指摘している。Alberto Mario Banti, *Il Risorgimento italiano*, cit., p.67.
(26) S.E.I., vol.XXV, p.119.
(27) Ivi, pp.113-114. 一八四八年以降、マッツィーニの思想に共鳴する労働者を中心とした組織が、サルデーニャ王国では公的に、ミラーノ、パルマ、リヴォルノなどでは秘密裏に結成されている。カンデローロは、「一八四八年以降にイタリア各地で普及し始める相互扶助会が一八四八年以前にマッツィーニの影響を受けた」ことを否定し、それは「一八四九年以降に聞かれるようになり、一八六〇年以降イタリアの労働者運動において数年にわたり優勢となった」と述べている。Giorgio Candeloro, *Storia dell'Italia*, cit., vol.III, p.367.
(28) Franco Della Peruta, *Nota introduttiva*, cit., p.235. 「特別な組織」は、デッラ・ペルータによれば、当時の労働者世界の分析においてフーリエに影響を受けたもので、中産階級と大衆の協力を通じて、かれらをアソチアツィオーネに導き、労働者にみずからの要求を表明させ、その実現を保障するためのものであった。

(29) S.E.I., vol.XIX, p.25.

(30) S.E.I., vol.XXII, p.418.

(31) Franco Della Peruta, *Nota introduttiva*, cit., p.230 ; Alessandro Galante Garrone, *I giornali della Restaurazione 1815-1847*, in La stampa italiana del Risorgimento, vol.II, a cura di V. Castronovo e N. Tranfaglia, Bari, Laterza, 1979, p.164 ; Salvo Mastellone, *La democrazia etica di Mazzini (1837-1847)*, Roma, Istituto per la Storia del Risorgimento italiano, 2000, pp.13-25.

(32) S.E.I., vol.XXII, p.419.

(33) S.E.I., vol.XXV, p.109.

(34) Ivi, p.110.

(35) Ivi, p.112.

(36) Ivi, p.3. 『人民の伝道』については、Leona Ravenna, *Il giornalismo mazziniana. Note e appunti*, Firenze, le Monnier, 1939, II ed. 1967, pp.61-76 ; Franco Della Peruta, *Mazzini e la società italiana*, in Democrazia e socialismo nel Risorgimento, Roma, Editori Riuniti, 1977, pp.23-28 を参照。『人民の伝道』は、マルセーユで会費及び個人的な支援により発行された『青年イタリア』、「青年ヨーロッパ」の一種の機関誌としてとくに知識階層向けに発行された『青年スイス』とともに、マッツィーニのジャーナリズム活動という観点からも重要なものである。

(37) S.E.I., vol.XXII, p.409.

(38) S.E.I., vol.XXV, p.VIII.

(39) Ivi, p.13.

(40) Ivi, p.15.

(41) Ivi, p.19.

(42) Ivi, p.33.
(43) Ivi, p.37.
(44) Ivi, p.183.
(45) S.E.I., vol.XIX, pp.359-360.
(46) S.E.I., vol.XXV, p.41.
(47) Ivi, pp.53-55.
(48) *Ibid.*
(49) Ivi, p.56.
(50) S.E.I., vol.XXXI, p.3.
(51) S.E.I., vol.XXV, p.81.
(52) Ivi, p.124.
(53) Ivi, p.85.
(54) 無料識字学校については、Ivi, pp.81-86 に詳しい。一八四二年一一月一〇日の学校設立一周年には、教員・受講生・支援者などを含めた二五〇人近いイタリア人が参加するセレモニーが開かれ、七一名の成績優秀者に、表にはダンテの肖像が、裏には「イタリア無料学校」と刻印されたメダルと本などが贈られた。来賓として出席したロセッティ（一八二一年にナーポリからロンドンに亡命し、イタリア語の教授をしていたダンテ研究者で詩人。詩人でラファエロ前派の画家ダンテ・ガブリエーレはかれの息子）は、「イタリア人が兄弟のように仲良くし、一人の母から生まれた者同士のように感じ、祖国愛という神聖なる愛の唯一の信仰に沸き立っている」(Ivi, p.151) と述べ、「知育は精神の光である」(Ivi, p.154) とし、「知育」とともに祖国史の講義や教員の話のなかから「徳育」を学ぶことを訴えている (Ivi, p.161)。創立一周年記念のあとに、イタリア人だけでなくイギリス人からも寄付が寄せられるようになった (Ivi, p.191)。この学校は一八四八年まで存続する。毎年おこなわれた創立記念式典では、成績優秀者を表彰し、食事会を開催している。この学校についての研究として、Michele Finelli, *"Il prezioso elemento". Giuseppe Mazzini e gli emigrati italiani nell'esperienza della Scuola Italiana di Londra*, Verucchio, Pazzini, 1999 がある。

（55）S.E.I., vol.XXV, p.125.

（56）Ivi, p.128.

（57）Alfonso Scirocco, *In difesa del Risorgimento*, cit., p.191.

（58）ファブリッツィの活動とマッツィーニとの関係については、Franco Della Peruta, *Mazzini e i rivoluzionari italiani*, cit. の五章 Nicola Fabrizi e la Legione Italica (1837-1841) に詳しい。

（59）Franco Della Peruta, *Nota introduttiva*, cit., p.238.

（60）S.E.I., vol.XXIV, p.264.

（61）Franco Della Peruta, *Nota introduttiva*, cit., p.238.

（62）南部イタリアだけでなく、中部イタリアにも活動地域を拡大したファブリッツィが一八四三年八月にロマーニャ地方で企てたサヴィニョ事件では、ロマーニャ地方と教会国家における同時蜂起に刺激された南部スラブ人がハンガリー人とともにオーストリアに反撃するというヨーロッパ規模の反乱が想定されており、その準備工作の秘密保持のために暗号の乱数表が用いられている。またこの蜂起支援のために債券が発行された。二年後に債券購入者に利子つきで償還できるよう国民基金が設立され、ロンドン銀行に口座が開かれている。ロンドンで小さな帽子工場を営むイタリア人は、「人民のわずかな金は金持ちにとってのたくさんのリラに匹敵する」(S.E.I., vol.XXV, p.284) として、債券を購入している。この時期のマッツィーニに特徴的なことは、「急速に強まった高まりゆく民族性願望」(S.E.I., vol.XXXI, p.12) という観点にもとづき、ヨーロッパの「諸民族を進歩の方向に指導する運動」(Ivi, p.10) において革命のイニシアティブをとる「指導的な人民」、「新しいヨーロッパを開始する人民」として、イタリアの主導権を強く主張していることである。

（63）S.E.I., vol.XXIV, p.264.

（64）S.E.I., vol.XXXI, p.51.

(65) S.E.I., vol.XXIV, p.264.
(66) S.E.I., vol.XXXI, p.47.
(67) Emilia Morelli, *L'Inghilterra di Mazzini*, cit., pp.47-75 ; Salvo Mastellone, *La democrazia etica di Mazzini (1837-1847)*, cit., pp.27-38.
(68) Giorgio Candeloro, *Storia dell'Italia*, cit., vol.III, p.237.
(69) *Ibid.*
(70) Vincenzo Gioberti, *Del Primato morale e civile degli Italiani*, Milano, F.lli Bocca, 1938, p.39 e p.44. ジョベルティは、イタリア民族のルーツをノアの第三子ヤペテに求め、浮沈を繰り返しながらイタリア半島に定住したペラスゴイ人であると述べている。この始祖はその後、エトルクス、ローマ、イタリアといった様々な共同体につながり、それぞれが闘争を繰り返しながらも、密接に結合していったという。そして、イタリア人共同体はキリスト教信仰と教皇の指導によって、その基本的なアイデンティティを形成したと考えた。
(71) Alfonso Scirocco, *L'Italia del Risorgimento*, cit., p.222.
(72) Ivi, p.228.
(73) Ivi, p.224. 『優位』に見られた躊躇を脱して漸進的な自由主義的改革を求めたジョベルティは、バルカン半島の国際的な政治危機を待つことなく政治同盟に着手するよう君主に求め、自由主義的立場をより鮮明にした『優位の序論』*Prolegomeni del Primato* を一八四五年春に出版した。そのなかで、蜂起による革命運動だけでなく弾圧政策をとり続けていた両シチリア王国をも批判し、当時の教皇グレゴリウス一六世は連邦の議長にふさわしくないとして、バルボが主張していたカルロ・アルベルト国王にその役割を託している。また、カトリック教会の最も反動的な存在で、自由と近代化の最大の障害であるとして、イエズス会を激しく攻撃し、保守派と決裂することになる。しかし、カトリック教徒において「とりわけ重要だったことは、僧侶の一部が『優位』によって自由主義的愛国理念」を抱くようになったことである。ジョベルティは「世俗宗教」としてカトリックを解釈して、教会国家における聖職者政府を批判する一方で、イタリア社会の世俗化を賞賛し、それを「民族の政治生活によって適切な水準」まで高めることを求め、それによってブルジョア階層の政治参加を加速させる漸進的な改革を支持する世俗の共感を得ることができると主張した。

(74) Cesare Balbo, *Delle speranze d'Italia*, Le Mionnier, Firenze, 1855, p.36 e pp.153-154. バルボは『イタリアの希望』の補遺のなかで関税同盟に触れ、イタリア諸邦の同盟は、たとえ経済的に発展した諸邦に限られたものであるとしても、民族統一の第一歩になるとして賛同した。スエズ運河の開通がヨーロッパ経済にもたらす発展を見越して、イタリア経済の未来は南部イタリアにあると考えたバルボは、関税同盟の前提条件となる自由貿易政策は、イタリアの商業・工業・農業に有益であるとも指摘している。イタリアを縦断する鉄道の建設は人・物・情報の交流を促し、国内市場の形成だけでなく、世論形成をもって政治的な統一を図るためにも重要であるとして、ダイナミックな経済政策と「民族的」政策の緊急性をバルボは主張した。

(75) Alfonso Scirocco, *L'Italia del Risorgimento*, cit., p.227. 一八四六年に二人のイタリア人亡命者が新教皇主義にかかわる統一案についての著書を出版している。一つはトスカーナ人のガレオッティがパリで出版した『主権と教皇の世俗権について』で、教皇の権威を保持しつつ、世俗の諮問会議による地方自治という方法を通じて教皇の世俗権を排除するという妥協案を提示している。ピエモンテ出身のドゥランドは『イタリアの民族性について』で、イタリアを北部・中部・南部の三つの国家に再編成し、教皇には独立性を保持させたままサルデーニャ島、エルバ島を含むローマを領地とさせることによって、一つの連邦制国家とする案を提起している。

(76) Ivi, pp.249-251. その他に、ファリーニ、ラ・ファリーナ、マッサーリ、モンタネッリがいた。この穏和的思想の発展でジャーナリズムがはたした影響は大きかった。フィレンツェでリッカーソリの穏和派グループが『祖国』を一八四六年に発刊している。ピーサでは週刊紙『イタリア』が発刊されている。『イタリア』紙に寄稿したモンタネッリはピーサ大学の大学生に穏和派の改革を説き、賛同者を集めた。ただ、トスカーナでは、過激な改革要求が及ぼす影響を恐れ、トスカーナ大公レオポルド二世にイニシアティブをとらせようとするカッポーニ、リドルフィ、ガレオッティなどのグループと、政府に改革を促すことを考えるリッカーソリのグループに分かれていた。トリーノでは、バルボを発起人の一人とする『イル・リソルジメント』が一八四七年一二月に発刊されている。

（77）アゼーリオの言論活動については、Ivi, pp.229-232 に詳しい。アゼーリオは一八四七年に『イタリアの民族的な世論に対するプログラム案』*Proposta d'un programma per l'opinione nazionale italiana* をフィレンツェで出版し、教皇ピウス九世とトスカーナ大公が躊躇しつつも開始した改革行動の発展を期待して、穏和派のリーダーシップに対する確信を示している。Ivi, p.258.

（78）セニガリアの貴族出身のピウス九世は、一八二三〜一八二五年には独立闘争後のチリで地方の教会の建て直しをおこない、一八二七年にはスポレートの、一八三二年からはイーモラの司教を務め、一八四〇年には枢機卿となった。ピウス九世は即位当初、教皇庁内で鮮明になった保守派と改革派の亀裂を考慮して、教皇を補佐する官房長官の任命も遅らせ、改革を急がなかった。

（79）S.E.I., vol.XXXVI, p.241.

（80）Ivi, pp.225-233.

（81）Ivi, p.226.

（82）S.E.I., vol.XXXIV, p.255.

（83）Ivi, p.254.

（84）Ivi, p.252.

（85）Ivi, p.270.

（86）Ivi, p.267.

（87）S.E.I., vol.XXX, pp.161-162.

（88）S.E.I., vol.II, p.242.

（89）Ivi, p.241.

（90）Ivi, p.243.

(91) Ivi, p.244.
(92) S.E.I., vol.III, p.156.
(93) S.E.I., vol.XV, p.91.
(94) S.E.I., vol.XXV, p.67.
(95) S.E.I., vol.XLVI, p.262.
(96) Walter Maturi, *Partiti politici e correnti di pensiero nel Risorgimento*, cit., p.88.
(97) Alberto Maria Ghisalberti, *Il movimento nazionale dal 1831 alla viglia della prima guerra d'indipendenza*, in Storia d'Italia, a cura di Nino Valeri, vol.3, Torino 1965, p.702.
(98) S.E.I., vol.XXV, p.208.
(99) Ivi, p.280. 一八三四年末には、民主主義者と穏和派の勢力を統合するという「混合委員会」Comitato misto がパリで結成されるが、短命に終わった。
(100) S.E.I., vol.XXVI, p.244.
(101) S.E.I., vol.XXVII, p.44.
(102) S.E.I., vol.XXXIII, p.62.
(103) S.E.I., vol.XXXII, p.124.
(104) Franco Della Peruta, *Nota introduttiva*, cit., p.237.
(105) S.E.I., vol.XXV, p.220.
(106) Ivi, p.221.
(107) Alfonso Scirocco, *In difesa del Risorgimento*, cit., pp.60-61.
(108) S.E.I., vol.XXX, p.140.
(109) Emilia Morelli, *L'Inghilterra di Mazzini*, cit., p.87.
(110) Alberto de Sanctis, *La People's International League*, in Mazzini e gli scrittori politici europei (1837-1857),

Firenze, Centro editorial toscano, 2005, p.231.

（111）Emilia Morelli, *L'Inghilterra di Mazzini*, cit., p.87.

IX

（1）一八四八年のロンバルディーアにおける農民の行動については、Franco Della Peruta, *I contadini nella rivoluzione lombarda del 1848*, in Democrazia e socialismo nel Risorgimento, Roma, Riuniti, 1965, pp.59-108を参照。

（2）S.E.I., vol.XXXVI, pp.219-222.「イタリア民族協会」設立大会にはパリ在住のイタリア人が二〇〇人近く参加した。三月一二日付の「『イタリア民族協会』の綱領」によれば、会長をマッツィーニ、副会長をジャンノーネ、カヌーティが務めている。

（3）Ivi, pp.271-275.

（4）Ivi, p.271.

（5）Ivi, p.273.

（6）S.E.I., vol.XXXIX, p.55.

（7）Ivi, p.67.

（8）Ivi, p.55.

（9）Ivi, p.58.

（10）S.E.I., vol.XXXVI, p.288.

（11）Ivi, p.287.

（12）Ivi, p.289.

（13）Ivi, p.288.

（14）*Ibid.*

(15) Ivi, pp.263-268.
(16) Ivi, pp.264-265.
(17) Ivi, p.266. 一八五五年にも、マッツィーニはシチリアにおける分離主義的な反乱を危惧して、「イタリア的特徴が優先されねばならない。シチリアがイタリアの蜂起を主導する運動をおこなうことが必要である。決起した者は、シチリアのイタリア人とみずからを呼ばねばならない」(S.E.I., vol.LV, p.142) と述べている。
(18) Alberto Mario Banti, *Il Risorgimento italiano*, cit., pp.78-81.
(19) S.E.I., vol.XXXV, pp.86-87.
(20) Ivi, p.108.
(21) S.E.I., vol.XXXVI, p.296.
(22) Ivi, p.294.
(23) Ivi, p.305.
(24) これについては、Giovanni Luseroni, *Giuseppe Mazzini e i democratici nel Quarantotto Lombardo*, Roma, Istituto per la storia del Risorgimento italiano, 2007, pp.35-64 を参照。チェルヌスキについては、Giuseppe Leti, *Enrico Cernuschi. La vita, la dottrina, le opera*, Genova, Società Dante Alighieri, 1939 ; Giuseppe Monsagrati, *Federalismo e unità nell'azione di Enrico Cernuschi (1848-1851)*, Pisa, Nistri-Lischi, 1976 ; *Enrico Cernuschi (1821-1896), Milanese e cosmopolita. Politica, economia e collezionismo in un protagonista del Risorgimento*, a cura di Giuseppe Bognetti e Angelo Moioli, Milano, Franco Angeli, 2004 を参照。
(25) S.E.I., vol.XXXVI, p.288.
(26) S.E.I., vol.XXXVIII, p.5.
(27) Ivi, pp.6-7.
(28) Ivi, p.6.
(29) Ivi, p.7.

(30) Ivi, p.13.
(31) Ivi, p.95.
(32) Ivi, p.75.
(33) S.E.I., vol.XXXVI, p.295.
(34) S.E.I., vol.XXXVIII, p.119.
(35) Ivi, p.278.
(36) Ivi, p.53.
(37) Ivi, p.22.
(38) Ivi, p.280.
(39) *Ibid.*
(40) Ivi, pp.63-64.
(41) Ivi, p.280.
(42) S.E.I., vol.XXXVIII, p.213.
(43) Ivi, pp.213-214.
(44) Ivi, p.276.
(45) S.E.I., vol.XXXIX, p.97.
(46) Ivi, p.96.
(47) Ivi, p.89.
(48) Ivi, p.92.
(49) Ivi, p.148.
(50) Ivi, pp.184-186.
(51) Giorgio Falco, *Giuseppe Mazzini e la Costituente*, cit., p.32.

（52）S.E.I., vol.XXXVIII, pp.290-291.
（53）Giovanni Belardelli, *Mazzini*, cit., p.143.
（54）S.E.I., Appendice, Epistolario, IV, p.43.
（55）Ivi, p.68.
（56）S.E.I., vol.XXXVIII, pp.253-256.
（57）S.E.I., vol.XXXIX, p.273.
（58）S.E.I., vol.XXXVIII, p.208.
（59）Ivi, pp.91-92.
（60）S.E.I., vol.XLI, p.14.
（61）S.E.I., vol.XXXIX, p.73.

X

（1）この中部イタリアの動向については，Roberto Balzani / Sauro Mattarelli / Michele Ostenc, *Politica in periferia. La repubblica Romana del 1848 fra modello francese e municipalità romagnola*, Ravenna, Longo Editore, 1999 に詳しい。
（2）Giovanni Belardelli, *Mazzini*, cit., p.147. この選挙法については，Stefano Tomasini, *Storia avventurosa della rivoluzione romana. Repubblicani, liberali e papalini nella Roma del '48*, Milano, il Saggiatore, Milano, 2008, pp.188-189 を参照。
（3）Domenico Demarco, *Una rivoluzione sociale. La Repubblica romana del 1849*, Napoli, Fiorentino, 1944, pp.103-114.
（4）S.E.I., vol.LXXVII, p.341.
（5）S.E.I., vol.XXXVIII, p.6.

(6) Vittorio Vidotto, *Roma contemporanea*, Roma-Bari, Laterza, 2001, p.10.

(7) S.E.I., vol.XLI, p.3.

(8) Ivi, p.7.

(9) *Ibid*.

(10) S.E.I., vol.II, p.246.

(11) S.E.I., vol.XIX, p.120.

(12) Gaetano Salvemini, *Scritti sul Risorgimento*, cit., p.239.

(13) S.E.I., vol.XLI, p.19.

(14) Alberto Maria Ghisalberti, *Popolo e politica nel '49 romano*, in Giuseppe Mazzini e la Repubblica Romana, Roma, Cuggiani, 1949, p.89.

(15) S.E.I., vol.XLI, pp.19-20.

(16) Emilia Morelli, *I verbali del Comitato esecutivo del 1849*, in «Archivio della società romana di Storia patria», 1949, pp.82-83.

(17) S.E.I., vol.XLI, p.122.

(18) Ivi, pp.65-66.

(19) S.E.I., vol.II, p.246.

(20) S.E.I., vol.XIX, p.120.

(21) S.E.I., vol.XXXIX, p.88.

(22) Emilia Morelli, *Appunti sull'unitarismo mazziniano*, in «Rassegna storica del Risorgimento», Fasc. IV, 1960, p.526.

(23) S.E.I., vol.XLI, pp.89-90.

(24) S.E.I., vol.XXXIX, p.88.

(25) *Ibid*.
(26) Ivi, p.93.
(27) Ivi, p.94.
(28) Ivi, p.95.
(29) Ivi, pp.96-97.
(30) Fausto Fonzi, *La Mostra storica della Repubblica Romana 1849*, Roma, 1949, pp.57-58.
(31) S.E.I., vol.XXXIX, p.109.
(32) Alfonso Scirocco, *L'Italia del Risorgimento*, cit., p.311.
(33) S.E.I., vol.XLI, p.109.
(34) S.E.I., vol.XL, p.64.
(35) S.E.I., vol.XXXVI, p.283.
(36) S.E.I., vol.XXXVIII, p.83.
(37) S.E.I., vol.XXXIX, p.144.
(38) ローマ共和国とフランスの関係、レセップスとの交渉については、Michel Ostenc, *La Francia e la Repubblica romana nel 1849*, in Roberto Balzani / Sauro Mattarelli / Michel Ostenc, *Politica in periferia. La repubblica Romana del 1849 fra modello francese e municipalità romagnola*, cit., pp.67-83 ; Luigi Rodelli, *La Repubblica Romana del 1849*, Pisa, 1955, pp.228-239を参照。
(39) マルクス「フランスにおける階級闘争」『マルクス＝エンゲルス全集』第七巻、大月書店、一九六一年、五三頁。ローマ共和国におけるマッツィーニについては、拙稿「マッツィーニとローマ共和国」『日伊文化研究』XII、一九七三年、五一～六六頁を参照。
(40) S.E.I., vol.LXXVII, p.314.
(41) *Le costituzioni italiane*, a cura di A. Aquarone / M. d'Addio / G. Negri, Milano, Comunità, 1958, pp.614-619.

(42) S.E.I., vol.XXXIX, p.200.
(43) Ivi, p.107.
(44) Ivi, p.111.
(45) Ivi, p.225.
(46) Ivi, p.233.
(47) Ivi, p.151.
(48) Ivi, p.158.
(49) Ivi, p.161.
(50) Ivi, p.163.
(51) Ivi, p.164.
(52) Alessandro Galante Garrone, *Mazzini vivo*, cit., p.23.
(53) Giorgio Canderolo, *Storia dell'Italia moderna*, cit., vol.III, p.52.
(54) S.E.I., vol.XXXIX, p.124.
(55) Ivi, p.240.
(56) Emilia Morelli, *Giuseppe Mazzini*, cit., p.VI e pp.19-20.
(57) Alfonso Scirocco, *L'Italia del Risorgimento*, cit., p.313.

XI

(1) S.E.I., vol.XLIV, pp.331-334.
(2) Carlo Cattaneo, *Scritti politici ed epistolario*, Firenze, Tip. Di G. Barbèra, 1892, vol.I, pp.262-263 ; Franco Della Peruta, *I democratici e la rivoluzione italiana*, cit., p.164.
(3) Giovanni Belardelli, *Mazzini*, cit., p.158.

（4）*Dizionario politico popolare*, a cura di P. Trifone, introduzione di L. Serianni, Roma, Salerno editrice, 1985, p.151.

（5）Franco Della Peruta, *I democratici e la rivoluzione italiana*, cit., p.12.

（6）Alfonso Scirocco, *L'Italia del Risorgimento*, cit., p.316. 一八四八年革命後の民主主義者によるマッツィーニ批判については、Franco Della Peruta, *I democratici e la rivoluzione italiana. Dibattiti ideali e contrasti politici all'indomani del 1848*, Milano, Angeli, 2004, pp.67-108 (*I democratici e la rivoluzione italiana*, Milano, Feltrinelli, 1958, pp.79-124) に詳しい。日本人研究者によるものとして、黒須純一郎『イタリア社会思想史―リソルジメント民主派の思想と行動』御茶の水書房、一九九七年；高下一郎「カルロ・カッターネオ研究序説―イタリア民主派の思想と運動」一～五、京都大学『法学論叢』、一九七六～一九七八年がある。

（7）S.E.I., vol.XXXIX, p.283.

（8）*Ibid*.

（9）Ivi, pp.344-345.

（10）Ivi, pp.341-342.

（11）Giuseppe Ferrari, *L'Italia dopo il colpo di Stato del 2 dicembre 1851*, Capolago, Tip. Elvetica, 1852, p.1. プルードンは、「マッツィーニとイタリア統一」（一八六二年七月）と「ガリバルディとイタリア統一」（一八六二年一〇月）、さらに「イタリア統一に関する新たな考察」（一八六四年一一月）という論文で、イタリア統一を批判した。第一の論文では統一国家、すなわち中央集権国家は「独裁政治とブルジョア支配を招く」ものであるとし、第二の論文ではガリバルディがローマ併合のために決起し、イタリア王国軍に鎮圧されたアスプロモンテ事件に関連して「イタリアには地理的条件からいっても本来連邦制がふさわしく、またローマ人やパリ人は存在するが、イタリア人やフランス人というのはたんなる抽象に過ぎない」として、イタリア統一を批判した。第三の論文では、改めて五つの点を整理して、イタリア統一を批判した。第一点は地理的なもので、「イタリア半島の地形は本来、諸都市の独立と自由を守る連邦制に適している」こと。第二点は、民族的に見て「イタリア半島には多種多様な民族が存在しており、イタリア民族はたんなる虚構に過ぎない」こと。第三点は、歴史的には、「もともと連合主義的な諸都市の自由と、統一的な皇帝や諸王が拮抗してきた過去がある」こと。第四点は「経済的観点から見ると、統一＝中央集権はブルジョアジーによる搾取を促す集中と独占を意味する」こと。第五点は、国際関係において「フランス革命とウィーン条約以来、ヨーロッパの体制は政治的・経済的自由との連合の方向に向かっており、連邦制こそがイタリアにおける諸問題の解決策である」こと。プルードンの主張は、当時の自然国境の原則にもとづく民族の独立運動に抗して、ウェストファリア条約からウィーン条約にいたる国際条件に現れている連合主義的な理念（国家の多様性と勢力均衡の原理、憲法の相互保障、諸国民の自由と平等の保障）を守り、育てねばならないというものであった。河野健二編『プルードン研究』岩波書店、一九七四年、三八二〜三八六頁。

（12） Giuseppe Montanelli, *Introduzione ad alcuni appunti storici sulla rivoluzione d'Italia*, Torino, Tip. Subalpina, 1851, p.234. モンタネッリについては、Paolo Bagnoli, *Democrazia e Stato nel pensiero politico di Giuseppe Montanelli (1813-1862)*, Firenze, Olschki, 1989 ; *Giuseppe Montanelli. Unità e democrazia nel Risorgimento*, a cura di Paolo Bagnoli, Firenze, Olschki, 1990. 本書には、Alfonso Scirocco, *Montanelli e Mazzini* ; Luciano Russi, *Montanelli e Pisacane* などの論文が含まれており、有益である。

（13） *Dell'insurrezione di Milano nel 1848 e della successiva guerra. Memorie di Carlo Cattaneo*, Lugano, 1849.

（14） Carlo Cattaneo, *Scritti politici ed espitolario*, cit., vol.I, p.250.

（15） Carlo Pisacane, *Guerra combattuta in Italia negli anni 1848-49, Narrazione*, a cura di Aldo Romano, Milano, Avanti!, 1961. マッツィーニは、ピサカーネが提起した大衆の「改良願望」を民族革命の要求のなかに組み入れることを否定し続け、一八四八年のイタリアの革命はもっぱら民族的なもので、「一つの祖国」にもとづいて独立と統一を達成するために立ち上がったと総括した。ピサカーネについては、Nello Rosselli, *Carlo Pisacane nel Risorgimento italiano*, Milano, Lerici, 1958 ; Luciano Russi, *Pisacane e la rivoluzione fallita*, Milano, Jaca Book, 1972 ; Id., *Carlo Pisacane. Vita e pensiero di un rivoluzionario*, Milano, il Saggiatore, 1982 ; Cesare Vetter, *Carlo*

Pisacane e il socialismo risorgimentale, Milano, Franco Angeli, 1984 ; Leonardo La Puma, *Il pensiero politico di Carlo Pisacane*, Torino, Giappichelli, 1995 ; 拙稿「カルロ・ピサカーネと一八四八年革命」『南欧文化』第四号、一九七七年、一三～五四頁 ; 同「カルロ・ピサカーネの革命思想」『南欧文化』第五号、一九七八年、一〇〇～一〇七頁を参照。

（16）Alfonso Scirocco, *L'Italia del Risorgimento*, cit., pp.315-318 ; Alessandro Galante Garrone, *Mazzini vivo*, cit., p.24.

（17）S.E.I., vol.XXXIX, p.304.

（18）Ivi, pp.50-51.

（19）S.E.I., vol.XLVII, p.88 e p.95. マルクスとエンゲルスは、イギリスとフランスでは資本と労働の対立が激化したときにのみ革命が起こるという立場から、その可能性を否定した。これについては、Franco Della Peruta, *I democratici e la rivoluzione italiana*, cit., p.27.

（20）一八五一～一八五二年に逮捕された者のなかには、スパヴェンタ、セッテムブリーニなどが含まれていた。

（21）ルーゲを含めたドイツのかかわり方については、Marco Paolino, *Mazzini e il mondo tedesco*, in Dalla Giovine Italia alla Grande Europa, cit., pp.60-62 に詳しい。

（22）S.E.I., vol.XLVI, p.124. マッツィーニ研究においていまだに欠落しているのが、ヨーロッパの民主主義運動や、ヨーロッパの他の国々の民主主義者との関係である。マッツィーニが「イタリア人向けに書いたものと、外国人に読まれるべく書いたものの間には、著しい違いが見出せる」。Emilia Morelli, *Giuseppe Mazzini*, cit., p.X.

（23）S.E.I., vol.XLVI, p.146.

（24）Ivi, p.212.

（25）Ivi, p.210.

（26）S.E.I., vol.XLIII, pp.202-203.

(27) Ivi, p.199.
(28) Alessandro Galante Garrone, *Mazzini vivo*, cit., p.24.
(29) マッツィーニはラムネーについて、「かれはわれわれの聖人の一人であり、かれの名は励ましと尊敬の言葉としてわたしたちに語られるに違いない」(S.E.I., vol.XXV, pp.67-68)と述べている。
(30) S.E.I., vol.XLIII, p.219.
(31) Giorgio Canderolo, *Storia dell'Italia moderna*, cit., vol.II, p.62.
(32) S.E.I., vol.XLIII, p.234.
(33) Ivi, pp.231-236.
(34) S.E.I., vol.LI, p.31.
(35) S.E.I., vol.XLVI, p.123.
(36) Ivi, p.126.
(37) Ivi, p.127.
(38) Ivi, pp.127-128.
(39) Ivi, p.128.
(40) Ivi, p.129.
(41) *Ibid.*
(42) Alfonso Scirocco, *L'Italia del Risorgimento*, cit., p.318.
(43) S.E.I., vol.XLVI, p.121 ; Franco Della Peruta, *I democratici e la rivoluzione italiana*, cit., pp.221-254に詳しい。
(44) S.E.I., vol.XLVI, p.159.
(45) Ivi, p.161.
(46) Ivi, p.164.
(47) S.E.I., vol.LI, p.74.

(48) S.E.I., vol.XLVI, p.211.
(49) Ivi, p.217.
(50) Ivi, p.260.
(51) Ivi, pp.245-246.
(52) Ivi, p.261.
(53) Ivi, p.262.
(54) Ivi, p.264.
(55) Ivi, p.269.
(56) S.E.I., vol.XLVII, p.329.
(57) S.E.I., vol.XLVI, p.192.
(58) Franco Della Peruta, *I democratici e la rivoluzione italiana*, cit., pp.289-350 に詳しい。
(59) S.E.I., vol.XLVII, pp.82-83.
(60) S.E.I., vol.LI, p.57.
(61) Ivi, p.55.
(62) Ivi, p.7.
(63) Ivi, p.81.
(64) ミラーノ蜂起については，Franco Catalano, *I Barabba. La rivolta del 6 febbraio 1853 a Milano*, Milano, Mastellone, 1953 ; Leo Pollini, *La rivolta di Milano del 6 febbraio 1853*, Varese, Ceschina, 1953 を参照。
(65) Franco Della Peruta, *Nota introduttiva*, cit., p.252.
(66) S.E.I., vol.LI, p.66.
(67) Franco Della Peruta, *Nota introduttiva*, cit., p.254.
(68) Id., *I democratici e la rivoluzione italiana*, cit., p.352 e nota 4.

(69) Ivi, p.406.

(70) Emilia Morelli, *Giuseppe Mazzini*, cit., p.V e p.VII.

(71) Id., *1848-1859. I dieci anni che fecero l'Italia*, Firenze, Le Monnier, 1977, p.16.

(72) S.E.I., vol.XLVIII, p.291.

(73) S.E.I., vol.LI, p.39.

(74) Ivi, pp.40-41.

(75) Ivi, p.46.

(76) Ivi, p.20.

(77) Ivi, p.28.

(78) Ivi, p.82.

(79) Ivi, p.83.

(80) Ivi, p.87.

(81) Ivi, p.89.

(82) Ivi, pp.99-100.

(83) Ivi, p.107.

(84) Ivi, p.219.

(85) Ivi, pp.103-104.

(86) Ivi, p.104.

(87) S.E.I., vol.V, p.249.

(88) Alessandro Galante Garrone, *I Radicali in Italia 1849-1925*, Milano, Garzanti, 1973, pp.29-41.

(89) Carlo Pisacane, *Scritti vari inediti o rari*, Milano, Avanti!, 1964, vol.III, pp.159-160.

(90) Alfonso Scirocco, *L'Italia del Risorgimento*, cit., p.350.

(91) Vittorio Bersezio, *Il regno di Vittorio Emanuele II. Trent'anni di vita italiana*, VI, Torino, 1889, p.202 e p.248. ベルセツィオによれば、一八四九年以降にイタリア全土からサルデーニャ王国に流入した亡命者の数は五万人を超えた。

(92) Felice Battaglia, *Alcune notizie sul conte di Cavour*, in Studi storici in onore di Gioacchino Volpe per il suo 80° compleanno, vol.I, Firenze, G.C. Sanson, 1958, p.7.

(93) Ruggero Moscati, *I Borboni in Italia*, Napoli, E.S.I., 1970, cap. VII e VIII に詳しい。

(94) Emilia Morelli, *1848-1859. I dieci anni*, cit., pp.24-25. ナーポリの亡命者で、サルデーニャ王国の市民権を得てトリーノ大学の教授になったばかりのマンチーニは、マッツィーニの著作のなかに閉じ込められていた民族性の理念を、法的に明確なコンテキストで論じた。その他のナーポリからの亡命者に、トリーノ大学教授となるシャローヤ、フェッラーラなどがいる。

(95) Emilia Morelli, *Tre profili. Benedetto XIV, P.S. Mancini, Pietro Rosselli*, Roma, Edizioni Dell'Ateneo, 1955, pp.47-93；Arturo Colombo, *Emigrati meridionali a Torino*, in «Rassegna storica del Risorgimento», a XVII (1930), fasc. IV, pp.257-264；Rosario Romeo, *Il Risorgimento in Sicilia*, Bari, Laterza, 1950, p.314 e p.323.

(96) シチリアからはクリスピ、オルランドなどがいる。

(97) ロザリオ・ロメーオ／柴野均訳『カヴールとその時代』白水社、一九九二年、二八一頁；Rosario Romeo, *Vita di Cavour*, cit., pp.305-333.

(98) Emilia Morelli, *1848-1859. I dieci anni*, cit., pp.23-24.

(99) S.E.I., vol.XLIX, pp.79-80.

(100) S.E.I., vol.LVI, p.145.

(101) Ivi, p.182.

(102) S.E.I., vol.LI, pp.317-318.

(103) ロザリオ・ロメーオ『カヴールとその時代』前掲書。サルデーニャ王国のクリミア戦争参戦をめぐるイギリス・フランスとの外交交渉、国内政治については、二五六～二八六頁に詳しい。Rosario Romeo, *Vita di Cavour*, cit., pp.305-333.

(104) S.E.I., vol.LV, p.10.

(105) Ivi, p.14.

(106) Ivi, p.41.

(107) ロザリオ・ロメーオ『カヴールとその時代』前掲書、三一八頁；Rosario Romeo, *Vita di Cavour*, cit., p.339.

(108) Alfonso Scirocco, *L'Italia del Risorgimento*, cit., pp.376-379.

(109) Franco Della Peruta, *Nota introduttiva*, cit., p.255.

(110) S.E.I., vol.LV, p.217.

(111) Ivi, p.276.

(112) S.E.I., vol.LVI, p.183.

(113) Ivi, p.310.

(114) Giorgio Candeloro, *Storia dell'Italia moderna*, cit., vol.IV, p.235.

(115) S.E.I., vol.LV, p.159.

(116) Ivi, p.156.

(117) Ivi, p.166.

(118) Ivi, p.167.

(119) Ivi, p.170.

(120) Ivi, pp.305-306.

(121) Ivi, p.306.

(122) ロザリオ・ロメーオ『カヴールとその時代』前掲書、三二一～三二二頁；Rosario Romeo, *Vita di Cavour*, cit., pp.342-343.

(123) Alessandro Galante Garrone, *I radicali in Italia 1849-1925*, cit., p.36.
(124) S.E.I., vol.LIV, pp.51-52.
(125) Carlo Pisacane, *Epistolario*, a cura di Aldo Romano, Milano, Avanti!, 1937, p.523.
(126) Id., *Scritti vari inediti o rari*, cit., p.15.
(127) Ivi, p.17.
(128) Ivi, pp.131-132.
(129) S.E.I., vol.LI, p.243.
(130) S.E.I., vol.LV, p.81.
(131) Alfonso Scirocco, *L'Italia del Risorgimento*, cit., p.374. ミュラー主義についてはFiorella Bartoccini, *Il Murattismo, speranze, timori e contrasti nella lotta per l'unità italiana*, Milano, Giuffrè, 1959を参照。
(132) サープリ遠征については、拙稿「リソルジメント民主派の危機」『日伊文化研究』XVI、一九七八年、一〇七～一一二頁を参照。Leopoldo Cassese, *La spedizione di Sapri*, Bari, Laterza, 1969；Alfredo Capone, *Giovanni Nicotera e il "mito" di Sapri*, Roma, Centro studi per il Cilento e il Vallo di Diano, 1967.
(133) Alessandro Galante Garrone, *Mazzini vivo*, cit., p.25.
(134) Carlo Pisacane, *Scritti vari inediti o rari*, cit., p.354.
(135) Alfonso Scirocco, *L'Italia del Risorgimento*, cit., p.379.
(136) ロザリオ・ロメーオ『カヴールとその時代』前掲書、三三三～三三六頁；Rosario Romeo, *Vita di Cavour*, cit., pp.354-357.
(137) S.E.I., vol.LXII, p.3.
(138) Ivi, p.7.
(139) Ivi, p.34.
(140) Ivi, p.40.

(141) Ivi, pp.39-40.
(142) Giorgio Pallavicino, *Memorie*, Torino, 1895, vol.III, p.407.
(143) Emilia Morelli, *Giuseppe Mazzini*, cit., p.263.
(144) Alfonso Scirocco, *L'Italia del Risorgimento*, cit., pp.376-379.
(145) Alessandro Galante Garrone, *Mazzini vivo*, cit., p.24.
(146) Franco Della Peruta, *Nota introduttiva*, cit., p.245.
(147) S.E.I., vol.LIX, p.56.
(148) Ivi, p.59.
(149) Ivi, p.62.
(150) Ivi, p.64.
(151) S.E.I., vol.LIX, p.158.
(152) S.E.I., vol.LXII, p.109.
(153) ロザリオ・ロメーオ『カヴールとその時代』前掲書、一五八頁、三五六頁；Rosario Romeo, *La vita di Cavour*, cit., p.383 e p.381.
(154) 前掲書、三六一頁；Ivi, p.386.
(155) Luciano Cafagna, *Cavour*, Bologna, Il Mulino, 1999, pp.36-39.
(156) S.E.I., vol.LXVI, p.4.
(157) S.E.I., vol.LXII, p.51.
(158) Ivi, p.108.
(159) *Ibid.*
(160) Ivi, p.117.
(161) Ivi, p.182.

(162) Ivi, p.194.
(163) Ivi, p.183.
(164) *Ibid*.
(165) Ivi, p.192.
(166) Ivi, p.158.
(167) Ivi, p.161.
(168) S.E.I., vol.LXIV, p.13.
(169) Alfonso Scirocco, *I democratici italiani da Sapri a Porta Pia*, Napoli, E.S.I., 1969, pp.24-25.
(170) S.E.I., vol.LXII, p.214.
(171) S.E.I., vol.LXIV, p.12.
(172) Ivi, p.16.
(173) Ivi, p.17.
(174) Ivi, p.16.
(175) Ivi, p.20.
(176) Ivi, p.18.
(177) S.E.I., vol.LXVI, p.14.
(178) Ivi, p.45.
(179) Ivi, p.10.
(180) ロザリオ・ロメーオ『カヴールとその時代』前掲書、四〇六頁；Rosario Romeo, *Vita di Cavour*, cit., p.433.
(181) S.E.I., vol.LXIV, p.76.
(182) Ivi, p.73.
(183) S.E.I., vol.LXVI, p.68.

(184) Ivi, p.89.
(185) S.E.I., vol.LXIV, p.90.
(186) Ivi, p.91.
(187) Ivi, p.97.
(188) S.E.I., vol.LXVI, p.68.
(189) Alessandro Galante Garrone, *I radicali in Italia 1849-1925*, cit., p.39.
(190) Ivi, p.41.
(191) S.E.I., vol.LXIV, p.139.
(192) S.E.I., Appendice, vol.VI, pp.56-57.
(193) S.E.I., vol.LXXII, p.28.
(194) S.E.I., vol.LXVI, p.49.
(195) Giovanni Belardelli, *Mazzini*, cit., p.190.
(196) S.E.I., vol.LXVI, pp.74-75.
(197) Ivi, p.76.
(198) Giovanni Belardelli, *Mazzini*, cit., p.191.
(199) ロザリオ・ロメーオ『カヴールとその時代』前掲書、四五九頁；Rosario Romeo, *Vita di Cavour*, cit., pp.487-488.
(200) S.E.I., vol.LXVI, p.97.
(201) Ivi, p.107.
(202) S.E.I., vol.LXXVII, p.392.
(203) Ivi, p.361.
(204) S.E.I., vol.LXII, pp.274-275.

(205) S.E.I., vol.LXX, pp.259-262. マック・スミスは、マッツィーニの主張によって「イギリスの世論がイタリア民族形成を支持するようになった」として、それがイギリス政府のイタリア統一支持の一因であることを指摘している。Denis Mack Smith, *Mazzini*, Milano, Rizzoli, 1993, p.204.

(206) S.E.I., vol.LXXV, p.15.

(207) S.E.I., vol.LXVI, p.107.

(208) Carlo Cattaneo, *Epistolario*, Firenze, Le Monnier, 1945-1956, vol.III, p.209；スチュアート・ジョーゼフ・ウルフ／鈴木邦夫訳『イタリア史―一七〇〇－一八六〇』法政大学出版会、二〇〇一年、八四五頁；Stuart J. Woolf, *Il Risorgimento italiano*, Torino, Einaudi, 1981, p.690.

(209) ロザリオ・ロメーオ『カヴールとその時代』前掲書、四八六頁；Rosario Romeo, *Vita di Cavour*, cit., pp.516-517.

(210) S.E.I., vol.LXIV, p.297.

(211) Franco Della Peruta, *Nota introduttiva*, cit., p.262.

(212) Alessandro Galante Garrone, *Mazzini in Francia e gli inizi della Giovine Italia*, cit., p.213, nota 6. オモデーオも、マッツィーニは一八五七年から統一期にかけて影響力を失い始めたという見解に対して、そのような「見解は歴史的に誤っている」と明言する。その理由として、「明確に統一を志向するマッツィーニ主義の存在」が、「ミュラーを南部イタリアに配置し、中部イタリアに独立した王国を形成し、北イタリアではピエモンテ王国の拡大を制限しようとする、ナポレオン三世のあらゆる野心を封印」することを可能にしたことを挙げている。また、それは「一八五九年の戦争にサヴォイア君主国の領土拡大戦争と明確に異なる民族的な意味を与えるようにカヴールを動かし」、「一八四八年から一八七〇年にかけて階級問題を民族問題の上位に置く社会主義のイタリアへの浸透を抑え」、「ガリバルディに迅速な、戦闘的な要素を与えることで、イタリア王国の形成がナポレオンへの贈呈と見なされるのを阻止し」、「千人隊によって（一八三四年のマッツィーニの）サヴォイア蜂起、バンディエーラの遠征、ピサカーネの遠征を正当化し、名誉を挽回した」という。

Adolfo Omodeo, *Difesa del Risorgimento*, cit., p.84.

(213) S.E.I., vol.LXVI, p.29.

(214) Ivi, p.262.

(215) S.E.I., vol.XCI, p.162.

(216) S.E.I., vol.LXVI, p.73.

XII

(1) S.E.I., vol.LXXI, p.188.

(2) S.E.I., vol.LXXII, p.105.

(3) S.E.I., vol.LXVI, p.266.

(4) マッツィーニがみずからの思想を体系的に示した、最も広く読まれている著作である『人間義務論』は、かれが影響を受けたラムネーの『人民の本』に示唆を受けたものであろう。Giovanni Belardelli, *Mazzini*, cit., p.195.

(5) S.E.I., vol.LXVI, p.248. ネッロ・ロッセッリは、マッツィーニのアソチアツィオニズモの歴史を、のちに共和党の中核となり共和主義運動を担う社会集団を形成するものであったと論じている。Nello Rosselli, *Mazzini e Bakunin. 12 anni di movimento operaio in Italia (1860-1872)*, Torino, Bocca, 1927 ; Giovanni Belardelli, *Nello Rosselli. Uno storico antifascista*, Firenze, Passigli, 1982, pp.77-91. マッツィーニによる相互扶助会の組織化については下記のものを参照。Bianca Montale, *Mazzini e le origini del movimento operaio*, in Pensiero e azione : Mazzini nel movimento democratico italiano e internazionale, cit., pp.307-351 ; Franco Della Peruta, *Origini e primo sviluppo del mutualismo nell'Ottocento*, in Politica e società nell'Italia dell'Ottocento, Milano, Franco Angeli, 1999, pp.115-140 ; Alfonso Scirocco, *L'associazionismo mazziniano da Porta Pia alla fondazione del partito socialista*, in L'associazionismo mazziniano, Atti dell'incontro di studi di Ostia, 10-15 novembre 1976, Roma, Istituto per la

Storia del Risorgimento Italiano, 1979, pp.1-21 ; Gastone Manacorda, *Il movimento operaio italiano attraverso i suoi congressi*, Roma, Riuniti, 1953, pp.257-259. 日本語では、拙稿「一九世紀イタリアの相互扶助会」（1）・（2）、東京経済大学『人文自然科学論集』一〇二号（一九九六年七月）、一〇六号（一九九八年七月）がある。

（6）S.E.I., vol.LXVI, pp.271-273.

（7）Ivi, pp.373-381.

（8）S.E.I., vol.LXIX, pp.247-250.

（9）マッツィーニの相互扶助会に対するアピールは、S.E.I., vol.LXVI, LXIX, LXXV, LXXXIII, LXXXVI, XCIII に収録されている。

（10）S.E.I., vol.LXXV, p.333.

（11）S.E.I., vol.LXXXIII, p.328.

（12）Ivi, p.95.

（13）ロッセッリは、マッツィーニとマルクスの思想的・性格的対比をおこなっている。Nello Rosselli, *Mazzini e Bakunin*, cit., pp.133-136.

（14）S.E.I., vol.XCIII, p.71.

（15）S.E.I., vol.LXXXVII, p.206.

（16）Gian Mario Bravo, *Mazzini e la Comune nel pensiero di Marx e di Engels*, in «Bollettino del Museo del Risorgimento», anni XVII-XVIII-XIX, 1972-1973-1974, p.148 ; Aldo Romano, *Storia del movimento socialista in Italia*, Bari, Laterza, 1966-1967, vol.II, pp.170-171.

（17）Giovanni Belardelli, *Mazzini*, cit., p.220.

（18）Giuseppe Monsagrati, *Mazzini*, cit., p.101.

（19）S.E.I., vol.LXXV, pp.11-22.

（20）S.E.I., vol.LXXVI, p.191, nota 1.

(21) Ivi, p.190.
(22) Emilia Morelli, *Giuseppe Mazzini*, cit., p.108.
(23) S.E.I., vol.LXXXIII, pp.10-11.
(24) Francesco Crispi, *Scritti e discorsi politici*, Torino-Roma, Casa Editrice Nazionale, 1888, pp.307-360. マッツィーニとクリスピの関係については、Vincenzo Pacifici, *Crispi e Mazzini*, in «Rassegna Storica del Risorgimento», 1981, Fasc. II, pp.172-197.
(25) S.E.I., vol.LXXXIII, pp.23-41.
(26) Ivi, p.23.
(27) Ivi, p.24.
(28) *Ibid.*
(29) Ivi, p.30.
(30) Alfonso Scirocco, *I democratici italiani da Sapri a Porta Pia*, cit., p.290.
(31) Franco Della Peruta, *Nota introduttiva*, cit., p.265.
(32) プロイセンとイタリアの関係については、Franco Della Peruta, *Democrazia e socialismo nel Risorgimento*, cit., pp.211-212 に詳しい。
(33) S.E.I., vol.LXXXVI, pp.107-109.
(34) *Ibid.*
(35) Ivi, pp.109-110. プロイセンとマッツィーニの関係については Marco Paolino, *Mazzini e il mondo tedesco*, in Dalla Giovine Europa alla Grande Europa, cit., pp.69-70 に詳しい。
(36) S.E.I., vol.LXXXVI, pp.25-46.
(37) S.E.I., vol.LXXXVIII, p.108.
(38) S.E.I., vol.LXXXII, p.306.

(39) S.E.I., vol.LXXXVI, p.87.

(40) イタリア代表として出席したガリバルディは会議の名誉議長に選出されている。これについては、拙著『赤シャツの英雄ガリバルディ—伝説から神話への変容』洋泉社、一九八七年、一九〇〜一九一頁を参照。

(41) S.E.I., vol.LXXXVI, pp.LVIII-LIX.

(42) S.E.I., vol.LXXXVII, p.311.

(43) *Ibid.*

(44) Fulvio Cammarano, *La costruzione dello Stato e la classe dirigente*, in Storia d'Italia, 2, Il nuovo stato e la società, a cura di G. Sabbatucci e V. Vidotto, Roma-Bari, Laterza, 1995, pp.70-76. インターナショナリスト、バクーニンとの関係については pp.73-78 を参照。

(45) S.E.I., vol.XC, p.57.

(46) Ivi, pp.130-131.

(47) S.E.I., vol.XCII, p.328.

(48) *Giuseppe Mazzini. Opere*, a cura di Luigi Salvatorelli, cit., vol.I, p.62.

(49) S.E.I., vol.XCII, p.175.

(50) S.E.I., vol.XCI, p.11.

(51) Ivi, p.15.

(52) Ivi, p.35.

(53) Ivi, p.37.

(54) Ivi, p.65.

(55) S.E.I., vol.XCII, p.199.

(56) Ivi, pp.207-208.

(57) Ivi, pp.14-18.

(58) Ivi, p.208.
(59) S.E.I., vol.XLII, p.208.
(60) Gian Mario Bravo, *Mazzini e la Comune nel pensiero di Marx e di Engels*, cit., p.156.
(61) Nello Rosselli, *Mazzini e Bakunin*, cit., p.117 e pp.301-319.
(62) S.E.I., vol.XCII, pp.259-260.
(63) Ivi, pp.299-300.
(64) Gian Mario Bravo, *Mazzini e la Comune*, cit., pp.151-177.
(65) Ivi, p.159.
(66) パリ・コミューンをめぐるマッツィーニとバクーニンの論争については、Nello Rosselli, *Mazzini e Bakunin*, cit., pp.301-319を参照。
(67) *Edizione Nazionale degli Scritti di Giuseppe Garibaldi*, Bologna, Cappelli, 1932-1937, vol.VI, p.637.
(68) Emilia Morelli, *Giuseppe Mazzini*, cit., pp.142-143.
(69) *Michel Bakunin et l'Italie 1871-1872*, a cura di Arthur Lehning, Leiden, Brill, 1963, vol.II, pp.201-204.
(70) S.E.I., vol.XC, p.296.
(71) *Edizione nazionale degli scritti di Giuseppe Garibaldi*, cit., vol.VI, p.47.
(72) S.E.I., vol.XCII, pp.124-125.
(73) マッツィーニの死去と葬儀、ロッセッリ家との関係については、Sergio Luzzato, *La mummia della Repubblica. Storia di Mazzini imbalsamato 1872-1946*, Milano, Rizzoli, 2001に詳しい。
(74) Alessandro Galante Garrone, *Padri e figli*, Torino, Albert Meynier, 1986, pp.85-86.
(75) Ivi, p.99.
(76) *La scapigliatura democratica. Carteggi di A. Ghisleri (1875-1890)*, Milano, Feltrinelli, 1961, p.74.

人名索引

アシュースト Ashurst, William Henry 192, 281
アゼーリオ Azelio, Massimo Tapparelli d’ 210, 215-216, 292, 297, 454, xi
アーバーデン Aberdeen, George 209
アマーリ Amari, Michele 222
アルメッリーニ Armellini, Carlo 253
ヴァルザーニア Valzania, Eugenio 293
ヴィーコ Vico, Giambattista 27, 373, 391, 406, 411, 439
ヴィスコンティ・ヴェノスタ Visconti Venosta, Giovanni 426
ヴィッソー Vieusseux, Giovan Pietro 25, ix
ヴィットーリオ・エマヌエーレ２世 Vittorio Emanuele II 18, 46, 107, 285, 292-293, 296-299, 301, 310, 312, 315, 318-319, 324, 326, 336-337, 339, 418, xiii, xv-xvii
ヴィローリ Viroli, Maurizio 401
ヴェルニッツィ Vernizzi, Cristina 375
ヴェントゥーリ Venturi, Franco 29, 141, 355
ヴォルテール Voltaire, François Marie Arouet 368, 437, 439
ウシーリオ Usiglio, Angelo 137, 376
ウーディノ Oudinot de Reggio, Nicolas Charles 257
ウルフ Wolff, Luigi 334
オモデーオ Omodeo, Adolfo 355, 368, 372, 395-396, 398, 410-411, 416, 475
オルシーニ Orsini, Felice 308-309, xiv
オルランド Orlando, Luigi 469

カヴェニャック、ゴドフロー Cavaignac, Godefroy 116, 376-377, 391
カヴェニャック、ルイ・エウジェーニ Cavaignac, Louis-Eugène 281
カヴール Cavour, Camillo Benso 86, 215, 285, 289, 292-297, 299, 300-301, 305, 307, 309-310, 312, 320-323, 325-327, 438-439, 475, viii, xiv-xvii
カザーティ Casati, Gabrio 230, 239
カッターネオ Cattaneo, Carlo 110, 143, 230, 235, 237, 267, 270-271, 285, 290, 322, 326, 352, 438-439, xviii
カヌーティ Canuti, Filippo 456
カファーニャ Cafagna, Luciano 310
カッポーニ Capponi, Gino 246, 453
カーライル Carlyle, Thomas 191-192, 209
ガラッソ Galasso, Giuseppe 150
ガランテ・ガッローネ Galante Garrone, Alessandro 30, 39, 43, 45, 47, 50-51, 53, 56, 76, 143, 353, 373-375, 377, 380-384, 387, 391-392, 396-398, 422-423, 425
ガリバルディ Galibaldi, Giuseppe 76, 82, 135, 242, 257-259, 264, 272, 289, 297, 311, 318-325, 332, 334, 336, 338, 340, 342, 345, 350-352, 395, 428-429, 463, 475, 479, viii, x, xii, xv-xviii
カルロ・アルベルト Carlo Alberto 17-18, 33, 43-46, 98, 159, 200, 219, 229-230, 235-237, 239, 268, 292-293,

332, 377-379, 418, 452, x, xii-xiii
カルロ・フェリーチェ Carlo Felice ix
ガレオッティ Galeotti, Leopoldo 453
カンデローロ Candeloro, Giorgio 42, 71, 83, 210, 356, 372, 378, 381, 384, 393, 408, 414, 417, 419, 421, 424, 426, 448
カント Kant, Immanuel 437
カンパネッラ Campanella, Federico 124, 236, 369
カンピ Campi, Alessandro 400-401, 407, 439
ギザルベルティ Ghisalberti, Alberto Maria 357, 384
ギゾー Guizot, François-Pierre-Guillaume 27-29, 371-373, 391, 397-398, 412, 437
キネー Quinet, Edgar 114, 368, 373
キング King, Bolton 362, 378, 432
グエルラッツィ Gurrazzi, Francesco Domenico 21, 27, 244-246, 253, 370, 379
クオーコ Cuoco, Vincenzo 368
クーザン Cousin, Victor 29-30, 69, 371, 373, 391-392, 397, 412
クーネオ Cuneo, Givanni Battista 201
グラハム Graham, James 209
クリスピ Crispi, Francesco 104, 273, 313, 320, 322, 337-339, 469, 478, xvii
グリフィス Griffith, Gwilym Oswald 10, 353
グリレンツォーニ Grilenzoni, Giovanni 282, 319
グレゴリウス16世 Gregorio XVI 49, 214, 216, 452
クレジーア Cresia, Vincenzo Ermenegildo 376
クローチェ Croce, Benedetto 395-396
クロティルデ Clotilde, principessa 310, 312
ゲーテ Goethe, Johann Wolfgang 21, 25, 28, 76, 358, 368, 392, 401
ゲルツェン Herzen, Aleksandr Ivanovič 274
コシュート Kossuth, Lajos 92, 176-177, 262, 275
コセンツ Cosenz, Enrico 289
コーン Kohn, Hans 401
コンドルセ Condorcet, Marie Jean Antonie Nicolas de Caritat 27, 70-71, 94, 392-393
コンバ Comba, Augusto 387, 392
コンファロニエーリ Confalonieri, Federico 23, ix

サッフィ Saffi, Aurelio 17, 253, 276, 313, 344, 347, xvi-xvii
サリチェーティ Saliceti, Aurelio 276-277
サルヴァトレッリ Salvatorelli, Luigi 162, 164, 181-182, 355, 369-370, 402, 436, 440
サルヴェーミニ Salvemini, Gaetano 39, 355-356, 375, 395-396, 416-417
サルピ Sarpi, Paolo 191
サンシモン Saint-Simon, Claude-Henri de Rouvroy 76, 167, 372, 377, 396, 411
サンタローザ Santarosa, Santorre Annibale De Rossi di Pomarolo 200
サンド Sand, George 74, 225, 267, 274
サントナスターゾ Santonastaso, Giuseppe

393
シェイクスピア Shakespeare, William 21, 358
ジェローム Jérôme Bonaparte 310, 312, 314
ジェンティーレ、エミリオ Gentile, Emilio 12
ジェンティーレ、ジョヴァンニ Gentile, Giovanni 355
シスモンディ Sismonde de Sismondi, Jean-Charles-Léonard 37, 84, 100, 370, 409, 414-415
シードリ Sidoli, Giuditta 154, 376, 427
シャトーブリアン Chateaubriand, François René 436
シャボー Chabod, Federico 12, 355-356, 405-407, 416-417, 436-438
シャローヤ Scialoja, Antonio 469
ジャンネッリ Giannelli, Andrea 347
ジャンノーネ Giannone, Pietro 80, 86, 118, 456
シュレーゲル Schlegel, August Wilhelm 368, 370-371, 437
ジョアッキーノ・ダ・フィオーレ Gioacchino da Fiore 393
ジョベルティ Gioberti, Vincenzo 210-216, 438, 452, xi, xiii
シラー Schiller, Friedrich 368, 437
ジリオーリ Giglioli, Giuseppe 49-50, 54-55, 57, 66, 129, 191, 382, 392
シルトーリ Sirtori, Giuseppe 277
シロッコ Scirocco, Alfonso 113, 116-117, 124, 128, 204, 290, 339, 387-388, 419, 426, 432, 447
スコット Scott, Walter 368, 370
スタール夫人 Staël-Holstein, Anne-Louise 370, 392, 412
スタンスフェルド Stansfeld, James 281
ストッポーニ Stopponi, Roberto 411
ストロッツィ Strozzi, Filippo 120
スパヴェンタ Spaventa, Silvio 465
スピーニ Spini, Giorgio 425, 432
セスターン Sestan, Ernesto 355
セッティモ Settimo, Ruggiero 234
セッテムブリーニ Settembrini, Luigi 465

タキトゥス Tacitus, Cornelius 33, 368
ダギュール D'Agoult, Marie 70
ダラツ Darasz, Albert 177, 274
ダンコンブ Duncombe, Thomas Slingsby 209
ダンテ Dante Alighieri 10, 21, 26, 28, 74, 191, 200, 209, 251, 358, 371, 389, 393, 450, ix
タンボッラ Tamborra, Angelo 175
チェルヌスキ Cernuschi, Enrico 230, 237, 457
チッカレッリ Ciccarelli, Gaetano 386
ティエール Thierry, Jacques-Nicolas-Augustin 167
ディケンズ Dickens, Charles 193
ディドロ Diderot, Denis 368
テイラー Taylor, Peter 192, 281
デ・サンクティス De Sanctis, Francesco 303, 355
デッラ・ペルータ Della Peruta, Franco 24, 33, 45, 48, 69, 73, 75, 100, 104, 127, 136, 141-142, 206, 224, 284, 307, 327,

339, 356-357, 359, 380-381, 383-384, 391, 417, 447-448
デ・フランチェスコ De Francesco, Antonino 116, 118, 377, 384, 418
デ・ボーニ De Boni, Filippo 223
トゥラーティ Turati, Filippo 354
ドゥランド Durando, Giacomo 453
トクヴィル Tocqueville, Charles-Alexis-Henri-Maurice Clérel de 261
トッレ Torre, Pietro 369
トムマーゼオ Tommaseo, Niccolò 25
ド・メストール De Maistre, Giuseppe 434, 437
ドーリア Doria, Raimondo 33
トローヤ Troya, Carlo 211

ナターン、エルネスト Nathan, Ernesto 352
ナターン、ジャンネッタ Nathan, Giannetta 352
ナターン、ジュゼッペ Nathan, Giuseppe 352
ナターン、メイヤー Nathan, Meyer Moise 351
ナポレオン Napoleone I 9-10, 18, 31, 42, 55, 133, 141-142, 224, 249, 270-271, 303, 371, 391, 441, vii-viii
ナポレオン３世 Napoleone III 86, 107, 256-257, 263, 272, 276, 279-282, 294-295, 302-305, 307-315, 319, 325-327, 338, 340-341, 344, 418, 475, xii, xiv-xv, xix
ニコラーイ Nicolai, Domenico 388, 417
ノヴァーリス Novalis, Friedrich Leopoldo von Hardenberg 436-437
ノチェティ Noceti, Gian Battista 369

バイロン Byron, George 21, 33, 369, 392
バーク Burke, Edmund 437
バクーニン Bakunin, Mikhail Aleksandrovich 334, 350, 479-480
パッラヴィチィーノ Pallavicino, Giorgio 296-297, 299, 306
パニッツィ Panizzi, Antonio 129
バブーフ Babeuf, François-Noël 115
バルサンティ Barsanti, Pietro 343
バルボ Balbo, Cesare 210-211, 214-216, 229, 438, 452-454, xi
バロー Barrault, Emile 76
バンティ Banti, Alberto Mario 128, 378, 399, 402, 448
バンディエーラ兄弟 Bandiera, fratelli 95, 207-209, 223, 475, xi
ビアンコ Bianco di Saint-Jorioz, Carlo 37, 55-56, 115, 118, 134, 137, 206, 376, 381, 383-386, 388, 421, 424-425
ピウス９世 Pio IX 46, 128, 216-219, 221-222, 229, 234, 249, 256, 262, 268, 418, 454, xi-xii
ビクシオ Bixio, Nino 258
ピサカーネ Pisacane, Carlo 253, 257, 259, 268, 271, 289-290, 301-306, 321, 464, 475, xiii-xiv
ビスマルク Bismarck-Schönhausen, Otto von 341, 351
ビッソラーティ Bissolati, Leonida 354
ピッチーニ Piccini, Ferdinando 347
ピール Peel, Sir Robert 209

ピーロ Pilo, Rosalino 229, 320-321
ピロンディ Pirondi, Prospero 376
ファブリッツィ Fabrizi, Nicola 201, 205-207, 224, 293, 298, 376, 451
ファリーニ Farini, Luigi Carlo 453
ファルコ Falco, Giorgio 430
フィヒテ Fichte, Johann Gottlieb 375, 391, 420, 437
フェッラーラ Ferrara, Francesco 469
フェッラーリ Ferrari, Giuseppe 105, 235, 237, 268-270, 290, 305, 322, xiii
フェルディナンド２世 Ferdinando II 229, 234, 290-291, 303
フェンツィ Fenzi, Carlo 225
フォイエルバッハ Feuerbach, Ludwig 376
フォスコロ Foscolo, Ugo 21-22, 70, 82, 191, 368, 371, 392, xi
フォスラー Vossler, Otto 76
ブォナロッティ Buonarroti, Filippo Michele 37, 42, 56, 58-59, 104, 115-119, 131, 135, 144, 375, 377, 383-386, 388, 397, 417-418, 422-425
フォレスティ Foresti, Eleuterio Felice 201, 306
ブッシェ Buchez, Philippe Joseph 397
ブラティアーヌ Bratianu, Dimitrie 177
ブラン Blanc, Louis 116, 274-276
フランコヴィッチ Francovich, Carlo 385, 422
フーリエ Fourier, Charles 75, 397, 448
プルードン Proudhon, Pierre Joseph 276, 335, 463-464
ヘーゲル Hegel, Georg Wilhelm Friedrich 354, 375
ベッティーニ Bettini, Filippo 369
ペッリコ Pellico, Silvio 23, 82, 370, ix
ペトラルカ Petrarca, Francesco 368
ペーペ Pepe, Guglielmo 129
ベラルデッリ Belardelli, Giovanni 371, 377, 391, 393
ベルシェ Berchet, Giovanni 370, ix
ベルセツィオ Bersezio, Vittorio 469
ヘルダー Herder, Johann Gottfried 173, 368, 370, 373
ベルターニ Bertani, Agostino 289, 292, 322, xvii
ベルティ Berti, Giuseppe 94, 396, 412
ベンサム Bentham, Jeremy 436
ベンツァ Benza, Giuseppe Elia 124, 126, 193, 369, 392
ポエーリオ Poerio, Carlo 273
ホークス Hawkes, Emilie 235, 285
ポッロ・ラムベルテンギ Porro Lambertenghi, Luigi 370, 376, ix
ホラティウス Horatius, Quintus Flaccus 358
ポリィ Poli, Giuseppe 123

マイネッケ Meinecke, Friedrich 407
マステッローネ Mastellone, Salvo 58, 114, 123, 373, 376, 381-382, 384-386, 416
マック・スミス Mack Smith, Denis 475
マッサーリ Massari, Giuseppe 453
マッツィーニ、ジャーコモ Mazzini, Giacomo 19-20, 100, 191, 281, 369, vii, xii

マッツィーニ、マリーア・ドラーゴ Mazzini, Maria Drago 13, 17, 19-22, 33, 74, 123, 154, 191-192, 197, 219, 234, 257, 267, 281, 346, 352, 368, vii, xiv
マッツォーニ Mazzoni, Giuseppe 245
マトゥーリ Maturi, Walter 381, 386, 410
マニン Manin, Daniele 230, 243, 253, 294, 296-299
マミアーニ Mamiani, Terenzio 222
マメーリ Mameli, Goffredo 250
マーリオ、アルベルト Mario, Alberto 289
マーリオ、ジェシー・ホワイト Mario, Jessie White 369
マルガ Marga, Andrei 436, 441
マルクス Marx, Karl 259, 275, 335, 348-350, 465, 477
マンゾーニ Manzoni, Alessandro 21, 23, 370, 402, 409
マンチーニ Mancini, Pasquale Stanislao 406, 439, 469
ミシュレー Michelet, Jules 372, 391, 398
ミュラー、エミリオ・ディアミッラ Müller, Emilio Diamilla 337
ミュラー、ジョアッキーノ Murat, Gioacchino 303, viii
ミュラー、ルシアン Murat, Lucien 303-304, 314, 475
ミンゲッティ Minghetti, Marco 215, 426
ムソリーノ Musolino, Benedetto 126, 273
メッテルニッヒ Metternich-Winneburg, Clemens Wenzel Lothar von 10-11, 181, 230, 437
メーディチ Medici, Giacomo 285, 289, 292, 344
メノッティ、チェレスティ Menotti, Celeste 376
メノッティ、チーロ Menotti, Ciro 41, 376, 419
メレガーリ Melegari, Luigi Amedeo 137, 220, 376
モスカーティ Moscati, Ruggero 291
モーデナ Modena, Gustavo 137, 376
モリオンド Moriondo, Giuseppe 342
モルディーニ Mordini, Antonio 289
モレッリ Morelli, Emilia 63, 103, 110, 151, 225, 263, 356-359, 378, 380-381, 417, 432
モンサグラーティ Mosagrati, Giuseppe 359, 394, 426
モンタネッリ Montanelli, Giuseppe 243, 245, 268, 270, 276, 426, 453, 464
モンティ Monti, Vincenzo 21
モンテスキュー Montesquieu, Charles 439

ユーゴ Hugo, Victor 191

ラタッツィ Rattazzi, Urbano 305, 320
ラ・チェチーリア La Cecilia, Giovanni 118, 123
ラディツキー Radetzky von Radetz, Johann Joseph Franz Karl 272
ラ・ピューマ La Puma, Leonardo 77
ラファイエット Lafayette, Marie-Joseph-Paul 40
ラ・ファリーナ La Farina, Giuseppe 297, 321, 453

ラ・フォンテーヌ La Fontaine, Jean de 368
ラーマ Lama, Domenico 334
ラマーサ La Masa, Giuseppe 229
ラムネー La Mennais, Félicité-Robert de 29, 147, 221, 225, 276, 372, 377, 397, 410-411, 466, 476
ラムベルティ Lamberti, Giuseppe 201, 223, 376
ラモリーノ Ramorino, Gerolamo 133, 135-136
ランツァ Lanza, Giovanni 353
リッカーソリ Ricasoli, Bettino 215, 246, 453, xvii
リッチァルディ Ricciardi, Giuseppe 222, 303, 339
リドルフィ Ridolfi, Cosimo 453
リーブリ Libri, Guglielmo 59
リントン Linton, William James 225
ルイ14世 Louis XIV 270
ルイ・ナポレオン Louis Napoleone
→ ナポレオン3世 Napoleone III
ルイ・フィリップ Louis Philippe d'Orléans 29, 40, 89, 116, 375, x
ルーゲ Ruge, Arnold 274-275, 465
ルソー Rousseau, Jean-Jacques 368, 414
ルター Luther, Martin 132, 179
ルドリュ・ロラン Ledru-Rollin, Alexandre-Auguste 257, 274
ルフィーニ兄弟 Ruffini, fratelli 191
ルフィーニ、ヤーコポ Ruffini, Jacopo 22, 124, 131, 379, x
ルルー Leroux, Pierre 77, 116, 398
レイノー Reynaud, Jean 76
レーヴィ、アレッサンドロ Levi, Alessandro 371, 416
レーヴィ、サーラ Levi, Sara 351
レオパルディ Leopardi, Pietro Silvestro 222, 368
レオポルド2世 Leopoldo II 244-246, 453, xii
レセップス Lesseps, Ferdinand-Marie 258-259, 461
レッシング Lessing, Gotthold Ephraim 369
レレーヴェル Lelewel, Joachim 173, 391, 431
ロッシ、ペッレグリーノ Rossi, Pellegrino 249, xii
ロッシ、パオロ Rossi, Paolo 408-409
ロセッティ、ガエターノ Rossetti, Gaetano 450
ロセッティ、ダンテ・ガブリエーレ Rossetti, Dante Gabriel 450
ロッセッリ、カルロ Rosselli, Carlo 353-354
ロッセッリ、ネッロ Rosselli, Nello 349, 353, 476-477
ロッセッリ、ペッレグリーノ Rosselli, Pellegrino 351-353
ロマニョージ Romagnosi, Gian Domenico 370, ix
ロメーオ Romeo, Rosario 90, 292, 294, 296, 300, 305, 309-310, 316, 322, 406

ワーズワース Wordsworth, William 27

年　表

(ゴシック体はマッツィーニにかかわる事項)

1789	7月	フランス革命勃発
1794	4月	フランス軍、ジェーノヴァ共和国を占領
1796	3月	ナポレオン、イタリア遠征
	5月	ナポレオン、ミラーノに入城
	12月	チスパダーナ共和国成立
1797	5月	フランス軍、ヴェネツィア共和国を攻撃
	6月	リグーリア共和国成立、チザルピーナ共和国成立
	10月	ナポレオン、オーストリアとカンポフォルミオ条約を締結、ヴェネツィア共和国領はオーストリアに併合
1799	4月	オーストリア・ロシアの反撃でチザルピーナ共和国崩壊
	11月	ナポレオン、ブリュメール18日のクーデターで権力掌握
1800	5月	ナポレオン、第2次イタリア遠征
	6月	ナポレオン、チザルピーナ共和国を再建、マレンゴの戦いでオーストリア軍を破る、リグーリア共和国再建
1801	3月	トスカーナにエトルリア王国樹立
1802	1月	ナポレオン、チザルピーナ共和国をイタリア共和国に改組、大統領に就任
	8月	ナポレオン、フランス終身統領に就任
	9月	フランス、ピエモンテを併合
1803	9月	イタリア共和国と教皇ピウス7世、政教協約締結
1804	12月	ナポレオン、教皇ピウス7世よりフランス皇帝として戴冠
1805	5月	ナポレオン、イタリア共和国をイタリア王国に改組、国王に就任
	6月	フランス、リグーリア共和国を併合
	6月	**22日 マッツィーニ、父ジャーコモ、母マリーア・ドラーゴの長男として、ジェーノヴァで誕生**

1805	12月	プレスブルク条約で、オーストリアがヴェーネト全域をイタリア王国に譲渡
1806	1月	ナポレオン法典、イタリア王国に適用
	3月	ナポレオンの兄ジョゼフ、ナーポリ王となる
	8月	ナーポリ王国で封建制廃止
1807	7月	4日 ニッツァ（ニース）でガリバルディ誕生
	10月	フランス、トスカーナを併合（エトルリア王国消滅）
1808	5月	フランス、パルマ公国併合
	7月	ミュラー将軍、ナーポリ国王に即位
1809	5月	フランス、教会国家を併合
	7月	教皇ピウス７世、サヴォーナに幽閉
1810	8月	10日 トリーノでカヴール誕生
1813	10月	ナポレオン軍、ライプツィヒで敗北
1814	1月	ナーポリ国王ミュラー、オーストリアと同盟を結ぶ
	4月	ナポレオン退位
	4月	オーストリア、ロンバルディーア地方を奪回
	9月	ウィーン会議開会
1815	4月	オーストリア支配のロンバルド・ヴェーネト王国成立
	6月	ウィーン会議でイタリア諸邦は、サルデーニャ王国（ピエモンテ・サヴォイア・ニッツァ・サルデーニャ島・リグーリアを含む）、オーストリア皇帝主権のロンバルド・ヴェーネト王国、パルマ・ピアチェンツァ公国、モーデナ・レッジョ公国、マッサ・カラーラ公国、トスカーナ大公国、ルッカ公国、教会国家（ボローニャ・フェッラーラ・ラヴェンナの教皇行政区、ベネベント・ポンテコルヴォを含む）、サンマリーノ共和国、南部イタリア・シチリア島の両シチリア王国に再編成が決定。トレンティーノと南ティロルはオーストリア領に、ヴェネツィア・ジューリアはハプスブルク帝国の１州となる
	9月	オーストリア、ロシア、プロイセン、イギリスが神聖同

1815	9月	盟に調印
1816	12月	南部イタリア・シチリア島を合わせた両シチリア王国誕生、初代国王はフェルディナンド1世
1818	9月	ミラーノ、文芸誌『イル・コンチリアトーレ』発刊、ペッリコ、ポッロ・ラムベルテンギ、コンファロニエーリ、ベルシェ、ロマニョージが参画
1820	1月	スペインで革命が起き、1812年のカディス憲法再発布
	7月	ナーポリ、カルボネリーアによる憲法要求の革命運動が始まる
	7月	フェルディナンド1世、憲法発布
	7月	パレルモ、シチリアの自治を要求する反乱
	10月	トロッパウ5国同盟会議で革命に対する干渉の原則が決定
1821	1月	フィレンツェ、ヴィッソーにより『アントロジーア』誌発刊
	1月	トリーノ大学生による憲法を要求する騒乱
	3月	サルデーニャ王国、アレッサンドリーアで憲法を要求する兵士が大学生と連帯して蜂起
	3月	サルデーニャ王国、ヴィットーリオ・エマヌエーレ1世退位
	3月	オーストリア軍、ナーポリの革命を制圧
	4月	サルデーニャ王国軍、ピエモンテの革命を制圧
	4月	サルデーニャ王国、カルロ・フェリーチェ国王即位
1822	**11月**	**マッツィーニ、ジェーノヴァ大学法学部に入学**
1826	**処女論文「ダンテの祖国愛について」を執筆（1837年に『イル・スバルピーノ』誌に掲載）**	
1827	**4月**	**ジェーノヴァ大学卒業、カルボネリーアに加入**
1828	**12月**	**『インディカトーレ・ジェノヴェーゼ』紙、ロマン主義的・愛国的傾向として発行禁止**
1829	**11月**	**『アントロジーア』誌に「ヨーロッパ文学について」を**

1829 **11月 発表**

1830 7月 フランス、7月革命によってオルレアン家のルイ・フィリップが国王に即位

11月 13日 政治的陰謀の容疑で逮捕され、サヴォーナの獄に収監

1831 **1月 28日 証拠不十分で釈放**

2月 ジュネーブ、リヨンを通過し、コルシカ島を経て、3月、マルセーユに居を構える

2月 ボローニャ、モーデナ、パルマで臨時政府が成立し、教皇の世俗権失権を宣言

2月 イーモラ、ファエンツァ、レッジョ・エミーリアの諸都市が決起

3月 オーストリアの軍事介入で、パルマ、ボローニャの臨時政府崩壊

4月 カルロ・アルベルト、サルデーニャ国王に即位

6月 マッツィーニ、カルロ・アルベルトへの公開状を発表

6～7月頃 マルセーユで「青年イタリア」を結成

1832 **3月 マルセーユで『青年イタリア』誌発刊、「これまでイタリアの自由の発展を阻害してきた要因について」を発表**

1833 **『青年イタリア』誌に「イタリアに有利な蜂起戦について」を発表**

4月 サルデーニャ王国で、「青年イタリア」に加入したサルデーニャ軍兵士の大量逮捕

6月 19日 ジェーノヴァ、「青年イタリア」に対する弾圧で親友ヤーコポ・ルフィーニが逮捕、官憲の執拗な追及に抗し切れず獄中で自殺

6月 マッツィーニ、フランスからスイスに移る

10月 26日 欠席裁判で死刑判決

1834 **2月 2日 サヴォイア蜂起失敗、ガリバルディはジェーノヴァ蜂起失敗でサルデーニャ海軍を脱走**

1834　**4月　15日 スイスのベルンで「青年ヨーロッパ」を結成**

10月　ベルンを追放され、グレーヘンに移る

1835　**1月　「ヨーロッパにおける革命的主導権について」を発表**

『青年スイス』を発刊、「信仰と未来」などを執筆

1836　**8月　スイス連邦議会、マッツィーニの国外追放を決定**

1837　**1月　12日 フランスを経由してロンドンに到着**

1838　**フォスコロの未刊原稿をロンドンの本屋で発見**

1840　**3月に最初のイタリア人労働者組織「イタリア人労働者連合」を、4月に第2次「青年イタリア」をロンドンで結成**

11月　『人民の伝道』紙を創刊（～1843年）

1841　**11月　イタリア人移民の子どもたちのための「無償識字学校」をロンドンで設立**

1843　8月　ジョベルティ、『イタリア人の道徳的・文明的優位』をブリュッセルで刊行

1844　1月　バルボ、『イタリアの希望』をパリで発刊

6月　バンディエーラ兄弟、秘密結社「エスペーリア」を結成、カラーブリアの蜂起を企てるが失敗し、銃殺

1845　**イギリス政府によるマッツィーニ書簡開封事件が発覚**

1846　1月　アゼーリオ、『ロマーニャにおける最近の事件について』を出版

6月　ピウス9世、教皇に即位、恩赦発表によって教皇を中心とするイタリア統一運動、新教皇主義（ネオグエルフィズモ）が活発化

8月　「ヨーロッパにおける民主主義についての考察」を発表

1847　**9月　ピウス9世への公開状を発表**

11月　教会国家、サルデーニャ王国、トスカーナ大公国の間で関税同盟予備協定締結

1848　1月　ミラーノ、煙草ストライキが始まる

1月　パレルモの民衆反乱、メッシーナ・カルタニセッタにも広がる

1848	2月	両シチリア王国、憲法発布
	2月	トスカーナ大公国、憲法発布
	2月	フランス、2月革命起こる
	3月	サルデーニャ王国、カルロ・アルベルト憲法発布
	3月	**5日 パリで「イタリア民族協会」を結成**
	3月	教会国家、憲法発布
	3月	18日 オーストリアに対する民衆蜂起「ミラーノの5日間」により、オーストリア軍が撤退
	3月	ヴェネツィア共和国樹立
	3月	23日 サルデーニャ王国、対オーストリア戦（第1次独立戦争）を宣言
	4月	**7日 マッツィーニ、ミラーノに到着、大歓迎を受ける**
	5月	**共和主義の日刊紙『人民のイタリア』をミラーノで創刊**
	7月	サルデーニャ王国軍、クストーザでオーストリア軍に大敗
	8月	オーストリア軍、ミラーノを奪還
	8月	サルデーニャ王国とオーストリアの休戦協定締結
	8月	**マッツィーニ、ガリバルディの義勇兵部隊に参加後、スイスへ**
	11月	教会国家首相ロッシの暗殺で、教皇ピウス9世がガエータに逃亡
	12月	**13日 マッツィーニ、父ジャーコモの死去**
	12月	フランス、ルイ・ナポレオンが大統領に就任
1849	2月	トスカーナ大公レオポルド2世、民衆運動の激化を恐れてフィレンツェから逃亡
	2月	**8日 マッツィーニ、マルセーユを経由してリヴォルノに上陸**
	2月	フィレンツェで臨時政府樹立
	2月	9日 ローマ共和国樹立
	2月	**18日 マッツィーニ、ローマ共和国議員に選出**

1849　**3月　5日 ローマに到着**

3月　サルデーニャ王国、オーストリアとの休戦協定を破棄し、対オーストリア戦を再開するもノヴァーラの戦いで敗北、カルロ・アルベルトは退位し、ヴィットーリオ・エマヌエーレ2世が国王に即位

3月　29日 マッツィーニ、ローマ共和国の三頭執政官に就任

4月　2日『人民のイタリア』紙をローマで創刊

4月　フランス軍、チヴィタヴェッキアに上陸

7月　ローマ共和国、憲法発布

7月　3日 ローマ共和国崩壊

7月　12日 マッツィーニ、ローマからマルセーユを経由してジュネーブに向かう

8月　ヴェネツィア共和国、オーストリア軍に降伏

9月　マッツィーニ、ローザンヌで『人民のイタリア』誌を再刊（～1851年2月）

1850　4月　サルデーニャ王国、聖職者権限を規制するシッカルディ法公布

7月　マッツィーニ、「ヨーロッパ民主主義中央委員会」をパリで結成

9月　ロンドンで「イタリア民族委員会」を結成、「民族公債」の募集開始

1851　**マッツィーニ、1868年までロンドンに18年間滞在、その間にイタリアに8回、スイスに14回、短期間滞在**

1月　ロンドン、イタリア問題に対する関心を喚起するため「イタリア友の会」が結成

2月　フェッラーリ、『共和主義連邦』を出版

7月　ピサカーネ、『1848～1849年にイタリアで戦われた戦闘』を出版

8月　フェッラーリ、『革命の哲学』を出版

11月　ジョベルティ、『イタリアの文明的更新』を出版

1851	12月	ルイ・ナポレオンのクーデター
1852	**8月**	**9日 マッツィーニ、母マリーア・ドラーゴの死去**
	11月	カヴール、サルデーニャ王国の首相に就任
	12月	皇帝ナポレオン3世即位（～1870年）
1853	**2月**	**6日 マッツィーニ、ミラーノで職人階層を中心とする蜂起を企てるが失敗**
	3月	**「行動党」を結成**
	3月	マントヴァ、マッツィーニ主義者の処刑、いわゆる「ベルフィオーレ」事件
	10月	アスティで労働者協会第1回大会開催
1855	1～3月	サルデーニャ王国、イギリス・フランス側に立ってクリミア戦争に参戦決定、**マッツィーニはクリミア戦争のためにオーストリアと軍事同盟を締結したサルデーニャ王国を批判**
1856	1月	クリミア戦争終結のパリ講和会議
1857	**6月**	**マッツィーニ、ジェーノヴァ及びリヴォルノの蜂起を企て失敗、ピサカーネはサープリ遠征で南イタリアの蜂起を企てるが失敗して自決、マッツィーニは欠席裁判で死刑判決**
	7月	**イギリスに戻る**
	8月	「イタリア国民協会」の結成
1858	1月	オルシーニ、パリでナポレオン3世を襲撃
	7月	カヴールとナポレオン3世、プロンビエール密約締結
	9月	**マッツィーニ、『思想と行動』誌発刊**
1859	1月	サルデーニャ王国とフランス、同盟協定を締結
	2月	**マッツィーニ、ルイ・ナポレオンの支援を得た対オーストリア戦争に反対を表明**
	4月	23日 オーストリア、サルデーニャ王国に戦争準備中止の最後通牒
	4月	26日 サルデーニャ王国、オーストリアの最後通牒を拒否

1859　4月　27日 サルデーニャ王国・フランス同盟軍、対オーストリア戦（第2次独立戦争）を開始

4月　フィレンツェで臨時政府成立、トスカーナの執政をヴィットーリオ・エマヌエーレ2世に求める

5月　ガリバルディ、義勇兵部隊「アルプス狙撃隊」を率いて参戦

6月　4日 サルデーニャ王国・フランス同盟軍、マジェンタで勝利

6月　8日 ヴィットーリオ・エマヌエーレ2世とナポレオン3世、ミラーノ入城

6月　パルマ、臨時政府成立

6月　ボローニャ、臨時政府委員会設置

6月　モーデナ、臨時政府成立

6月　24日 サルデーニャ王国・フランス同盟軍、ソルフェリーノとサン・マルティーノで勝利

7月　フランス、オーストリアと休戦

7月　11日 ナポレオン3世とフランツ・ヨーゼフ、ヴィッラフランカで講和予備協定締結（サルデーニャ王国がロンバルディーアを併合するが、ヴェーネトはオーストリアが支配を継続）

7月　休戦協定に抗議し、カヴール内閣総辞職

7月　ラ・マルモラ内閣発足

8月　チューリッヒ和約成立（ヴェーネトはオーストリア、ロンバルディーアはフランスを通じてサルデーニャ王国に帰属）

8～9月　マッツィーニ、秘密裏にフィレンツェに到着、中部・南部イタリアの蜂起活動を画策するが、スイスのルガーノに撤退、対オーストリア戦争の先頭に立つようヴィットーリオ・エマヌエーレ2世に公開状を出す

10月　サルデーニャ王国、県・コムーネ法（ラタッツィ法）制定

1859	11月	サルデーニャ王国、公教育法（カザーティ法）制定
	12月	パルマ、モーデナ、ボローニャの臨時政府を統一してエミーリア臨時政府が形成
1860	1月	カヴール、首相に復帰
	3月	サルデーニャ王国、住民投票により中部イタリアを併合
	4月	サルデーニャ王国、住民投票によりニッツァ（ニース）とサヴォイア（サヴォワ）をフランスへ割譲
	5月	6日 ガリバルディ率いる千人隊、ジェーノヴァからシチリアに向けて出発
	5月	**7日 マッツィーニ、ジェーノヴァに到着**
	5月	11日 千人隊、シチリアのマルサーラに上陸
	5月	ガリバルディ、シチリアの独裁政権を宣言
	5月	千人隊、カラータフィミでブルボン軍に勝利
	7月	千人隊、ミラッツォでブルボン軍に勝利
	8月	ガリバルディ、メッシーナ海峡をわたり、カラーブリアに上陸
	9月	7日 ガリバルディ、ナーポリ入城
	9月	**マッツィーニ、ナーポリに滞在するが、ローマとヴェネツィアの優先順位をめぐってガリバルディと対立**
	9月	**サッフィ編集の『イタリアの人民』発刊**
	9月	サルデーニャ軍、教会国家に侵攻
	10月	ガリバルディ南部軍、ヴォルトゥルノ河畔でブルボン軍を撃破
	10月	南イタリアとシチリア、サルデーニャ王国併合についての住民投票実施
	10月	ガリバルディ、ヴィットーリオ・エマヌエーレ2世とテアーノで会見
	11月	ヴィットーリオ・エマヌエーレ2世、ナーポリ入城
	11月	ガリバルディ、旧両シチリア王国の軍事・政治統治の継続をヴィットーリオ・エマヌエーレ2世に却下され、カ

1860	11月	プレーラ島に戻る
1861	1月	27日 国家統一後の最初の総選挙
	2月	イタリア王国第1回議会がトリーノで開会
	3月	17日 ヴィットーリオ・エマヌエーレ2世、イタリア王国国王に即位
	3月	イタリア王国初代首相カヴール内閣成立
	5月	南部イタリアにおける「匪賊」の反乱（～1865年）鎮圧のため軍隊派遣
	6月	6日 カヴールが急死
	7月	リッカーソリ内閣成立
	7月	「匪賊」の反乱が南部イタリア全土に拡大
	9月	フィレンツェ、労働者協会第9回大会開催、普通選挙を要求するマッツィーニ派と政治的活動に反対する穏和派の対立が激化
	10月	県・コムーネに関するラタッツィ法、イタリア全土に適用
	12月	**マッツィーニ、ダエーリ版の著作集がミラーノで刊行開始**
1862	3月	ヴェネツィアとローマの解放及び政治的権利の平等を掲げるガリバルディを長とする「イタリア解放協会」結成、クリスピ、サッフィ、ベルターニなどが参加
	8月	ガリバルディ、ローマ解放を目指したアスプロモンテ事件を起こす
1863	**1月**	**マッツィーニ、労働者向けの共和主義の週刊紙『信仰と未来』をミラーノで発刊**
	8月	南部イタリアの「匪賊」の反乱に対するピーカ法制定
1864	9月	ローマ問題に関するフランスとの「9月協定」締結
	10月	労働者協会第11回大会がナーポリで開催、マッツィーニの「友愛協定」を承認
	12月	トリーノからフィレンツェへの遷都決定

1864	**12月**	**マッツィーニ、共和主義の「聖なるファランジェ（方陣）」を結成**
1865	3月	「県・コムーネ法」など行政統一に関する6法が公布
	4月	民法・民事訴訟法が公布
	11月	「9月協定」にもとづきフランス軍がローマ撤退開始
1866	**3～5月**	**マッツィーニ、メッシーナ選挙区で当選するも二度にわたって下院に却下される**
	4月	イタリア、プロイセンと秘密の軍事同盟締結
	5月	不換紙幣（コルソ・フォルツォーゾ）導入
	6月	プロイセン、対オーストリア戦開始
	6月	第3次イタリア独立戦争開始、クストーザで敗北
	7月	プロイセン軍、サードワでオーストリア軍に勝利
	7月	ガリバルディ義勇兵部隊、オーストリア軍を追い、トレンティーノに侵入
	7月	イタリア、リッサの海戦で敗北
	8月	イタリア、オーストリアと休戦
	8月	プロイセンとオーストリアがプラハ講和条約締結、フランスを通じてヴェーネト地方をイタリアにわたすと決定
	9月	パレルモ、民衆の反乱
	9月	**マッツィーニ、「世界共和主義同盟」を結成**
	10月	ヴェーネト、住民投票によりイタリア王国に併合
1867	**2月**	**マッツィーニ、議員選出を条件に恩赦が提示されるが、それを拒否**
	11月	ローマ解放を目指すガリバルディによるメンターナ事件、フランス軍によって鎮圧
1869	1月	製粉税の実施
	2月	**マッツィーニ、ルガーノで病床のカッターネオを訪ねる**
1870	**2月**	**共和主義蜂起のため秘密裏にジェーノヴァに滞在**
	7月	普仏戦争開始
	8月	フランス、ローマ駐屯軍を撤兵

1870 **8月 12日 マッツィーニ、シチリアでの蜂起を準備するために訪れたパレルモで逮捕、ガエータの刑務所に収監**

9月 ナポレオン3世、セダンで敗北

9月 フランス、第3共和制宣言

9月 20日 イタリア王国軍、ローマ占領

10月 ローマとラツィオ、住民投票によりイタリア王国に併合

10月 14日 マッツィーニ、ローマ併合の恩赦で釈放、ルガーノを経由してロンドンに戻る

12月 フィレンツェからローマへの遷都決定

1871 3月 パリ・コミューン

5月 教皇の大権にかかわる「保障法」が公布

7月 ローマ遷都

7月 マッツィーニ、国際労働者協会とパリ・コミューンを批判

11月 ローマで開催された労働者協会第12回大会で、「友愛協定」をめぐってマッツィーニ派とインターナショナル派が対立

1872 **3月 10日 マッツィーニ、ピーサのロッセッリ家で死去**

編集　藤澤祥子
装幀　今野美佐（21世紀ＢＯＸ）

マッツィーニの思想と行動

藤澤房俊（ふじさわ ふさとし）
1943年東京に生まれる。早稲田大学大学院博士課程修了。文学博士。現在東京経済大学教授。著書に『赤シャツの英雄ガリバルディ』（洋泉社 第11回マルコ・ポーロ賞受賞）、『匪賊の反乱』（太陽出版）、『「クオーレ」の時代』（ちくま学芸文庫）、『大理石の祖国』（筑摩書房）、『シチリア・マフィアの世界』（中公新書、現在講談社学術文庫）、『ピノッキオとは誰でしょうか』（太陽出版）、『第三のローマ』（新書館）など。共訳書に『シチリアの晩禱』（太陽出版）。

2011年5月10日　第1刷

［著者］
藤澤房俊

［発行者］
籠宮良治

［発行所］
太陽出版

東京都文京区本郷4-1-14　〒113-0033
TEL 03（3814）0471　FAX 03（3814）2366
http://www.taiyoshuppan.net/
E-mail　info@taiyoshuppan.net

2011年度東京経済大学
学術研究センター
学術図書刊行助成

［印刷］壮光舎印刷 ［製本］井上製本
ISBN978-4-88469-700-6

THE SICILIAN VESPERS:
A History of the Mediterranean World in the Later Thirteenth Century

シチリアの晩禱

13世紀後半の地中海世界の歴史

スティーブン・ランシマン＝著
榊原勝・藤澤房俊＝訳

名著『十字軍史』の著者ならではの
スケールとディテールで描き尽された、
西欧中世の転換期、地中海世界の
1250年代

＊

ランシマンの歴史書、待望の完訳。
原著索引の1450項目（日英対照）を
再現。ほか地図・家系図など訳書独
自の図版多数。

四六判／560頁／上製／定価4,800円十税

ピノッキオとは誰でしょうか

Chi è Pinocchio ?

藤澤房俊=著

子どもと大人に贈られた「良心」の物語

**ウソをついて鼻がのびるピノッキオのお話は、
いつ、どのように生まれたのでしょうか。
作者コッローディが伝えたかったことは、
何なのでしょう。
ピノッキオが誕生した背景を知ると、
今も世界中で読み継がれている物語の
新たな魅力が見えてきます。**

*

いたずらや失敗を通じて学んでいく
ピノッキオの姿は、生きることの意
味を語りかけているのです。
［抄訳つき］

四六判／160頁／上製／定価1,500円+税